国内外经典教材辅导系列·金融类

《货币金融学》

笔记和课后习题(含考研真题)详解

(适用米什金第13版教材)

主编：圣才考研网

www.100xuexi.com

中国石化出版社

·北京·

内　容　提　要

本书是米什金《货币金融学》(第13版)的学习辅导书。本书遵循该教材的章目编排，包括6篇，共分25章，每章由两部分组成：第一部分是复习笔记，总结本章的重难点内容，部分章节精选名校考研真题，并提供详细答案；第二部分是课(章)后习题详解，结合本教材和相关参考资料对该教材的课后习题进行了详细的分析和解答。

圣才考研网(www.100xuexi.com)提供米什金《货币金融学》网授精讲班【教材精讲＋考研真题串讲】、电子书、题库。购书即可享受大礼包增值服务【本书电子书(手机版、电脑版)＋考研真题(含复试)与典型题详解电子书】。手机扫码(本书封底)领取本书大礼包。

图书在版编目(CIP)数据

《货币金融学》笔记和课后习题(含考研真题)详解/圣才考研网主编. —北京:中国石化出版社,2024.3
国内外经典教材辅导系列·金融类
ISBN 978-7-5114-7478-0

Ⅰ.①货… Ⅱ.①圣… Ⅲ.①货币和银行经济学-高等学校-教学参考资料 Ⅳ.①F830

中国国家版本馆CIP数据核字(2024)第066154号

未经本社书面授权,本书任何部分不得被复制、抄袭,或者以任何形式或任何方式传播。版权所有,侵权必究。

中国石化出版社出版发行
地址:北京市东城区安定门外大街58号
邮编:100011　电话:(010)57512500
发行部电话:(010)57512575
http://www.sinopec-press.com
E-mail:press@sinopec.com
武汉市新华印刷有限责任公司印刷
全国各地新华书店经销
*
787×1092毫米16开本24.75印张457千字
2024年3月第1版　2024年3月第1次印刷
定价:72.00元

序　言

我国各大院校一般都把国内外通用的权威教科书作为本科生和研究生学习专业课程的参考教材，这些教材甚至被很多考试(特别是硕士和博士入学考试)和培训项目作为指定参考书。为了帮助读者更好地学习专业课，我们有针对性地编著了一套与国内外教材配套的复习资料，并提供配套的名师讲堂和题库。

米什金的《货币金融学》是世界上流行的金融学教材之一。作为该教材的辅导书，本书具有以下几个方面的特点：

1. 框架图表体系，通俗易懂易记

本书每章的知识框架图和考点归纳表，在全方位把握重要考点的同时，提纲挈领地以思维导图形式，呈现重要的考点、难点，脉络清晰，一目了然，更容易记忆。

2. 下划线 + 星级标记，透彻剖析必考点

本书每章的复习笔记均对该章的考点难点进行了整理，全书考点均按重要程度分为一星(一般了解)至五星(熟练掌握)，并对关键词用下划线进行了标记，方便考生更有针对性地复习。

3. 精选考研真题，强化知识考点

本书精选部分名校近年的金融学考研真题并提供答案详解，特别注重理论联系实际，凸显当前热点。

4. 解析课后习题，提供详尽答案

本书参考大量金融学相关辅导资料对该教材的课(章)后习题进行了详细的分析和解答，并对相关重要知识点进行了延伸和归纳。

与本书相配套，圣才考研网提供米什金《货币金融学》网授精讲班【教材精讲 + 考研真题串讲】、电子书、题库。

购书即可享受大礼包增值服务。手机扫码(本书封底)领取本书大礼包。具体包括：①本书电子书(手机版、电脑版)；②考研真题(含复试)与典型题详解电子书。

圣才考研网(www.100xuexi.com)是圣才学习网旗下的考研考博专业网站，提供考研公共课和全国各高校金融类专业考研考博辅导班【一对一辅导(面授/网授)、网授精讲班等】、电子书、题库、全套资料(历年真题及答案、笔记讲义等)、国内外经典教材名师讲堂、考研教辅图书等。

考研辅导： kaoyan.100xuexi.com(圣才考研网)

资格考试： www.100xuexi.com(圣才学习网)

圣才考研网编辑部

目　　录

第1篇　引　言

第2篇　金融市场

第3篇　金融机构

第4篇　中央银行与货币政策操作

第5篇　国际金融与货币政策

第6篇　货币理论

第1篇　引　言

第1章　为什么学习货币、银行与金融市场

1.1　复习笔记

【知识框架(庖丁解牛)】

- 为什么学习货币、银行与金融市场
  - 为什么研究金融市场
    - 债券市场
    - 股票市场
  - 为什么研究金融机构和银行
    - 金融体系的结构
    - 银行与其他金融机构
    - 金融创新
    - 金融危机
  - 为什么研究货币和货币政策
    - 货币与经济周期
    - 货币与通货膨胀
    - 货币与利率
    - 货币政策的实施
  - 为什么研究国际金融
    - 外汇市场
    - 国际金融体系

【考点难点归纳(厚积薄发)】

考点一：为什么学习金融市场　★★

1. 金融市场的定义

金融市场是指将资金从剩余方转向短缺方的市场。资金供求双方通过金融市场进行资金融通，实现金融资源的有效配置，提高经济效率。金融市场对个人财富、企业经营、消费者行为以及经济周期等都有直接的影响。

2. 主要的金融市场(见表1－1)

表1－1　主要的金融市场

市场类型	具体内容	
债券市场	含义	债券市场是指发行和买卖债券的场所。债券即债务证券，包括长期债务工具和短期债务工具，它承诺在一定时间段内定期支付现金流。利率是借入资金所付出的成本(债务成本)或所支付的价格(通常以一定时期内的利息与本金的比率来表示)

续表

市场类型	具体内容	
债券市场	意义	债券市场能够帮助政府和企业筹集所需资金，同时也是决定利率的场所，而利率对整个经济体系的健康运行有着很大的影响： ①对于个人来说，利率过高倾向于使其减少消费，增加储蓄； ②对于企业来说，利率决定着企业的投资成本，影响企业的投资决策
股票市场	含义	股票市场是指已经发行的股票进行转让、买卖和流通的场所。股票代表持有者对公司收益及资产的索取权
	意义	①对于个人来说，股价的波动影响个人财富水平，从而影响其消费意愿； ②对于企业来说，股价的高低决定了发行股票所能筹集到的资金数量，从而限制了企业可用于投资的资金，影响其投资决策

【例1.1】股票市场中，投资者所购买的股票体现着投资者与上市公司之间的（　　）。［南京大学2013年研］

A. 债权债务关系　　B. 所有权关系　　C. 信托关系　　D. 不能确定

【解析】股票是股份有限公司向股东出具的一种证明其投资入股，并有权从公司获取股息和红利的所有权凭证。股票反映的是所有权关系，债券反映的是债权债务关系，基金反映的是信托关系。

【答案】B

考点二：为什么学习金融机构和银行 ★

银行与其他金融机构是金融市场实现资金由储蓄者向有生产性投资机会的人转移的桥梁，对于经济运行具有十分重要的作用。

1. 金融体系的结构

金融体系是由银行与非银行金融机构（保险公司、共同基金等）共同构成的复杂系统。金融中介是指在金融市场资金融通过程中，在资金供求者之间起媒介作用的金融机构。

2. 银行与其他金融机构

银行是吸收存款、发放贷款的金融机构，包括商业银行、互助储蓄银行等。金融中介机构中，银行的经济规模最大，但近些年保险公司、财务公司、养老基金、投资银行等其他金融机构的成长速度也很快。

3. 金融创新

金融创新是指新的金融产品和服务的发展，可以为金融机构拓宽盈利空间，但有时也伴随着巨大的金融风险。

4. 金融危机

金融危机是指金融市场出现混乱，同时伴随着资产价格的大幅度下跌以及大量金融机构与非金融企业的破产。

考点三：为什么学习货币和货币政策 ★★★

1. 为什么学习货币(见表 1－2)

表 1－2　为什么学习货币

要点		具体内容
货币	含义	货币是指在商品或劳务支付以及债务清偿中被普遍接受的物品
货币与经济周期	含义	经济周期是指经济社会总产出呈现的有规律的上下波动
	关系	20 世纪以来，大部分经济衰退前都出现了货币增长率下降，表明货币增长的变化可能是影响经济周期波动的因素之一，但并非每次货币增长率下降之后都会出现经济衰退
货币与通货膨胀	含义	通货膨胀是指物价水平(一个经济社会中商品和服务的平均价格)的持续性上涨，可以用通货膨胀率加以衡量
	关系	$\pi_t=(P_t-P_{t-1})/P_{t-1}$ 式中，π_t表示 $t-1$ 时刻到 t 时刻的通货膨胀率，P_t表示 t 时刻的物价总水平，通货膨胀和货币供应量增长率之间存在着正相关的关系
货币与利率	关系	货币与其他很多因素一起，在利率波动过程中扮演着重要的角色

拓展：经济周期，也称商业周期或景气循环，一般是指经济活动沿着经济发展的总体趋势所经历的有规律的扩张和收缩。它是国民总产出、总收入和总就业的波动，是国民收入或总体经济活动扩张与紧缩的交替或周期性波动变化。过去将其分为繁荣、衰退、萧条和复苏四个阶段，表现在图形上则以衰退、谷底、扩张和顶峰来描述，也是现在普遍使用的名称。

2. 为什么学习货币政策

货币可以对许多对于经济稳健性至关重要的经济变量产生影响，货币政策(即对货币和利率的管理)与社会福利水平息息相关。

(1)货币政策的实施

一个国家货币政策的实施由其中央银行负责。在美国，货币政策由联邦储备体系(简称美联储)负责实施。

(2)财政政策和货币政策

财政政策是指政府支出和税收收入的相关决策。在一国财政的实际运行中会出现三种情况：预算赤字、预算盈余和预算平衡。其中，预算赤字是指在一个特定的时间段中，政府支出超出税收收入的差额；预算盈余是指在一个特定的时间段中，税收收入超出政府支出的差额。当出现预算盈余时，政府的债务负担可以得到减缓；当出现预算赤字时，政府必须通过对外借款对差额进行弥补。

考点四：为什么学习国际金融 ★

当今世界，金融市场全球化加速发展，全球金融一体化不断增强。

1. 外汇市场

外汇市场是货币兑换的场所，即资金跨国转移的中介市场。跨国转移的资金必须在外汇市场上实现从本国货币到外国货币的兑换。此外，外汇市场也是汇率决定的场所。

汇率是以一种货币表示的另一种货币的价格。本币贬值，外国商品价格升高，本国的居民将会削减对外国商品的购买而增加对本国商品的消费，使得本国的企业更有竞争力；本币升值则使得本国消费者获利，因为国外的商品更加便宜，但会损害本国企业的利益，由于其产品在国内外的销售量都减少，本国就业也随之减少。

2. 国际金融体系

国与国之间的资本在全球范围内频繁的跨国流动使得国际金融体系对本国经济产生更为重要的影响。

1.2 课后习题详解

一、关键术语

1. 总收入(aggregate income)

答：总收入是指生产要素(土地、劳动和资本)在一年中生产商品和服务所获得的全部收入。总收入等于总产出，是计量总产出的最好指标。因为最终产品和劳务的支出最终会作为收入流回生产要素所有者手中，所以收入的支付必然等于最终产品和劳务的支出。

2. 总产出(aggregate output)

答：总产出是指一个国家或地区在一定时期内(核算期内)全部生产活动的总成果，即全部生产部门生产的物质产品和服务的总价值之和，包括本期生产的已出售和可供出售的物质产品和服务、在建工程以及自产自用消费品和自制固定资产的价值。总产出一般按生产者价格进行计算。

3. 物价总水平(aggregate price level)

答：物价总水平是指经济社会中平均的物价水平。在经济数据中，经常使用三种物价总水平的指标。第一种是GDP平减指数，它等于名义GDP除以实际GDP，通常将基年的价格水平定义为100；第二种是个人消费支出平减指数(PCE deflator)，它类似于GDP平减指数，等于名义个人消费支出除以实际个人消费支出；第三种是消费者物价指数(CPI)，它是通过给一个典型的城市居民在某一时期(例如一个月)所购买的一揽子商品和劳务的定价得到的。作为度量物价总水平的指标，不管是CPI、PCE平减指数，还是GDP平减指数，都可以用于将名义值折算成实际值，这个结果可以用名义量值除以物价指数得到。

4. 资产(asset)

答：资产即经济资产，是指资产的所有权已经界定，其所有者由于在一定时期内对它们的有效使用、持有或者处置，可以从中获得经济利益的那部分资产。根据经济周转特性的不同，可以分为流动资产、长期投资、固定资产、无形资产和递延资产等；根据存在的形态不同，可以分为金融资产与非金融资产，有形资产与无形资产。

5. 银行(banks)

答：银行是吸收存款、发放贷款的金融机构，包括商业银行、信用社、互助储蓄银行、储蓄与贷款协会等，这是按美国的划分标准来确定范围的。在国内，银行主要是指商业银行，即利用多种金融负债筹集资金，经营多种金融资产业务，并在负债资产业务中利用负债进行信用创造，追求最大利润，向客户提供多功能、综合性服务的金融企业。商业银行已经成为国民经济活动的中枢，对全社会的货币供给具有重要影响，是全社会资本运动的中心，并成为国家实施宏观经济政策的重要途径和基础。商业银行在现代经济活动中所发挥的基本功能主要包括信用中介、支付中介、金融服务、信用创造和调节经济。

6. 债券(bond)

答：债券是一种承诺在某一特定时期中定期支付的债务性证券，是政府、金融机构、工商企业等机构直接向社会筹措资金时，依法定程序向投资者发行的约定在一定期限内还本付息的证券。债券在债券投资者(持有人)与债券发行人之间形成债权债务关系，债券发行人为债务人，债券持有人为债权人，债券持有人享有按照约定条件收回本金和收取利息的权利，债券发行人负有按照约定条件偿还本金和支付利息的义务。

债券作为一种证券，具有如下特征：①偿还性。债券有确定的偿还期限，发行人必须按期偿还本金，并按照约定利率支付利息。②流通性。债券一般都可以自由转让，在证券交易所上市交易或者在其他合法交易场所转让。③低风险。债券到期必须还本付息，有确定的预期收益，市场价格波动相对较小，故投资风险较小；即使发债企业破产，债券持有人的债权也优先于股票持有人(股东)对企业清算财产的索取权。

债券有不同的种类，按发行主体的不同分为政府债券、企业(公司)债券和金融债券；按偿还期限的不同分为长期债券、短期债券和中期债券；按照债券利率在偿还期内是否变化分为固定利率债券和浮动利率债券；按照债券发行地的不同分为国内债券与国际债券等。

7. 预算赤字(budget deficit)

答：预算赤字是指在某一财政年度，政府计划安排的总支出超过其税收收入并存在于决算中的差额。这个概念包含两层意思：①赤字不但表现在预算的执行结果上，而且政府在安排国家预算时，就已有计划、有目的地留下赤字缺口。②这种赤字虽然是计划安排的，但是这种赤字计划可能是有目的地要实施一种扩张性财政政策，也可能是由于支出具有强烈的刚性，在税收上不去的情况下，被迫留下的赤字缺口。

8. 预算盈余(budget surplus)

答：预算盈余是指预算中存在税收收入大于政府支出的情况。预算盈余是一种预算不平衡的状态，不过它与预算赤字的不平衡是完全不同的两种状态。盈余表示财政宽松，赤字表示财政困难。严格地讲，预算应是平衡的，不仅在计划中是平衡的，而且在执行中和执行后也应是平衡的。但在某些时候，适当地使税收收入的安排大于政府支出是可以的。这时，就会出现预算盈余。

9. 经济周期(business cycles)

答：经济周期是指经济体中总产出向上或向下的波动。现代经济学中关于经济周期的论述一般是指经济增长率的上升和下降的交替过程，而不是经济总量的增加和减少。一个完整的经济周期包括繁荣、衰退、萧条、复苏(也可以称为扩张、持平、收缩、复苏)四个阶段。在繁荣阶段，经济活动全面扩张，不断达到新的高峰。在衰退阶段，经济短时间保持均衡后出现紧缩的趋势。在萧条阶段，经济出现急剧的收缩和下降，很快从活动量的最高点下降到最低点。在复苏阶段，经济从最低点恢复并逐渐上升到先前的活动量高度，进入繁荣。衡量商业周期处于什么阶段，主要依据国民生产总值、工业生产指数、就业和收入、价格指数、利息率等综合经济活动指标的波动。经济周期的类型按照其频率、幅度、持续时间的不同，可以划分为短周期、中周期、长周期三类。对经济周期的形成原因有很多解释，其中比较有影响的主要是纯货币理论、投资过度论、消费不足论、资本边际效率崩溃论、资本存量调整论和创新论。

10. 中央银行(central bank)

答：中央银行是指在一个国家金融体系中居于中心地位的金融机构或组织，是统领一国金融机构体系、控制全国货币供给、实施国家货币政策的最高金融机构。

中央银行的职能有：①发行的银行：发行货币。②政府的银行：代理国库，充当国家出纳，经手预算收支；政府金融代理人，代办金融事务；执行金融行政管理；为政府提供资金融通；保管黄金外汇储备，买卖储备。③银行的银行：集中保管银行准备金；组织全国范围的清算；发放再贷款、再贴现。

11. 普通股(common stock)

答：普通股，是"优先股"的对称，是指股东享有平等权利和义务、不加特别限制、股利不固定的股票。其股息随公司盈利多少而变动。它是股份有限公司发行股票时采用最多的一种形式。普通股股金构成股份有限公司股本的基础。普通股持有人是公司的基本股东，享有广泛的权利，如表决权、选举与被选举权、优先认股权、资产分配权、参与经营权等。普通股股东也比优先股股东承担更多的义务和更大的风险。普通股的股息必须在先支付债券利息、优先股股息后才能分配。普通股的收益无充分保障，公司盈利多时，分到的股利便多；公司盈利少时，分到的股利便少，甚至没有股利。在公司清算时，普通股对公司剩余资产的索取权排在债权人和优先股之后。

12. 电子金融(e-finance)

答：电子金融是指利用电子设备来提供金融服务的一种新方式。例如，近些年来出现的网上银行就是一种方便快捷的电子金融服务。

13. 联邦储备体系(美联储)(Federal Reserve System，the Fed)

答：美国联邦储备体系，简称"美联储"，是指在美国金融业中起中央银行作用的国家垄断资本金融组织，该系统根据《联邦储备法》于1913年12月23日成立。美联储的核心管理机构是美国联邦储备委员会。联邦储备系统由位于华盛顿特区的联邦储备委员会和12家分布全国主要城市的地区性的联邦储备银行组成。杰罗姆·鲍威尔为现任美联储最高长官(美国联邦储备委员会主席)。作为美国的中央银行，美联储从美国国会获得权力，行使制定货币政策和监管美国金融机构等职责。联邦储备系统的组织结构虽与世界各国的中央银行不同，但基本职能是一致的，即它是政府的银行、银行的银行、发行的银行，其主要职能是执行货币供应量政策、贴现政策、存款准备金制度，进行公开市场操作。

14. 金融危机(financial crisis)

答：金融危机是指一个国家或几个国家与地区的全部或大部分金融指标的急剧、短暂和超周期的恶化，金融指标包括短期利率、货币资产、证券、房地产、土地(价格)、商业破产数和金融机构倒闭数等。金融危机是百年来资本主义经济体的一个重要特征，通常情况下，经济周期下滑会随之而来。

15. 金融创新(financial innovation)

答：金融创新是指金融业不断超越传统的经营方式和管理模式，在金融工具、金融机构、金融方式、金融服务技术、金融市场组织等各个方面所进行的大量革新与创造活动。金融创新的直接原因包括：①国际金融业的飞速发展和日益激烈的竞争；②经济环境中的风险性增大；③技术进步；④金融管理环境的变化。

金融创新的方式主要有两种：一种是业务创新，它是全部创新活动的基础，由此引发了金融机构职能和市场组织等一系列的创新活动；另一种是制度创新，是指为了保证金融机构和整个金融体系的安全、稳定所进行的一系列在管理制度和管理活动上的调整和改善。

金融创新增加了金融业的效益，促进了金融改革，促进了国际金融市场一体化，灵活地解决了各方对融资的要求，但加大了监管的难度，影响了各国货币政策的实施。同时，金融创新给传统的金融业提出了不少难题，对金融体系和货币政策提出了不少的挑战。

16. 金融中介机构(financial intermediaries)

答：金融中介机构是连接贷款者(储蓄者)与借款者(支出者)之间进行间接融资的机构。主要的金融中介机构可以分为三类：存款型机构(包括商业银行、储蓄与贷款协会、互助储蓄银行以及信用社)、契约型储蓄机构(包括人寿保险公司、财产保险公司以及养老基金)和投资型中介机构(包括金融公司、共同基金、货币市场共同基金)。

17. 金融市场(financial markets)

答：金融市场是指以金融资产为交易对象而形成的供求关系及其机制的总和。它包括如下三层含义：一是金融市场是金融资产进行交易的一个有形和无形的场所；二是它反映了金融资产的供应者和需求者之间所形成的供求关系；三是它包含了金融资产交易过程中所产生的运行机制，其中最主要的是价格(包括利率、汇率及各种证券的价格)机制。

①特征：交易对象是货币；交易者之间主要不是买卖关系，而是借贷关系；既有有形市场也有无形市场。

②发展趋势：资产证券化、金融全球化和金融自由化。

③功能：融通资金、调节资金、资金积累、配置资金、防范风险、反映经济信息。

④参与主体：政府部门、中央银行、商业银行、其他金融机构、企业和个人。

⑤子市场：同业拆借市场、商业票据市场、可转让大额存单市场、短期国债市场、回购协议市场、股票市场、债券市场、二板市场、衍生金融产品市场。

18. 财政政策(fiscal policy)

答：财政政策是指国家为实现财政的各种功能而制定的一系列方针、措施、原则等的总称。一定时期内的财政政策，包括税收、财政支出、国家预算、国家债务等方面的政策，是国家实行的，为实现一定时期或更长时期的社会、经济发展目标的政策。

19. 外汇市场(foreign exchange market)

答：外汇市场是以不同种货币计值的金融资产交易的市场。外汇市场按其含义有狭义和广义之分。狭义的外汇市场指的是银行间的外汇交易，包括同一市场各银行间的交易、中央银行与外汇银行间以及各国中央银行之间的外汇交易活动，通常被称为批发外汇市场。广义的外汇市场是指由各国中央银行、外汇银行、外汇经纪人及客户组成的外汇买卖、经营活动的总和，包括上述的批发市场以及银行同企业、个人间外汇买卖的零售市场。

外汇市场的主要功能在于：①通过外汇市场的外汇储备买卖和货币兑换业务，使各国间债权债务关系的货币清偿和资本的国际流动得以形成，实现购买力的国际转移；②外汇市场集中了各国政府、企业、公司等单位的闲置资金，并对国际贸易中进出口商进行借贷融资，从而加速了国际资金周转，调剂国际资金余缺；③外汇市场所拥有的发达的通信设施及手段，将世界各地的外汇交易主体连成一个网络，缩短了世界各地间的远程货币收付时间，提高了资金的使用效率；④进出口商利用市场中的远期外汇买卖业务，可有效地避免或减少因汇率变动带来的风险，从而促进国际贸易的发展；⑤外汇市场提供的各种外汇资金的供求信息及其价格动态，有助于各国政府和企业据以正确地进行有关决策。

20. 外汇汇率(foreign exchange rate)

答：外汇汇率又称“汇价”或“外汇行市”，是一国货币单位与另一国货币单位之间的兑换比例。汇率如同商品价格一样，受供求关系的制约。某种货币供不应求时，其汇率便上升。此外，汇率还受到以下因素的影响：①国际收支，尤其是贸易收支与资本项目的顺差与逆差直接影响到汇率的变动；②利率；③一国政治经济局势；④政府货币政策，如通货紧缩，导致利率上升，对该货币的需求上升，于是货币汇率也上升。

21. 国内生产总值(gross domestic product，GDP)

答：国内生产总值是指一个国家(或地区)内的居民和单位在一定时期(通常为一年)内所生产的用于最终使用的产品和服务的价值总和。它是按国土原则计算的，即在本国经济领土范围内生产的最终产品和服务，不论由谁生产、归谁所有，都要计入。

22. 通货膨胀(inflation)［同济大学2024年研］

答：通货膨胀即物价总水平的持续明显上涨。通货膨胀最初指因纸币发行量超过商品流通中的实际需要量而引起的货币贬值现象。纸币流通规律表明，纸币发行量不能超过它所代表的金银货币量，一旦超过了这个量，纸币就要贬值，物价就要上涨，从而出现通货膨胀。通货膨胀只有在纸币流通的条件下才会出现，在金银货币流通的条件下不会出现此种现象。因为金银货币本身具有价值，可以作为贮藏手段，可以自发地调节流通中的货币量，使它同商品流通所需要的倾向量相适应。而在纸币流通的条件下，因为纸币本身不具有价值，它只是代表金银的符号，不能作为贮藏手段。因此，纸币的发行量如果超过了商品流通所需要的数量，此时，流通中的纸币量比流通中所需要的金银货币量多，货币就会贬值，这就是通货膨胀。

23. 通货膨胀率(inflation rate)

答：通货膨胀率是国民经济中总体物价指数上升的百分比。通货膨胀率的高低是衡量一个国家经济是否健康的重要标志。在这里，总体物价指数上升是指各种商品价格普遍地、持续地上升。美国测量通货膨胀率时常用消费者价格指数来表示。消费者价格指数通常是取加权后的一批商品数量乘以基期年份的价格，得到一个基数，然后再把这个权重乘以当年价格，利用这一得数除以基数，就可得到所需的结果。如果求出的比率为 1.4，表明通货膨胀率为 40%。对测度通货膨胀率的指标，人们有不同看法。较多的人倾向于用消费者价格指数的变动来测量通货膨胀率；但也有人认为，这种方法没有考虑产品质量、生活质量的变化，没有考虑涌现出的许多新产品的影响，因此主张用国内生产总值的平减指数表示通货膨胀率。

24．利率(interest rate)

答：利率又称“利息率”，指一定期限内利息与本金的比率。利率是计算利息的依据，是调节经济发展的重要杠杆。利率的高低对资金借出者来说，意味着收益的多少；对资金使用者来说，则意味着成本的高低。从期限看，利率一般有年利率、月利率和日利率三种。现实生活中的利率都是以某种具体形式存在的，如三个月期贷款利率、一年期储蓄存款利率、六个月期国债利率、可转让大额定期存单利率、贴现利率等。随着金融活动的日益拓展，金融活动方式日益多样化，利率的种类也日益增多。

25．货币政策(monetary policy)［北京师范大学 2023 年研］

答：货币政策是指中央银行为实现一定的经济目标，运用各种工具调节和控制货币供给量和利率等中介指标，进而影响宏观经济的方针和措施的总和。货币政策在国家的宏观经济政策中居于十分重要的地位。货币政策的变化会引起总需求和总供给的变化、一般价格水平的变化、经济增长速度和经济结构的变化、国际收支平衡的变化等，因而它是现代市场经济国家最重要的宏观经济调控手段之一。中央银行在国家法律授权的范围内独立地或在中央政府领导下制定货币政策，并运用其拥有的货币发行特权和各种政策手段，利用其领导和管理全国金融机构的特殊地位，组织货币政策的实施。

货币政策包括：政策目标、实现目标的政策工具、监测和控制目标实现的各种操作指标和中介指标、政策传递机制和政策效果等基本内容。这些基本内容紧密联系，构成一个国家货币政策的有机整体。在制定和实施货币政策时，必须对这一有机整体进行统筹考虑。

货币政策作为国家重要的宏观调控工具之一，主要具有以下五方面的功能：促进社会总需求与总供给的均衡，保持币值稳定；促进经济的稳定增长；促进充分就业，实现社会稳定；促进国际收支平衡，保持汇率相对稳定；保持金融稳定，防范金融危机。

26．货币理论(monetary theory)

答：货币理论是主要分析货币数量的变化与经济总体运行状况的波动、与物价水平变化的联系的理论。在本书中，货币理论主要指以下几种理论：货币需求理论、货币与宏观经济的关系理论、货币政策理论、货币政策传导机制理论、货币与通货膨胀理论、理性预期与有效资本市场理论、理性预期与政策的关系理论等。

27．货币(货币供给)(money)

答：货币是指在商品或劳务支付以及债务清偿中被普遍接受的物品。货币与经济周期、通货膨胀、利率存在密切的关系。

28. 衰退(recession)

答：衰退是指经济周期的下降阶段，也就是由高峰向低谷过渡的阶段。习惯上只要实际GDP出现连续六个月的下降就认为经济出现了衰退。通常，在衰退时期实际GDP会下降，同时消费者的支出也会剧烈下降，企业的存货会增加，生产会减少。劳动的需求量会减少，其直接的反应就是失业率会上升。在衰退时期，对价格的压力大大减弱，这时通货膨胀率会下降，甚至会出现通货紧缩。

29. 证券(security)

答：证券是指一切代表未来收益和资产合法要求权的凭证。它用以证明持有人有权依其所持凭证记载的内容而取得相应的权益。从一般意义上来说，证券是指用以证明或设定权利所做成的书面凭证，它表明证券持有人或第三者有权取得该证券拥有的特定权益，或证明其曾经发生过的行为。如股票、债券、本票、汇票、支票、保险单、存款单、借据、提货单等各种票证单据都是证券。

按其性质不同，证券可以分为有价证券和凭证证券两大类。有价证券又可分为以下三种：①资本证券，如股票、债券等；②货币证券，包括银行券、票据、支票等；③财物证券，如货运单、提单、栈单等。凭证证券则为无价证券，包括存款单、借据、收据等。

30. 股票(stock)

答：股票是有价证券的一种主要形式，是股份有限公司公开发行的，用以证明投资者的股东身份和权益并据此以获得股息和红利的凭证。股票一经发行，持有者成为发行股票公司的股东，有权参与公司的决策，分享公司的收益，同时也要以其出资额为限分担公司的责任和经营风险。股票只是代表资本所有权的证书，自身没有任何价值，并不是真正的资本，而是独立于实际资本之外的虚拟资本。股票一经认购，持有者不能要求还本退股，但可在证券市场上转让，即股票具有不可逆转性。股票的种类很多，各国公司可根据需要不断设计、更新股票种类。依据不同标准，股票有不同的分类：①按股东的权利可分为普通股和优先股；②按票面形式可分为记名股和无记名股；③按票面有无每股金额的记载可分为"面额股票"和"无面额股票"；④按照股东是否对公司的经营管理享有表决权可分为"表决权股股票"和"无表决权股股票"。普通股是股份有限公司最基本也是最重要的股票。股票具有不可偿还性、参与性、收益性、流通性、价格波动性和风险性等基本特征。

31. 失业率(unemployment rate)

答：失业率指一定时期内失业人数占就业人数与失业人数之和的比率，是劳工统计中用来反映一国或一个地区失业程度的主要指标。计算方法是失业人数除以劳动力人数再乘以100%，即：失业率=(失业人数/劳动力人数)×100%。失业率可以分别按性别、年龄、种族、产业和职业分组进行计算。一般的标准是：凡是统计时没有工作，但在此以前的4周以内曾做过寻找工作的努力，却没有找到工作的人。此外，包括在失业者统计范围的还有：①暂时被解雇，正在等待招回的人。②正等待到新工作岗位报到，但等待时间达30天以上的人。许多经济学家认为，失业率这一指标并不足以反映一国或地区失业的严重程度，因为还有那些因为寻找工作太难而放弃寻找工作，从而退出劳动力市场成为非劳动力人口的"灰心丧气者"，他们并没有包括在失业者范围之内。

二、思考题

1. 这些利率之间的典型关系是什么：3 个月期国库券利率、长期政府债券利率与 Baa 级公司债券利率？

答：3 个月期国债利率的波动通常要比其他两种债券利率的波动剧烈，并且平均来说利率更低些。Baa 级的公司债券的利率平均来说要高于其他两种债券的利率。

2. 股票价格下降可能对企业投资有何影响？

答：股票价格可以影响企业通过发行新股所能筹集到的资金规模。一家企业股票价格高昂意味着它可以筹集到更多的资金用于购置生产设施和设备。公司股票价格下降，意味着公司可筹集的资金数量减少，因而该公司投资于厂房设备的数量减少。

3. 解释债券与普通股股票的主要不同点。

答：债券与普通股股票的主要不同点包括：

(1)权利不同

债券是债权凭证；股票是所有权凭证。

(2)目的不同

发行债券是公司追加资金的需要，它是属于公司的负债，不是资本金；发行股票是股份公司创立和增加资本的需要，筹措的资金列入公司资本。

(3)期限不同

债券有规定的偿还期，是一种有期证券；股票是一种无期证券/永久证券。

(4)收益不同

债券可以获得固定的利息；股票股息红利不固定。

(5)风险不同

股票风险较大；债券风险相对较小。

4. 解释运转良好的金融市场与经济增长之间的关联性。说出一个金融市场可能影响经济增长或者贫困的作用渠道。

答：(1)关联性

金融市场运转良好有助于促进经济增长，效率高的金融市场把资本从储户转移到借款人，把资源引向具有生产性的和可盈利的投资项目，而投资越是生产性的，经济增长率也就越高；效率高的金融体系还可以通过分散风险和促进交易来提高经济增长。

(2)影响经济增长的作用渠道

在整个市场体系中，金融市场处于中枢的地位，对经济的健康运行起着十分重要的作用。其主要通过融通资金、调节资金、资金积累、资金有效配置、防范风险和经济信息功能来促进经济的健康运行。以上功能便可以成为金融市场影响经济增长的渠道，以融通资金为例，金融市场为资金的融通以及资金供应者、需求者目标的实现创造了条件，提供了媒介与场所，由此促进金融市场的发展与完善，促进了经济的增长。

5. 2007 年开始的经济衰退的主要原因是什么？

答：美国经济遭受了自大萧条以来最严重的金融危机的打击。次级住房抵押贷款违约导致金融机构的重大损失，不仅使大量银行倒闭，而且导致美国最大的两家投资银行破产。

这些因素致使了美国经济自 2007 年起的经济衰退。

6. 人们一般不借钱给别人买房或买车，你认为原因是什么？你的答案能否解释银行的存在性？

答：原因是人们认为借钱给别人买房或买车的风险太大。银行的存在解决了信用中介问题。通过银行的负债业务，把社会上的各种闲散货币集中到银行里来，再通过资产业务，把它投向经济各部门；商业银行是作为货币资本的贷出者与借入者的中介人或代表，来实现资本的融通、并从吸收资金的成本与发放贷款利息收入、投资收益的差额中，获取利益收入，形成银行利润。

7. 除银行以外，经济中还有哪些重要的金融中介机构？

答：除了银行外，经济中还有保险公司、共同基金、养老基金和财务公司等金融中介机构。

8. 美国或者欧洲最近一场金融危机发生在什么时间？是否有理由相信这些危机可能相互关联？为什么？

答：美国最近一次金融危机即 2007 年开始的次贷危机，美国"次贷危机"是从 2006 年春季开始逐步显现的。2007 年 8 月开始席卷美国、欧盟和日本等世界主要金融市场。这场危机发生在美国，因次级抵押贷款机构破产、投资基金被迫关闭、股市剧烈震荡引起的金融风暴，最终影响到全球。

欧洲最近一次金融危机是欧债危机，2009 年 12 月全球三大评级公司下调希腊主权评级，希腊的债务危机随即愈演愈烈。2010 年，欧洲其他国家也开始陷入危机，包括比利时这些外界认为较稳健的国家，及欧元区内经济实力较强的西班牙，都预报未来三年预算赤字居高不下。

我们有理由相信这些危机之间是相互联系的，因为经济全球化的背景下，世界经济是相互联系的，且国际金融市场的发展让世界各国之间的金融体系也彼此关联。美国次贷危机也是一场影响全球的经济大萧条，对欧洲各国的经济也产生了不小的影响。

9. 在过去几年中，美国通货膨胀率是上升的还是下降的？利率呢？

答：2008 年，美国的通货膨胀率达到了最高水平 3.85%，受金融危机的影响，2009 年美国的通货膨胀率达到低点，出现了通货紧缩。此后随着经济的恢复，通货膨胀率在 2011 年上升到 3.16%，随后的几年到 2015 年，通货膨胀率又开始下降，保持在较低水平。从 2015 年至 2017 年，通货膨胀率有小幅上升，而在 2017 年至 2020 年通货膨胀率保持基本稳定。在 2020 年由于新冠疫情的影响，美国通货膨胀率大幅下跌，到 2021 年经济逐渐恢复，通货膨胀率逐渐上升。

2008 年金融危机后，美国开始实行第一轮量化宽松政策，降低利率为 0.25%，实行近似零利率政策。此后，一直到 2015 年 10 月，美国一直保持 0.25% 的近似零利率。在 2015 年和 2016 年年末，美国分别有一次幅度为 0.25% 的加息，在 2017 年 3 月和 6 月，美国又进行了两次幅度为 0.25% 的加息。2019 年经历了三次降息，2020 年因新冠疫情，美联储紧急启动新的一轮量化宽松，导致利率降低，进而促进投资消费，拉动经济恢复增长。

10. 如果历史可以重现，当我们看到货币增长率下降时，你认为下列经济变量将怎样变化？

a. 实际产出。

b. 通货膨胀率。

c. 利率。

答： a. 实际产出：货币在经济周期（即经济总产出的上升和下降运动）形成的过程中扮演了十分重要的角色。如图 1-1 所示，每次衰退来临之前货币增长率都会下降，说明货币供给的变动是经济周期波动的推动力之一。而当经济处于衰退期时的实际产出下降。因此，当货币增长率下降时，一般情况下会造成实际产出下降。然而，并非每次货币增长率下降之后都会出现经济衰退。

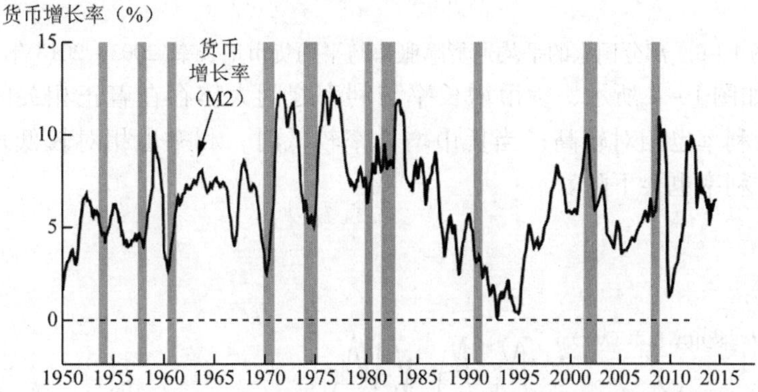

图 1-1　美国的货币增长（M2 的年增长率）与经济周期（1950～2014 年）

说明：图中阴影部分表示衰退时期。

b. 通货膨胀率：如图 1-2 和图 1-3 所示，通货膨胀率和货币供应量增长率之间存在着正相关的关系。当货币增长率下降时，通货膨胀率会下降。

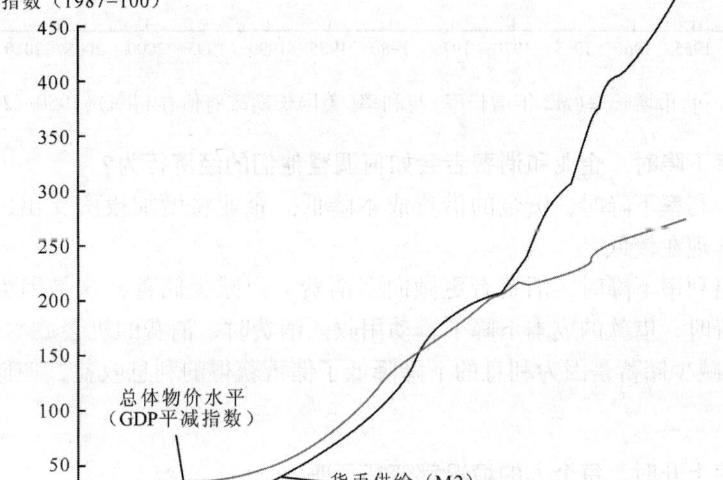

图 1-2　美国的物价总水平与货币供给（1950～2014 年）

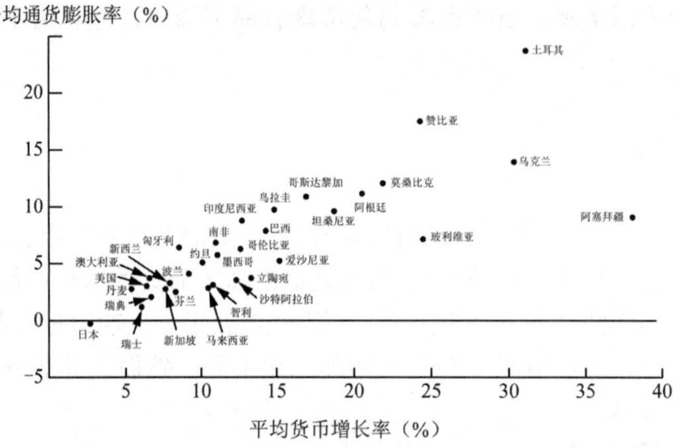

图 1－3　部分国家的平均通货膨胀率与平均货币增长率(2003～2013 年)

c．利率：如图 1－4 所示，货币增长率与利率之间大体存在着正相关的关系：当货币增长率较高时，利率也相对较高；当货币增长率较低时，利率也相对较低。因此，当货币增长率下降时，利率也会下降。

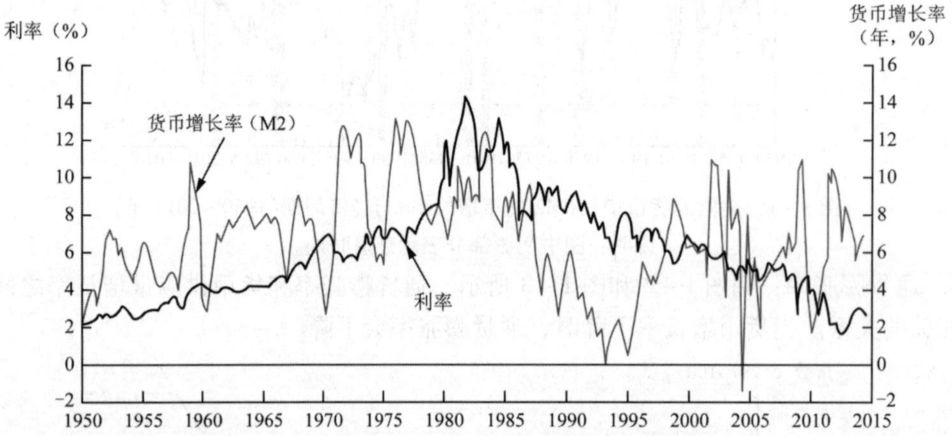

图 1－4　货币增长率(M2 年增长率)与利率(美国长期政府债券利率)(1950～2014 年)

11．当利率下降时，企业和消费者会如何调整他们的经济行为？

答：企业：利率下降时，资金的借贷成本降低。企业将增加投资支出，因为融资这笔投资支出的成本现在较低。

消费者：当利率下降时，消费者更倾向多消费，而减少储蓄，这是因为消费的成本降低了。借款消费时，借款的成本下降了；动用收入消费时，消费的机会成本(储蓄得到的利息)降低了。而减少储蓄是因为利息的下降降低了储蓄获得的利息收益，使储蓄不再那么有吸引力了。

12．当利率上升时，每个人的境况都变坏了吗？

答：当利率上升时，并不是每个人的境况都会变坏。利率上升使借款成本增加，债务人的负担加重，债权人的收益增加；利率上升使存款的利息收益增加，存款人可以从中获益。

13. 为什么金融机构的经理们如此关注联邦储备体系的行动？

答：因为美联储的货币政策会影响利率、通货膨胀率以及经济周期，所有这些都会对金融机构的盈利能力产生重要影响。

14. 与 1950 年以来美国历史上的预算赤字和预算盈余相比，目前美国预算赤字的规模如何？

答：预算赤字占 GDP 的比重自 2007 年以来急剧扩大，2010 年预算赤字占 GDP 的比重达到了 10%，远高于自 1950 年以来大约 2% 的历史平均水平。由于新冠疫情暴发，2020 年美国政府的财政赤字达到了惊人的 5.1 万亿美元。2021 年 8 月美国的预算赤字达到 1706 亿美元，占 GDP 的 15%，远高于 1950 年以来的历史预算赤字和预算盈余。

15. 英镑贬值会怎样影响英国的消费者？

答：英镑贬值会使得英国进口商品的价格上涨，消费者购买的进口商品数量减少，对本国商品的消费增加。

16. 英镑升值会怎样影响美国的企业？

答：英镑升值使得英国的商品相对于美国的商品来说更贵。这样，美国的商人会发现在美国及其国外销售自己的商品会更容易些，而且，自己产品的需求量也会增加。

17. 外汇汇率的变化会对金融机构的盈利产生怎样的影响？

答：外汇汇率的变化会影响金融机构持有的资产的价值，进而影响了这些资产的损益。汇率的变化也会影响为金融机构工作的外汇交易者的利润。

18. 根据图 1－5（教材图 1－8），你会选择哪一年去游览亚利桑那州大峡谷而不是伦敦塔？

图 1－5　美元汇率（1970～2014 年）

答：在 20 世纪 70 年代中后期、80 年代后期以及 90 年代初期，由于美元价值较低，到国外旅行相对比较昂贵，因而此时度假的好去处是在美国看看大峡谷。80 年代初期，随着美元价值的上升，去国外旅行变得相对便宜，故此时是参观伦敦塔的好时候。在 21 世纪初期，美元汇率有一个小幅上升然后随之就下降，故总体来说还是适合参观大峡谷。

19. 当美元相对于其他国家货币的价值上升时，你更愿意购买美国的牛仔裤还是外国产的？生产牛仔裤的美国企业乐于看到美元走强还是走弱？从事牛仔裤进口的美国公司呢？

答：如果美元升值，则外国商品相对于美国商品将更加便宜，美国消费者很可能会买其他国家制造的牛仔裤而不买美国产的。由于美元的走强造成的对美国生产的牛仔裤需求的减少会损害美国牛仔裤生产商的利益，美国牛仔裤生产商不乐于看到美元走强。而另一方面，美国进口外国牛仔裤的贸易公司发现消费者对自己商品的需求增加，因此，美元升值对他们有好处。

20. 许多美国政府债务被外国投资者以政府债券和国库券的形式持有。美元汇率变动如何影响外国投资者持有债务的价值？

答：随着美元相对于外币变得坚挺(升值)，一美元可以兑换更多的外币。因此，对于一个给定面值的债券，美元走强将会导致外国投资者持有的美元债务可以兑换更多的本国货币，因此这项资产对外国投资者来说价值更高。反之，疲软的美元将会导致外国债券持有人对其估值的降低。

三、应用题

21. 下表列举了2020年5月期间美元与英镑(GBP)的汇率。在哪一天把200美元兑换成英镑最好？哪一天最糟糕？这两天所能兑换的英镑相差多少？

日期	美元/英镑
05-01	1.2509
05-04	1.2430
05-05	1.2449
05-06	1.2347
05-07	1.2349
05-08	1.2436
05-11	1.2330
05-12	1.2299
05-13	1.2225
05-14	1.2194
05-15	1.2129
05-18	1.2211
05-19	1.2255
05-20	1.2257
05-21	1.2227
05-22	1.2178
05-25	NA
05-26	1.2337
05-27	1.2231

续表

日期	美元/英镑
05 - 28	1.2325
05 - 29	1.2320

答： 最佳兑换日期是 5 月 15 日，以 1.2129 美元/英镑的汇率兑换，将会获得 164.89 英镑；最不应该在 5 月 1 日进行兑换，该日的汇率是 1.2509 美元/英镑，兑换后只能获得 159.88 英镑；这两天所能兑换的英镑之差是 5.01 英镑。

第2章　金融体系概览

2.1　复习笔记

【知识框架(庖丁解牛)】

- 金融体系概览
  - 金融市场的功能
  - 金融市场的结构
    - 债务市场和股权市场
    - 一级市场和二级市场
    - 交易所市场和场外市场
    - 货币市场和资本市场
  - 金融市场工具
    - 货币市场工具
    - 资本市场工具
  - 金融市场的国际化
  - 金融中介机构的功能：间接融资
  - 金融中介机构的类型
    - 存款机构
    - 契约型储蓄机构
    - 投资中介机构
  - 金融体系的监管

【考点难点归纳(厚积薄发)】

考点一：金融市场的功能　★

基本功能：将资金从盈余方转向短缺方。

贷款-储蓄者，即持有储蓄并贷出资金的经济主体；借款-支出者，即借入资金以进行支出的经济主体。资金通过直接融资与间接融资两种方式从贷款-储蓄者手中流入借款-支出者手中。

直接融资方式下，借款方在金融市场中卖出有价证券给贷款方，直接获得资金，其所发行的有价证券构成对借款方将来资产或收入的索取权。

间接融资方式下，贷款方和借款方之间还存在金融中介机构。金融中介机构向贷款方借入资金，并向借款方发放贷款，它促进资金从贷款-储蓄者流向借款-支出者，从而完成资金的转移。

金融市场的功能有：

①有助于促进资本的合理配置，提高经济社会的整体产出与运转效率。

②运转良好的金融市场使得消费者能够合理地选择买卖时机，提高自身福利。

【例 2.1】下面哪种行为可以认为是直接融资行为？(　　)［清华大学 2015 年研］

A. 你向朋友借了 10 万元

B. 你购买了 10 万元余额宝

C. 你向建设银行申请了 10 万元汽车贷款

D. 以上都是

【解析】直接融资是指，拥有暂时闲置资金的单位(包括企业、机构和个人)与资金短缺需要补充资金的单位相互之间直接建立借贷关系，或者在金融市场上前者购买后者发行的有价证券，将货币资金提供给需要补充资金的单位使用，从而完成资金融通的过程。间接融资是通过金融中介机构完成资金融通。

【答案】A

【例 2.2】直接融资不通过任何的金融中介机构。(　　)［西南财经大学 2013 年研］

【解析】直接融资是指货币资金的需求者与货币资金的供给者之间直接发生的信用关系，双方可以直接协商或者在金融市场上由货币资金的供给者直接买入货币资金需求者发行的债券或股票完成资金的融通。直接融资并不是指资金的融通活动不通过任何金融中介机构，而是金融中介机构不充当信用中介，不充当最后贷款人的债务人和最后借款人的债权人，而直接发生的融资行为。

【答案】×

考点二：金融市场的结构(见表 2－1)　★★★

表 2－1　金融市场的结构

划分依据	具体内容	
筹集资金的方式	债务市场	通过发行债券或抵押票据等方式筹集资金。债券是一种契约，是借款人直接向社会借债筹借资金时，向投资者发行并承诺按约定条件定期支付利息和偿还本金的债权债务凭证。按照偿还期的不同，债务工具可以分为短期(1 年以内的)、中期(1～10 年之间)、长期(不少于 10 年)
	权益市场	通过发行普通股等权益工具筹集资金。权益工具是持有者对公司的所有权的证明，其可以按照一定份额享有公司净收益及资产。权益工具不存在到期日，通常被看作长期证券
	区别	①股权持有人为剩余索取人，因而公司在向股权持有人支付前，需要完成对债权人的全部支付。 ②股权持有人对公司享有部分所有权，能够得到公司盈利及资产增加带来的好处，而债权人所得到的支付则是固定不变的
层次结构	一级市场	一级市场，也称发行市场或初级市场，是资本需求者首次出售证券时形成的市场
	二级市场	二级市场，也称证券流通市场或次级市场，是对已发行证券进行买卖、转让和流通的市场
	联系	一级市场是二级市场的前提，而二级市场决定了在一级市场所发行证券的价格

续表

划分依据	具体内容	
交易场所	交易所市场	证券的买方和卖方（或其代理人、经纪人）集中进行交易的市场
	场外市场	交易商随时向与其联系并同意其报价的人在交易所外买卖证券的市场
交易证券的期限长短	货币市场	进行短期债务工具（期限一般少于1年）交易的市场
	资本市场	进行长期债务工具（期限一般不少于1年）和股权工具交易的市场
	区别	相较于资本市场，货币市场中交易的证券具有更强的流动性

【例2.3】下面不属于货币市场的是（　　）。［中国人民大学2018年研］

A. 短期国债市场　　B. 外汇市场

C. 证券回购市场　　D. 银行间拆借市场

【解析】货币市场是短期融资市场，融资期限一般在1年以内。货币市场可以按照金融产品的不同划分为许多子市场，如票据贴现市场、银行间拆借市场、短期债券市场、大额存单市场、回购市场等。

【答案】B

【例2.4】下列关于一级市场和二级市场的说法，哪个表述是正确的？（　　）［四川大学2016年研］

A. 一级市场是股票交易的市场，二级市场是债券交易的市场

B. 一级市场是长期证券交易的市场，二级市场是短期证券交易的市场

C. 一级市场是证券的发行市场，二级市场是之前发行的证券进行交易的市场

D. 一级市场是交易所，二级市场是场外市场

【解析】一级市场与二级市场是针对金融市场功能划分的两个类型。无论是股票市场还是债券市场均存在这样的划分。一级市场也称初级市场，是组织证券发行的市场；二级市场又称次级市场，是对已经发行的证券进行交易的市场。

【答案】C

考点三：金融市场工具（见表2－2）　★★

表2－2　金融市场工具

类型	具体内容	
货币市场工具	特点	货币市场工具通常距到期日不到1年，价格波动较小，是低风险的投资工具
	种类	美国国库券、可转让银行存单、商业票据、回购协议等
资本市场工具	特点	资本市场工具的期限通常在1年以上，相较于货币市场工具，其价格波动更大，风险更高
	种类	股票、抵押贷款和抵押支持证券、公司债券、美国政府证券、银行贷款等

【例2.5】下列关于国库券的描述中，正确的是（　　）。［北京航空航天大学2014年研］

A. 国库券是为弥补长期的财政赤字而发行的期限在一年以上的长期债券

B. 国库券的债权人是政府，债务人是国内外的银行、企业和居民

C. 国库券是政府为解决短期的预算支出而发行的期限在一年以下的债券

D. 国库券的授信人是政府，受信人是国内外的银行、企业和居民

【解析】国库券是国家财政当局为弥补国库收支不平衡而发行的一种政府债券。财政部发售国库券主要是为政府筹措短期资金以弥补季节性、临时性财政赤字，或应付其他短期资金需求，如偿还到期国库券。国库券的债务人(受信人)是国家，债权人(授信人)是国内外的银行、企业和居民，其还款保证是国家财政收入。中国国库券的最短期限为一年，西方国家国库券种类较多，可分为 3 个月、6 个月、9 个月和一年期四种。

【答案】C

考点四：金融市场的国际化 ★

就债券市场而言，外国债券是国际债券市场上最为传统的金融工具。外国债券是指在境外市场发行并以发行国货币计价的债券。欧洲债券是指在境外市场上发行，但以非发行国货币计价的债券。欧洲货币是指存放在货币发行国境外银行的外币。欧洲美元是最为重要的一种欧洲货币，即存放于美国境外银行中的美元。

就股票市场而言，目前世界最大的股票市场依然为美国股票市场，但其他股票市场所发挥的作用也越来越重要。

考点五：金融中介机构的功能：间接融资 ★★

金融中介化是指通过金融中介机构实现间接融资的过程，是在借贷双方间完成资金转移的主要途径。金融中介机构的功能主要体现在其重要性上。

1. 金融中介机构的重要性(见表 2－3)

表 2－3　金融中介机构的重要性

要点	具体内容
交易成本	金融中介机构可以大幅降低交易成本： ①金融中介具有专业手段以降低成本。 ②金融中介机构规模大，容易获取规模经济带来的好处
风险分担	金融中介机构能够通过以下方式实现风险分担： ①风险分担：金融中介机构设计并提供低风险资产给投资者，再利用出售低风险资产所获得的资金来买入风险更大的资产。 ②资产多样化：帮助投资者构建多样化资产组合，降低其所可能遭受的风险
信息不对称	金融中介机构能够防范逆向选择和道德风险： ①在交易之前由于信息不对称所导致的逆向选择问题，金融中介可以通过信贷风险甄别技术减小其造成的损失。 ②在交易之后由于信息不对称所导致的道德风险问题，金融中介可以通过专门技术监督借款方的活动减小其造成的损失

拓展：金融中介机构的重要性主要体现在交易成本和信息不对称两方面。

【例 2. 6】信贷风险的借款者，常常是找寻贷款最积极，并且最可能得到贷款的人。这

些贷款者可能使金融机构面临(　　)问题。[华中科技大学2017年研]

A. 搭便车　　B. 逆向选择　　C. 道德风险　　D. 信息不对称

【解析】逆向选择是由于事前的信息不对称所导致的。越是存在潜在信用风险的借款人，就越想获得贷款。如果在进行融资之前，融资者依靠自己在信息方面的优势，对融资的发布和论证有所夸大或隐瞒，就会加大投资者的风险。面对这种情况，投资者会采取相应的保护措施，而这会提高融资的门槛和交易成本，并迫使那些风险较小的融资者退出市场，从而进一步提高了投资者的风险并迫使其采取更加严格的保护措施。双方重复博弈的最终结果会不利于融资活动的良性发展，并有可能导致投融资市场规模的萎缩，而这是双方都不愿看到的。因为逆向选择问题增加了贷款变成不良贷款的可能性，所以贷款人可能就会决定不发放贷款了，即使市场上仍存在信用良好的借款人。

【答案】B

2. 范围经济和利益冲突

范围经济是指金融中介机构在多类金融服务中使用同一信息资源，进而降低每一金融服务的信息成本。利益冲突是指当某公司存在多个目标时，目标之间可能存在冲突。金融机构从范围经济中获益与同时需要付出潜在成本之间的冲突即利益冲突。

考点六：金融中介机构的类型(见表2-4)　★★

金融中介机构主要有三种类型：存款机构、契约型储蓄机构以及投资中介机构。

表2-4　金融中介机构的类型

金融中介机构的类型	主要负债 (资金来源)	主要资产 (资金运用)
存款机构(银行)		
商业银行	存款	工商业贷款、消费者贷款、抵押贷款、美国政府证券与市政债券
储蓄和贷款协会	存款	抵押贷款
互助储蓄银行	存款	抵押贷款
信用社	存款	消费者贷款
契约型储蓄机构		
人寿保险公司	保单的保费	公司债券与抵押贷款
火灾和意外伤害保险公司	保单的保费	市政债券、公司债券与股票、美国政府证券
养老基金、政府退休基金	雇主与雇员的缴款	公司债券与股票
投资中介机构		
财务公司	商业票据、股票、债券	消费者贷款与工商企业贷款
共同基金	基金份额	股票、债券
对冲基金	合伙人提供的资金	股票、债券、贷款、外汇与其他资产
货币市场共同基金	基金份额	货币市场工具

拓展：中国的金融中介体系在不断发展中形成了以银行体系（包括中央银行和各类商业银行）为主体，多种金融机构并存的中介体系格局。

【例 2.7】简述金融中介机构的主要职能。［深圳大学 2011 年研；东北财经大学 2007 年研］

答：金融中介机构作为一类特殊的企业，在经济中发挥以下职能：

（1）信用中介职能

信用中介职能是金融中介机构最基本的职能，指通过金融机构的负债业务，把社会上的各种闲置货币资金集中起来，再通过资产业务把它投向国民经济各个部门。金融机构作为货币资金的贷出者和借入者的中介，实现资本的融通，并从吸收资金的成本与发放贷款的利息、投资收益的差额中获取利差收入，形成其利润。

信用中介职能既可以实现资金在盈余者与短缺者之间的转移，还可以实现长短期限的转换。

（2）支付中介职能

支付中介职能是指为工商企业办理与货币运动有关的技术性服务。如通过存款在账户上的转移，代理客户支付；或在存款的基础上，为客户兑付现款等，成为工商企业、团体和个人的货币保管者、出纳者和支付代理人。

支付中介职能的发挥，大大减少了现金的使用，节约了社会流通费用，加速了结算过程和货币资金的周转，促进了再生产的扩大。

（3）信用创造功能

信用创造功能是指通过贷款和投资活动创造存款货币，扩大信用规模的功能。金融机构利用其所吸收的存款发放贷款，在支票流通和转账结算的基础上，贷款又转化为存款。在这种存款不提取现金或不完全提取现金的情况下，增加了银行的资金来源，最后在整个银行体系形成数倍于原始存款的派生存款。

信用创造功能的发挥，使银行可以超出自有资本和吸收资金的总量而扩大信用业务。当然，这种扩大不是无限的，它要受银行现金准备状况和经济发展对信用的客观需要的限制。

【例 2.8】非存款性金融机构不包括（　　）。［南京大学 2012 年研］

A. 信用合作社　　B. 投资银行　　C. 保险公司　　D. 投资基金

【解析】金融机构按照是否能够接受公众存款，可划分为存款性金融机构与非存款性金融机构。存款性金融机构主要通过存款形式向公众举债而获得其资金来源，如商业银行、储蓄贷款协会、合作储蓄银行和信用合作社等。非存款性金融机构则不得吸收公众的储蓄存款，如保险公司、信托金融机构、政策性银行以及各类证券公司、财务公司等。

【答案】A

考点七：金融体系的监管 ★

1. 政府管理金融体系的原因

（1）帮助投资者获得更多的市场信息

金融市场中的信息不对称导致逆向选择以及道德风险等问题的出现，阻碍了金融市场的良好有序运行。政府对金融市场实施监管能够使投资者获得更多相关信息，从而降低逆向选择以及道德风险等问题出现的可能，维护金融市场秩序。

(2)保障金融体系的健全

为避免金融恐慌的出现，保障经济的健康运转，政府通常对金融业实施六类监管：准入限制、信息披露、资产和业务活动的限制、存款保险、利率管制以及限制竞争。

2. 主要金融监管机构(见表2－5、表2－6)

表2－5　美国金融体系中主要的监管机构

监管机构	监管对象	管理性质
证券交易委员会(SEC)	有组织的交易所及金融市场	信息披露要求，限制内部交易
商品期货交易委员会(CFTC)	期货交易所	期货市场交易过程的监管
通货监理署	在联邦政府注册的商业银行及储蓄机构	向联邦注册的商业银行以及储蓄机构发放执照，审查账簿，对其所持有资产数额作出限制
全国信用社管理局(NCUA)	在联邦政府注册的信用社	向联邦注册的信用社发放执照，审查账簿，对持有的资产数额设定限制
州银行和保险委员会	在州政府注册的存款机构及保险公司	向州注册的商业银行和保险公司发放执照，审查账簿，对持有的资产数额范围和分支机构的设立设定限制
联邦存款保险公司(FDIC)	商业银行、互助储蓄银行、储蓄与贷款协会	对银行的每位储户提供25万美元以内的保险，审查参保银行的账簿，对其持有的资产范围设定限制
联邦储备体系	所有存款机构	审查美联储成员银行的账簿，制定所有银行的准备金要求

表2－6　中国金融体系中主要的金融监管机构

监管机构	监管对象及任务
国家金融监督管理总局	统一负责除证券业之外的金融业监管，强化机构监管、行为监管、功能监管、穿透式监管、持续监管，统筹负责金融消费者权益保护，加强风险管理和防范处置，依法查处违法违规行为
证监会	依照法律、法规和国务院授权，统一监督管理全国证券期货市场，维护证券期货市场秩序，保障其合法运行

2.2　课后习题详解

一、关键术语

1. 逆向选择(adverse selection)

答：逆向选择是指在买卖双方信息非对称的情况下，差的商品总是将好的商品驱逐出市场；或者说拥有信息优势的一方，在交易中总是趋向于做出尽可能地有利于自己而不利于别人的选择。逆向选择主要是交易前的信息不对称造成的。逆向选择的存在使得市场价格不能真实地反映市场供求关系，导致市场资源配置的低效率。一般在商品市场上卖者关于产品的质量、保险市场上投保人关于自身的情况等等都有可能产生逆向选择问题。解决逆向选择问题的方法主要有：政府对市场进行必要的干预和利用市场信号。

2. 欧洲债券(Eurobond)

答：欧洲债券是指在境外市场上发行，但以非发行国货币计价的债券，如在伦敦金融市场发行的美元债券称为欧洲美元债券。在欧元区以外的国家发行的欧元计价债券才能称为欧洲债券。实际中许多欧洲债券并非以欧元计价的，计价单位通常为美元。欧洲债券不受任何国家资本市场的限制，免扣缴税，其面额以发行者当地的通货或其他通货为计算单位。

3. 货币市场(money market)

答：货币市场通常是指以短期金融工具为媒介，融资期限在一年以内的资金交易市场，又称短期资金市场。

货币市场的主要特征表现为：期限短、流动性强、风险小等。

货币市场的主要交易对象有：银行存款、短期证券和商业票据等。

货币市场的主要参加者有：政府部门、商业银行、中央银行、其他金融机构以及企业单位等。其中，商业银行是最主要的参加者。

货币市场的主要功能有：①融通资金，促进资金流动；②协调与联结金融机构资金；③货币市场供求及其变动状况是金融市场银根松紧的指示器，也是中央银行进行公开市场业务的活动场所。

货币市场主要是由短期信贷市场、短期证券市场、贴现市场等构成。

4. 资产转换(asset transformation)

答：资产转换是指设计并出售适合投资者风险偏好的资产，并将出售资产所得资金用于买入风险程度更大的资产，实现风险分担从而帮助投资者将风险资产转化为安全性资产的过程。例如，某人的储蓄存款可以为向其他客户发放的抵押贷款提供资金，即银行将储蓄存款(储户的资产)转换为抵押贷款(银行的资产)，通过资产转换过程赚取利润。

5. 欧洲货币(Eurocurrencies)

答：欧洲货币是指在货币发行国境外流通而不受发行国政府法令管制的货币，故也称“境外货币”。欧洲货币是在欧洲美元基础上发展而来的。目前除欧洲美元之外，欧洲货币还包括欧洲英镑、欧洲马克、欧洲瑞士法郎、欧洲荷兰盾以及欧洲日元和欧洲加拿大元等。由于各国商业银行竞相办理外币的存放款业务，使得一个规模庞大的欧洲货币借贷市场不断形成和发展，并逐步演变为一种国际性货币市场。

欧洲货币的主要来源有：①跨国公司的闲置资金。②世界各大银行海外分行投放的资金。③欧洲货币的派生存款创造。

对欧洲货币的需求有以下几个方面：①跨国公司及其他大型工商企业因投资需筹措中长期资金。②发展中国家弥补国际收支逆差。③发展中国家利用和引进外资。④外汇投机。欧洲货币在国际资本借贷中发挥了重要作用，满足了一些国家对国际支付手段的需要，也有利于国际贸易和国际经济合作的发展。但其流动和借贷在一定程度上也不利于国际金融市场的稳定。

6. 道德风险(moral hazard)

答：道德风险是指在双方信息非对称的情况下，人们享有自己行为的收益，而将成本转嫁给别人，从而造成他人损失的可能性。道德风险是信息不对称问题在交易后的影响产生的。道德风险的存在不仅使得处于信息劣势的一方受到损失，而且会破坏原有的市场均衡，导致资源配置的低效率。道德风险分析的应用领域主要是保险市场。解决道德风险的主要方法是风险分担。

7. 信息不对称(asymmetric information)

答：信息不对称是指市场上的某些参与者拥有，但另一些参与者不拥有的信息；或指一方掌握的信息多一些，另一方所掌握的信息少一些。信息不对称会导致资源配置不当，减弱市场效率，并且还会产生道德风险和逆向选择。在很多情况下，市场机制并不能解决信息不对称问题，只能通过其他的一些机制来解决，特别是运用博弈论的相关知识来解决机制设计问题。

8. 欧洲美元(Eurodollars)［中南财经政法大学2023年研］

答：欧洲美元是指存放于美国境外的不受美国政府法令限制的美元存款或从美国银行的境外分支机构获取的美元存款。由于这种境外存放业务开始于欧洲，因此得名。它与美国境内流通的美元是一种货币，具有同样的价值，区别只是账务处理不同。欧洲美元的存在，首先要有一笔美元存款。比如，一家公司或单位在欧洲一家银行存进一笔欧洲美元，实际上是把它原来在美国银行里的一笔美元存款转存到这家欧洲银行在美国银行的账上。同样，一家欧洲银行贷一笔欧洲美元，归根到底也只能是把原来存在美国银行里的一笔美元活期存款转给对方而已。

欧洲美元的出现和欧洲美元市场的发展，对扩展国际贸易，帮助一些国家平衡其国际收支，促进一些发展中国家的经济发展等，都有一定的积极作用，但由于欧洲美元不受任何国家政府的管制，经常追随各地高利率而四处流动，因而助长了外汇投机买卖，促使有关货币汇率的波动幅度增大，导致了外汇市场的动荡不安，甚至造成规模庞大的国际金融风潮。

9. 抵押支持证券(mortgage-backed securities)

答：抵押支持证券是一种标准化的债务证券，它可以以较低的成本将高风险抵押贷款打包，并量化其违约风险，从而为这些抵押贷款提供一种新的融资来源。如今，越来越多的抵押贷款是通过抵押支持证券来提供的。

10. 经纪人(brokers)

答：在本章经纪人是指证券经纪人，又称为“证券代理商”“中间商”，指以接受客户委托、代客买卖证券并以此收取佣金的证券中介机构。证券经纪人的最大特点是不为自己买卖证券，而是完成客户买卖证券的委托，并按照规定收取一定比率的手续费即佣金。其主要职能是为证券投资者提供信息咨询、开立账户、提供信用、接受委托、代理买卖，直至证券过户、保管、避税、财务咨询等一整套有关证券投资的服务。证券经纪人的服务，沟通了买卖双方的信息，克服了证券交易双方人数众多、互不了解、难以在短时间内完成交易的矛盾，扩大了交易范围，形成公平交易价格，起到了促进交易的作用。同时，证券经纪人的出现还有利于证券市场的组织和管理，对市场的活跃和顺利发展有重要意义。

证券经纪人一般可分为以下几种：①佣金经纪人，即接受客户委托，在交易所中代替客户买卖证券并收取一定佣金的经纪人；②交易所经纪人，即在交易所中接受一般证券商的再委托并代办买卖证券，帮助其他证券经纪商撮合证券买卖，从中收取佣金；③专业经纪人，指那些在固定的柜组旁专门从事某一行业的某几种股票交易，既可自营，也可委托买卖，但以接受其他经纪商的委托买卖证券为主。

11. 交易所(exchanges)

答：在本章中，交易所指交易所市场，即场内交易市场，指由证券交易所组织的集中交易市场，有固定的交易场所和交易活动时间，一般是全国最重要、最集中的证券交易市场。证券交易所接受和办理符合有关法令规定的证券上市买卖，投资者则通过证券商在证券交易所进行证券买卖。

证券交易所不仅是买卖双方公开交易的场所，还为投资者提供多种服务。交易所随时向投资者提供关于在交易所挂牌上市的证券交易情况，如成交价格和数量等；提供发行证券企业公布的财务情况，供投资者参考。交易所制定各种规则，对参加交易的经纪人和自营商进行严格管理，对证券交易活动进行监督，防止操纵市场、内幕交易、欺诈客户等违法犯罪行为的发生。交易所还要不断完善各种制度和设施，以保证正常交易活动持续、高效地进行。

12. 抵押贷款(mortgages)

答：抵押贷款是指发放给家庭或者企业的用以购买房屋、土地或其他建筑商品的贷款，房屋和土地等就是贷款的抵押品。抵押贷款要求借款方提供一定的抵押品作为贷款的担保，以保证贷款的到期偿还。抵押品一般为易于保存、不易损耗、容易变卖的物品，如有价证券、票据、股票、房地产等。贷款期满后，如果借款方不按期偿还贷款，银行有权将抵押品拍卖，用拍卖所得款偿还贷款。拍卖款清偿贷款的余额归还借款人。如果拍卖款不足以清偿贷款，由借款人继续清偿。

13. 资本(capital)

答：资本是用于投资得到利润的本金或财产，是人类创造物质和精神财富的各种社会经济资源的总称。资本是一种财富，但它同时能够创造财富。在经济学意义上，资本指的是用于生产的基本生产要素，即资金、厂房、设备、材料等物质资源；在金融学领域，资本通常用来代表金融财富，特别是用于经商、兴办企业的金融资产。

14. 联邦基金利率(Federal funds rate)

答：联邦基金利率是指美国同业拆借市场的利率，是美国最主要的隔夜拆借利率。联邦基金利率的变动能够敏感地反映银行之间资金的余缺，美联储瞄准并调节同业拆借利率就能直接影响商业银行的资金成本，并且将同业拆借市场的资金余缺传递给工商企业，进而影响消费、投资和国民经济。

15. 场外市场[over-the-counter (OTC) market]

答：场外市场，又称柜台交易或店头交易市场，指在交易所外由证券买卖双方当面议价成交的市场。它没有固定的场所，其交易主要利用电话进行，交易的证券以不在交易所上市的证券为主，在某些情况下也对在证券交易所上市的证券进行场外交易。场外市场中的证券商兼具证券自营商和代理商的双重身份。作为自营商，他可以把自己持有的证券卖给顾客，或者买进顾客的证券，赚取买卖价差；作为代理商，又可以以客户代理人的身份向别的自营商买进卖出证券。近年来，国外一些场外交易市场发生很大变化，它们大量采用先进的电子化交易技术，使市场覆盖面更加广阔，市场效率有很大提高。这方面，以美国的纳斯达克市场为典型代表。

16. 资本市场(capital market)[东北财经大学2023年研]

答：资本市场通常是指以中长期金融工具为媒介，融资期限在一年以上的资金交易市场，又称长期资金市场。

资本市场的主要特征表现为：期限长、流动性弱、风险大且收益高。

资本市场的主要参加者有：政府部门、商业银行、中央银行、其他金融机构及企业单位、居民个人等。其他金融机构中，投资银行是最重要的参加者与中介机构之一，保险公司、信托公司、养老基金等金融机构是资本市场上的积极参加者。

资本市场的基本功能是促进资本的形成，有效动员社会储蓄，将其合理地配置于不同地区与不同产业。正因为如此，资本市场是否健全，直接影响到一国的投资水平与投资结构，资源的利用与配置效率，乃至整个国民经济的稳定与协调发展。

资本市场按交易的金融工具不同划分，主要有银行中长期信贷市场和证券市场。银行中长期信贷市场是银行提供中长期资金信贷的场所。证券市场按交易的金融工具类别不同又分为债券市场与股票市场；按金融交易的性质与层次不同又可分为发行市场与流通市场。证券市场是目前筹资者最主要的筹资场所，也是投资者最主要的投资场所之一。

17. 金融媒介(financial inter mediation)

答：金融媒介是指通过金融中介机构实现间接融资的过程，是资金从资金盈余一方流向短缺方的过程。金融媒介是一段时间内在不同的经济部门间产生的，某个时期内资金盈余的部门在另一个时期内也可能需要进行融资。

18. 资产组合(portfolio)

答：资产组合是指投资者将其收入或财富投资于两种或两种以上的证券或资产所形成的一系列资产的组合。投资者通常不会把自己的财富投放于一项资产上，而是同时持有多项资产，以减少投资风险。资产组合的目的是通过对持有资产的合理搭配，使之既能保证一定水平的盈利，又能将投资风险降到最低。

19. 利益冲突(conflicts of interest)

答：利益冲突是道德风险的一种类型，当一个人或者机构存在多种目标(利益)时，这些目标之间可能会出现冲突，即产生利益冲突。当金融机构提供多种服务时，就很容易出现利益冲突。多种服务之间潜在的竞争会导致个人或者企业隐藏信息或者散布不实信息。

利益冲突会大大减少金融市场上的信息量，使得信息不对称问题愈发严重，会阻碍金融市场将资金提供给最具生产性投资机会的借款人，从而导致金融市场的经济效率低下。

20. 金融恐慌(financial panic)

答：金融恐慌有两种含义：①大范围的金融机构倒闭的现象。它发生在更全面、更严重的金融危机之前，或伴随在金融危机之中。②等同于金融危机。不仅包括大范围金融机构倒闭，而且包括资产价格的急剧下降、整个社会金融体系的大动荡。金融恐慌使得社会遭受严重损失，同时经济运行受到严重破坏。

21. 一级市场(primary market)

答：一级市场亦称"初级市场"，即各种有价证券的发行市场。发行市场是流通市场的前提，因此把发行市场称为一级市场，而把流通市场称为二级市场。创建股份有限公司时为筹集一定数额的社会闲置资金形成资本金，或股份有限公司需补充资金用于扩大经营，欲发行股票或公司债券，此外政府欲利用发行债券来筹资，这些情况下的证券发行均需通过初级市场实现。一级市场的参与者包括：证券发行者(股份有限公司、企业或政府机构)、投资者、证券公司等金融中介机构等。初级市场一般没有、也不需要有固定集中的场所。一般而言，证券发行市场中包括一些不以筹集为目的的发行，如股票的无偿给付、股票分配、公司债权转换、股票分割等，但严格地讲，这些活动不应包括在发行市场中。证券发行市场的交易量，除政府为弥补非建设性开支赤字外，大致代表了社会一定时期创业或扩充生产设备的资金，即对社会资本形成中通过直接融资形式的资金融通增加量。

22. 通货(currency)

答：通货，又称"M0"，是指流通中的一切现实货币的总称。通货在商品生产和商品流通过程中起一般等价物作用，执行价值尺度、流通手段、支付手段、贮藏货币等职能，通货是各国货币供应量中无需背书的部分，只包括纸币、硬币，不包括货币的存储职能以及其他支付手段。如中国的人民币、欧盟的欧元、美国的美元、英国的英镑等等。

23. 外国债券(foreign bonds)

答：外国债券是指筹资者在国外发行的，以当地货币为面值的债券，如日本人在美国发行的美元债券。某些主要西方国家的外国债券市场规模很大，筹资者很多，因而有了国际上的统称，如外国人在美国发行的美元债券称为"扬基债券"，在日本发行的日元债券称为"武士债券"等。其发行方式有两种，一种是公募，另一种就是私募。

24. 风险(risk)

答：风险是指投资决策过程中可能面临的不确定性，即实际收益与预期收益之间的差异。这种差异可能对投资者的财富产生正面(盈利超过预期)或负面(亏损大于预期)的影响。主要的风险类型包括：①市场风险：又称系统性风险，指的是整个市场或市场某个板块价值波动给投资带来的影响。②信用风险：指借款人无法按时足额偿还债务的可能性。③流动性风险：指资产不能迅速以公允价格转换为现金的风险。④汇率风险：对于跨国投资，本国货币与投资目标国货币汇率变动可能导致投资价值的变化。⑤操作风险：由于公司内部流程、人员、系统或外部事件导致的损失风险，如欺诈、错误处理等。⑥利率风险：

利率变动影响固定收益证券价格的风险，当利率上升时，现有债券的价格通常会下降。

25. 交易商(dealer)

答：交易商也称自营商，是指以自己的名义，并用自己的资金按照报价买卖证券的个人或组织。交易商与经纪人区别主要在于：①交易商以当事人(即本人)的身份参与交易，而经纪人则以代理人的身份参与交易；②交易商的利润来源于低买高卖，而经纪人的利润则来源于佣金(commission)；③交易商自己承担交易的一切风险，而经纪人则只负责代客执行交易或撮合交易双方进行交易，不承担任何交易风险。在证券市场，同一个证券商往往可兼任交易商和经纪人的双重角色。

26. 中期(intermediate-term)

答：中期是指金融工具的偿还期限在1～10年之间。根据偿还期限的不同，金融工具可以划分为短期、中期与长期金融工具。一般来说，如果偿还期限在1年或1年以内，就为短期金融工具；偿还期限在10年或10年以上，就为长期金融工具；偿还期限介于1～10年之间的，就为中期金融工具。

27. 风险分担(risk sharing)

答：风险分担是指金融中介机构可以以较低的交易成本减少投资者的风险，即减少投资者资产收益的不确定性的功能。金融中介机构进行风险分担有两个途径，一个是通过资产转换，即中介机构设计并出售适合投资者风险偏好的资产，并将出售资产所得资金用于买入风险程度较高的资产，从中获取利润；另一个是多样化策略，即帮助投资者实现资产的多样化，减小可能遭受的风险。

28. 违约(default)

答：违约是指合同当事人完全没有履行合同或者履行合同义务不符合约定的行为。在本章中指债务工具的发行者不能按期按量支付利息或者到期时不能偿还本金的情况。违约风险的高低与发行主体、宏观经济状况等一系列因素相关。例如，美国国库券的发行人是联邦政府，联邦政府可以通过征税或者发行货币的方式偿还债务，因而是不可能违约的。而企业债券的发行人是企业，当企业经营不善时，违约的可能性很大。

29. 投资银行(investment bank)

答：投资银行是指专门从事所有资本市场业务的金融机构，在美国，称为投资银行；在英国，称为商人银行；在中国、日本等国，称为证券公司。其业务范围包括证券承销、金融顾问、证券代理交易和自营买卖、财务顾问、投资顾问、公司购并中介、资产证券化创新、新工具开发等。它的主要职能是提供金融中介服务、推动证券市场发展、提高资源配置效率、促进产业竞争和集中。

30. 二级市场(secondary market)

答：二级市场亦称“次级市场”，即已发行的证券转让、买卖和流通的场所。二级(流通)市场是相对于一级(发行)市场而言的。一级市场是二级市场存在的前提，证券经过初级市场发行后，即进入二级市场。证券交易所是最重要、集中交易的证券二级市场，它是一种有组织的市场。二级市场在结构上还包括场外交易市场，即那些在证券交易所外进行证券买卖活动形成的市场。相对于股票交易而言，绝大部分债券是在场外市场上交易的，事实上股票交易的相当一部分亦是"非挂牌"股票的场外交易。

证券初级市场是证券流通市场形成的前提，但正是由于二级市场的存在，已发行证券得以买卖流通，增加了证券的流动性，扩大了投资者的选择空间，使得发行市场得以顺利运行。流通市场上形成的证券价格和流通状态制约着发行市场上新发行证券的发行规模、发行时间及价格等发行条件。证券二级市场的交易量仅代表现存证券所有权的转移，一般不涉及社会资本存量的变动。

31. 多样化（diversification）

答：多样化是指投资于一组资产（资产组合），由于各种资产之间的收益率不总是同步变动，从而能够消除单个资产的特殊风险即非系统风险，并实现在相同风险水平下比单个资产更高的收益率的一种投资方法。多样化投资策略，也就是"不要把鸡蛋放到同一个篮子里"的策略，对不同风险偏好的人都普遍适用。

32. 负债（liabilities）

答：会计上负债是指企业所承担的，能够以货币计量的，在将来需要以资产或劳务偿还的现时义务，履行该义务会导致经济利益流出企业。按照偿还期限长短，可分为流动负债和长期负债两类。

在本章中，负债是指公司和个人由于出售或发行证券给投资者，而承担的未来投资者向其行使收入和资产的求偿权。

33. 短期（short-term）

答：短期是指金融工具的偿还期限在 1 年或者 1 年以内。根据偿还期限的不同，金融工具可以划分为短期、中期与长期金融工具。一般来说，如果偿还期限在 1 年或 1 年以内，就为短期金融工具；偿还期限在 10 年或 10 年以上，就为长期金融工具；偿还期限介于 1 ~ 10 年之间的，就为中期金融工具。

34. 股利（dividends）

答：股利是普通股票持有者从股份有限公司利润分配中获得的投资收益。股利的多少，视公司经营状况和可分配利润的多少而定，没有固定的比率。普通股票的股利收益，根据不同情况，有多种名称：在只分红不派息条件下，普通股股利收益称为红利；在只派息不分红条件下，称为股息，只不过分配顺序排在优先股票股息后面；在既派息又分红条件下，将按一定股息率获得的部分称为股息，其余部分称为红利。

35. 流动（liquidity）

答：流动是指迅速获得现实购买力的能力，即获得资金的能力，包括资产的流动性和负债的流动性两个大的方面。资产的流动性是指资产的变现能力，衡量资产流动性的标准有两个：一是资产变现的成本，某项资产变现的成本越低，则该资产的流动性就越强；二是资产变现的速度，某项资产变现的速度越快、越容易变现，则该项资产的流动性就越强。而负债的流动性主要是以适当的价格取得可用资金的能力。获得负债的途径，主要是以增资的方式取得资金，或者以吸收存款或借款方式筹得资金。商业银行主要通过主动性负债和潜力养成法来提高负债的流动性。

36. 储蓄机构(thrift institutions)

答：储蓄机构是除商业银行之外的存款性金融机构，是为家庭储蓄存款与投资提供专门服务的非银行金融中介机构。储蓄机构的性质和最终目标与商业银行没有根本差别。但是其经营方针和经营方法不同于商业银行。虽然其资金来源主要靠存款，但其资金运用中有相当大部分是用于投资。其贷款的对象主要是其存款用户，而不是像商业银行那样面向全社会贷款。储蓄机构包括储蓄和贷款协会、信用社以及互助储蓄银行。

37. 规模经济(economies of scale)

答：规模经济指由于生产规模扩大而导致长期平均成本下降的情况。规模经济分为内在经济和外在经济。内在经济是厂商在生产规模扩大时从自身内部所引起的收益增加。外在经济是整个行业规模和产量扩大而使得个别厂商平均成本下降或收益增加。根据形成外在经济的原因，可分为技术性外在经济和金融性外在经济。技术性外在经济是指由于行业的发展，个别厂商可得到修理、服务、运输、人才供给、科技情报等方面的非货币因素的便利条件而引起的外在经济。金融性外在经济是指随着行业的发展，使个别厂商在融资等货币方面受到了影响而发生的外在经济。产生规模经济的主要原因是劳动分工与专业化，以及技术因素。企业规模扩大后使得劳动分工更细，专业化程度更高，这将大大提高劳动生产率，降低企业的长期平均成本。技术因素是指规模扩大后可以使生产要素得到充分的利用。

38. 流动性服务(liquidity services)

答：流动性服务是指金融中介机构所推出的使其客户进行更便捷交易的服务。例如银行提供给其储户的支票账户，能够帮助他们更加容易地进行对外支付，此外，储户还能够从支票和存款账户中获取利息，并且同样能够使用账户中的资金进行支付，这就是常见的一类流动性服务。

39. 交易成本(transaction costs)

答：交易成本指市场主体由于寻找交易对象和实现交易所需的成本。在任何一个经济社会中，只要进行社会生产，就一定会有交易发生，而任何一笔交易得以进行和完成，都必须付出相应的费用。

按照具体的交易活动所涉及的程序，可将交易费用分为：寻找和发现交易对象的成本、了解交易价格的成本、讨价还价的成本、订立交易合约的成本、履行合约的成本、监督合约的履行和制裁违约行为的成本等等。经典的微观经济理论一般都有一个隐含的基本假定，即市场的交易是没有成本的，也就是说交易费用为零，但科斯等经济学家则认为，现实中市场交易是存在交易费用的，并且交易过程中的一系列费用，有时甚至高到致使合约无法达成。交易费用是不可以通过市场避免的，因为交易费用产生的基本因素是不可能改变的。这些因素可大致归纳为两类，一类是“人的因素”，即人的交易行为，往往受到有限理性和机会主义行为的影响，使交易费用提高；另一类是“交易因素”，因为在交易过程中，资产专用性程度、不确定性和交易频率等情况均会影响交易费用的大小。

40. 范围经济(economies of scope)

答：范围经济是研究经济组织的生产或经营范围与经济效益关系的一个基本范畴。如果由于经济组织的生产或经营的范围的扩大，导致平均成本降低、经济效益提高，则存在范围经济。在金融中，范围经济是由同一机构同时提供多种金融服务所产生的协同效应。通过向客户提供多种服务，比如向客户发放银行贷款或者销售债券，金融机构能够通过向许多不同的服务提供同一种信息，从而降低信息生产的成本，获得范围经济效应。

41. 长期(long-term)

答：长期是指金融工具的偿还期限在 10 年或 10 年以上。根据偿还期限的不同，金融工具可以划分为短期、中期与长期金融工具。一般来说，如果偿还期限在 1 年或 1 年以内，就为短期金融工具；偿还期限在 10 年或 10 年以上，就为长期金融工具；偿还期限介于 1 ~ 10 年之间的，就为中期金融工具。

42. 承销(underwriting)

答：承销是指当发行人通过证券市场向不特定对象发行证券筹集资金时，聘请证券公司来帮助其销售证券，证券公司运用自己的专业能力和销售网络在规定的期限内将证券销售出去的过程，它是证券公司的基本职能之一。

证券承销业务有代销和包销两种方式。证券代销是指证券公司代发行人发售证券，在承销期结束时，将未售出的证券全部退还给发行人的承销方式。在合同规定的承销期内，承销商按照规定的发行条件，在约定的期限内尽力推销；在承销期结束时，证券如果没有全部售出，那么证券公司将未售出部分全部退还给发行人，承销商不承担相应的发行风险。在代销过程中，承销机构与发行人之间是代理委托关系，承销机构不承担销售风险，因此代销佣金较低。

证券包销是指证券公司将发行人的证券按照协议全部购入或者在承销期结束时将售后剩余证券全部自行购入的承销方式，即证券公司承担全部销售风险。

43. 权益(equities)

答：权益是一种综合权利，如参加股东大会、投票表决、参与公司的重大决策、收取股息或分享红利等。同一类别的每一份股票所代表的公司权益是相等的。每个股东所拥有的公司权益份额的大小，取决于其持有的股票数量占公司总股本的比重。权益比例的大小直接影响股东对公司的话语权和控制权，也是股东分红比例的依据。

44. 期限(maturity)

答：债务工具的期限就是到该工具最终偿还日的时间。债务工具根据偿还期限的不同，可以分为短期债务工具(1 年以下及 1 年到期)、中期债务工具(到期日介于 1 年到 10 年间)、长期债务工具(到期日在 10 年及 10 年以上)。一般说来，债务工具的期限越长，投资者要求的收益率越高。

45. 证券承销(underwriting)

答：证券承销是指证券公司代理证券发行人发行证券的行为。发行人向不特定对象公开发行的证券，法律、行政法规规定应当由证券公司承销的，发行人应当同证券公司签订承销协议。证券承销业务有包销和代销两种方式。包销是指发行人与承销机构签订合同，由承销机构买下全部或销售剩余部分的证券，承担全部销售风险。代销一般是由投资银行认为该证券的信用等级较低，承销风险大而形成的。

二、思考题

1. 如果我今天花5000美元买辆汽车。明年能实现10000美元的额外收入，因为汽车可以帮我得到旅行推销员的工作，那么若没人愿意给我贷款，我应当接受拉里90%利率水平的高利贷吗？这笔贷款会使我的境况改善还是恶化？你能给出将高利贷合法化的理由吗？

答：应该去找高利贷借款。因为这样做的话，会得到更好的收益。将来的利息支出为4500美元(90% ×5000)，本息和低于借款带来的额外10000美元的收入，从而获得净收入5500美元，改善经济状况。像在这个例子中一样，高利贷确实能使一些人的福利增加，从而对社会有利，但是一种反对高利贷的观点认为他们通常会造成暴力活动。

2. 有经济学家猜测，发展中国家经济增长缓慢的原因之一在于缺乏运转良好的金融市场。你认为这种观点是否有道理？

答：这种观点有一定道理。因为缺乏运转良好的金融市场意味着无法将稀有的资金引导并配置到最具生产效率的生产者那里，企业家因此无法获得资金去创建企业，从而不能够使得经济快速发展。

3. 金融市场让消费者能够更好地选择购买时机。至少举出三个例子加以证明。

答：证明这一点的例子包括：购买汽车等的耐用品、支付学费以及支付修理房屋的费用。上述三种情况下，消费者均能够立即支付这些商品和服务，无需存钱等待在未来有能力去支付。

4. 如果你怀疑一家公司明年可能破产，你宁愿持有这家公司发行的股票还是债券？为什么？

答：在公司来年会倒闭的预期下，更愿意持有债券，因为债券的支付要优先于股票，而持股人得到的只是最后剩余的索取权。

5. 假定丰田在东京市场销售日元计价债券。该债务工具是否属于欧洲债券？如果该债券是在纽约市场销售的，答案会怎样？

答：该债务工具不属于欧洲债券。欧洲债券是指在境外市场上发行，但以第三国货币计价的债券，如在伦敦金融市场发行的美元债券称为欧洲美元债券。而该债务工具在日本发行并以日元计价，故不属于欧洲债券。如果该债券在纽约市场发行，以日元计价，不属于欧洲债券，以非日元计价，才属于欧洲债券。

6. 请说明下列货币市场工具分别是谁发行的：

a. 国库券。

b. 存单。

c. 商业票据。

d. 回购协议。

e. 联邦基金。

答：a. 国库券是美国政府发行的短期债务工具，用于支付即时支出业务，即财政赤字支出。

b. 存单(CDs)是由银行发行并出售给存款人的。

c. 商业票据是由公司和大型银行发行的，用于债务市场的短期融资。

d. 回购协议主要由银行发行，以国库券作为担保，由公司和其他银行通过贷款提供资金，其中发行银行明确同意在不久的将来偿还债务(回购资金)。

e. 联邦基金是银行同业间的隔夜贷款。

7. 抵押贷款和抵押支持证券有什么不同?

答：抵押贷款是指发放给家庭或者企业的用以购买房屋、土地或其他建筑商品的贷款，房屋和土地等就是贷款的抵押品。

抵押支持证券是一种标准化的债务证券，它可以以较低的成本将高风险抵押贷款打包，并量化其违约风险，从而为这些抵押贷款提供一种新的融资来源。

8. 19 世纪时，美国曾向英国大量举债用以修建铁路系统。为什么这样做对两个国家都有利?

答：当时使用的最主要的债务工具是外国债券，这种债券主要是在英国以英镑销售。英国得到好处是因为他们通过借款给美国能得到更高的利息收入，对美国有好处是因为他们能够通过借款来为诸如铁路等有利可图的商业活动融资。

9. 欧洲许多银行持有的巨额资产是从美国住宅市场衍生而来的抵押支持证券，这个市场在 2006 年后崩溃了。以此为例说明金融市场国际化有什么收益和成本。

答：抵押支持证券的国际贸易通常是有利的，因为持有抵押贷款的欧洲银行可以获得这些证券的收益，同时美国金融市场获得了所需的资本，以支持新建住宅和其他生产用途的资金需求。在这种意义上，欧洲银行和美国借款者都受益了。

然而，随着美国房地产市场的急剧下降，抵押贷款违约率大幅上升，欧洲银行持有的抵押支持证券价值大幅下跌。因此，尽管金融危机起初主要是以楼市不景气的方式发生在美国，但它极大地影响了欧洲市场。如果没有金融市场国际化，欧洲受到的影响就会小得多。

10. 风险分担对金融中介机构和私人投资者双方都有利，这是怎样做到的?

答：风险分担是指金融中介机构可以以较低的交易成本减少投资者的风险，即减少投资者资产收益的不确定性的功能。金融中介机构进行风险分担有两个途径，一个是通过资产转换，即中介机构设计并出售适合投资者风险偏好的资产，并将出售资产所得资金用于买入风险程度较高的资产，从中获取利润；另一个是多样化策略，即帮助投资者实现资产的多样化，减少可能遭受的风险。由于高风险资产平均来说具有更高的回报率，金融中介机构通过以较低的交易成本承担风险而获益。

此外，金融中介机构可以通过配置多样化的风险资产来获利。个人投资者通过购买由金融中介发行的由一组资产构成的资产池从而在低风险水平获利，因为金融中介通过多样化策略，帮助个人投资者实现资产的多样化，从而降低了个人投资者所可能遭受的风险。

11. 你将贷款发放给家庭成员的可能性大于发放给陌生人。逆向选择问题是如何解释这一现象的?

答：由于我对家庭成员的了解要比对陌生人的了解多得多，所以更能知道借款人的诚实度、对待风险的态度及其他品质；另外，与陌生人相比，贷款给家庭成员信息不对称的程度及出现逆向选择问题的可能性都较小。比较而言，我更愿意将资金贷给家庭成员。

12. 次级抵押贷款的广泛发行是2007～2009年金融危机的影响因素之一。如何以此证明逆向选择?

答：次级抵押贷款的发行本身就意味着借款人将资金贷给那些信用风险最高、净资产和其他金融资源最低的潜在房主。换句话说，这些最需要抵押贷款的借款人对于贷款人来说也是风险最高的。这就是逆向选择的一个完美的例子。

13. 与其他贷款人相比，为什么高利贷者对借款人的道德风险不那么担心?

答：假如借高利贷的人采取了可能危及还款能力的行动，高利贷放款者可能要对借款人的身体造成某种伤害并以此威胁。因此，高利贷借款人道德风险增加的可能性不大。

14. 如果你是雇主，你会担心雇员有哪些道德风险问题?

答：担心在没有有效监督下，雇员们不会努力工作，增加在职消费，也可能会偷窃、舞弊等。

15. 如果借款人和贷款人之间不存在信息不对称，道德风险问题还会存在吗?

答：会。因为即使你知道某借款人正在采取可能危及贷款偿还的行动，你得阻止借款人这样做。这样做的成本也许会很高，所以你可能不会花费时间和精力来减少道德风险，因而道德风险的问题仍然存在。

16. “在没有信息成本和交易成本的世界里，金融中介机构就不会存在。”这种观点正确、错误还是不确定? 解释你的答案。

答：正确。如果没有信息成本和交易成本，人们相互贷款将没有任何代价，这样的话金融中介就没有存在的必要了。

17. 为什么你会愿意以5%的利率将资金存放在银行储蓄账户中，然后由银行以10%的利率贷放给你的邻居，而不是你自己直接将这笔钱借给你的邻居?

答：向邻居放贷的费用太高(律师费、资信调查费等)，故即使利率为10%，除去费用，实际赚到的也不到5%，不如将资金存到一家支付5%利息的金融中介机构。而且，将资金存放到银行的风险要小于将资金贷给邻居的风险。银行作为金融中介机构也可以减少信息不对称的问题。

18. 利益冲突是如何加剧信息不对称问题的?

答:对利益潜在的竞争可能导致个人或者企业隐藏信息或者传播不实信息,进而导致信息不对称问题愈发严重,阻碍了金融市场将资金分配到最有效的投资机会中去,因此使得金融市场与社会的整体经济运行效率低下。也就是说,相较于纯粹的信息不对称,由于利益冲突而产生的虚假信息可能会导致更低的资本配置效率。

19. 一家公司同时提供多种金融服务,为什么这会是双刃剑呢?

答:提供多种金融服务的金融公司可以通过范围经济(降低信息生产成本)来提高效率。然而这种方式可能是有问题的,因为它也许会带来利益冲突。金融服务公司可能会提供虚假信息或误导性信息来保护自己的利益,这可能会导致不对称信息问题的恶化,使金融市场效率降低。

20. 如果你想贷款买辆新车,你会选择哪种金融中介机构:信用社、养老基金还是投资银行?

答:如果是会员的话,会更倾向于选择信用社,因为他们的主要业务是消费贷款。在某些情况下,可能会直接从养老基金借款,但这样会带来高利息和税收影响。投资银行不向普通公众提供贷款。

21. 为什么人寿保险公司会关注大企业的财务稳健性或住宅市场的健康状况呢?

答:大多数人寿保险公司持有大量的公司债券和抵押资产,因此公司利润状况不佳或房地产市场的下滑会严重影响保险公司资产的价值。

22. 2008 年正值美国金融危机开始爆发之际,联邦存款保险公司将银行存款人的损失保险限额从每个账户 10 万美元提高到 25 万美元。这一举措如何帮助稳定金融体系?

答:金融危机期间,监管机构担心存款人会担心他们的存款银行会破产,存款人(特别是账户余额超过 10 万美元的)将会从银行取钱,使得现金缺乏的银行用于满足客户需求和日常开销的现金更少。这可能会导致传染性的银行恐慌,使得原本资金运行状况比较好的银行也会破产。提高保险限额可以使存款人确信他们的钱存在银行是安全的,防止银行恐慌,有助于金融体系的稳定。

23. 工业化国家的金融监管相似但并非完全相同。工业化国家拥有相同的金融监管,这是否适宜?请阐述理由。

答:关于是否适宜这一点并没有准确的答案。工业化国家拥有相同的金融监管确实是有利的,可以防止市场参与者将金融业务转换到缺乏金融监管的国家;但实际上每一个国家都不一样,设计并实施相同的金融监管规则非常困难,许多国家都希望至少保留部分监管法规,因此多个国家间实在难以达成共识。

三、应用题

24. 假定你刚刚继承了 1 万美元,为使这笔钱的投资收益最大化,正在考虑以下几个选择:

选择一:将钱存放在可生息的支票账户里,利率为 2%。FDIC 为该账户提供银行破产

保险。

选择二：把钱投资于票面收益率为**5%**的公司债券，该企业破产的概率为**10%**。

选择三：把钱借给你朋友的室友迈克，约定利率为**8%**，但你认为有**7%**的可能迈克会不还钱而一走了之。

选择四：以现金形式持有，收益率为零。

a. 如果你是风险中性的(也就是说，你既不追逐风险，也不畏惧风险)，为了最大化你的预期收益，你会选择上述哪种投资方式？(提示：计算时，用每个可能的收益结果乘以该结果的概率，再加总得到预期收益。)

b. 假定你只能在选择三和选择四当中做决定。如果给你的朋友**100**美元可获取关于迈克的额外信息，能确切地说明他是否会不还钱就离开，你愿意支付这**100**美元吗？怎么理解风险相关信息改善的价值？

答：a. 对于选择一：由于存款有保险，可以假设是无风险投资。因此预期的总收益是 $10000 \times 1.02 = 10200$(美元)。

对于选择二：债券收益率为5%，意味着潜在收益为 $10000 \times 1.05 = 10500$(美元)，有90%的机会发生这种结果，因此预期收益为 $10500 \times 0.9 = 9450$(美元)。

对于选择三：预期收益为 $10000 \times 1.08 \times (1 - 7\%) = 10044$(美元)。

对于选择四：无风险，预期的总回报是10000美元。

考虑给定的这些选择以及我是风险中性的假设，选择一是最好的投资方式。

b. 这个选项意味着现实的可能性有两种结果，要么是我什么都得不到(如果迈克确实离开本地的话)，要么是获得10800美元(如果迈克确实按承诺支付)。如果不支付给朋友，预期收益如上所示将会是10044美元，如果支付给朋友100美元并且得知迈克会离开小镇不还款，那么很明显不会把钱借给迈克，只剩下9900美元。然而，如果支付给朋友100美元，并且得知迈克会还钱，将会拥有10700美元($= 10000 \times 1.08 - 100$)。在向朋友支付之后而又没有得知确切结果之前，预期收益是10644美元($= 9900 \times 0.07 + 10700 \times 0.93$)。向朋友支付100美元是绝对值得的，因为它增加了预期回报，降低了进行一项不利投资的风险，且增加了支付金额的确定性。也就是说，在不对称信息的情况下(不向朋友进行支付)，得益范围是0～10800美元。而消除了不对称信息之后(向朋友支付)，得益范围是9900～10700美元。因此支付少量金额以改善风险评估是非常有益的，金融中介机构很适合做这项任务。

第3章 货币是什么

3.1 复习笔记

【知识框架(庖丁解牛)】

货币是什么
- 货币的含义及其与财富、收入的区别
- 货币的功能
  - 交易媒介
  - 记账单位
  - 价值储藏
- 支付体系的演进
- 货币的计量

【考点难点归纳(厚积薄发)】

考点一：货币的含义及其与财富、收入的区别(见表3－1) ★

表3－1 货币的含义及其与财富、收入的区别

要点	具体内容
货币	货币是指在商品和服务支付或债务清偿中被普遍接受的物品，包括可用于购物的通货(纸币和硬币)、活期存款以及其他形式的能够用于支付的东西
财富与货币的区别	财富是指具有价值储藏性质的各种财产的总和，除货币外，还包括债券、普通股、艺术品、土地、汽车和房产等其他资产
收入与货币的区别	收入是指在单位时间内的收益流，是流量概念；货币则是存量概念，是指在某一特定时点上的确定的金额

【例3.1】虽然货币有许多特点，并担任多个角色，但货币应(　　)。[华中科技大学2017年研]

A. 被普遍接受　　B. 有非货币价值

C. 被便宜的生产出来　　D. 有金作为支撑

【解析】货币是任何在商品或劳务的支付或在偿还债务时被普遍接受的东西。现代的信用货币是由国家法律规定的，强制流通的，不以任何贵金属为基础的，独立发挥货币职能的货币。信用货币与代用货币不同，它与贵金属完全脱钩，信用货币本身是没有价值的。

【答案】A

【例3.2】离开货币，商品不能进入消费领域。(　　)[西南财经大学2012年研]

【解析】货币的本质是固定充当一般等价物的特殊商品。一般等价物既是价值的表现形式，也是货币的本质。货币作为一般等价物，具有和一切商品直接相交换的能力，货币是价值的代表。如果离开了货币，商品就进入物物交换的领域，商品的交换职能通过物物交换进行，此时商品之间的交换仅仅是使用价值需求的一致，商品未进入到消费的领域。

【答案】√

考点二：货币的职能（见表3－2） ★★★

货币在任何经济社会中都有三个基本职能：交易媒介、记账单位、价值储藏。

表3－2 货币的职能

职能	具体内容	
交易媒介	含义	货币的交易媒介职能是指货币可以被用来购买产品和服务。 货币行使交易媒介职能必须满足的条件有：①易于标准化，价值易确定；②被广泛接受；③易于分割；④便于携带；⑤不易变质
	作用	交易媒介职能极大地缩短了交换物品和劳务所需的时间，降低交易成本，鼓励专业化和劳动分工，提高了经济效率
记账单位	含义	货币的记账单位职能是指货币用于衡量经济中的价值
	作用	记账单位职能减少了经济社会交易中需要考虑的价格的数量，降低了交易成本
价值储藏	含义	价值储藏是一种超越时间的购买力的储藏。货币的价值储藏职能的优劣取决于物价水平
	作用	价值储藏职能能够将取得收入和支出的时间分离开来

【例3.3】在赊买赊卖中，货币发挥（　　）职能。［中国人民大学2018年研］

A. 流通手段　　B. 支付手段　　C. 交易媒介　　D. 价值贮藏

【解析】货币的支付手段职能是指在商品交换发展的过程中，发生赊买赊卖，即用延期支付的方法买卖商品的情况下，货币用于清偿债务时执行的职能，此时，货币已经不是流通过程的媒介，而是补足交换的一个独立的环节，即作为价值的独立存在而使早先发生的流通过程结束。

【答案】B

【例3.4】下列行为中，货币执行流通手段的是（　　）。［上海财经大学2013年研］

A. 交纳租金　　B. 就餐付账　　C. 银行支付利息　　D. 分期付款

【解析】流通手段是货币在商品流通中充当交换媒介的职能，是货币的基本职能之一。货币执行流通手段后，直接的物物交换就分离成买和卖两个相对独立的阶段，改变了物物交换的局限性。执行流通手段的货币，不能是想象的或观念上的货币，必须是现实的货币。当执行流通手段职能的货币用货币符号来代替时，货币与商品价格的关系会发生变化。

【答案】B

【例3.5】货币的一个重要职能是价值贮藏，（　　）。［南京大学2013年研］

A. 由于纸币没有价格，所以纸币不执行价值贮藏职能

B. 在正常经济环境中，纸币具有价值贮藏职能

C. 在现代社会，执行价值贮藏职能是高品质国债而非纸币

D. 在现代社会，执行价值贮藏职能的是黄金而不是纸币

【解析】货币退出流通，贮藏起来，就执行贮藏手段的职能。纸币是一种信用货币，如果通货膨胀水平较低，并且预期通货膨胀水平也很低，信用货币是可以被“贮藏”起来的。

【答案】B

考点三：支付体系的演变(见表3－3) ★★

支付体系是指经济社会中进行交易的方法。支付体系不断变化发展，货币形式也在随之发展变化。支付体系的演变过程如下：商品货币→不兑现纸币→支票→电子支付→电子货币。

表3－3 支付体系的演变

支付体系	具体内容	
商品货币	含义	商品货币是指由贵金属或其他有价值的商品所构成的货币
	缺点	不易于携带
不兑现纸币	含义	不兑现纸币是指由政府发行的不能兑换为硬币或贵金属的作为法定偿还工具的纸币
	优点	轻便
	缺点	①易于失窃，当交易量很大时，运送费用十分昂贵； ②只有在货币发行当局具有较高的权威和信誉，且印刷技术较为先进、伪造极为困难时，纸币才能够被接受成为交易媒介
支票	含义	支票是指由出票人签发的，委托办理支票存款业务的银行或其他金融机构在见票时无条件支付确定金额给收款人或者持票人的票据
	优点	①携带便捷，降低了运送成本，提高了经济效率； ②出票人可以在余额范围内签发任意金额的支票，使大额交易更加便捷； ③大大降低了失窃的损失
	缺点	①运送支票需要一定的时间； ②处理纸质支票的工作成本相当高
电子支付	含义	电子支付是指消费者、商家和金融机构之间使用安全电子手段将支付信息通过信息网络传送到银行或处理机构，以实现货币支付或流转的行为
	优点	方便快捷、支付成本低
电子货币	含义	电子货币是指信用货币与电脑、现代通信技术相结合的一种电子化存储的货币，它通过计算机实现信用货币的贮存、转账、购买与支付，主要以借记卡、储值卡、电子现金、电子支票等形式存在
	优点	比纸币、支票更快速、方便、安全和节约

【例3.6】劣币驱逐良币规律产生于信用货币制度的不可兑换性。(　　)［中央财经大学2015年研］

【解析】“劣币驱逐良币”的现象，即两种实际价值不同而法定价格相同的货币同时流通时，市场价格偏高的货币(良币)就会被市场价格偏低的货币(劣币)所排斥，在价值规律的作用下，良币退出流通进入贮藏，而劣币充斥市场。劣币驱逐良币规律产生于金银复本位

制下货币实际价值和法定价值的背离。

【答案】×

【例3.7】电子货币[武汉大学2012年研]

答：电子货币是利用电子计算机系统储存和处理的电子存款或信用支付工具，亦称“数字货币”。自电子计算机运用于金融业后，各种信用卡或银行卡正在逐步取代现钞和支票，成为经济生活中广泛运用的支付工具，许多交易结算都利用银行系统的电子计算机网络进行电子化转账支付。电子货币的出现，是现代商品经济高度发达和银行转账清算技术不断进步的产物，将进一步发展。电子货币主要具有以下功能：①转账结算功能：直接消费结算，代替现金转账；②储蓄功能：使用电子货币存款和取款；③兑现功能：异地使用货币时，进行货币汇兑；④消费贷款功能：先向银行贷款，提前使用货币。

考点四：货币的计量(见表3-4) ★★★

人们的行为决定了货币的定义。某种资产能否成为货币取决于人们是否认为其在进行支付时能够被他人所接受。

表3-4 货币的计量

计量方法	具体内容
联邦储备体系的货币总量	美联储选定的货币供应的统计指标，也称为货币总量指标： M1 = 通货 + 活期存款 + 其他支票存款 M2 = M1 + 小额定期存款 + 储蓄存款与货币市场存款账户 + 货币市场共同基金份额(零售)
中国的货币总量	我国货币层次划分如下： M0 = 流通中的现金 M1 = M0 + 企业活期存款 + 机关团体存款 + 农村存款 + 个人持有信用卡存款 M2 = M1 + 城乡居民储蓄存款 + 企业定期存款 + 外币存款 + 信托类存款 M3 = M2 + 金融债券 + 商业票据 + CDs 等 其中，M1 为狭义货币，M2 为广义货币，M2 - M1 为准货币

【例3.8】各国划分货币层次的标准是(　　)。[中国科学技术大学2015年研]

A. 流动性　　B. 安全性　　C. 盈利性　　D. 风险程度

【解析】货币分层，也称为货币层次，是指各国中央银行在确定货币供给的统计口径时，根据自身政策目的的特点和需要，划分了货币层次。目前，世界各国中央银行，对货币统计口径划分的基本依据是一致的，即都以流动性的大小，也即作为流通手段和支付手段的方便程度作为标准。

【答案】A

3.2 课后习题详解

一、关键术语

1. 商品货币(commodity money)

答：在本书中商品货币是指由贵金属和其他价值较高的商品构成的货币。商品货币是货币的一种形式(其他形式有政府货币和信用货币)，商品货币是指从各种实物演变过来，最后体现在黄金上的货币；商品货币的供给由该商品的生产成本所决定；早期信用货币与金币之间保持固定的兑换比率，也属于商品货币。因为这些货币的供给与它们的需求都没有直接的关系，所以货币供给曲线是条与利率变动无关的垂直线，商品货币都是外生货币。

2. 收入(income)

答：收入是指某一特定时间内收益的流量。在本书中，收入主要是以货币为表现形式，与货币(存量)做对比。在会计中，收入是会计要素之一，是指企业在日常活动中形成的、会导致所有者权益增加的、与所有者投入资本无关的经济利益的总流入，通常包括营业收入、投资收益、公允价值变动收益、资产处置收益、其他收益、营业外收入等。

3. 支付体系(payments system)

答：支付体系是指在经济社会中进行交易的方法。支付体系一直在发展变化，而货币形式也在随之发展变化。在一段时期内，贵金属(如金子)是最主要的支付手段，也是货币的主要形式。此后，纸质资产(如支票和纸币通货)开始在支付体系中使用，也被视作货币。未来支付体系的发展对于货币如何定义关系极大。

4. 通货(currency)

答：通货，又称"M0"，是指流通中的一切现实货币的总称。通货在商品生产和商品流通过程中起一般等价物作用，执行价值尺度、流通手段、支付手段、贮藏货币等职能，通货是各国货币供应量中无需背书的部分，只包括纸币、硬币，不包括货币的存储职能以及其他支付手段。如中国的人民币、欧盟的欧元、美国的美元、英国的英镑等等。

5. 流动性(liquidity)

答：流动性指迅速获得现实购买力的能力，即获得资金的能力，包括资产的流动性和负债的流动性两个大的方面。资产的流动性是指资产的变现能力，衡量资产流动性的标准有两个：①资产变现的成本，某项资产变现的成本越低，则该资产的流动性就越强；②资产变现的速度，某项资产变现的速度越快、越容易变现，则该项资产的流动性就越强。而负债的流动性主要是通过负债的途径，以适当的价格取得可用资金的能力。通过负债的途径，主要是以增资的方式取得资金，或者以吸收存款或借款方式筹得资金。商业银行主要通过主动性负债和潜力养成法来提高负债的流动性。

6. 智能卡(smart card)

答：智能卡是一种带有计算机芯片，能在需要时将所有者银行账户中的货币以数字现金的形式存入其中的储值卡。在日韩等亚洲国家，具有智能卡功能的手机将"手机支付"提升到一个新的层次。智能卡还可以一系列方式转移现金，例如通过自动提款机(ATM)、带有智能读卡器的个人计算机或者有特殊装置的电话机。

7. 电子现金(e-cash)

答：电子现金是一种用电子形式模拟现金，可以在互联网上购买商品和服务时使用的电子货币。消费者可以通过在银行开设账户获取电子现金，之后再将其转移到个人计算机上。电子现金具有方便、费用低(甚至没有交易费用)、不记名以及其他性质。但不是所有的电子现金系统都满足这些特点，多数电子现金系统都能为小额在线交易提供快捷与方便。

8. M1

答：M1 是狭义的货币。在现代货币体系中，将公众持有的纸币与硬币划分为流通中的通货 M0，加上商业银行体系支票类型的活期存款，两者之和为 M1。即：M1 = 流通中的现金 + 商业银行体系的支票类存款。

这类划分的依据是：它们都是直接的流通手段与支付手段，流动性最强，属于完全流动的资产。它们几乎没有收益，并普遍为人们所接受。

在本书中，M1 是按照美国标准的划分，包括通货、旅行支票、活期存款和其他可签发支票的存款。由于 M1 具有很强的流动性，基本可以作为交易媒介来使用。

9. 价值储藏(store of value)

答：价值储藏是货币的职能之一，它是一种超越时间的购买力的储藏。货币价值储藏职能可以使人们将自己取得收入和支出的时间分离开来。但是作为价值储藏的手段，货币并不是独一无二的，任何资产都可以用于储藏财富，但是货币是所有资产中流动性最强的。货币的价值储藏职能的优劣取决于物价水平，因为货币价值取决于物价水平。

10. 电子货币(electronic money，e-money)

答：电子货币是信用货币与电脑、现代通信技术相结合的一种最新货币形态，它通过电子计算机运用电子信号对信用货币实施贮存、转账、购买和支付等功能，明显比纸币、支票更快速、方便、安全和节约。电子货币是一种电子化存储的货币，它主要是以借记卡、储值卡、电子现金、电子支票等几种形式存在。

11. M2

答：M2 是广义的货币。它等于 M1 加定期存款、储蓄存款。即：M2 = M1 + 商业银行的定期存款和储蓄存款。

由于广义的货币流动性稍差，并且有一定的收益，在现实经济中强调的是其作为贮藏手段的职能，而不是直接的交易媒介。人们实现支付，需要以极小的成本将它转换成交换媒介，因此其变现的能力稍差。在美国，由于金融市场发达，金融资产品种丰富，M2 的流动性要强些，具体包括小面额定期存款、储蓄存款和货币市场存款账户、货币市场共同基金份额(零售)。

12. 记账单位(unit of account)

答：记账单位是指用货币来衡量经济社会中的价值。如同可以用英镑来称重一样，我们可以用货币来衡量产品和服务的价值。记账单位是货币的三大主要职能之一。货币价值记账职能的发挥，使得人们在经济社会中交易时需要考虑的价格的数量减少，从而减少了交易成本。随着经济社会越来越复杂，货币的这一职能所带来的好处也越来越大。

13. 不兑现纸币(fiat money)

答：不兑现纸币是指被政府宣布为法定偿还工具的纸币，而且不能转化为铸币或贵金属。它是支付制度发展到以纸币作为交易媒介时的主要货币形式。它在现实经济中主要表现为信用货币，主要由现金和银行存款构成。现金体现着中央银行对持有者的负债，银行存款体现着存款货币银行对存款人的负债，这些货币无不体现着信用关系，它与金属货币有着很大的区别。在不兑现纸币的支付制度下，国家对信用货币的管理调控成为经济正常发展的必要条件。因此大多数国家都是由中央银行来管理信用货币的发行与流通，运用货币政策来调控信用货币。

14. 交易媒介(medium of exchange)

答：交易媒介是指货币在商品交易中充当交换的媒介。货币的交易媒介职能能够极大地减少花费在交换物品和劳务上的时间，从而提高经济运行效率。交易媒介是货币的三大主要职能之一。在我们的经济社会几乎所有的市场交易中，以通货或支票形式出现的货币都主要发挥了货币的交易媒介职能。

15. 财富(wealth)

答：财富是指个人持有的所有资源，包括所有资产。财富是作为价值储藏的各项财产的总和，财富不仅包括货币，还包括其他各种资产，比如债券、普通股、艺术品、土地、家具、汽车和房产等。财富与收入是不同的，财富是存量概念，而收入是指某一特定时间内收益的流量。

16. 恶性通货膨胀(hyperinflation)

答：恶性通货膨胀，又称极度通货膨胀。它是指一般物价水平失去控制加速直线上升，其上涨幅度超过 3 位数。在恶性通货膨胀中，物价水平迅速上升，货币的价值也在迅速流失，人们就不愿以货币形式来储藏财富。该种通货膨胀对整个社会经济所产生的影响是灾难性的，它会导致货币制度瓦解，资源配置恶化，整个国民经济趋于崩溃。

17. 货币总量(monetary aggregate)

答：货币总量指在一定时点上由政府和存款机构之外的经济主体所持有的货币。在货币总量的构成方面，大多数经济学家认为货币应包括那些在商品交易以及债务支付中作为交易媒介和支付手段而被普遍接受的东西。他们把货币定义为流通中的现金和支票存款，这就是狭义货币 M1。

而有些经济学家认为金融机构的储蓄存款及其他短期流动资产，很容易变成现金，是潜在的购买力，因而主张以流动性为标准，划分更为广义的货币概念层次。从而形成了广义的货币总量指标 M2、M3、M4 等。这种观点，已为大多数西方国家的政府所接受，各国的中央银行都用多层次或多口径的方法来计算和定期公布货币总量。

二、思考题

1. 为什么通货不是恰当的货币计量指标？

答：因为有许多其他资产和货币类似，都具有流动性，且能够作为货币来购买商品和服务，货币计量指标中如果不计入这些资产就会低估经济体为交易目的获得的流动性。因此，将诸如支票存款或储蓄账户等资产计入货币计量指标可以更精确地反映可被视为货币的资产的存量。

2. 监狱里犯人之间有时用香烟作为支付方式。为什么即使有的犯人不吸烟，香烟也能解决需求的双重巧合问题？

答：即使有犯人不吸烟，但是他们知道监狱中的其他人接受香烟作为支付方式，所以他们愿意接受香烟作为付款方式。香烟恰好满足了买卖双方的需求，所以交易双方使用香烟来购买商品和服务。

3. 经济中的三个人分别生产三种商品(见下表)：

商品	生产者
苹果	苹果园园主
香蕉	香蕉种植者
巧克力	巧克力制造商

如果苹果园园主只喜欢香蕉，香蕉种植者只喜欢巧克力，巧克力制造商只喜欢苹果，在以物易物经济中这三人之间会发生交易吗？引入货币将如何使这三个生产者受益？

答：在以物易物经济中，三人之间不会发生交易。由于苹果园主人只喜欢香蕉，而香蕉种植者不喜欢苹果，香蕉种植者不愿意用香蕉交换苹果，因而他们之间不会发生交易。同样，巧克力制造商因为不喜欢香蕉，也不愿意与香蕉种植者进行交易。因此，在以物易物的经济里，这三个人之间根本就不可能发生交易，因为永远不会出现需求的双重吻合。

假如引入货币，则苹果园主人可将苹果卖给巧克力制造商，然后使用货币从香蕉种植者处购买香蕉。同样，香蕉种植者可以用从苹果园主人处获得的货币向巧克力制造商购买巧克力，而巧克力制造商可以使用货币向苹果园主人购买苹果。因而，需求的双重吻合不再是交易的必要条件，三位生产商现在都可以吃到最喜欢吃的东西，每个人的生活水平都得到提高。

4. 为什么穴居者不需要货币？

答：因为在原始经济体中，穴居者没有专业化的分工，而是同时从事多种产品的生产，因而与其他穴居者进行产品交换的需求比较小。

5. 大部分时候，我们很难将货币的三个职能分割开来。货币总是同时发挥这三个职能，但有时我们可以着重强调其中的某一个。对于以下三个场景，说出重点强调的是货币的哪个职能。

a. 布鲁克知道可以用货币购买产品和服务，因此她愿意接受以货币作为完成办公室日常工作的报酬。

b. 蒂姆想计算橘子和苹果的相对价值，于是她查看了用货币表示的每磅橘子和每磅苹果的价格。

c. 玛瑞亚怀孕了。她预计未来支出会增加，因而决定增加储蓄账户余额。

答：a. 这种情况强调了货币的交易媒介职能。由于我们习惯性使用货币，而导致我们不经常去思考为什么我们愿意接受货币来作为我们工作的报酬。货币的交易媒介职能指的是它在社会中促进交易(如通过工作换取货币，然后用货币购买所需物品)的能力。

b. 在这种情况下，我们观察到货币的记账单位职能。如果现代社会没有用货币作为记账单位，那么苹果的价格就必须用市场上所有的其他物品来报价。假设1磅苹果值0.8磅橘子，半加仑牛奶，三分之一磅牛肉，两个刀片，1.5磅马铃薯等。很快，衡量所有商品的价值就会变成一个不可能的任务。

c. 玛瑞亚正在考虑货币的价值储藏职能。被称为M1或M2的货币在执行交易媒介和记账单位职能时没有其他东西可以替代，但是对于价值储藏功能，有许多其他的资产可以比支票账户能更好地实现保值增值。玛瑞亚选择通过增加她的储蓄账户余额来维持她的购买能力，这在短期内是一个不错的选择。但是如果考虑20年的时间，可能会选择购买20年到期的美国国库券(很多祖父母辈们已经这样做了，并将其作为支持孙子教育的一种方式)。

6. 1994年以前巴西经历了快速通货膨胀过程，用美元而不是本国货币雷亚尔完成了许多交易。为什么?

答：由于当时巴西国内存在着极高的通货膨胀率，巴西本国货币就只有极弱的贮藏价值。因此很多人宁愿持有美元(因为美元具有很好的贮藏价值)，并在日常交易中用美元支付。

7. 美国20世纪50年代与70年代相比，货币的价值储藏职能表现得更好吗?为什么?哪个时期你更愿意持有货币?

答：在美国，货币作为一种价值储藏手段，在20世纪50年代比在70年代好。因为与后一时期相比，前一时期的通货膨胀率比较低，货币的贬值程度也较低。

货币作为价值储藏的手段的优劣取决于物价水平，因为货币价值依赖于价格水平。在通货膨胀时期，物价水平急速上升，货币也急速贬值，人们也就不愿意以这种形式来持有财富。因此，人们在物价水平比较稳定的时期更愿意持有货币。

8. 为什么一些经济学家将恶性通货膨胀期间的货币比喻为“烫手的山芋”?

答：在恶性通货膨胀时期，货币贬值的比率相当高，所以人们会尽量缩短持有货币的时间，此时货币就像烫手的山芋一样快速地从一个人手里传到另一个人的手里。

9. 在19世纪的美国，尽管知道支票会有退票的可能，为什么有时候人们仍然更愿意接受支票而非黄金支付?

答：支票要比黄金易于携带，所以即使支票存在着退票的可能，人们也愿意使用支票结算。也就是说，支票相对较低的运输费用使得人们更愿意接受它。

10. 在古希腊，为什么黄金比美酒更有可能被用作货币?

答：一种商品要想成为货币必须具备以下条件：①必须便于标准化，其价值易于确定；②必须被广泛接受；③易于分割，以方便“找零”；④便于携带；⑤不易变质。

与黄金相比，酒的运输携带比较困难，也更容易腐烂变质，因此黄金是比酒更好的价值储藏手段，并且交易费用会比较低。

因而，黄金更有可能成为货币。

11. 如果你使用 PayPal 等线上支付体系在网上购买产品和服务，会影响到 M1 货币供给量还是 M2 货币供给量，抑或两类货币供给量都会或者都不会受到影响？请解释原因。

答：都不会受到影响。PayPal 之类的线上支付只是改变了交易中货币存在的形式和流通方式，在货币供应上依然属于活期存款的范畴。

由于 PayPal 和类似的支付系统通常是基于信用的，这需要在未来的某日支付今天的花销；那些未来的支付必须使用系统中已有的现金，例如银行存款账户中的货币或资金。换句话说，M1 和 M2 货币供应保持不变，交易结算时货币只是从我的支票账户转移到别人的支票账户而已。

12. 将下列资产按照流动性从高到低排列：

a. 支票账户存款。

b. 房屋。

c. 通货。

d. 汽车。

e. 储蓄存款。

f. 普通股。

答：按照流动性从强到弱的顺序是：c、a、e、f、d、b。

13. 在美联储的货币总量指标 M1 和 M2 中，哪个是由流动性最高的资产组成的？哪个是更大口径的指标？

答：M1 由最具流动性的资产组成，M2 为更大口径的货币计量指标。

14. 经常有商家在标志牌上写着“不接受个人支票”。基于这一观察，请评价支票账户和通货的相对流动性水平。

答：通货的流动性水平要高于支票账户。一项资产的流动性水平通常由需要多少时间和精力(即交易成本)将其转换为通货来衡量。通货被定义为流动性最强的货币类型。不同类型的货币有不同程度的流动性。代表支票账户余额的支票是一种流动性相当好的货币。毕竟，使用支票支付商品或服务所需要的仅仅是两分钟。然而，有些例子表明，一些商人拒绝接受支票作为支付手段(他们不拒绝接受美元，因为美元是通用的货币)。因此这可能导致购买者在试图找银行或 ATM 时有着较高的交易成本，甚至有可能导致交易不成功。这个例子说明，即使在同一货币总量内，不同类型的货币也会有不同的流动性程度。

15. 指出下列资产分别归属于哪个货币总量(M1、M2)：

a. 通货

b. 货币市场共同基金

c. 小额定期存款

d. 支票存款

答：M1 = 通货 + 活期存款 + 其他支票存款

M2 = M1 + 小额定期存款 + 储蓄存款与货币市场存款账户 + 货币市场共同基金份额(零售)

a. 通货属于 M1、M2；

b. 货币市场共同基金属于 M2；

c. 小额定期存款属于 M2；

d. 支票存款属于 M1、M2。

16. 假定你想用支票账户的闲置余额赚些收益，决定签张支票买入一些货币市场共同基金份额。请评价该行为对 M1 和 M2 的影响(其他条件不变)。

答：M1 减少，M2 保持恒定。这一行为将减少个人支票账户余额，并增加个人持有的货币市场共同基金份额。仅考虑该交易，M1 将随着其中一个组成项目的减少而减少，M2 将保持恒定。因为 M2 是由所有的 M1 项目再加上一些其他类型的、流动性不如 M1 的货币项目组成的。其中一类就是货币市场共同基金份额。个人的支票账户余额的减少被货币市场共同基金份额的增加所抵消，因而 M2 保持不变。

17. 2009 年 4 月，M1 年增长率下跌到 6.1%，而 M2 年增长率上升到 10.3%。2013 年 9 月，M1 和 M2 的年增长率分别为 6.5% 和 8.3%。美联储的政策制定者们应当如何解读 M1 和 M2 增长率的这些变化？

答：从 2009 年 4 月到 2013 年 9 月期间，M1 的增长率上升了 0.4%，M2 的增长率下降了 2%，但是 M2 的增长率一直远大于 M1 的增长率。所以两者之间的增长率差异和增长率变化趋势的不同使得很难仅仅通过货币供应指标来判断经济运行状态。但总体来看，M1 和 M2 的增长率水平处于合适的区间内，故美联储的决策层可能会认同经济目前处于平稳运行状态。

18. 假定有研究者发现，过去 20 年美国经济的债务总额指标比 M1 和 M2 能更好地预测通货膨胀和经济周期。这是否意味着我们应当将货币定义为经济中的债务总额？

答：不可以。根据货币的定义，货币是指在商品和服务支付或债务清偿中被普遍接受的物品，现代货币的计量按流动性划分货币供应量的不同层次。而债务总额即负债总额，是指由过去的交易、事项形成的现时的偿还义务，与货币属于两个范畴。即使债务总额指标比 M1 和 M2 能更好地预测通货膨胀和经济周期，也不能将其作为货币的定义。

三、应用题

19. 下表给出了各种货币形式的假定值，单位是十亿美元。

	2021 年	2022 年	2023 年	2024 年
A. 通货	900	920	925	931
B. 货币市场共同基金份额	680	681	679	688
C. 储蓄账户存款	5500	5780	5968	6105
D. 货币市场存款账户	1214	1245	1274	1329
E. 活期存款和支票存款	1000	972	980	993
F. 小额定期存款	830	861	1123	1566
G. 3 个月期国库券	1986	2374	2436	2502

a. 利用该表计算每年的 M1 和 M2 货币供给量，以及较上一年的增长率。

b. 为什么 M1 和 M2 增长率如此不同？请解释原因。

答： M1 = 通货 + 活期存款 + 其他支票存款 = A + E。

M2 = M1 + 小额定期存款 + 储蓄存款与货币市场存款账户 + 货币市场共同基金份额(零售) = A + B + C + D + E + F。

a. 下表显示了 M1 和 M2 货币供应量，以及较上一年的增长率。

	2021 年	2022 年	2023 年	2024 年
A. 通货	900	920	925	931
B. 货币市场共同基金份额	680	681	679	688
C. 储蓄账户存款	5500	5780	5968	6105
D. 货币市场存款账户	1214	1245	1274	1329
E. 活期存款和支票存款	1000	972	980	993
F. 小额定期存款	830	861	1123	1566
G. 3 个月期国库券	1986	2374	2436	2502
M1 总量	1900	1892	1905	1924
M2 总量	10124	10459	10949	11612
M1 增长率		-0.42%	0.69%	1.00%
M2 增长率		3.33%	4.68%	6.06%

b. 根据上表，M1 货币供应量增长率呈现平缓上升趋势，M2 货币供应量以相对高得多的正增长率增长。这是因为与 M1 的构成(其也包括在 M2 中)相比，M2 的构成项目上升得更快。特别是，小额定期存款从 2022 年到 2023 年增长 30.43%，2023 年到 2024 年增长 39.45%，推动了 M2 的大部分增长。此外，构成 M1 货币供应量的组成部分占 M2 总量指标的比率不到 20%。因此，货币市场、储蓄账户和定期存款指标的变动对 M2 增长的影响要大于 M1。

第2篇　金融市场

第4章　利率含义

4.1　复习笔记

【知识框架(庖丁解牛)】

- 利率含义
  - 利率的计量
    - 现值
    - 信用市场工具
    - 到期收益率
  - 利率与回报率的区别
  - 名义利率与实际利率的区别

【考点难点归纳(厚积薄发)】

考点一：利率的计量(见表4-1)　★★★

表4-1　利率的计量

<table>
<tr><th>要点</th><th colspan="2">具体内容</th></tr>
<tr><td>现值</td><td colspan="2">即未来某笔收入贴现到当前的价值。现值(PV)的计算公式为：
$$PV=CF/(1+i)^n$$
其中，CF为未来现金流，i为贴现利率，n为贴现的时间跨度</td></tr>
<tr><td rowspan="4">信用市场工具</td><td>普通贷款</td><td>即借款人获得一定数量的资金，到期向贷款人归还本金并支付额外利息的贷款</td></tr>
<tr><td>固定支付贷款(完全分期等额偿还贷款)</td><td>即给借款人提供一笔资金，数年内借款人需要每个期间(例如每月)偿还固定金额(包括本金和利息)的贷款</td></tr>
<tr><td>息票债券</td><td>即一种每年向其持有人支付固定利息、到期偿还本金的债券</td></tr>
<tr><td>贴现债券(零息债券)</td><td>即购买价低于面值，到期日按票面价值偿还的债券</td></tr>
</table>

续表

要点	具体内容	
到期收益率	含义	到期收益率是使债券工具带来的回报的现值与其现在的价值相等的利率
	计算	以下公式中：LV 表示贷款金额，I 表示利息支付额，n 为贷款年限，i 为到期收益率，FP 表示每年固定偿付额，P 代表息票债券价格，C 代表年利息支付额，F 是债券面值，i_c 是永续债券的到期收益率。 ①普通贷款到期收益率的计算公式： $LV=(LV+I)/(1+i)^n$ ②固定支付贷款的到期收益率计算公式： $LV=\frac{FP}{1+i}+\frac{FP}{(1+i)^2}+\frac{FP}{(1+i)^3}+\cdots+\frac{FP}{(1+i)^n}$ ③息票债券的到期收益率计算公式： $P=\frac{C}{1+i}+\frac{C}{(1+i)^2}+\frac{C}{(1+i)^3}+\cdots+\frac{C}{(1+i)^n}+\frac{F}{(1+i)^n}$ 其中，永续债券是一种没有到期日、不偿还本金、永远进行固定利息支付的债券，其到期收益率的计算公式： $i_c=C/P_c$ ④任意1年期贴现发行债券的到期收益率计算公式： $i=(F-P)/P$

【例4.1】其他情况不变，若到期收益率______票面利率，则债券将______。(　　)[中国科学技术大学2016年研]

A. 高于、溢价出售　　B. 等于、溢价出售

C. 高于、平价出售　　D. 高于、折价出售

【解析】如果债券的市场利息率(到期收益率)低于同类债券的票面利息率，则债券的价格高于其票面值，债券溢价发行；如果债券的市场利息率(到期收益率)等于同类债券的票面利息率，则债券的价格等于其票面值，债券平价发行；如果债券的市场利息率(到期收益率)高于同类债券的票面利息率，则债券的价格低于其票面值，债券折价发行。

【答案】D

【例4.2】30年期限，10%票面利率债券的债券面值是100元，目前该债券售价是98元，那么该债券的收益率应该(　　)。[清华大学2015年研]

A. 大于10%　　B. 小于10%　　C. 等于10%　　D. 无法判断

【解析】由题知债券目前售价是98元，低于票面价值100元，因而该债券是折价发行。折价发行的债券到期收益率大于票面利率。

【答案】A

【例4.3】面值为100元的永久性债券票面利率是10%，当市场利率为8%时，该债券的理论市场价格应该是(　　)元。[中央财经大学2011年研]

A. 100　　B. 125　　C. 110　　D. 1375

【解析】该债券的理论市场价格应该是：$P=C/r_m=100\times10\%/8\%=125$ 元。

【答案】B

考点二：利率与回报率的区别（见表 4－2）★★

表 4－2　利率与回报率的区别

要点	具体内容
回报率	即向持有者支付的利息率与以购买价格百分比表示的价格变动率之和，等价于当期收益率加上资本利得率
利率与回报率的变动	对于票面利率相同、期限不同的债券： ①持有期与到期时间相等时，回报率与到期收益率相同。 ②利率与债券价格负相关。 ③债券期限越长，债券价格波动越大。 ④债券期限越长，利率越高时的债券回报率越低。 ⑤即使债券初始利率很高，当利率上升时，债券回报率仍有可能为负
利率风险	利率风险是指由于利率变动所引起的资产回报率波动的风险。长期债券的价格对利率变动的敏感性更强，因此长期债券的价格和回报率比短期债券更不稳定

【例 4.4】在其他条件相同的情况下，同一公司发行的 5 年期债券与 3 年期债券相比，下列哪个选项是正确的？（　　）［中山大学 2019 年研］

A．通货膨胀补偿率较大

B．期限风险收益率较大

C．流动性风险收益率较大

D．违约风险收益率较大

【解析】债券的利率期限结构是：具有相同风险、流动性和税收特征的债券，由于距离到期日的时间不同，其利率会有所差异。A 项，其他条件相同时通货膨胀补偿率相同；B 项，同一公司发行的债券，期限越长，由于利率上升而使购买长期债券的投资者遭受损失的风险就越大，期限风险收益率较大；C 项，同一公司发行的 5 年期债券与 3 年期债券相比流动性风险收益相同；D 项，同一家公司违约风险相同，故违约风险收益率相同。

【答案】B

【例 4.5】一个固定收益基金经理希望持有价格波动率最大的债券，其应该持有（　　）。［清华大学 2015 年研］

A．短期，高息票债券　　B．长期，低息票债券

C．长期，零息票债券　　D．短期，低息票债券

【解析】价格的利率敏感性与债券的到期时间长短具有正向关系，其他因素相同时，长期债券比短期债券价格的利率敏感性更强；价格的利率敏感性与债券的票面利率具有反向关系，其他因素相同时，低票面利率债券比高票面利率债券价格的利率敏感性更强。

【答案】C

考点三：名义利率与实际利率的区别（见表4-3）★★

表4-3　名义利率与实际利率的区别

要点	具体内容
名义利率	名义利率是指包含了通货膨胀因素，即不考虑对通货膨胀因素做出调整的利率
实际利率	实际利率是指根据预计的物价水平变动（通货膨胀）做出调整的利率，反映了借入资金的真实成本
名义利率与实际利率的关系	费雪认为，名义利率等于实际利率与预期通货膨胀率之和，表达公式：$i=r+\pi^e$ 其中，i代表名义利率，r代表实际利率，π^e代表预期通货膨胀率

【例4.6】目前我国一年期定期存款年利率为2.50%，假设2010年官方公布的CPI为3.80%，则一年期定期存款的实际年利率为（　　）。［浙江工商大学2011年研］

A. 1.30　　B. -1.30%　　C. -1.25%　　D. -1.27%

【解析】名义利率是指包括补偿通货膨胀（或通货紧缩）风险的利率。名义利率的计算公式可以写成：$r=(1+i)\times(1+p)-1$。式中，r为名义利率；i为实际利率；p为借贷期内物价水平的变动率，它可能为正，也可能为负。则实际年利率为：$i=(1+r)/(1+p)-1=(1+2.5\%)/(1+3.80\%)-1=-1.25\%$。

【答案】C

【例4.7】实际利率和名义利率都可能为负值。（　　）［中央财经大学2012年研］

【解析】实际利率是指物价水平不变，从而货币购买力不变条件下的利息率。名义利率是指包括补偿通货膨胀（包括通货紧缩）风险的利率。理论上名义利率不可能为负，即不会出现倒付利息的情况，但实际上日本在20世纪90年代与美国在2008年次贷危机期间出现过名义利率为负的情况。当通货膨胀率高于名义利率时，实际利率为负值。

【答案】√

4.2　课后习题详解

一、关键术语

1. 现金流（cash flow）

答：现金流是指企业在一定会计期间按照现金收付实现制，通过一定经济活动（包括经营活动、投资活动、筹资活动和非经常性项目）而产生的现金流入、现金流出及其总量情况的总称。不同的债务工具对持有者的现金偿付也称为现金流，通常时间安排差异很大。

2. 面值（face value）

答：面值一般指票面价值。股票面值是指企业发行的股票上面所标明的金额，有的企业发行的股票上有票面价值，也有的企业发行的股票不标明票面价值。债券面值是指设定的票面价值，代表发行人承诺于未来某一特定日期偿付给债券持有人的金额。

3. 资本利得率(rate of capital gain)

答：资本利得率是债券当前价格与最初的购买价格的变动比例。用公式表示为 $g=(P_{t+1}-P_t)/P_t$，其中，g 为资本利得率，P_t 为 t 时刻债券的价格，P_{t+1} 为 $t+1$ 时刻债券的价格。资本利得是指出售股票、债券或不动产等资本性项目取得的收入扣除其账面价值后的余额。

4. 统一公债或永续债券(consol or perpetuity)

答：统一公债，也称永续债券，是一种持续进行固定金额利息支付的债券，这类债券没有到期日，也不进行本金偿还。优先股可以被看作是一种永续债券，优先股的股息率相对固定，而且没有到期日。

5. 固定支付贷款(完全分期等额偿还贷款)[fixed-payment loan(fully amortized loan)]

答：固定支付贷款是指贷款人在一定期限内按照事先商定的条件，向借款人借出一笔资金，在这段时间内，借款人以等额分期支付的方式偿还贷款。其中，每一期支付的数额中都包括一部分本金和当期应付的利息。常见的固定支付贷款有汽车贷款等分期付款贷款和抵押贷款等。

6. 实际利率(real interest rate)

答：实际利率指考虑了通货膨胀因素并做出调整之后的利率，即扣除了物价因素后的利率。实际利率能够衡量贷出资金或者投资人实际所得到的利息率，衡量债务人实际付出的成本。实际利率的计算公式为：

$$\text{实际利率}=\frac{\text{名义利率}-\text{通货膨胀率}}{1+\text{通货膨胀率}}$$

当通货膨胀率很低时，可近似记为，实际利率 = 名义利率 - 通货膨胀率。

实际利率为正值时，有利于吸收储蓄，有助于降低通货膨胀率；实际利率为负值时，则会减少储蓄、刺激金融投机、恶化通货膨胀。

7. 息票债券(coupon bond)

答：息票债券是指附有息票的债券，与“无息票债券”相对。息票是附于债券上的利息票据，是债权人按期取息的凭证。采用分次付息的方法，在每张债券上都按约定的付息次数附有若干张息票，每张息票上都标明该息票付息的日期和金额，到付息日时，持券人将到期息票剪下，到发行人指定的机构办理取息手续。息票债券大多采用固定利率，分为记名和不记名两种。

8. 不变价格(real terms)

答：不变价格是指用某一时期同类产品的平均价格作为固定价格来计算各个时期的产品价值，也即消除价格变动因素的影响，以实际能够购买到的实物和劳务数量来衡量的价格。例如，实际 GDP 采用不变价格衡量，在计算实际利率时，也是按不变价格计算的。

9. 息票利率(coupon rate)

答：息票利率是每年支付的息票利息与债券面值的比率，是发行人根据债券发行时约定的利率或条件支付给债券持有人的投资报酬。它是债券发行的必备内容，其利息多少直接影响着发行人的筹资成本和投资者的收益。债券的到期收益率在实际情况中既可以大于，也可以等于或小于它的息票利率。

10. 利率风险(interest-rate risk)

答：利率风险是指源于市场利率水平的变动对证券资产的价值带来的风险。一般来说，利率的上升会导致证券价格的下降，利率的下降会导致证券价格的上升。在利率水平变动幅度相同的情况下，长期债券的价格对利率的变动反应更灵敏，因此长期债券的价格和回报率比短期债券更不稳定。

11. 回报(回报率)[return(rate of return)]

答：回报率是指投资者获得的收益同投资总额的比率。决定回报率的因素主要有利率、期限和购买价格。一般来说，回报率是投资者在购买投资品时考虑的首要因素。从 t 时刻到 $t+1$ 时刻持有债券的收益率可以写为：

$$R=(C+P_{t+1}-P_t)/P_t$$

其中，R 代表从 t 时刻到 $t+1$ 时刻持有债券的回报率、P_t 代表 t 时刻债券的价格、P_{t+1} 代表 $t+1$ 时刻债券的价格、C 代表息票利息支付额，上面等式可以被拆分为两部分：

$$R=C/P_t+(P_{t+1}-P_t)/P_t$$

第一部分为当期收益率(息票利息与购买价格之比)：

$$i_c=C/P_t$$

第二部分是资本利得率(债券价格变动与初始购买价格之比)：

$$g=(P_{t+1}-P_t)/P_t$$

其中 g 代表资本收益率。那么，上述等式可以被改写成：

$$R=i_c+g$$

即债券回报率等于当期收益率加上资本利得率。

12. 当期收益率(current yield)

答：当期收益率是到期收益率的一种估计值，被定义为每年支付的息票利息金额与债券价格之比，即 $i_c=C/P$，其中，i_c 代表当期收益率，P 代表息票债券价格，C 代表息票债券年利息金额。

当期收益率的特点为：债券价格越接近于债券面值，债券期限越长，当期收益率也就越近似于到期收益率；债券价格越远离债券面值，期限越短，其近似性越差。不管当期收益率是否是到期收益率的良好近似，当期收益率的变动总是与到期收益率同方向变动。

13. 名义利率(nominal interest rate)

答：名义利率是指包含了通货膨胀因素的利率，即不考虑对通货膨胀因素做出调整的利率。通过市场供求关系决定的利率都是用名义利率来表示的。它包含了物价变动的因素，如果市场上发生了通货膨胀，名义利率就会上升，这是由货币的实际购买力下降造成的。在现实生活中，各类证券、存款的利率都是以名义利率来表示的，它表示的是贷出资金者或投资人按契约所获得的利息率。

为了分辨名义利率中究竟有多少是通货膨胀造成的，了解利息所得者遭受损失的程度，以及对借款人融资成本的影响，人们需要考虑实际利率。

14. 普通贷款(simple loan)

答：普通贷款是指贷款人在一定期限内按照事先商定的利率水平向借款人提供一笔资金(或称本金)，至贷款到期时，借款人除了向贷款人偿还本金以外，还必须额外支付一定利息的贷款。普通贷款是最为简单的债务工具形式，许多货币市场工具都属于这种类型，如对企业发放的短期商业贷款。

15. 贴现债券(零息债券)[discount bond(zero-coupon bond)]

答：贴现债券又称"零息债券"，亦称"折价债券"。它是一种以低于面值的贴现方式发行，不支付利息，到期按债券面值偿还的债券。贴现债券在票面上不规定利率，只是采用低于票面金额的价格发行，到期按票面金额兑付，发行价格与偿还金额的差价形成投资者的利息收入。投资者以折价购买债券，主要是为了先获得利息，发行者则是为了尽快筹集资金。由于面值是投资者未来唯一的现金流，所以贴现发行债券的内在价值公式为：

$$D = A/(1+r)^T$$

其中，D代表内在价值，A代表面值，r是市场利率，T是债券到期时间。

16. 现值(现期贴现值)(present value)

答：现值是未来某笔收入贴现到当前的价值。如果r代表利率水平，PV代表现值，FV代表终值，n代表年限，那么计算公式为：$PV = FV/(1+r)^n$。上述公式隐含了这样一个事实，从现在算起，第n年末可以获得的一元钱收入肯定不如今天的一元钱更有价值。因为利率大于0，分母必然大于1，其经济意义在于：投资人将现在拥有的一元钱用于投资，未来将获得利息收入。

17. 到期收益率(yield to maturity)

答：到期收益率是指来自某种金融工具的现金流的现值总和与其今天的价值相等时的利率水平，它可以从下式中求出：

$$P_0 = \frac{CF_1}{1+y} + \frac{CF_2}{(1+y)^2} + \frac{CF_3}{(1+y)^3} + \cdots + \frac{CF_n}{(1+y)^n} = \sum_{t=1}^{n} \frac{CF_t}{(1+y)^t}$$

其中，P_0表示金融工具的当前市价，CF_t表示在第t期的现金流，n表示时期数，y表示到期收益率。如果P_0、CF_t和n的值已知，我们就可以通过试错法或用财务计算器来求y。

由于到期收益率的概念中隐含着严格的经济含义，因此经济学家往往把到期收益率看成是衡量利率水平的最精确指标。

二、思考题

1. 当利率分别为20%和10%时，在哪种情况下明天1美元的今天价值更高?

答：明天的1美元在利率为10%时今天的价值更高。当利率为20%时，明天的1美元今天的价值为1/(1+20%)=0.83美元，当利率为10%时，明天的1美元今天的价值为1/(1+10%)=0.91美元。

2. 是今天收5000美元还是1年后收5500美元，在决定这个问题时你需要考虑什么信息？解释原因。

答：我需要考虑这一年的利率水平。一年后收入的5500美元在今天的价值PV取决于这一年的利率水平i，公式表示为，$PV=5500/(1+i)$。如果PV高于5000，我选择在1年后收入5500美元；如果PV低于5000，我选择在今天收入5000美元。

3. 为支付大学学费，你刚刚申请了1000美元政府贷款，要求你在25年中每年偿还126美元。不过你从大学毕业两年后才开始还款。通常，要求25年每年偿付126美元的1000美元固定支付贷款，其到期收益率为12%。为什么上述政府贷款的到期收益率肯定低于12%？

答：如果利率是12%，由于是在毕业两年以后而不是现在开始还款，那么政府贷款的现期贴现值必然小于1000美元。若要使毕业后还款的贴现值等于1000美元，到期收益率必然低于12%。

4. 债券持有人希望到期收益率上升还是下降？为什么？

答：债券持有人希望到期收益率下降。因为到期收益率增加代表着债券价格的下降，如果债券持有人以较低的价格出售债券，资本收益会减小(资本损失增大)，债券持有人的状况会更加糟糕。

5. 假定你今天买入一张息票债券，计划1年后售出。回报率公式的哪个部分包含了债券价格的未来变动？[提示：见本章教材公式(4.7)和教材公式(4.8)。]

答：根据教材公式(4.7)，回报率公式可以表示为，$R=(C+P_1-P_0)/P_0$，将这一回报分解为当期收益率i_c和资本利得率g后公式可以表示为，$R=i_c+g$。其中，$i_c=C/P_0$，$g=(P_1-P_0)/P_0$。因此，资本利得率g包括了债券价格的未来变动。

6. 如果抵押贷款利率从5%上升到10%，但是房价的预期上涨率从2%上升到9%，人们的买房意愿升高还是降低？

答：人们的买房意愿更高了，因为购买住宅时的实际利率从3%(5%-2%)下降到1%(10%-9%)。虽然此时名义上的抵押贷款利率上升了，但是购置住宅融资的实际成本降低了。此外，如果允许用支付的利息来抵免税收，那么人们会有更高的买房意愿。

7. 在什么情况下，当期收益率可以被当作到期收益率的一个近似指标？

答：当债券价格非常接近票面价值或债券的到期期限超过十年时，当期收益率将是对到期收益率的良好近似。这是因为距离现在非常遥远的未来现金流量的贴现值非常小，所以长期息票债券的价值接近具有相同票面利率的永续债券，永续债券的当期收益率可以很好地近似长期债券的到期收益率。

8. 政府为什么愿意发行需要永远支付利息的永续债券，而不是固定支付贷款、贴现债券或息票债券等有特定期限的债务工具？

答：因为永续债券维持给定规模贷款的短期成本远远小于类似的固定支付贷款、贴现发行债券或息票债券。例如，假设10年期利率为5%的1000美元的贷款，永续债券的费用为每年50美元(或10年期间的500美元)。对于固定支付贷款，这是每年129.50美元(或在同一个10年期间支付1295美元)。对于贴现贷款，这笔贷款将需要在10年内一次性支付1628.89美元。对于息票债券，假设每年支付相同的50美元利息，在10年结束时的总付款将是1500美元。

9. 在什么情况下贴现债券的名义利率将会为负？息票债券和永续债券可能出现名义利率为负的情况吗？

答：在当前价格 P 大于贴现债券的面值 F 时，贴现发行债券的名义利率将为负数。只要票面利息和面值之和低于当前价格，息票债券就可能存在负的名义利率。例如，对于一年期息票债券，到期收益率为 $i=(C+F-P)/P$；在这种情况下，当 $C+F<P$ 时，i 将为负。永续债券不可能出现负的名义利率，因为这将意味着息票利息或债券价格是负的。

10. 判断对错："对于贴现债券而言，债券回报率等于资本利得率。"

答：正确。债券的回报率是当前收益率 i_c 加上资本利得率 g。根据定义，贴现债券没有利息支付，因此，贴现债券的当前收益率(零息的息票支付除以当前价格)始终为零。

11. 如果利率下降，你更愿意持有长期债券还是短期债券？为什么？哪种债券的利率风险更大？

答：如果利率下降，更愿意持有长期债券，因为利率下降会使长期债券价格的上升幅度大于短期债券，从而使得持有长期债券能获得更高的收益。

长期债券更容易受到更高的价格波动，因此长期债券的利率风险更大。

12. 20世纪80年代中期的利率比70年代晚期更低，但是很多经济学家都认为其实80年代中期的实际利率比70年代晚期要高很多。这讲得通吗？你认为这些经济学家是否正确？

答：正确。因为在20世纪70年代晚期，名义利率低于通货膨胀率，所以实际利率为负数；而在20世纪80年代中期，由于预期通货膨胀率比名义利率下降的速度要快，所以名义利率较预期通货膨胀率高，实际利率为正数。

13. 退休人士经常把许多财富放在储蓄账户或者投向其他生息投资工具，而且每当利率低的时候就会抱怨。他们的抱怨有道理吗？

答：不一定。虽然因为名义利率下降，他们的财富看起来正在下降，但只要预期通货膨胀与名义利率以相同的速度下降，那么他们的实际存款回报率将不受影响。但在现实生活中，老年人和退休人员的生活费用所反映的预期通货膨胀率通常远高于标准通货膨胀率，因此低名义利率可能对老年人和退休人员的财富产生不利影响。

三、应用题

14. 如果利率为10%，某证券第一年支付1100美元、第二年支付1210美元、第三年支付1331美元，它的现值是多少？

答：现值 $=1100/(1+10\%)+1210/(1+10\%)^2+1331/(1+10\%)^3=3000$(美元)。

15. 1000美元贴现债券，还有5年到期，如果到期收益率为6%，请计算它的现值。

答：现值的计算公式为：$PV=FV/(1+i)^n$，其中 $FV=1000$，$i=0.06$，$n=5$。因此，$PV=747.26$(美元)。

16. 1000万美元大奖彩票在5年里支付，每年支付200万美元。如果第一笔支付是当时兑现的，按照6%的利率计算大奖实际值是多少？

答：以现值计算，彩票奖金价值为：$2000000+2000000/1.06+2000000/(1.06)^2+2000000/(1.06)^3+2000000/(1.06)^4=8930211.23$(美元)。

17. 假定一家商业银行想买国库券。这些工具1年后支付5000美元，目前售价为5012美元。请问债券到期收益率是多少？这种情形是否常见？为什么？

答：到期收益率$=(5000-5012)/5012\times100\%=-0.239\%$。

这种情形并不常见，因为通常投资者以折价购买债券，主要是为了先获得利息，发行者则是为了尽快筹集资金。但是负利率债券要求投资者以溢价购买债券，在历史上依然存在这种情况，主要是出于国库券这种电子储蓄比现金在支付方式上更便捷，并且负利率债券并不意味着绝对的亏损，依然可能获得收益。

18. 100万美元普通贷款5年后需要偿付200万美元，该贷款的到期收益率是多少？

答：设该贷款的到期收益率为 i，由题意可得 $100=200/(1+i)^5$，解得：

$$i=\sqrt[5]{2}-1=0.149=14.9\%$$

19. 以下两种1000美元债券，哪种到期收益率更高：售价为800美元、当期收益率为15%的20年期债券；售价为800美元、当期收益率为5%的1年期债券？

答：假如1年期债券没有利息收入，则该债券的到期收益率为$(1000-800)/800=200/800=0.25=25\%$。由于1年期债券有利息支付，所以其到期收益率必然高于25%。然而，对于20年期债券而言，由于当期收益率接近到期收益率(见教材)，我们可以估计出该债券的到期收益率近似为15%。

因此，1年期债券的到期收益率应更高。

20. 息票债券每年息票利率为4%，面值为1000美元。完成下表，观察到期期限、到期收益率与现价之间有何关系。

到期期限(年)	到期收益率	现价
2	2%	
2	4%	
3	4%	
5	2%	
5	6%	

答：

到期期限(年)	到期收益率	现价
2	2%	1038.83
2	4%	1000.00
3	4%	1000.00
5	2%	1094.27
5	6%	915.75

当到期收益率高于息票利率时，债券的当前价格低于其面值；反之，当到期收益率低于息票利率时，债券当前价格高于其面值。对于给定的到期日，债券的当前价格随着到期收益率的上升而下降。对于给定的到期收益率，债券的价值随着到期日的延长而上升。当到期收益等于票面利率时，债券的当前价格等于其面值，而不考虑到期期限长短。

21. 息票债券面值为 1000 美元，息票利率为 10%。债券当前售价为 1044.89 美元，距离到期日还有 2 年。该债券的到期收益率是多少？

答：根据债券当前价格的表达式，有 $1044.89=100/(1+i)+100/(1+i)^2+1000/(1+i)^2$，得：$i=0.075$，即该债券的到期收益率为 7.5%。

22. 每年支付 50 美元利息、到期收益率为 2.5%的永续债券价格是多少？如果到期收益率翻番，永续债券价格如何变化？

答：到期收益率为 2.5%时，价格为 $50/0.025=2000$(美元)。如果到期收益率翻番至 5%，价格为 $50/0.05=1000$(美元)，降到之前价值的一半。

23. 某地区按照房屋购买价格每年收取 4%的房产税。如果你刚刚购买了 25 万美元房产，那么未来全部房产税支付的现值是多少？假定该房产价值永远是 25 万美元，房产税税率也保持不变，用 6%的利率进行贴现。

答：25 万美元房产的房产税每年为 $250000\times0.04=10000$(美元)，所有未来税收的现值为 $10000/0.06=166666.67$(美元)。

24. 面值为 1000 美元、息票利率为 10%的债券，当前价格为 960 美元，预期下一年价格将上涨到 980 美元。计算当期收益率、预期资本利得率与预期回报率。

答：利息支付 C 为 100 美元，因此当前收益率 $i_c=100/960=0.104$，即 10.4%。

预期资本利得率 $g=(980-960)/960=0.021$，即 2.1%。

预期回报率 $R=i_c+g=10.4\%+2.1\%=12.5\%$。

25. 假定你想申请一笔贷款，本地银行想要收你 3%的实际年利率。假定贷款期内年化预期通货膨胀率为 1%，据此计算银行将向你索取的名义利率是多少。如果贷款期内实际通货膨胀为 0.5%，会发生什么情况？

答：银行索取的名义利率：$i=r+\pi^e=3\%+1\%=4\%$。如果实际通货膨胀率 π^e 为 0.5%，低于预期通货膨胀率 1%，意味着我以更高的名义利率支付贷款利息，我的贷款成本偏高。

第5章　利率行为

5.1　复习笔记

【知识框架(庖丁解牛)】

- 利率行为
  - 资产需求的决定因素
    - 财富
    - 风险
    - 流动性
    - 预期回报率
  - 投资组合理论
  - 债券市场的供给与需求
  - 债券需求与供给曲线位移的影响因素
  - 流动性偏好理论
  - 均衡利率的变动
  - 货币与利率
    - 收入效应
    - 价格水平效应
    - 预期通货膨胀效应

【考点难点归纳(厚积薄发)】

考点一：资产需求的决定因素(见表5-1)　★★★

表5-1　资产需求的决定因素

要点	具体内容
财富	即个人持有的所有资源，包括全部资产，在其他条件不变的情况下，财富的增长会提高资产需求量
风险	即一种资产回报的不确定性，尤其相对其他可替代资产而言，在其他条件不变的情况下，如果某种资产相对于其他资产风险上升，其需求量将会下降
流动性	即一种资产的变现难易和快慢程度，尤其相对其他可替代资产而言，在其他条件不变的情况下，某种资产相对于其他资产流动性越高，就越受欢迎，其需求量也就越大
预期回报率	即一种资产的未来收益率，在其他情况不变的条件下，某种资产预期回报率相对于其他资产上升，对该资产的需求量上升

考点二：投资组合理论(见表5-2)　★★★

投资组合理论说明了人们在投资组合中愿意持有某资产的数量。假定其他因素保持不变，财富、预期回报率、风险和流动性变动对资产需求量的影响如下表：

表 5－2　投资组合理论

变量	变量的变化	需求量变化
财富	↑	↑
相对于其他资产的预期回报率	↑	↑
相对于其他资产的风险	↑	↓
相对于其他资产的流动性	↑	↑

注：表中仅讨论了各种变量上升时的情况。变量下降时对资产需求量的影响与最右列所示的方向正好相反。

考点三：债券市场的供给与需求(见表 5－3)　★★★

表 5－3　债券市场的供给与需求

要点	具体内容
需求曲线	需求曲线描述了在其他变量不变时，需求数量和价格的变动关系
供给曲线	供给曲线描述了在其他变量不变时，供给数量和价格的变动关系
市场均衡	即供给量 B^s 与需求量 B^d 相等的状态，此时的价格称为均衡价格或市场出清价格(见图 5－1)

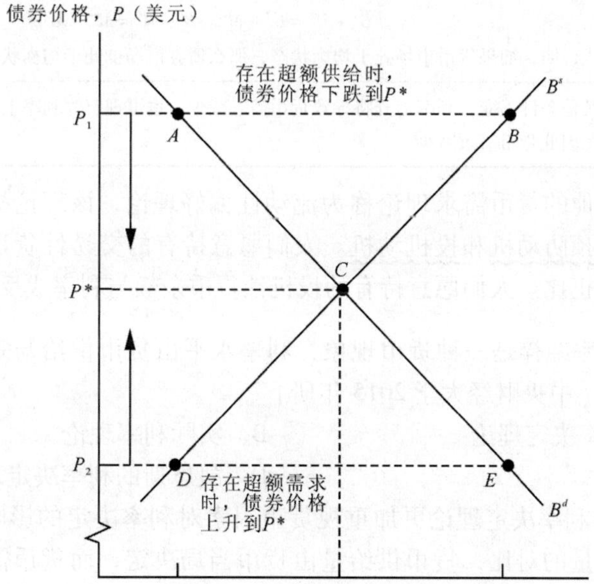

图 5－1　债券的供给与需求

考点四：债券需求与供给曲线位移的影响因素(见表 5－4)　★★★★

表 5－4　债券需求与供给曲线位移的影响因素

曲线的位移	影响因素	具体内容
债券需求曲线的位移	财富(W)	影响财富的主要因素有经济周期和储蓄偏好
	预期回报率(R^e)	影响预期回报率的主要因素有利率、其他资产回报率和预期通货膨胀率

续表

曲线的位移	影响因素	具体内容
债券需求曲线的位移	风险(R)	债券市场的价格波动和其他资产市场价格波动均会影响债券的需求
	流动性(L)	债券市场的流动性和其他资产市场的流动性均会影响债券的需求
债券供给曲线的位移	投资机会的预期盈利性	各种投资机会的预期盈利性增大，会导致供给曲线右移
	预期通货膨胀率(π^e)	预期通货膨胀率增大，会导致供给曲线右移
	政府预算赤字 D	政府预算赤字扩大，会导致供给曲线右移

考点五：流动性偏好理论(见表5-5) ★★★

表5-5 流动性偏好理论

要点	具体内容
流动性偏好理论	凯恩斯假定作为储藏财富手段的资产只有货币(M)和债券(B)两种，满足： ①财富总量等于债券总量和货币总量之和，即 $W=B^s+M^s$。 ②投资者购买资产的数量必须受财富总量的约束。 因此，人们的债券需求量和货币需求量等于财富总量，即： $B^s+M^s=B^d+M^d \Rightarrow B^s-B^d=M^d-M^s$ 该公式说明，如果货币市场处于均衡状态，那么债券市场也处于均衡状态
利率与货币需求	假定其他条件不变，利率上升将导致货币需求减少。也可理解为利率上升，持有货币的机会成本增加，因此货币需求减少

补充：凯恩斯将他的货币需求理论称为流动性偏好理论，该理论提出了货币需求的三个动机：交易动机、预防动机和投机动机。人们愿意持有的交易性货币余额和预防性货币余额的数量与收入成正比。人们愿意持有的投机性货币余额与利率成反比。

【例5.1】认为利率纯粹是一种货币现象，利率水平由货币供给与货币需求的均衡点决定的理论是(　　)。[中央财经大学2015年研]

A. 马克思的利率决定理论　　B. 实际利率理论

C. 可贷资金论　　D. 凯恩斯的利率决定理论

【解析】凯恩斯的利率决定理论更加重视货币因素对利率决定的影响。凯恩斯认为，利率取决于货币供求数量的对比，货币供给量由货币当局决定，而货币需求取决于人们的流动性偏好。

【答案】D

【例5.2】利率降低时，货币的投机需求将(　　)。[南京大学2014年研]

A. 增加　　B. 不变　　C. 减少　　D. 不确定

【解析】投机动机是指公众为了进行证券投资而持有货币。凯恩斯认为投机动机的货币需求量主要决定于市场利息率水平。投机动机的货币需求是利息率的减函数，即投机动机的货币需求随利息率的下降而增加，若市场中利率降低，则债券价格会上涨，从而人们认为债券价格高于正常水平，则倾向于持有货币，投机需求增加。

【答案】A

【例 5.3】请阐述凯恩斯流动性偏好理论的货币需求函数的特征及政策意义。［对外经济贸易大学 2024 年研］

答：(1)凯恩斯货币需求函数的内容

凯恩斯认为，人们之所以持有货币，是因为存在流动性偏好。所谓流动性偏好，即人们在心理上偏好流动性，愿意持有货币而不愿意持有其他缺乏流动性的资产的愿望。凯恩斯将人们持有货币的动机，称为流动性偏好，所以凯恩斯的货币需求理论也被称为流动性偏好理论。凯恩斯将人们持有货币的动机分为三类，即：交易动机(Transactions Motive)、预防动机(Precautionary Motive)和投机动机(Speculative Motive)。相应地，货币需求也被分为交易性需求、预防性需求和投机性需求。

货币的交易性需求是指企业或个人为了应付日常的交易而愿意持有的那部分货币，这是由于货币的交易媒介职能而产生的一种需求。货币的预防性需求是指企业或个人为了应付突然发生的意外支出，或者捕捉一些突然出现的购买机会而愿意持有的那部分货币。货币的投机性需求是指人们为了在未来某一适当的时机进行投机活动而愿意持有的货币。

(2)货币需求函数的特征及政策意义

①利率是影响货币需求的重要因素。凯恩斯对货币需求理论的贡献是把利率作为影响货币需求的重要因素引入到货币需求的分析之中，而在此之前的古典货币数量论者，如现金交易说根本否认利率对货币需求的作用，现金余额说也只是提到利率对货币需求产生影响的可能性。只有凯恩斯明确地将货币需求对利率的敏感性作为其宏观经济理论的重要支点。

②货币需求函数和货币流通速度是不稳定的。因为市场利率是经常变化的，货币需求是不稳定的，而非像古典货币数量论者认为的那样：货币需求量与其决定因素之间是一个稳定的函数关系。结合交易方程式和凯恩斯的货币需求函数，可以得到：

$$V=\frac{PY}{M_s}=\frac{PY}{M_d}=\frac{Y}{(M_d/P)}=\frac{Y}{L_1(Y)+L_2(i)}$$

货币流通速度 V 和利率 i 有关，由于 $L_2(i)$ 是利率的减函数，因此 V 是利率的增函数。当利率上升时，货币流通速度加快，因为利率上升鼓励减少投机性需求，货币流通周转率加快。由于利率的波动性大，所以，货币流通速度是不稳定的。在经济高涨时，贷款需求大，加之有通胀预期，利率水平会随之上升；经济低迷时，投资无利可图，贷款需求减少，利率水平随之降低，因此，利率具有顺周期特征。相应地，货币流动速度也具有顺周期特征。

因此，在有效需求不足的情况下，可以通过扩大货币供应量来降低利率，以刺激投资，增加就业，扩大产出，促进经济增长。凯恩斯的有效需求理论和流动性理论是其“相机抉择”政策主张的重要理论，即在经济衰退时，可以运用宽松的货币政策刺激投资、拉动经济增长、增加就业；而在经济过热时，则可以运用紧缩型的货币政策。

考点六：均衡利率的变动(见表 5-6)　★★★★

表 5-6　均衡利率的变动

要点	影响因素	具体内容
货币需求曲线的位移	收入效应	收入增加，导致对有储藏价值、交易媒介职能的货币需求增加，需求曲线右移
	价格效应	在其他条件都相同的前提下，价格水平上涨，导致需求曲线右移
货币供给曲线的位移	货币政策	假定货币供给完全由中央银行控制，扩张性货币政策将导致货币供给曲线右移，反之左移
均衡利率的变动	收入	收入增加，货币需求曲线右移，均衡利率上升，见图 5-2
	物价水平	物价水平上升，货币需求曲线右移，均衡利率上升，见图 5-2
	货币供给	货币供给增加导致利率下降，这一作用称为货币供给增加的流动性效应，见图 5-3

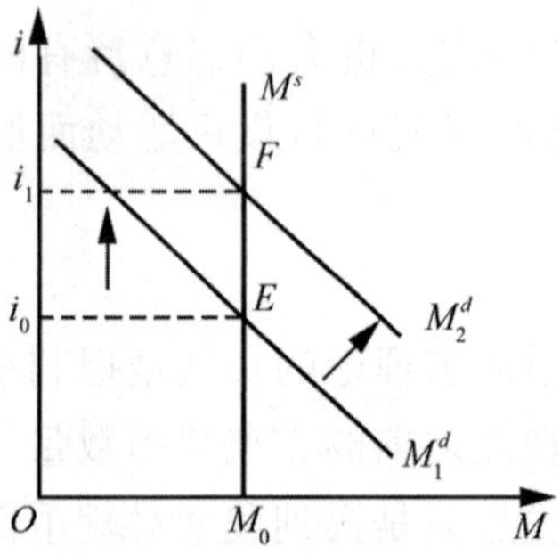

图 5-2　收入或者物价水平变动的影响

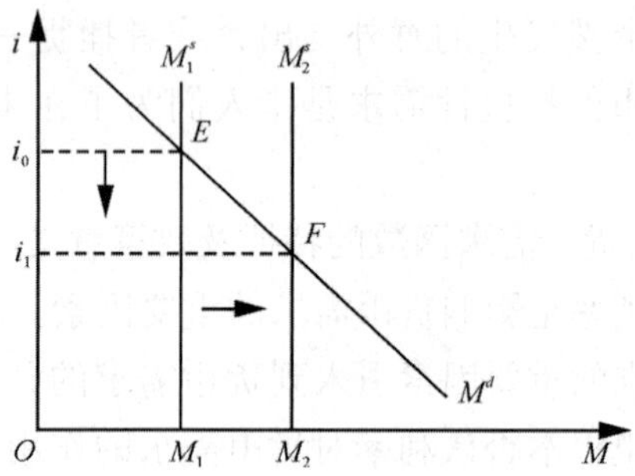

图 5-3　货币供给变动的影响

【例 5.4】可贷资金利率决定理论认为，利率是由(　　)的供求决定的。[对外经济贸易大学 2017 年研]

A. 货币资金　　B. 借贷资本　　C. 可贷资金　　D. 商品资本

【解析】可贷资金理论认为利率应由可用于贷放的资金的供求来决定。可贷资金的需求用于投资和货币的窖藏；可贷资金的供给来自储蓄和货币供给的增加。

【答案】C

考点七：货币与利率(见表 5-7)　★★★★

表 5-7　货币与利率

要点	具体内容
流动性效应	货币供给增加会使利率降低
收入效应	货币供给增加会扩大国民收入与财富的规模，导致利率上升
价格水平效应	货币供给增加会引起经济社会总体物价水平的上升，导致利率的上升
预期通货膨胀效应	货币供给增加提高了人们的预期通货膨胀率，导致利率上升

图 5-4 列示了随着时间的推移，货币供给的增加对利率的影响。

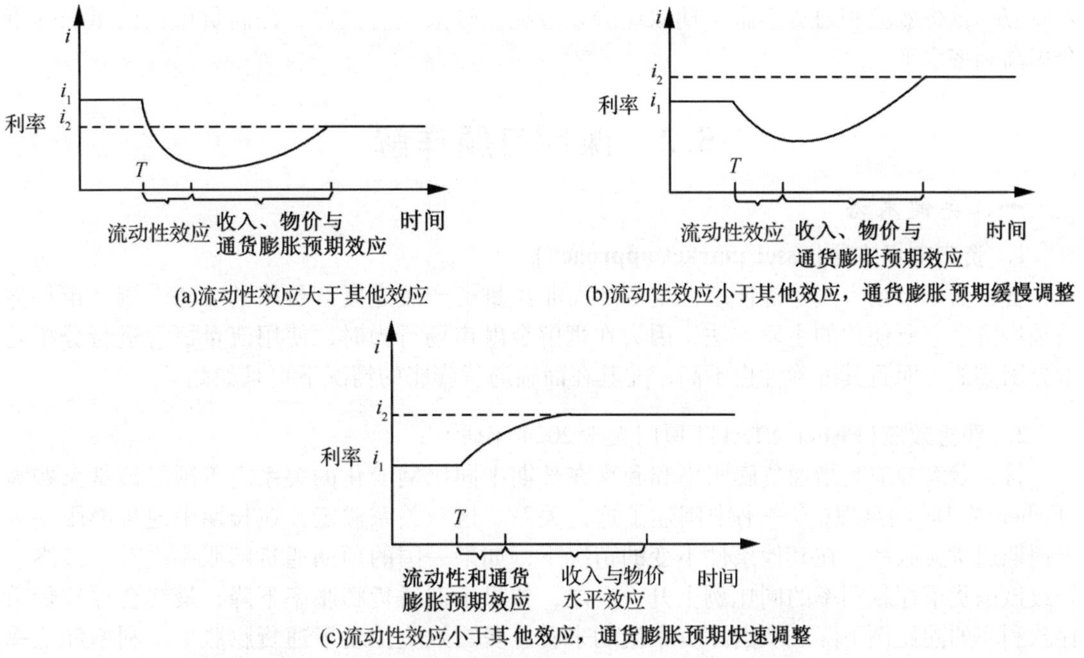

图5－4　在一段时间内对货币供给增长率提高的反应

【例5.5】简述提高货币供给增长速度对利率水平的影响。［华东师范大学2021年研］

答：提高货币供给增长速度对利率可能产生四种效应：流动性效应、收入效应、价格效应和通货膨胀预期效应。

（1）流动性效应

流动性效应又称资产调整效应，指货币供给增加会刺激人们对非货币金融资产即有价证券的需求，最终导致证券价格上涨和利率下降。流动性效应表明提高货币供给增长速度会降低利率。

（2）收入效应

收入效应指随着经济扩张与收入的增加，人们财富增长，人们愿意持有更多的货币进行交易或者持有更多的货币来储藏价值。收入水平上升导致任意利率水平上的货币需求增加。提高货币供给增长速度会扩大国民收入与财富的规模，导致利率水平上升。

（3）价格效应

价格效应指价格变化对消费者商品购买量的影响，人们按照所能购买的产品和服务的数量来衡量货币持有量。当物价水平上升，相同名义量的货币价值降低，即货币实际购买力降低，为了将实际货币量恢复到原先水平，人们将增加货币需求。因此物价水平上升会导致任意利率水平上的货币需求增加。因此提高货币供给增长速度通过价格效应会导致利率水平上升。

（4）通货膨胀预期效应

通货膨胀预期效应指预期通货膨胀率水平上升会导致利率上升。增加货币供给会使得人们对未来物价水平有一个较高的预期，进而提高预期通货膨胀率，利率也会随之上升。

提高货币供给增长速度对利率水平的影响取决于四种效应的大小。在现实情况中，收入效应、价格效应和通货膨胀预期效应会超过流动性效应。因此，提高货币供给增长速度会提高利率水平。

5.2 课后习题详解

一、关键术语

1. 资产市场方法(asset market approach)

答: 资产市场方法是指使用存量资产而非流量资产决定资产价格的方法。资产市场方法是经济学家所使用的主要方法，因为在理解金融市场行为时，使用流量概念进行分析是十分困难的，而且其准确性也不高，尤其在面临通货膨胀的情况下更是如此。

2. 费雪效应(Fisher effect)[厦门大学2024年研]

答: 费雪效应是指通货膨胀率和利率在长期中同比例变化的关系。美国经济学家费雪(Fisher)在其《利息理论》一书中阐述了这一关系。这一关系假定，在长期中通货膨胀率等于预期通货膨胀率。在其他条件不变的情况下，如果一国的预期通货膨胀率上升，最终会导致该国货币存款利率的同比例上升；反之，如果预期通货膨胀率下降，最终会导致货币存款利率的同比例下降。从国际资本流动来看，费雪效应体现了通货膨胀率、利率和汇率变化的关系。当其他条件不变时，若一国的预期通货膨胀率上升，在外汇市场上将导致该种货币的贬值；根据利率平价理论，这最终将导致该国货币存款利率的上升。这一关系还可以用相对购买力平价理论和利率平价理论结合来说明。相对购买力平价表明，在一定时期内两国货币汇率变动的百分比等于两国通货膨胀率之差。利率平价表明，两国货币汇率预期变动的百分比等于两国货币存款的预期收益率之差，即两国货币存款未来的利率之差。在长期中，两国货币的汇率变动即为两国货币汇率的预期变动。这样，两国货币存款未来利率之差就等于两国通货膨胀率之差。用公式表示为，$R_a - R_b = \pi_a - \pi_b$。$R_a$和$R_b$分别代表两国货币存款的利率，$\pi_a$和$\pi_b$分别代表两国的通货膨胀率。该公式表明，在其他条件不变时，一国通货膨胀率的上升最终将导致该国货币存款利率同比例上升。

3. 风险(risk)

答: 风险指事物变化的不确定性可能使决策者得到的收益低于期望收益，甚至遭受损失。在经济活动中有各种各样的风险，如企业风险(包括企业经营风险与企业财务风险)、信贷风险、利率风险、道德风险、外汇风险等。证券或资产投资活动中的风险是指投资的预期收益不能实现，甚至发生亏损的可能性。在对投资活动进行风险分析时，要用到“确定性等值”的概念。确定性等值是指投资者在一定时点所获得的无风险的确定收益与在同一时点预期得到的有风险的收益具有相同的效用或满意程度。根据确定性等值，投资者对待风险的态度可以分为三类：①“风险厌恶”或“风险规避”，即投资者的确定性等值小于其投资收益期望值；②“风险偏爱”，即投资者的确定性等值大于其投资收益期望值；③“风险中性”，即投资者的确定性等值等于其投资收益期望值。在风险厌恶的情况下，确定性等值与投资收益期望值之间的差额称为“风险溢价”或“风险升水”。在这种情况下，要使投资者接受风险而进行投资，必须给投资者额外的期望收益，否则投资者将不会进行该项投资。在投资组合中，风险分系统风险和非系统风险。

4. 需求曲线(demand curve)

答： 需求曲线是用几何图形表示的、反映在其他条件不变情况下商品需求量与其价格之间的数量关系。这里的“其他条件不变”是指消费者的收入、偏好及其他商品的价格等不变。

在本章中，需求曲线特指的是可贷资金理论中债券市场的需求曲线。这里的需求曲线是指在其他经济变量(财富量、风险、流动性和预期报酬率等)固定不变的情况下，描述价格和需求量之间的关系的曲线。

5. 流动性(liquidity)

答： 流动性指迅速获得现实购买力的能力，即获得资金的能力，包括资产的流动性和负债的流动性两个大的方面。资产的流动性是指资产的变现能力，衡量资产流动性的标准有两个：①资产变现的成本。某项资产变现的成本越低，则该资产的流动性就越强。②资产变现的速度。某项资产变现的速度越快、越容易变现，则该项资产的流动性就越强。而负债的流动性主要是通过负债的途径，以适当的价格取得可用资金的能力。通过负债的途径，主要是以增资的方式取得资金，或者以吸收存款或借款方式筹得资金。商业银行主要通过主动性负债和潜力养成法来提高负债的流动性。

6. 供给曲线(supply curve)

答： 供给曲线是表示在某一特定时间内，当某商品的生产成本、技术水平、相关产品价格、厂商对某商品价格预期不变时，在此商品不同价格水平下，厂商愿意和能够提供的商品数量与相应价格之间关系的曲线。

在本章中，供给曲线特指可贷资金理论中债券市场的供给曲线。它是指在其他经济变量(预期有利可图的投资机会、预期通货膨胀率以及政府活动的规模等)固定不变的情况下，描述价格和供给量之间的关系的曲线。

7. 超额需求(excess demand)

答： 超额需求是指商品的需求大于供给的市场状况。当商品的价格低于均衡价格时，这种商品的需求就会大于供给，即出现超额需求。当出现超额需求时，该商品的价格就会趋于上升到均衡价格，实现供需平衡。

本章中，超额需求特指在证券市场上债券需求超过债券供给的情况。这可能是因为人们想购买债券的数量超过了其他人想出售的债券数量，这种情况下债券的价格将会上升，只有债券的超额需求消失，价格达到均衡价格，债券的价格上升趋势才会消失。

8. 流动性偏好分析框架(liquidity preference framework)

答： 流动性偏好分析框架是由凯恩斯提出的一种侧重短期货币因素分析的货币利率理论。根据流动性偏好分析框架，货币需求包括交易性需求、预防性需求和投机性需求。货币供给表现为满足收入和利率函数的货币需求的供应量，是政策变量，取决于货币政策。利率是资金需求与供给相等时的价格。流动性偏好利率分析框架可表示为：$M^d = M(Y, I)$；$M^d = KY + L(I)$；$M^d = M^s$。

9. 投资组合理论(theory of portfolio choice)

答： 投资组合理论说明了人们在投资组合中愿意持有某种资产的数量，在假设其他条件保持不变的情况下，该理论认为：①资产需求数量与财富规模正相关；②资产需求数量与其相对于其他替代性资产的预期回报率正相关；③资产需求数量与其相对于其他替代性资产的回报率风险负相关；④资产需求数量与其相对于其他替代性资产的流动性程度正相关。

10. 超额供给(excess supply)

答：超额供给是指商品的供给大于需求的市场状况。当商品的价格高于均衡价格时，这种商品的供给就会大于其需求，即出现超额供给。当出现超额供给时，该商品的价格就会趋于下降到均衡价格，实现供需平衡。

在本章中，超额供给是指在证券市场上，当债券价格定得过高时，债券供应超过债券需求的情况。这种情况下债券的价格将会下跌，只要债券的价格高于均衡价格，就会存在超额供给的情况。债券的超额供给只要存在，价格就会持续下跌。

11. 市场均衡(market equilibrium)

答：市场均衡又称“市场出清”，是指市场在两种相反的市场力量——需求和供给刚好相等时所处的一种相对静止的状态。也就是买者愿意而且能够购买的数量正好与卖者愿意而且能够出售的数量相等。在这种状态下，市场上既没有超额需求，也没有超额供给，市场供求处于出清状态。市场均衡分为局部市场均衡(亦称马歇尔均衡)与一般市场均衡(亦称瓦尔拉斯均衡)。

在本章中，市场均衡特指债券市场上，债券供给和债券需求达到相等状态时的局部市场均衡。

12. 财富(wealth)

答：财富是指个人持有的所有资源，包括所有资产。财富是作为价值储藏的各项财产的总和，财富不仅包括货币，还包括其他各种资产，比如债券、普通股、艺术品、土地、家具、汽车和房产等。财富与收入是有区别的，财富是存量概念，而收入是流量概念。

13. 预期回报率(expected return)

答：预期回报率又称“期望收益率”，是指在生产或投资活动中，一种未来可能获得的平均收益率。它是行为人在生产或投资活动中的某种选择在未来给其带来所有可能的收益率的数学期望值。行为人的资产购买决策必然要受到该资产预期回报率的影响。

14. 机会成本(opportunity cost)[中山大学2023年研]

答：机会成本是指将一定的资源用于某项特定用途时，所放弃的该项资源用于其他用途时所能获得的最大收益。机会成本的存在需要三个前提条件：①资源是稀缺的；②资源具有多种生产用途；③资源的投向不受限制。从机会成本的角度来考察生产过程时，厂商需要将生产要素投向收益最大的项目，而避免生产的浪费，以达到资源配置的最优。

二、思考题

1. 解释在下列情况下，你为何会更愿意或更不愿意购买微软公司股票：

a. 你的财富减少。

b. 你预期股票将升值。

c. 债券市场流动性增强。

d. 你预期黄金将升值。

e. 债券市场价格波动性加大。

答：a. 更不愿意购买微软股票。根据资产需求理论，当其他因素不变时，资产需求量与财富正相关。当财富减少时，我会更不愿意购买该公司股票。

b. 更愿意购买微软股票。根据资产需求理论，当其他因素不变时，资产需求量与其相对于其他资产的预期收益率正相关。预计该股票将升值，我会更愿意购买该公司股票。

c. 更不愿意购买微软股票。根据资产需求理论，当其他因素不变时，资产需求量与其相对于其他资产的流动性正相关。债券市场的流动性上升，使股票的流动性相对于债券下降，我会更不愿意购买该公司股票。

d. 更不愿意购买微软股票。根据资产需求理论，当其他因素不变时，资产需求量与其相对于其他资产的预期收益率正相关。预期黄金将升值，使该股票的预期收益率相对于黄金下降，我会更不愿意购买该公司股票。

e. 更愿意购买微软股票。根据资产需求理论，当其他因素不变时，资产需求量与其相对于其他资产的风险负相关。债券市场价格波动变大，风险增大，使该股票相对于债券的风险下降，我会更愿意购买该公司股票。

2. 解释在下列情况下，你为何会更愿意或更不愿意购置住宅：

a. 你刚刚继承了 10 万美元。

b. 不动产佣金从售价的 6%下降为 5%。

c. 你预期微软公司股票明年价值将翻倍。

d. 股票市场价格波动性加大。

e. 你预期住宅价格将会下跌。

答：a. 更愿意购置住宅。根据资产需求理论，当其他因素不变时，资产需求量与财富水平正相关。现在得到 10 万美元遗产，财富增加了，购房的意愿会更强。

b. 更愿意购置住宅。根据资产需求理论，当其他因素不变时，资产需求量与其相对于其他资产的预期收益率正相关，也与其相对于其他资产的流动性正相关。现在房地产佣金降低了，提高了房产相对于其他资产的预期收益率和流动性，购房的意愿更强。

c. 更不愿意购置住宅。根据资产需求理论，当其他因素不变时，资产需求量与其相对于其他资产的预期收益率正相关。预计微软的股票价值在明年将会翻番，这意味着微软股票的预期收益率上升，这使房产的预期收益率相对于股票下降，使购房意愿减弱。

d. 更愿意购置住宅。根据资产需求理论，当其他因素不变时，资产需求量与其相对于其他资产的风险负相关。股票市场价格波动变大，风险增加，这使房产相对于股票的风险降低，购房的意愿更强。

e. 更不愿意购置住宅。根据资产需求理论，当其他因素不变时，资产需求量与其相对于其他资产的预期收益率正相关。预计房产价格下降，使房产相对于其他资产的预期收益率下降，购房的意愿减弱。

3. 解释在下列情况下，你为何会更愿意或更不愿意购买黄金：

a. 黄金重新被接受为交易媒介。

b. 黄金市场价格波动性加大。

c. 你预期通货膨胀率将上升，黄金价格可能与物价总水平一起变动。

d. 你预期利率会上升。

答： a. 更愿意购买黄金。根据资产需求理论，当其他因素不变时，资产需求量与其相对于其他资产的流动性正相关。黄金重新作为交易媒介，使其相对于其他资产的流动性增强，购买黄金的意愿更强。

b. 更不愿意购买黄金。根据资产需求理论，当其他因素不变时，资产需求量与其相对于其他资产的风险负相关。黄金市场的价格波动变大，风险增加，这使黄金相对于股票的风险增加，购买黄金的意愿减弱。

c. 更愿意购买黄金。根据资产需求理论，当其他因素不变时，资产需求量与其相对于其他资产的预期收益率正相关。通货膨胀率上升，而黄金价格会与总物价水平一起上涨，使黄金的预期收益率保持不变，其他价格未调整的资产的预期收益率下降，这使黄金相对于其他资产的预期收益率上升，购买黄金的意愿更强。

d. 更愿意购买黄金。根据资产需求理论，当其他因素不变时，资产需求量与其相对于其他资产的预期收益率正相关。预计利率上升，使得债券的价格下降，预期收益率下降，使黄金相对于债券的预期收益率上升，购买黄金的意愿更强。

4. 解释在下列情况下，你为何会更愿意或更不愿意购买美国电话电报公司(AT&T)的长期债券：

a. 这些债券交易量上升，使得出售债券更容易。

b. 你预期股票市场将出现熊市(即预期股票价格将下降)。

c. 股票经纪人佣金降低。

d. 你预期利率会上升。

e. 债券经纪人佣金降低。

答： a. 更愿意投资。根据资产需求理论，当其他因素不变时，资产需求量与其相对于其他资产的流动性正相关。债券交易增多，提高了债券相对于其他资产的流动性，购买债券的意愿更强。

b. 更愿意投资。根据资产需求理论，当其他因素不变时，资产需求量与其相对于其他资产的预期收益率正相关。现在预计股票价格下跌，股票的预期收益率将下降，提高了长期债券相对于其他资产的预期收益率，购买债券的意愿更强。

c. 更不愿意投资。根据资产需求理论，当其他因素不变时，资产需求量与其相对于其他资产的预期收益率正相关，也与其相对于其他资产的流动性正相关。现在股票经纪人的佣金下降了，提高了股票的预期收益率和流动性，降低了长期债券相对于股票的预期收益率和流动性，购买债券的意愿减弱了。

d. 更不愿意投资。根据资产需求理论，当其他因素不变时，资产需求量与其相对于其他资产的预期收益率正相关。预计利率上升，长期债券价格将下降，其预期收益率相对于其他资产降低，购买债券的意愿减弱了。

e. 更愿意投资。根据资产需求理论，当其他因素不变时，资产需求量与其相对于其他资产的预期收益率正相关，也与其相对于其他资产的流动性正相关。现在债券的经纪人佣金下降了，提高了债券的预期收益率和流动性，购买债券的意愿更强。

5. 如果股票市场进入繁荣期，对伦勃朗名画的需求将会发生什么变化？为什么？

答：对伦勃朗名画的需求将增加。根据资产需求理论，当其他因素不变时，资产需求量与财富正相关。如果股票市场进入繁荣期，股票市值增加，进而引起人们的财富增加，也会引起对伦勃朗名画的需求增加。

6. 拉菲尔观察到在当前利率水平上存在债券过度供给，所以他预计债券价格会上升。拉菲尔说的对吗？

答：债券供过于求，将会导致债券价格下降并且利率上升，所以拉斐尔的说法不正确。

7. 假定玛丽亚想买预期回报率为 7%、预期回报率的标准差为 2%的债券，而詹妮弗想买预期回报率为 4%、预期回报率的标准差为 1%的债券。对于玛丽亚与詹妮弗，你能看出谁更厌恶风险吗？

答：根据风险厌恶系数计算公式：风险厌恶系数 $A = [E(R_m) - R_f]/\sigma_m^2$ 分别计算出玛丽亚和詹妮弗的风险厌恶系数：

$$玛丽亚的风险厌恶系数\ A_1 = [7\% - R_f]/2\%^2$$

$$詹妮弗的风险厌恶系数\ A_2 = [4\% - R_f]/1\%^2$$

由于当前无风险利率未知，所以无法判断谁更厌恶风险。

8. 如果政府对每日交易金额设限，债券市场会怎样？资产的哪个特征会受到影响？

答：根据债券市场的均衡理论，若政府对每日交易金额设限，如图 5－5 所示，若政府所设置的交易金额限制导致债券市场存在超额需求，则会导致资产价格上升；反之，债券市场不受影响。

资产的价格、流动性会受到影响。

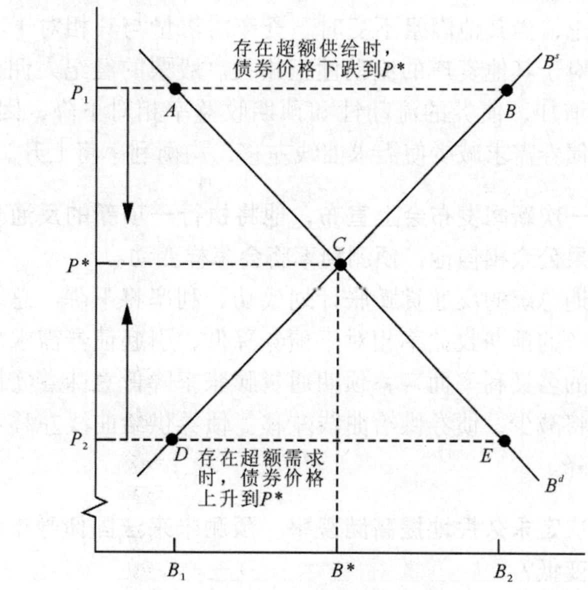

图 5－5　债券市场存在超额需求

9. 人们对未来不动产价格的预期突然上升会对利率产生什么影响？

答： 人们对未来不动产价格的预期突然上升会使利率上升。

根据资产需求理论，当其他因素不变时，资产需求量与其相对于其他资产的预期收益率正相关。人们预期未来不动产价格上升，不动产预期收益率将上升，这使债券的预期收益率相对于不动产下降，使债券需求减少。根据可贷资金理论，债券需求减少使债券需求曲线向左移动，均衡利率上升。

10. 假定许多大公司决定不再发行债券，原因是现在遵守金融市场监管新要求的成本太高。你能描述这对利率的预期影响吗？

答： 多家大公司不再发行债券，导致市场上债券供给下降，市场由原来的均衡状态变为债券供不应求，将会导致债券价格上升并且利率下降。

11. 2008 年全球经济危机发生后，美国政府预算赤字大幅增加，而美国国债利率快速下降，并在低点停留了很长时间。这是否合理？为什么？

答： 合理。鉴于上一问题的答案，大量的赤字供给效应将导致更低的利率。金融危机的影响导致财富规模大幅缩减以及收入大幅降低，这压低了国债需求，但也更多地降低了公司债券供应，这是因为金融危机期间投资机会急剧减少。债券供给曲线向左的偏移大于债券需求曲线的向左偏移，从而导致债券价格上升和利率下降。此外，由于全球金融危机的严重性，美国国债成为避险投资，美国国债的风险相对降低而流动性相对增加，这大大提高了美国国债需求，导致债券价格上涨，收益率大幅降低。换句话说，投资机会和风险因素的减少显著抵消了财富对需求的影响以及赤字对供应的影响。

12. 股票经纪人佣金下降会对利率产生影响吗？对你的答案加以解释。

答： 股票的经纪人佣金下降会使利率上升。

根据资产需求理论，当其他因素不变时，资产需求量与其相对于其他资产的预期收益率正相关，也与其相对于其他资产的流动性正相关。股票的经纪人佣金下降，使得股票的流动性和预期收益率增加，债券的流动性和预期收益率相对下降，因此债券需求将减少。根据可贷资金理论，债券需求减少使需求曲线左移，均衡利率将上升。

13. 美国总统在一次新闻发布会上宣布，他将执行一项新的反通货膨胀计划来对抗高企的通货膨胀率。如果公众相信他，预测利率将会怎样变动。

答： 如果公众预期总统的反通货膨胀计划成功，利率将下降。总统宣布会降低通货膨胀预期，这使实物资产的预期收益率相对于债券降低，引起债券需求增加和债券需求曲线向右移动。对于既定的名义利率而言，预期通货膨胀率降低意味着实际利率上升，使借款成本上升，债券供给将减少，债券供给曲线左移。债券供给曲线左移和债券需求曲线右移的结果是均衡利率下降。

14. 假定法国人决定永久性地提高储蓄率。预测未来法国债券市场会发生什么。法国国内利率会变高还是变低？

答： 法国国内利率将上升。当市场储蓄率提高时，会导致人们增加储蓄存款而更少地将钱投入债券市场，债券需求减少，债券需求曲线左移，均衡利率上升。

15. 假定你是公司财务部门负责人，需要决定借款期限的长短。你在查看新闻时注意到，政府即将开启一项重大基础设施计划。请预测利率将会怎样变动。你建议做短期借款还是长期借款？

答：政府即将开启一项重大基础设施计划，货币需求上升，根据供给与需求的均衡理论，货币价格即利率将会上升。

仅考虑题设新闻，若为固定利率，建议做长期借款，若为浮动利率，建议做短期借款。

16. 财政政策制定者是否有理由担心潜在的通货膨胀形势？为什么？

答：财政政策制定者有理由担心潜在的通货膨胀形势。预期通货膨胀率上升，将会增加国债供给，国债价格下降，国债的收益率提高，从而意味着支付给债务持有人的利息增加。换句话说，更高的通货膨胀会导致更高的债务负担，并增加赤字支出的融资成本。

17. 当名义货币供给固定时，为什么物价水平(并非预期通货膨胀率)上升会引起利率上升？

答：当物价水平上升时，实际货币余额 M/P 减少(名义货币供给固定)；为使实际货币余额 M/P 恢复到先前的水平，人们将持有更多的名义货币量，因此货币需求曲线 M^d 右移，利率上升。

18. 如果下一任美联储主席名声远扬，支持比当前更低的货币供给增长率，请问利率将会怎样变动？讨论后续可能出现的情形。

答：货币供给量的缓慢增长会带来四种效应：流动性效应、收入效应、物价水平效应和通货膨胀预期效应。流动性效应将导致利率提高，收入效应、物价水平效应和通货膨胀预期效应将导致利率降低。在这四种效应的综合作用下，有以下三种情况：

①流动性效应大于其他效应，利率便会上升。

②流动性效应小于其他效应，并且通货膨胀预期缓慢调整。利率会先上升，最终下降至低于最初的水平。

③流动性效应小于通货膨胀预期效应，并且通货膨胀预期迅速调整，这时，利率会马上下降。

19. 美国 M1 货币增长速度在 2011 年和 2012 年大约为 15%，在 2013 年为 10%。在同一时期，3 个月期国库券利率接近 0。既然有这么高的货币增长率，为什么利率保持如此低的水平而没有上升？这说明收入效应、价格水平效应和预期通货膨胀效应有什么特征？

答：货币供给量增速较高，这将导致更高的预期通货膨胀率、整体价格水平的大幅上涨以及更强劲的经济增长。尽管存在流动性效应，这些因素都应导致利率随时间上升。然而，在 2011 年至 2013 年期间，失业率仍然很高，经济增长疲软，政策制定者担心通货紧缩(价格水平下降)，而不是货币增长带来的任何通货膨胀效应。换句话说，异常高的货币供应增长情况下的收入、价格水平和预期通货膨胀效应相对于流动性效应非常小。

三、应用题

20. 假定你正在考虑将部分财富投资于股票、债券、商品这三种投资工具中的一种。拜访财务顾问时，他给出了下表，包括每种投资可能的回报率及其概率。

股票		债券		商品	
概率	回报率	概率	回报率	概率	回报率
0.25	12%	0.6	10%	0.20	20%
0.25	10%	0.4	7.50%	0.25	12%
0.25	8%			0.25	6%
0.25	6%			0.25	4%
				0.05	0

a. 如果希望预期回报率最大化，你会选择哪种投资工具：股票、债券还是商品？

b. 如果你是风险厌恶型投资者，只能在股票和债券投资中进行选择，你会选择哪种？为什么？

答： a. 股票投资的预期回报为 0.25×12% +0.25×10% +0.25×8% +0.25×6% =9%。

债券投资的预期回报为 0.6×10% +0.4×7.5% =9%。

商品投资的预期回报为 0.2×20% +0.25×12% +0.25×6% +0.25×4% +0.05×0 =9.56%。

由于商品投资具有较高的预期回报，所以应该选择商品投资。

b. 债券。虽然股票投资和债券投资具有相同的预期收益，但是债券投资的结果相对股票投资来说其不确定性较小，所以风险厌恶型投资者应该选择债券投资。

21. 美联储减少货币供给的一个重要途径是向公众出售债券。运用债券供求分析框架，说明该行为对利率有何影响。如果运用流动性偏好分析框架，你认为得到的结论是否一致？

答： 如图5-6所示。根据债券的供求分析框架，美联储向公众出售债券，就增加了债券供给，使得供给曲线 B^s 右移，需求曲线 B^d 不变，债券价格 P 下降，债券数量 B 增加，均衡利率 i 上升。

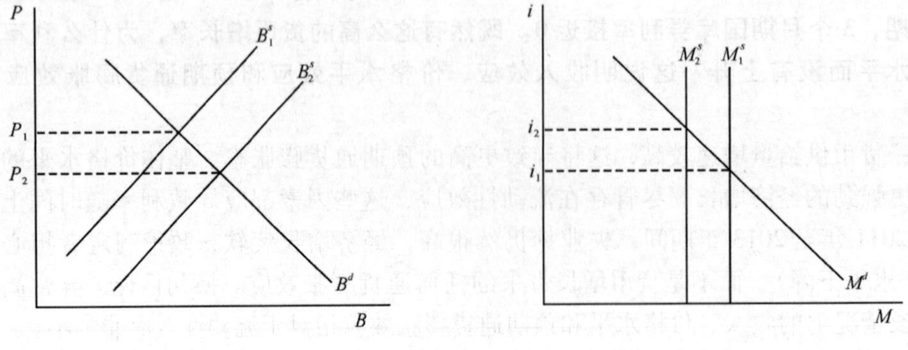

图5-6

根据流动性偏好分析框架，货币供给减少使货币供给曲线 M^s 左移，货币需求曲线 M^d 不变，货币数量 M 减少，均衡利率 i 上升。根据债券的供求分析框架得出的结论与根据流动性偏好分析框架得出的结论一致。

22. 运用流动性偏好分析框架和债券供求分析框架，说明为什么利率是顺周期的(即经济扩张时利率上升；经济衰退时利率下跌)。

答：如下图5-7所示。根据债券的供求分析框架，经济扩张阶段→国民收入 Y↑→ W↑→B^d↑→债券需求曲线 B^d 向右移动；经济扩张阶段→投资机会的预期利润率↑→投资需求 I^d↑→B^s↑→债券供给曲线 B^s 向右移动。可见，当经济处于扩张阶段，债券需求曲线和债券供给曲线同时向右移动，根据本章的解释，需求曲线的右移幅度小于供给曲线的右移幅度，结果，债券价格 P 下降，债券数量 B 增加，均衡利率 i 上升。同理，当经济处于衰退阶段时，债券需求曲线和债券供给曲线同时向左移动，但是需求曲线的左移幅度小于供给曲线的左移幅度，结果，均衡利率下降。因此，当经济处于经济扩张阶段时，均衡利率上升；当经济处于衰退阶段时，均衡利率下降。这就是所谓的利率与经济周期同向变动。

根据流动性偏好分析框架，当经济处于扩张阶段时，随着收入上升，货币需求增加。这是因为，收入增加引起财富增加，人们需要更多的货币作为价值贮藏，此外，人们出于交易目的所需的货币也会增加。货币需求增加使货币需求曲线 M^d 向右移动，货币供给曲线 M^s 不变的情况下，货币数量 M 不变，均衡利率 i 提高。同理，当经济处于衰退阶段，货币需求减少，货币需求曲线向左移动，使均衡利率下降。由此可见，利率与经济周期同向变动。

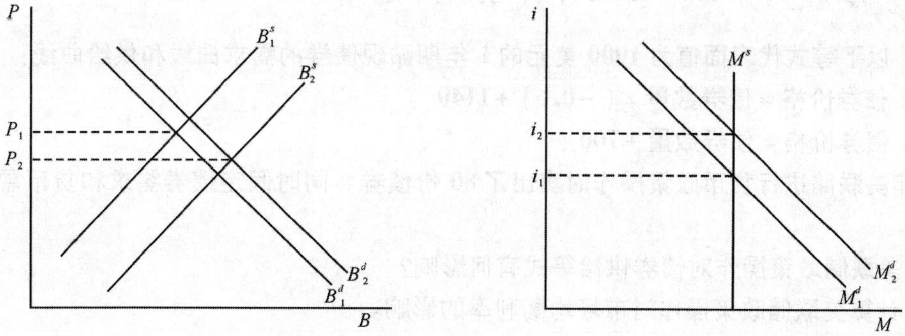

图5-7

23. 运用债券供求分析框架和流动性偏好分析框架，说明债券风险上升对利率产生的影响。两个分析框架给出的分析结果是否一致？

答：如图5-8所示。根据债券的供求分析框架，债券投资风险的增加减少了对债券的需求，需求曲线 B^d 左移，供给曲线 B^s 不变，债券价格 P 下降，债券数量 B 减少，均衡利率 i 上升。

根据流动性偏好分析框架，债券相对于货币的风险增大，会使货币需求增加，货币需求曲线 M^d 右移，货币数量 M 不变，均衡利率 i 上升。

因此，两个分析框架的结论是一样的。

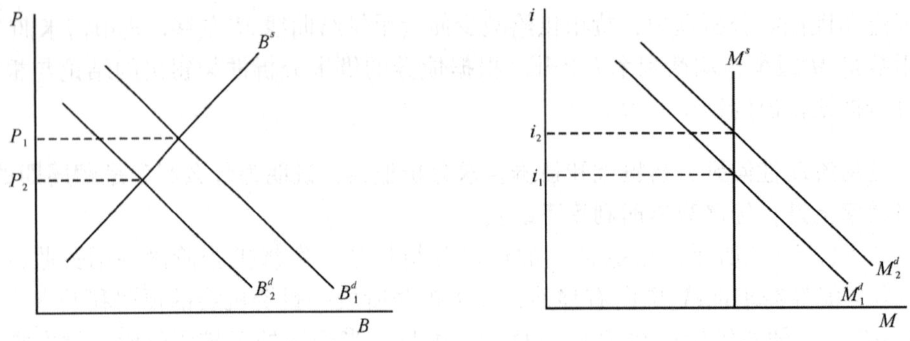

图 5－8

24. 以下等式代表面值为 1000 美元的 1 年期贴现债券的需求曲线和供给曲线：

B^d：债券价格＝债券数量×（－0.6）＋1140

B^s：债券价格＝债券数量＋700

a. 在这一市场上，均衡的债券价格和数量是多少？

b. 根据 a 的答案，该市场的均衡利率是多少？

答：令价格为 P，债券数量为 Q。

a. 由均衡条件 $-0.6Q+1140=Q+700$，得 $Q=275$，代入供给曲线得 $P=975$。即在这一市场上，均衡的债券数量为 275，均衡价格为 975 美元。

b. 面值 1000 美元的 1 年期贴现发行债券的现价为 975 美元，则这一市场上的均衡利率为：$i=(1000-975)/975=0.0256$，即均衡利率是 2.56%。

25. 以下等式代表面值为 1000 美元的 1 年期贴现债券的需求曲线和供给曲线：

B^d：债券价格＝债券数量×（－0.6）＋1140

B^s：债券价格＝债券数量＋700

假定美联储进行货币政策操作时卖出了 80 份债券。同时假定债券需求和货币需求保持不变。

a. 美联储政策操作对债券供给等式有何影响？

b. 计算美联储政策操作对市场均衡利率的影响。

答：令价格为 P，债券数量为 Q。

a. 美联储这一货币政策操作本质上是一项公开市场操作，以任何给定的价格增加市场上的债券供给量 80。因此，债券供给方程将变为 $Q=P-700+80$，即 $P=Q+620$。

b. 美联储这一货币政策的结果，使得新的均衡条件为 $-0.6Q+1140=Q+620$，得 $Q=325$，代入供给曲线，得 $P=945$(美元)。

也就是说面值为 1000 美元的 1 年期贴现发行债券的现价为 945 美元，则这一市场上的均衡利率为：$i=(1000-945)/945=0.0582$，即均衡利率是 5.82%。

根据上一题的计算结果，可以知道均衡利率从 2.56% 增加到了 5.82%。

第6章　利率风险结构和期限结构

6.1　复习笔记

【知识框架(庖丁解牛)】

- 利率风险结构和期限结构
  - 利率的风险结构
    - 违约风险与风险溢价
    - 流动性
    - 所得税因素
  - 利率的期限结构
    - 收益率曲线
    - 预期理论
    - 分割市场理论
    - 流动性溢价与期限偏好理论

【考点难点归纳(厚积薄发)】

考点一：利率的风险结构(见表6－1)　★★★★

表6－1　利率的风险结构

要点	具体内容
违约风险与风险溢价	①债券的违约风险，是指发行人无力支付利息或在债券到期时无法偿还本金所导致的风险。一般认为国债没有违约风险，也称为无违约风险债券。 ②风险溢价，是指到期期限相同的有违约风险债券与无违约风险债券之间的利差。违约风险增大推动企业债券需求曲线左移，国债需求曲线向右移，扩大两者间利差，如图6－1所示。 ③具有违约风险的债券的风险溢价总为正，且风险溢价随着违约风险的上升而增加
流动性	流动性资产是指能以较低成本迅速转化为现金的资产。资产流动性越强，越受欢迎。 流动性溢价即公司债券利率与国债利率之间的差额，不仅反映了公司债券的违约风险，同时也反映了其流动性风险，如图6－1所示
所得税因素	税率越高的债券，其税前利率也应该越高；反之，如果某种债券存在税收优惠，其利率也会降低

拓展：信用评级机构通过信用评级揭示受评对象违约风险的大小，而非其他类型的投资风险，如利率风险、通货膨胀风险、再投资风险以及外汇风险等。

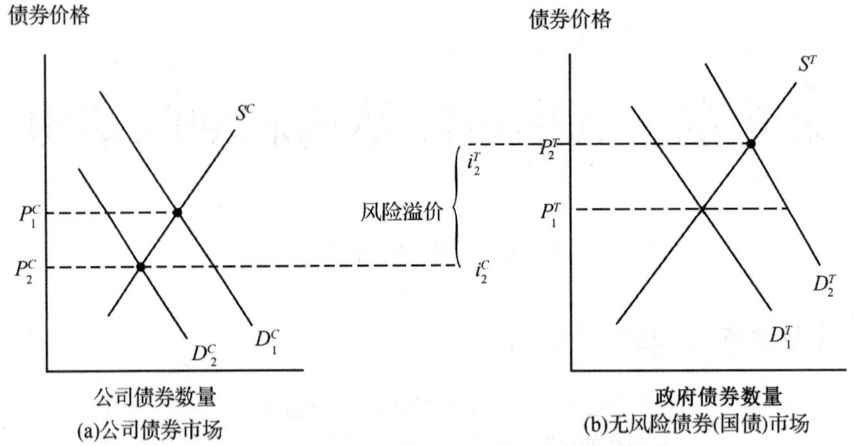

图 6－1　公司债券违约风险上升的影响

【例 6.1】为什么到期期限相同的债券的利率不同？利率风险结构的影响因素？［南开大学 2012 年研］

答： 因为风险的差异，所以到期期限相同的债券会产生不同的利率，这被称为利率的风险结构。

有很多风险因素影响利率的大小，其中主要有违约风险、流动性风险、税收风险、购买力风险等。

(1)违约风险

违约风险，也称信用风险，是债券的主要风险之一。债券种类繁多，按发行人的不同可以主要包括中央政府债券、地方政府债券和公司债券，不同债券的违约风险有很大的不同：

①中央政府发行的债券是没有信用风险的，因为政府有税收作后盾，从而又被称为无风险债券。

②地方政府债券由于其偿还来源不同，其违约风险有很大的区别。

③公司债券的信用风险的大小可以用该公司的信用级别来反映。高级别债券信用风险低，而低级别债券信用风险高。

违约风险除了包括债券违约可能性大小不同之外还包括：

①信用风险溢价发生变化，如果违约风险溢价增大，债券的市场价值将变小。违约风险溢价与经济环境有关系。在萧条时，投资者会担心债务人用于偿还债券本息的现金流量会下降。这样，违约风险溢价会扩大，因为投资者更愿意购买低风险的债券。

②信用级别发生变化。债券信用级别不是一成不变的，而是由评级公司随时监控和调整的。债券级别可能提升，也可能下降。如果债券本身或者发行公司的信用级别发生出乎意料的下调，将扩大违约风险溢价，从而降低债券价格。

(2)流动性风险

流动性风险是指债券因其流动性不足而在交易证券时可能遭受的损失。流动性的强弱有很多种衡量方法，主要指债券转让过程中所发生的交易成本，既包括各种税费支出，也包括价格的折让。流动性强的债券，需求就会增加，价格就会向上移动；而流动性弱的债券，需求就会下降，价格就会向下移动。影响流动性风险大小的原因主要有：

①债券自身的特点。如果债券符合大多数投资者的需求，那么投资者购买和持有的积极性就高。

②债券交易场所能够吸引的投资者数量。如果债券在集中的交易所交易，由于投资者或潜在投资者分散而且为数众多，交易必然活跃，流动性风险就低。而如果债券由某一债券自营商来做市，这种证券交易的活跃程度就取决于该做市商的实力和声誉。如果做市商实力强大，覆盖面广，服务柜台分布密集，该做市商的做市能力就强，其经营的债券的流动性就强。

③债券发行规模。如国库券发行量大，发行周期固定而且规律性强，投资者众多，自然流动性强。而相比之下，某些公司发行的证券由于发行量小，投资者人数少，其流动性自然受到影响。

(3)税收风险

有些债券是免税的，有的则必须纳税；有些投资者是免税的，更多的投资者则必须纳税；有些投资者收入多而税率高，有些投资者收入少而税率低。税收问题很复杂，但分析利差时，不得不考虑税收对收益率的影响，也就是税收风险。

(4)购买力风险

债券一个比较明显的特征是有明确或比较明确的现金流入量。但债券很难回避物价上涨带来的影响，债券的利息收益是固定的，不管发行者有多大能力来回避通货膨胀的风险，购买者只能获得名义上固定的利息。这就给投资者带来很高的购买力风险。

考点二：利率的期限结构(见表6-2)　★★★★

表6-2　利率的期限结构

理论	要点	具体内容
利率的期限结构与收益率曲线	利率的期限结构定义	利率的期限结构是指其他特征相同而期限不同的各种债券利率之间的关系
	收益率曲线定义	收益率曲线是将期限不同，但风险、流动性和税收特征相同的债券的收益率连成的曲线。曲线向上倾斜表明长期利率高于短期利率，水平则两者相等，向下则表明长期利率低于短期利率(见图6-2)
	经验事实	利率期限结构理论解释的经验事实： ①不同期限债券的利率随时间一起变动。 ②短期利率低时，收益率曲线更可能向上倾斜；反之高时，曲线更可能向下倾斜。 ③收益率曲线一般向上倾斜
预期理论	基本命题	长期债券利率等于长期债券到期之前人们预期的短期利率的平均值
	前提假设	对于投资者，期限不同的债券是完全替代品
	理论内容	向上倾斜的收益率曲线意味着短期利率将会上升；向下倾斜意味着短期利率预期的平均值会下降；水平表明利率不变。预期理论能解释上述经验事实①与②，但不能解释经验事实③

续表

理论	要点	具体内容
分割市场理论	基本命题	期限不同的证券市场相互独立，每种证券不受不同期限债券预期收益变动的影响
	前提假设	到期期限不同的债券无法相互替代
	理论内容	持有期较短的投资人宁愿持有短期证券，而持有期较长的投资人倾向于持有长期证券。此理论可以解释经验事实③，不能解释经验事实①和②
流动性溢价和期限偏好理论	基本命题	长期债券的利率水平等于在整个期限内预计出现的所有短期利率的平均值，加上由债券供给与需求决定的流动性溢价
	前提假设	到期期限不同的债券可以相互替代，但并非完全可替代
	理论内容	①期限偏好理论认为，风险厌恶型投资者一般更偏好短期债券，因此只有长期债券的预期回报率较高时，他们才愿意持有长期债券。 ②流动性溢价和期限偏好理论可以解释经验事实①②③。该理论认为，只要通过考察收益率曲线的斜率就可以得知市场对未来短期利率的预测，如图6－3所示

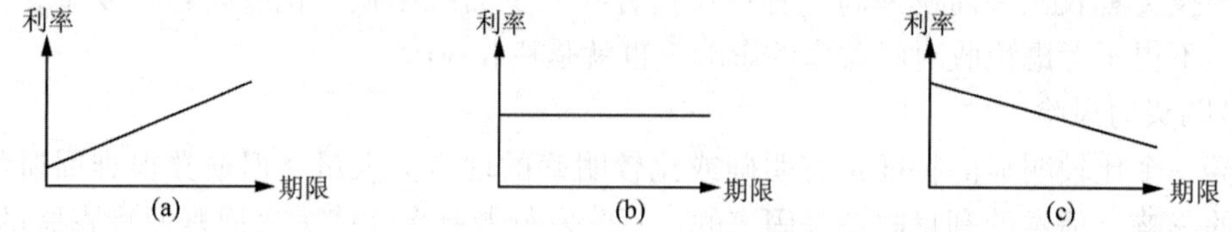

图6－2　收益率曲线

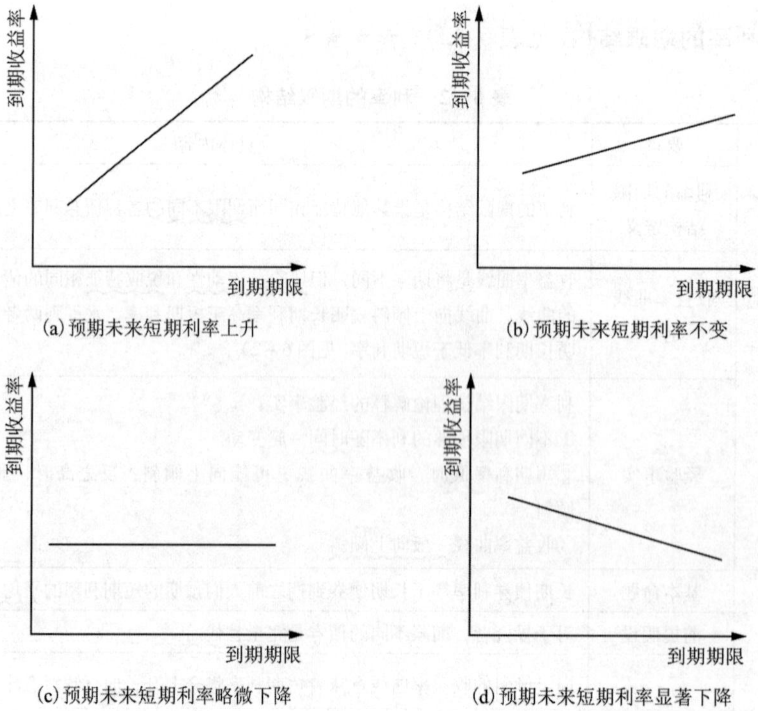

图6－3　流动性溢价和期限偏好理论中的未来短期利率的市场预期和收益率曲线

【例6.2】根据纯粹预期理论，当前一年期利率为3%，2年期利率为5%，1年之后的1年期利率预计为(　　)。[中国人民大学2015年研]

A. 6%　　B. 7%　　C. 8%　　D. 9%

【解析】纯粹预期理论认为，可观察的长期利率是预期的不可观察的短期利率的平均值。就本题而言，2年期利率是一年期利率和1年之后的1年期利率的平均值，即(3% +1年之后的1年期利率)/2 =5%，可知：1年之后的1年期利率是7%。

【答案】B

【例6.3】你持有9个月后到期的国债期货，如果利率期限结构上的所有利率在这9个月中整体下降，那么你持有的国债期货价格在到期日会(　　)。[清华大学2015年研]

A. 下降　　B. 上升

C. 不变　　D. 由于国债到期日不同而不确定

【解析】一般而言利率与债券价格呈反方向变动，当利率下降时，债券价格上升。国债期货的价格变动趋势与国债现货一致，且越接近到期日，期货价格与现货价格的价差越小，在到期日两者价格相等。

【答案】B

【例6.4】以下关于利率的期限结构说法错误的是(　　)。[中央财经大学2012年研]

A. 利率期限结构通常表现出短期利率波动大，长期利率波动小的特征

B. 市场分割理论不能解释收益率曲线通常向上倾斜的特征

C. 预期理论能够解释短期利率和长期利率的联动关系

D. 流动性偏好理论假设不同期限的债券之间存在不完全的替代性

【解析】B项，市场分割理论认为资金在不同期限市场之间基本是不流动的。当长期市场上资金供不应求，导致利率上升的同时，短期市场资金供过于求，导致利率下降，就会形成向上倾斜的收益率曲线。A项，利率期限结构是指在某一时点上，不同期限资金的收益率与到期期限之间的关系，长期利率比较稳定，短期利率经常波动。C项，预期理论认为，长期债券的现期利率是短期债券的预期利率的函数，长期利率与短期利率之间的关系取决于现期短期利率与未来预期短期利率之间的关系。D项，流动性偏好理论认为不同期限债券的风险程度与利率结构存在一定的关系，较为完整地建立了流动性偏好理论。根据流动性偏好理论，不同期限的债券之间存在不完全的替代性。

【答案】B

6.2　课后习题详解

一、关键术语

1. 信用评级机构(credit-rating agencies)

答：信用评级机构是提供有关违约风险信息的投资顾问公司，他们根据违约的可能性对公司债券和市政债券等做出评级(有时也包括国际债券、优先股票、国家主权等)。世界上三家最大的信用评级机构是穆迪投资者服务公司、标准普尔公司与惠誉评级公司。

2. 垃圾债券(junk bond)

答：垃圾债券是指风险系数大、安全性低的债券。由于安全性低，购买垃圾债券所得收益比一般的债券高，利息至少比市场利率高出几个百分点，有的收益率甚至高达年息50%以上。

垃圾债券的出现和发展是由于世界经济中筹资和兼并收购活动日益活跃。在兼并活动中，收购者可能并非实力雄厚的大公司，而是那些没有很多资金的专门从事公司收购的机构。在这种被称为“杠杆收购”的收购安排中，收购者并无巨额资金，仅仅凭着其丰富的分析公司资产和管理流动资金的经验，通过向银行借款，或者发行以被收购公司资产作抵押的高息债券筹集资金去从事收购活动。这种债券就属于典型的垃圾债券。

垃圾债券的潜在风险是巨大的，1989 年 10 月 13 日纽约股票市场股票价格的暴跌就是由于垃圾债券抛售风潮导致的。以目前的实际操作看，垃圾债券履约的保证是由政府的信贷担保机构或信誉优良的银行提供，也有一部分垃圾债券没有这类担保。

3. 分割市场理论(segmented markets theory)

答：分割市场理论是解释利率期限结构的一种理论，该理论认为资金在不同期限市场之间基本是不流动的，到期期限不同的债券市场完全独立和分割，到期期限不同的每种债券的利率取决于该债券在相应市场上的供给与需求。这倒不是行政力量限制，而是金融机构的特定业务运作所导致的对资金期限的特定要求使然。不同金融机构有不同的负债性质，因而对资金的期限有特定需求。这种不同期限市场上资金流动的封闭性，决定了收益率曲线可以有不同的形态。例如，当长期市场上资金供过于求，导致利率下降的同时，短期市场资金供不应求，导致利率上升，就会形成向下倾斜的收益率曲线。

4. 违约(default)

答：违约是指合同当事人完全没有履行合同或者履行合同义务不符合约定的行为。本章中的违约指债券违约，用债券违约风险(即债券发行人无法或不愿履行其之前承诺的利息支付或债券到期时偿还面值的义务的可能性)来衡量债券违约的可能性。例如，美国国债通常不会违约，即不存在违约风险。

5. 流动性溢价理论(liquidity premium theory)

答：流动性溢价理论是解释利率期限结构的一种理论，该理论认为，期限较长的债券价格波动风险比期限较短的债券大，人们自然会对这部分风险要求补偿，即要求流动性风险补偿。因此，只有在长期投资的收益率高于短期的平均预期收益率条件下，人们才会选择长期投资工具。于是期限越长的债券，到期收益率应该越高。按照流动性理论的观点，收益率曲线一般应该是向上倾斜的；只有在预期未来短期利率下降到一定程度，以致使流动性补偿无法抵消预期利率下降的程度时，才会出现下降的收益率曲线。显然，流动性理论已经调整了纯预期理论中关于投资人不介意风险的假设。

6. 利率期限结构(term structure of interest rates)

答：利率期限结构是指除到期期限不同，其他条件(如风险、流动性和税收等)均相同的情况下，各种有价证券的利率在某一时点的相互关系。通常又把这种条件下有价证券的收益率连成一条曲线，称为收益率曲线。收益率曲线可以划分为三种类型：①向上倾斜，即长期利率高于短期利率；②水平，即长短期利率相等；③向下倾斜，即短期利率高于长期利率。收益率曲线也有更复杂的形状，可以先上升而后又向下倾斜或相反，形成丘形曲线。

解释不同期限债券利率之间关系的利率期限结构理论目前已有三种解释：①预期理论，可以较好地解释利率水平的波动和不同形状收益率曲线的形成，却无法合理解释收益率曲线通常向上倾斜的现实；②分割市场理论，能较好地解释收益率曲线上倾斜的形状，但对波动和不同形状收益率曲线解释却力不从心；③流动性溢价与期限偏好理论，综合预期理论和分割市场理论的特点，能较好地解释关于利率期限结构的三种事实。

7. 无违约风险债券(default-free bonds)

答：无违约风险债券是指不存在违约风险的债券，例如美国国债，因为美国联邦政府总是可以通过增加税收或者印钞的方式来清偿债务。债券的违约风险是影响债券利率的重要因素，由于无违约风险债券不存在违约风险，当其他条件相同时，无违约风险债券的利息会较低。

8. 期限偏好理论(preferred habitat theory)

答：期限偏好理论是一种与流动性溢价理论密切相关的理论，它采取了较为间接的方法来对预期理论进行修正，但得到的结论是一致的。它假定投资者偏好某种到期期限的债券，即更愿意投资于该期限的债券(期限偏好)。由于他们偏好某种债券，因此只有当具有其他到期期限的债券的预期回报率足够高时，他们才愿意购买其他到期期限的债券。相对于长期债券，风险厌恶型投资者更偏好短期债券，因此，只有当长期债券具有较高的预期回报率时，他们才愿意持有长期债券。该理论认为长期债券的利率等于债券到期前预期的短期利率的平均值加上正的期限溢价。

9. 收益率曲线(yield curve)

答：收益率曲线是将期限不同，但风险、流动性和税收特征都相同的债券的收益率连接起来而形成的曲线，也是对利率期限结构的图形描述。收益率曲线可以分为向上倾斜、水平以及向下倾斜三种(最后一种通常被称作反向收益率曲线)。收益率曲线向上倾斜表明长期利率高于短期利率，收益率曲线呈水平形状表示长期利率等于短期利率，收益率曲线向下倾斜表明长期利率低于短期利率。收益率曲线可以有更复杂的形状，它可以先向上倾斜后向下倾斜或相反。

10. 预期理论(expectations theory)

答：预期理论的基本命题：长期债券利率等于长期债券到期之前人们预期的短期利率的平均值。

前提假设：①投资者对债券的期限没有偏好，其行为取决于预期收益的变动。如果一种债券的预期收益低于另一种债券，那么投资者将会选择购买后者。②所有市场参与者都有相同的预期。③在投资人的资产组合中，期限不同的债券是完全替代的。④金融市场是完全竞争的。⑤完全替代的债券具有相等的预期收益率。

预期理论解释了利率的期限结构(以收益率曲线表示)在不同时期变动的原因。根据预期理论，向上倾斜的收益率曲线意味着短期利率将会上升。如果在当前，长期利率高于短期利率，这表明对未来短期利率预期的平均值比当期短期利率要高，然而这样的情况只有当短期利率预期上升时才会出现。向下倾斜的收益率曲线则意味着预期未来短期利率的平均值将低于当期的短期利率，通常这表示未来短期利率预期的平均值将会下降。水平的收益率曲线意味着未来短期利率预期的平均值不变。

11. 风险溢价(risk premium)[广东外语外贸大学2024年研；南开大学2023年研]

答：风险溢价是指在其他条件相同的情况下，存在违约风险的债券的利率与不存在违约风险的债券的利率之间的差额，是人们因为持有某种风险债券必须获得的额外利息，是对风险的补偿。具有违约风险的债券的风险溢价总是为正，且违约风险越高，风险溢价越大。

12. 翻转的收益率曲线(inverted yield curve)

答：翻转的收益率曲线又称反向收益率曲线，是收益率曲线的一种，它表明长期利率低于短期利率。运用预期理论能解释：在短期利率较低时，收益率曲线趋向于向上倾斜；在短期利率较高时，收益率曲线趋向于向下倾斜。这是因为如果短期利率较低，通常人们预测它在未来会升高到正常的水平，而且相对于当期的短期利率，未来短期利率预期的平均值较高。所以长期利率要比当期的短期利率高得多，从而收益率曲线向上倾斜。反之，如果当前短期利率较高，则人们往往预期它将会下降。这样，未来短期利率预期的平均值较当期的短期利率要低，导致长期利率低于短期利率，即收益率曲线向下倾斜。

13. 利率风险结构(risk structure of interest rates)

答：利率风险结构是指期限相同的各种债券或贷款在违约风险、流动性和所得税规定等因素作用下利率间的关系。债券的违约风险越大，它对投资者的吸引力就越小，因而债券发行者所应支付的利率就越高；在其他条件相同的情况下，流动性越高的债券利率将越低；债券持有人真正关心的是税后的实际利率，因此，如果债券利息收入的税收待遇视债券的种类不同而存在着差异，这种差异就必然要反映到税前利率上来，税率越高的债券，其税前利率也应该越高。

二、思考题

1. 如果垃圾债券是“垃圾”，为什么还有投资者购买？

答：垃圾债券之所以被称为“垃圾”，是因为投资垃圾债券风险系数大、安全性低。但是它却能够以高风险溢价作为补偿，以非常低的价格为投资者提供高收益。

2. 穆迪的Baa级公司债券与C级公司债券，哪种债券利率的风险溢价更高？为什么？

答：C级企业债券的风险溢价更高，因为C级债券相较于Baa级债券违约风险更大，导致其市场需求减少，利率会比Baa级债券高。

3. 你认为美国国库券与哥伦比亚政府发行的同类证券(就期限和流动性而言)相比，风险溢价会更高、更低还是相同？

答：美国政府发行的证券通常被认为是不存在违约的。然而，其他政府发行的证券通常具有正的风险溢价，这通常取决于每个国家在特定时间出现的财政失衡状况。与哥伦比亚政府发行的同类证券相比，美国国债的违约风险小，流动性大，因而风险溢价会更低。

4. 2008 年秋天，当时世界最大的保险公司美国国际集团(AIG)受全球金融危机影响，已经处于违约边缘。美国政府出手救助，注入巨额资本，并实施了国有化。这会如何影响 AIG 公司债券的收益率和风险溢价？

答：AIG 出现违约风险时，公众将减少对 AIG 企业债券的需求，从而导致更高的收益率。在政府宣布提供特别援助来支持 AIG 并阻止其破产后，其企业债券的风险降低、需求上升，收益率将下降。

5. 公司债券的风险溢价通常是逆经济周期的，也就是说，在经济周期扩张时降低而在衰退时上升。为什么会如此？

答：在经济周期的扩张阶段，破产的公司比较少，公司债券的违约风险比较小，这使公司债券的风险溢价下降。类似地，在经济周期的萧条阶段，破产的公司会相对较多，公司债券的违约风险增加，风险溢价也相应上升。由此可见，公司债券的风险溢价是逆经济周期的，在经济周期的扩张阶段下降，在经济周期的衰退阶段上升。

6. 就在 2007 年次级抵押贷款市场崩盘以前，最重要的信用评级机构对抵押支持证券给出了 Aaa 和 AAA 评级结果。解释为何在 2008 年初的几个月里同样的这些证券几乎只有最低评级结果了。我们应该永远信任信用评级机构吗？

答：从历史来看，抵押贷款支持证券被认为是低风险资产，因为房主有很高的动机支付他们的抵押贷款(否则他们可能会失去他们的房子)。然而，在新世纪的头几年，贷款标准降低后，许多人能够买房子，但不能支付他们的抵押贷款。这导致了质量不佳的抵押贷款支持证券，它们本不应该获得如此高的评级。标准普尔(Standard and Poor's)和穆迪(Moody's)都因给予如此高的评级而受到调查，从而误导投资者购买这些工具。

我们不应该永远信任信用评级机构，只能将评级作为投资的一个参考。第一是因为信用评级机构存在评级不透明的问题，它掌握着企业信用级别的升降，也掌握着企业不为人知的一些重要信息，更有权利为一些债券产品的信用级别进行辩护。然而，正是因为人人都认为评级机构掌握着一些外界无法得到的信息，评级机构如何进行信用级别的调整也就无从得知。这种原因不明的降级行为会给发债人造成严重的负面影响。此外，投资者的投机行为，也给发债人雪上加霜。在次贷危机中，评级机构不能及时地调整信用级别，也从不公布调级的理由，使得人们认为评级机构有不可告人的预谋。第二是存在逃避责任的问题，信用评级机构声称他们的评级结果只是一种观点，可以免受民事及刑事法律责任的追究。特别是一些证券法规豁免了信用评级机构的法律责任。更重要的是，在美国，一些地方法院已经接受了评级机构关于评级观点受法律保护的言论。

7. 美国财政部发行的某些债务工具采用财政部通胀指数化证券(Treasury Inflation Indexed Securities，TIIS)的形式，更常见的名字是财政部通胀保护证券(Treasury Inflation Protected Securities，TIPS)，特点是债券价格根据债务工具有效期内的通货膨胀率进行调整。与相同期限的名义美国国债相比，TIPS 交易量要小很多。你对 TIPS 相对于名

义美国国债的流动性溢价有何看法？

答：由于TIPS的交易量远低于名义美国国债，公众对这些债券的需求会略低于美国国债；因此TIPS会有较高的实际利率（控制通货膨胀的影响）补偿流动性溢价。由于这种债券流动性效应相对较小，通货膨胀补偿通常将大于流动性溢价，这意味着TIPS名义收益率总体上将高于同一期限的美国其他债券，即TIPS相对于名义美国国债的流动性溢价更高。

8. 如果联邦政府今天做出保证，若公司未来破产，则政府将对债权人进行偿付，请预测公司债券的利率将会怎样。国债利率将会怎样？

答：联邦政府的保证会使公司债券的违约风险减少，使其相对于国债的吸引力上升。这将导致公司债券的需求上升，国债的需求下降，并进而引起公司债券利率下降，国债利率上升。

9. 如果联邦政府今天做出保证，若市政债券发生付款违约，则政府将对债权人进行偿付，请预测市政债券的流动性溢价将会怎样。你认为在这种情况下对市政债券豁免所得税是否合理？

答：由于联邦政府为市政债券做出违约偿付的保证，使得市政债券的违约风险降低，使得该债券在市场上的流动性变强，相应的流动性溢价会降低。那么市政债券将比美国政府债券更好，因为两者都不存在违约，但市政债券是免征所得税的。在这种情况下，对地方债券豁免所得税是没有意义的，因为这种免征恰恰是为了帮助地方政府获得资金。

10. 2008年，3个月期AA级金融商业票据与3个月期AA级非金融商业票据的收益率差额（收益率利差）从接近零的正常水平稳定上升，到2008年10月已经超过1个百分点，冲上历史高位。如何解释这种突然的上升？

答：2008年突发的全球性金融危机使得金融业严重受挫，给金融体系带来了很大的不确定性，公众普遍怀疑即使是最稳健的银行和金融公司也存在破产的可能。结果，相对于看起来更安全的非金融商业票据而言，公众对金融商业票据的需求急剧下降。这导致两者之间的收益率差距的增大，这一差距反映了这一时期金融公司投资的较高风险。

11. 如果取消市政债券豁免所得税的政策，债券利率会怎样变化？这一政策调整对国债利率会产生什么影响？

答：市政债券豁免所得税的政策被取消使其相对于国债的吸引力降低。这将导致市政债券的需求下降，国债的需求上升，并进而引起市政债券利率上升，国债利率下降。

12. 2008年以前，抵押贷款发放机构在评估房屋价值时会要求进行房屋检验，通常在同一地区市场上会使用相同的1～2家检验公司。2008年房地产市场崩溃之后，抵押贷款发放机构要求进行房屋检验，但都是交由第三方来安排。为何说2008年以前房屋检验公司存在着利益冲突，类似于信用评级机构在全球金融危机中所起的作用？

答：信用评级机构存在的利益冲突，使得评级机构有动机向他们的客户提供过分乐观的评级，这被认为助长了国际金融危机的发生。同样，房屋检验中的利益冲突鼓励了房屋检验机构提供过度乐观的房屋价值评估，以确保未来能够继续工作，同时也使抵押贷款人受益。因为只要房屋价值能够维持下去，抵押贷款的循环就可以继续。

13. "根据期限结构的预期理论，如果预期 1 年期债券利率在两年里保持不变，那么在两年里投资于 1 年期债券、到期后再投资的做法，比直接投资于 2 年期债券更好。"这种说法正确、错误还是不确定？

答：错误。期限结构的预期理论意味着，只有两个 1 年期债券预期收益率大于预期的 2 年期债券的收益率时，1 年期债券才是更好的投资。在两年内对 1 美元进行两次 1 年期的债券投资时，预期收益率被给定为 $i_t + i^e_{t+1}$，假设 1 年期债券利率在两个时期都是相同的，则预期收益率等于 $2i_t$。对 1 美元进行一次 2 年期债券投资的预期收益率为 $2i_{2t}$。因此，只有 $2i_t > 2i_{2t}$时，1 年期债券才是更好的投资。

14. 如果债券投资者认为 30 年期债券投资不再如之前一样受欢迎，在以下假定下，请预测收益率曲线会怎样：

a. 期限结构的预期理论成立；

b. 期限结构的分割市场理论成立。

答：a. 根据期限结构的预期理论，由于期限不同的债券是完全替代品，如果投资者认为 30 年期债券不再像之前一样受欢迎，这将会增加对其他期限债券的需求。结果是所有其他期限的债券价格更高、收益率更低，并且在收益率曲线结束时收益率增加。也就是说，收益率曲线将在末端变陡，曲线的其余部分变平。

b. 分割市场理论假设不同期限的债券市场是完全独立和相互分割的，不同期限的债券根本无法替代。因此长期利率的变化不会影响短期和中期债券的收益率，也就是说，分割市场理论下，投资者不再想购买 30 年期债券，这将导致收益率曲线在 30 年期时利率发生跳跃，其余期限的债券的收益率曲线保持不变。

15. 假定 1 年期、5 年期、10 年期美国国债利率现在分别是 3%、6%、6%。投资者 A 选择只投资于 1 年期债券，投资者 B 对投资于 5 年期债券还是 10 年期债券无所谓。你如何解释这两位投资者的行为？

答：投资者 A 选择了预期回报较低的 1 年期国债，也许是因为它更具流动性，且投资者 A 更偏好短期债券。投资者 A 的偏好与市场分割理论相一致。

投资者 B 选择了最大化的预期回报，考虑到 5 年期和 10 年期国债对他而言是无差异的，即他将 5 年期和 10 年期国债视为完全替代品，其行为与利率的预期理论的假设相一致。

16. 如果收益率曲线如下图所示，那么市场如何预测未来短期利率的走势？收益率曲线显示的对未来通货膨胀率的市场预期是怎样的？

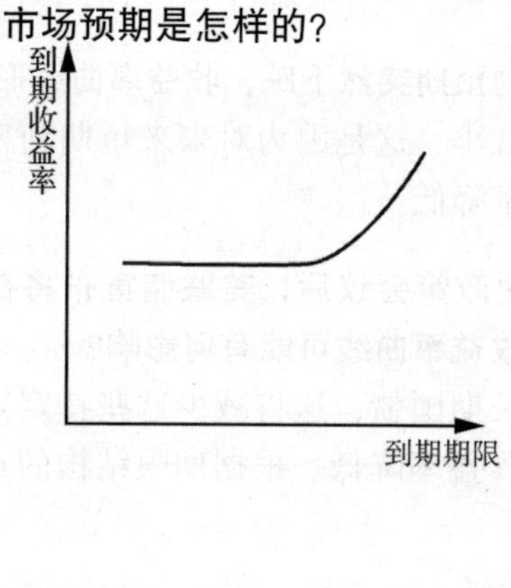

答：根据流动性溢价理论，期限较短的收益率曲线比较平，表明短期利率在近期有望适当下降；而期限较长的收益率曲线较陡直，且向上倾斜，表明未来利率有望进一步上升。因为利率和通货膨胀率预期同步运动，所以该收益率曲线表明：市场对通货膨胀率的预期是在近期先适度下降后上升。

17. 如果收益率曲线如下图所示，那么市场对未来短期利率走势的预期是怎样的？收益率曲线显示的对未来通货膨胀率的市场预期是怎样的？

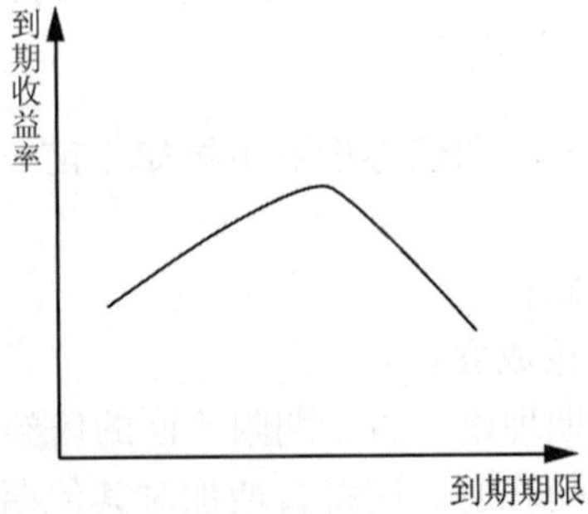

答：根据流动性溢价理论，期限较短的收益率曲线陡峭上升，表明在不久的将来短期利率预期将会适度上升。这是因为初始的、陡峭上升的收益率曲线表明预期的短期利率的平均值高于目前的短期利率。期限较长的收益率曲线向下倾斜，表明未来短期利率将急剧下降。由于在流动性溢价理论中长期债券的风险溢价为正值，那么只有当预期的短期利率的平均值下降时，收益率曲线才会下降。而预期的短期利率的平均值下降只有在较远的将来的短期利率下降时才会发生。由于利率和通货膨胀率预期同步运动，所以该收益率曲线表明市场对通货膨胀率的预期是在近期适度上升之后将下降。

18. 如果收益率曲线平均来看是平坦的，说明期限结构的流动性（期限）溢价怎么样？你会更愿意还是更不愿意接受预期理论？

答：如果收益率曲线平均来看呈水平状，这表明长期债券相对于短期债券的风险溢价为零。根据流动性溢价理论，流动性溢价总是正值，那么此时流动性溢价理论难以成立，故更愿意接受预期理论。

19. 如果收益率曲线突然变得更陡峭，你会如何修正你对未来利率的预测？

答：将会提高对未来利率的预期，因为长期利率上升表明未来短期利率预期的平均值上升。

20. 如果对未来短期利率的预期突然下跌，收益率曲线形状会发生怎样的变化？

答：收益率曲线的斜率会减小，这是因为对未来短期利率的预期下跌意味着预期的短期利率的平均值降低，长期利率降低。

21. 2009年3月19日一次政策会议后，美联储宣布将在未来6个月内购买最多3000亿美元长期国债。这一政策对收益率曲线可能有何影响？

答：如果美联储购买大量长期国债，这将减少这些特定期限国债的有效供给，从而导致这些期限的国债价格升高、收益率降低。根据期限结构的预期理论，这一行为将会降低中期和长期债券的收益率，换句话说，收益率曲线将会下移，特别是中长期债券。

三、应用题

22. 2010 年和 2011 年，希腊政府由于预算赤字问题严重，债务面临违约风险。利用债券市场供求图，比较上述情况对美国国债和可比期限希腊债务风险溢价的影响。

答：由于希腊政府违约风险增加，使得相对于美国国债而言，公众对希腊债务的需求减少了，导致了相较于美国国债，希腊债务的价格较低、收益率较高。美国国债的价格升高，希腊债务价格降低，二者之间的价格差即为风险溢价，风险溢价上升。

23. 假定预期理论是正确的期限结构理论，根据以下的未来 5 年内 1 年期利率，计算期限结构中的 1 ~ 5 年期利率，并绘制所得出的收益率曲线：

a. 5%，7%，7%，7%，7%。

b. 5%，4%，4%，4%，4%。

如果投资者对短期债券的偏好超过长期债券，收益率曲线会怎样变化？

答：a. 根据期限结构的预期理论计算如下：

1 年期债券的利率 $i_1 = 5\%$。

2 年期债券的利率 $i_2 = (5\% + 7\%)/2 = 6\%$。

3 年期债券的利率 $i_3 = (5\% + 7\% + 7\%)/3 = 6.33\%$。

4 年期债券的利率 $i_4 = (5\% + 7\% + 7\% + 7\%)/4 = 6.5\%$。

5 年期债券的利率 $i_5 = (5\% + 7\% + 7\% + 7\% + 7\%)/5 = 6.6\%$。

相应的收益率曲线如图 6 – 4 所示。

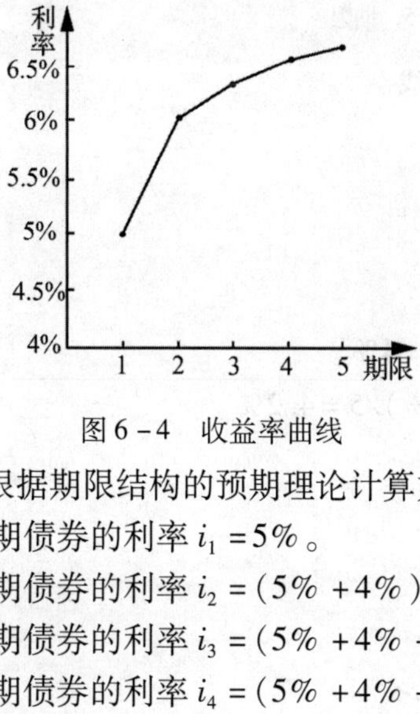

图 6 – 4　收益率曲线

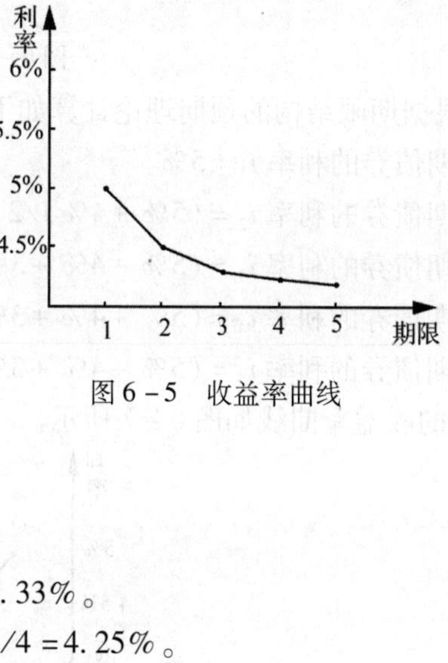

图 6 – 5　收益率曲线

b. 根据期限结构的预期理论计算如下：

1 年期债券的利率 $i_1 = 5\%$。

2 年期债券的利率 $i_2 = (5\% + 4\%)/2 = 4.5\%$。

3 年期债券的利率 $i_3 = (5\% + 4\% + 4\%)/3 = 4.33\%$。

4 年期债券的利率 $i_4 = (5\% + 4\% + 4\% + 4\%)/4 = 4.25\%$。

5 年期债券的利率 $i_5 = (5\% + 4\% + 4\% + 4\% + 4\%)/5 = 4.2\%$。

相应的收益率曲线如图 6 – 5 所示。

如果投资者更偏好短期债券，则(a)中向上倾斜的收益率曲线会更陡峭，因为此时长期债券的风险溢价为正值。假如长期债券的风险溢价为正值，则(b)中向下倾斜的收益率曲线将不会太陡峭，甚至有可能稍向上倾斜。

24. 假定预期理论是正确的期限结构理论，根据以下的未来5年内1年期利率，计算期限结构中的1~5年期利率，并绘制所得出的收益率曲线：

a. 5%，6%，7%，6%，5%。

b. 5%，4%，3%，4%，5%。

如果投资者对短期债券的偏好超过长期债券，收益率曲线会怎样变化？

答：a. 根据期限结构的预期理论计算如下：

1年期债券的利率 $i_1 = 5\%$。

2年期债券的利率 $i_2 = (5\% + 6\%)/2 = 5.5\%$。

3年期债券的利率 $i_3 = (5\% + 6\% + 7\%)/3 = 6\%$。

4年期债券的利率 $i_4 = (5\% + 6\% + 7\% + 6\%)/4 = 6\%$。

5年期债券的利率 $i_5 = (5\% + 6\% + 7\% + 6\% + 5\%)/5 = 5.8\%$。

相应的收益率曲线如图6-6所示。

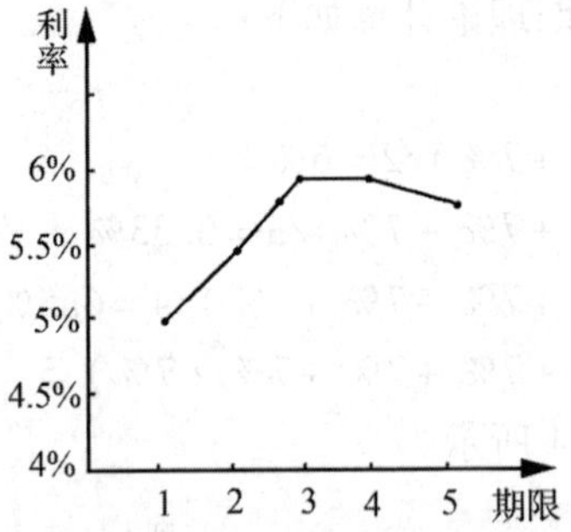

图6-6　收益率曲线

b. 根据期限结构的预期理论计算如下：

1年期债券的利率 $i_1 = 5\%$。

2年期债券的利率 $i_2 = (5\% + 4\%)/2 = 4.5\%$。

3年期债券的利率 $i_3 = (5\% + 4\% + 3\%)/3 = 4\%$。

4年期债券的利率 $i_4 = (5\% + 4\% + 3\% + 4\%)/4 = 4\%$。

5年期债券的利率 $i_5 = (5\% + 4\% + 3\% + 4\% + 5\%)/5 = 4.2\%$。

相应的收益率曲线如图6-7所示。

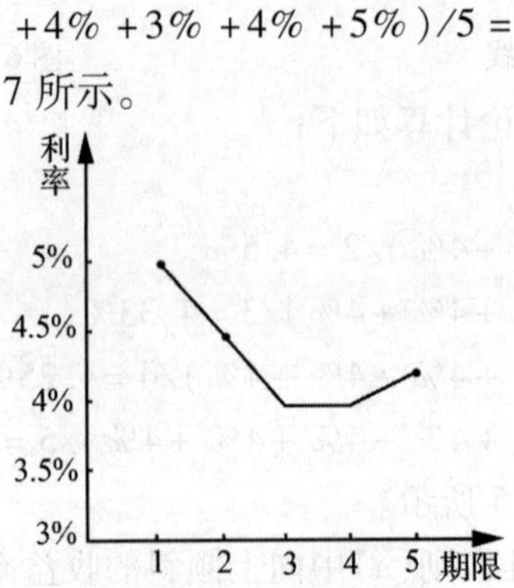

图6-7　收益率曲线

如果投资者更偏好短期债券，则此时长期债券的风险溢价为正值，那么，(a)中先向上倾斜后向下倾斜的收益率曲线更可能向上倾斜；(b)中先向下倾斜后向上倾斜的收益率曲线可能会向上倾斜。

25. 下表给出了当前和预期未来的 1 年期利率，以及多年期债券的当前利率。利用这些数据，计算每种多年期债券的流动性溢价。

年数	1 年期债券利率	多年期债券利率
1	2%	2%
2	3%	3%
3	4%	5%
4	6%	6%
5	7%	8%

答：给定期限债券的流动性溢价是多年期债券的当前利率减去到期前所有 1 年期债券利率的平均值。因此，每种多年期债券的流动性溢价如下：

1 年期债券流动性溢价 $l_{11}=2\%-2\%=0$；

2 年期债券流动性溢价 $l_{21}=3\%-(2\%+3\%)/2=0.5\%$；

3 年期债券流动性溢价 $l_{31}=5\%-(2\%+3\%+4\%)/3=2\%$；

4 年期债券流动性溢价 $l_{41}=6\%-(2\%+3\%+4\%+6\%)/4=2.25\%$；

5 年期债券流动性溢价 $l_{51}=8\%-(2\%+3\%+4\%+6\%+7\%)/5=3.6\%$。

第7章　股票市场、理性预期理论和有效市场假说

7.1　复习笔记

【知识框架(庖丁解牛)】

- 股票市场、理性预期理论和有效市场假说
  - 计算普通股价格
    - 单阶段估值模型
    - 推广的股利估值模型
    - 戈登增长模型
  - 市场如何确定股票价格
  - 理性预期理论
  - 有效市场假说：金融市场的理性预期
  - 行为金融
    - 损失厌恶
    - 过度自信
    - 社会传染

【考点难点归纳(厚积薄发)】

考点一：计算普通股价格　★★★★

1．衡量普通股价值的依据

普通股的价值表示为其未来所有现金流量今天的价值。未来的现金流包括股利、出售价格或者两者之和等等。

2．普通股估值模型(见表7-1)

表7-1　普通股估值模型

要点	具体内容	
单期估值模型	假设	投资者购买股票，持有该股票一个阶段，获取股利后出售该股票
	内容	公式：$P_0=D_1/(1+k_e)+P_1/(1+k_e)$ 上式中，P_0是股票的现价；D_1是第1年末收到的股利；k_e是股票投资必要回报率；P_1是第1阶段末的股票价格，即预期的股票售价

续表

要点		具体内容
广义股利估值模型	假设	股票持有期可以是任意多期
	内容	公式：$P_0 = D_1/(1+k_e)^1 + D_2/(1+k_e)^2 + \cdots + D_n/(1+k_e)^n + P_n/(1+k_e)^n$ 上式中，P_0是股票的现价；D_i是第 i 年末收到的股利；k_e是股票投资必要回报率；P_n为第 n 阶段末投资者卖出股票时的价格。 若一直持有股票，则股价可以表示为：$P_0 = \sum_{t=1}^{\infty} \frac{D_t}{(1+k_e)^t}$
戈登增长模型	假设	①股利增长比率永远不变；②股利增长率 g 低于股票投资必要回报率 k_e
	内容	公式：$P_0 = \frac{D_0 \times (1+g)^1}{(1+k_e)^1} + \frac{D_0 \times (1+g)^2}{(1+k_e)^2} + \cdots + \frac{D_0 \times (1+g)^\infty}{(1+k_e)^\infty}$ $= \frac{D_0 \times (1+g)}{k_e - g} = \frac{D_1}{k_e - g}$ 上式中，D_0是最近一期支付的股利；g 是预期不变的股利增长率；k_e是股票投资必要回报率

拓展：股票投资必要回报率 k_e 可以基于投资人期望的收益率、同类证券收益率、市场上其他证券的收益率等等来确定，预期不变的股利增长率 g 可以基于该股票历史股利增长情况、未来股利增长预期等等来确定。

【例 7.1】A 公司普通股刚刚支付了每股 2 元的红利，股票价格当前为 100 元每股，可持续增长率为 6%，则该公司普通股的资本成本为(　　)。[中央财经大学 2015 年研]

A. 6.4%　　B. 7.3%　　C. 8.1%　　D. 8.8%

【解析】根据固定增长股票的价值模型：$P_0 = D_1/(R-g)$，则该公司普通股的资本成本为：

$$R = D_1/P_0 + g = 2 \times (1+6\%)/100 + 6\% = 8.12\%$$

【答案】C

【例 7.2】假设某企业每年净利润固定是 4400 万元，并且该企业每年将所有净利润都作为股息发放给投资者，该企业共发行了 1100 万股的股票，假设该企业股息对应的折现率是 10%，并且股息从一年后开始第一次发放，那么该企业股票今天的价格是多少？(　　)[清华大学 2015 年研]

A. 4 元　　B. 44 元　　C. 400 元　　D. 40 元

【解析】该企业每年发放的固定股息为：4400 ÷ 1100 = 4(元/股)，利用固定股利增长模型，该企业股票今天的价格为：4 ÷ 10% = 40(元)。

【答案】D

【例 7.3】今年年底，D 公司预期红利为 2.12 元，红利会以每年 10% 的速度增长，如果该公司的必要收益率为每年 14.2%，其股票现价 = 内在价值，下一年预期价格为(　　)元。[上海财经大学 2014 年研]

A. 55.52　　B. 50.32　　C. 38.75　　D. 30.83

【解析】根据股息贴现的不变增长模型，股票的价值

$$P=\frac{D_0(1+g)}{R-g}=\frac{2.12\times(1+10\%)}{14.2\%-10\%}=55.52(元)$$

即该公司股票的预期价格为55.52元。

【答案】A

考点二：市场如何确定股票价格 ★★

以下因素影响市场上资产价格的确定：

①买方的出价。价格最终由愿意支付最高价的买主确定，最高价不一定是最终价，但最终价必然高于其他买主愿意支付的价格。

②市场价格。可使资产得到最有效利用的买主所确定的价格即市场价格。

③资产信息。资产信息越全面，风险越低，从而股票价值越高。

考点三：理性预期理论(见表7－2) ★★★

表7－2　理性预期理论

要点	具体内容	
适应性预期	内容	预期形成基础只有过去的经验，若以往数据改变，预期随时间推移发生缓慢变化
	对适应性预期的质疑	①对于某一变量提出预期时，人们一定会采用除了过去数据之外的很多其他信息来进行判断； ②新的信息的出现会使得人们很快地改变预期
	非理性的原因	①人们不愿将自己对所有可得信息的预期变为最优预测； ②由于人们不了解某些可得信息，他们对未来的最好估计不够准确
理性预期	规范表述	若X代表需要预测的变量，X^e代表该变量的预期，X^{of}是利用所有可得信息对变量X的最优预测，则理性预期理论可以表示为：$X^e=X^{of}$，即预期等于基于所有可得信息的最优预测
	含义	①若某一变量的运动方式改变，则对该变量预期形成方式也会改变； ②对预期的预测误差的平均值为零，且无法提前预知

考点四：有效市场假说：金融市场的理性预期(见表7－3) ★★★★

表7－3　有效市场假说：金融市场的理性预期

要点	具体内容	
有效市场假说	假设	市场对未来价格的预期是理性的： ①金融市场中，证券价格反映了所有可得信息； ②对证券未来价格的预期等于基于所有可得信息的最优预测
	推导	根据假设，市场对未来价格的预期是合理的，即$P^e_{t+1}=P^{of}_{t+1}$； 同样意味着证券的预期回报率等于对回报率的最优预测，即$R^e=R^{of}$； 又证券市场均衡时预期回报率等于均衡回报率，即$R^e=R^*$； 综上所述，有效市场满足：$R^{of}=R^*$
	结论	金融市场中，当前证券价格应使基于所有可得信息的最优预测等于证券的均衡回报率。即在有效市场上，证券价格充分反映了金融市场中所有可得信息

续表

要点		具体内容
理论依据	套利原理	股票回报率高于均衡回报率→$R^{of} > R^*$→股票购买增加→$P_t\uparrow$→$R^{of}\downarrow$ 股票回报率低于均衡回报率→$R^{of} < R^*$→股票购买减少→$P_t\downarrow$→$R^{of}\uparrow$ 最终实现 $R^{of} = R^*$。 换言之，有效市场中的所有未被利用的盈利机会都将被消除。但不需要投资者都是理性的，只要部分人关注尚未被利用的盈利机会，其套利活动就可以使得市场有效
对于股价的假设	随机游走	股价随机游走即股价的未来价值无法预测： ①当前价值给定，该未来价值变动方向不确定； ②不管目的如何，股票价格的未来变动无法预测； ③现实的随机游走理论实际上指的是有效市场假说
高级版本	内容	高级版本把金融市场视为理性的市场，而且认为价格反映了该证券真实的内在价值。因此，在有效市场中，所有价格都是正确的，并且反映了市场基本面
	意义	①在有效资本市场中，由于证券价格正确，不同投资之间并无优劣之分； ②证券价格反映了关于该证券内在价值的所有可得信息； ③金融部门及非金融企业的经理可借助证券价格正确评估其资本成本（投资的融资成本），帮助其做出投资决策
	质疑	市场震荡和泡沫的存在，是对高级版本的金融市场有效性假说的严重质疑，然而却无法有力否定有效市场假说的基本原则

拓展：其他版本的教材中讨论了不同程度的有效市场，主要认为有三：①强式有效市场，即证券价格反映了包括内幕信息在内的所有信息；②半强式有效市场，即证券价格反映了所有公开可得的信息；③弱式有效市场，即证券价格反映了所有的历史信息。

【例 7.4】一位投资人发现，一旦股票市场上发现一家公司借壳上市，这家公司的股票就会经过几个交易日的涨停，然后逐渐下跌，回到较低的价格（或者原来的价格），这说明中国的资本市场（　　）。[中国人民大学 2018 年研]

A. 没有达到弱有效性市场　　B. 没有达到半强有效性市场

C. 达到半强有效性市场　　D. 以上都不对

【解析】半强型有效市场假说意味着价格反映了所有公开可用的信息，借壳上市属于公开信息。在半强型有效市场中，新信息（一家公司借壳上市）立刻反映在价格里。股价先涨停然后逐渐下跌，属于过度反应后修正，因此没有达到半强有效性市场。

【答案】B

【例 7.5】股票价格已反映所有历史信息，如价格的变化状况、交易量变化状况等，因此技术分析手段无效，这种市场类型为（　　）。[中山大学 2017 年研；复旦大学 2012 年研]

A. 强有效市场　　B. 半强有效市场　　C. 弱式有效市场　　D. 无效市场

【解析】弱式效率市场是指当前证券价格已经充分反映了全部能从市场交易数据中获得的信息，这些信息包括过去的价格、成交量、未平仓合约等。因为当前市场价格已经反映了过去的交易信息，所以，弱式效率市场意味着根据历史交易资料进行交易是无法获取经济利润的。这实际上等同于宣判技术分析无法击败市场。

【答案】C

【例 7.6】有效市场假说是说明资产价格与信息之间关系的理论。其中，弱有效市场假说认为当前的市场价格已经反映了所有公开的信息。(　　)［中央财经大学 2012 年研］

【解析】弱式有效市场认为证券价格充分反映了历史上一系列交易价格和交易量中所隐含的信息；而半强式有效市场假说认为当前的证券价格反映了所有的公开的信息。

【答案】×

【例 7.7】强式有效市场对应的信息集是(　　)。［南京大学 2014、2013 年研］

A. 全部交易信息

B. 全部公开的信息

C. 所有可获得的信息，包括内幕信息和私人信息

D. 大部分交易信息

【解析】强式有效市场的证券价格完全地反映一切公开的和非公开的信息。投资者即使掌握内幕信息也无法获得额外盈利。任何专业投资者的边际市场价值为零。交易信息也是可获得的信息的一部分。

【答案】C

【例 7.8】当以下哪一种情形发生时会出现“随机漫步”？(　　)［清华大学 2016 年研］

A. 股票价格随机地变动但可以预测

B. 股票价格对新的与旧的信息均反应迟缓

C. 未来价格变化与以往价格变化无关

D. 以往信息对于预测未来的价格是有用的

【解析】股价“随机漫步”是指股价变动应是随机且不可预测的。股价的随机波动绝非市场非理性的证据，而是明智的投资者先于市场中其他人发现了相关信息并因此而买入或抛售股票的行为的必然结果。如果定价是理性的，则只有新信息能引起价格的变化。因此，随机漫步是价格反映当前所有信息的自然结果。

【答案】C

考点五：行为金融(见表 7－4)　★★★★

表 7－4　行为金融

要点	具体内容	
定义	行为金融借助人类学、社会学，尤其是借助心理学中的行为科学理论解释证券价格行为。它从微观个体行为以及产生这种行为的心理等动因来解释、研究和预测金融市场的发展	
相关概念	损失厌恶	损失给人们带来的效用降低要多过相同的收益给人们带来的效用增加。因此人们在决策过程中对“避害”的考虑远大于对“趋利”的考虑。利用做空获利会令人反感，而且做空还可能受到限制，因而相对较少发生，从而行为金融学认为这可以解释为什么股票价格无法降到符合其基本面的价格水平

续表

要点	具体内容	
相关概念	过度自信	心理学发现人往往对自己的判断过于自信，因此他们会按照自己的信念而不是真实情况进行交易，行为金融学用此解释证券市场发生的巨额交易量
	社会传染（狂热）	对股价上升或下降的情绪传递到市场上的其他参与者，从而使股价在市场情绪中进一步上升或下降，行为金融学常常用过度自信和社会传染解释股票市场泡沫

拓展：金融市场上出现的一些现象，如羊群效应、日历效应、股票溢价等，无法用传统金融学的理论进行解释，但在行为金融领域能得到相对合理的解释。

损失厌恶与风险厌恶不同，大多数投资者偏好高风险带来的高收益但不愿承担高损失。行为金融学提出了人类行为的三点预设，即有限理性、有限控制力和有限自利，并以此为根据来解释理性选择理论为什么会有悖于金融活动的实际。

【例7.9】企业股票资产价格受哪些主要因素影响？［广东外语外贸大学2024年研］

答：宏观经济发展水平、上市公司行业前景与经营状况、货币供应量、国家宏观经济调控政策以及心理预期等因素都能影响投资者对将来股价预期，从而影响当前买卖决策并最终导致当前股票市场资产价格变化。通常把这些因素视为导致股票资产价格出现波动的最主要原因，也是影响股票市场资产价格的基本因素。

（1）宏观经济发展水平与阶段性特征

一国或地区的宏观经济发展水平与运行态势是影响股票价格波动的重要因素。通常说来，当一国或一地区能够保持一定的经济发展速度，拥有良好的经济运行态势，大部分经济主体的经营运行情况也保持良好状况，那么，股票价格就通常会上升；反之，股票价格会下降。一个社会经济的运行经常表现为经济扩张与收缩的周期性交替。一般都要经过高涨、衰退、萧条、复苏四个阶段，即所谓经济周期的景气循环。实证结果表明，股票价格波动受经济运行周期的影响非常显著。这说明，经济周期的景气循环是决定股票市场价格长期波动趋势的最根本因素。

（2）上市公司经营状况与成长性

作为微观经济主体，股份公司的经营状况是股票市场资产价格的基石。从根本上，一国社会经济周期的景气决定了上市公司的经营状况，而上市公司的经营状况影响股票市场资产价格的长期变动趋势。这是影响股票市场资产价格的重要因素。理论上，上市公司的经营状况与公司股票价格的变动水平成正比。一般而言，上市公司经营情况良好，股票价格就会随之上升。反之，则会下降。公司资产净值、盈利水平、销售收入、派息政策和派息方式、公司增资和减资情况、原材料供应及股票价格变化（针对生产性企业而言）、公司改组或合并等因素都可以体现和反映上市公司经营情况。另外，从宏观角度看，经济政策的调整、经济形势的变化、供求关系的改变这些因素也会影响上市公司的未来收益情况，并进而导致股票内在价值发生改变。

（3）货币政策变动

货币政策是影响股票市场资产价格的主要因素。货币政策对股票市场资产价格的影响主要通过存款准备金制度、再贴现政策、公开市场业务、利率政策等进行传导。具体包括：

①法定存款准备金率。中央银行通过调整法定存款准备金率，控制商业银行可贷资金数量。这样一来，可以通过影响股票市场资金的充裕程度，进而影响股票市场的资产价格。

②再贴现率。中央银行通过再贴现率的调整，一方面，通过控制商业银行可贷资金数量，使商业银行得到的中央银行贷款增多，相应流入股票市场的资金趋多，股票资产价格会持续上升。另一方面，股票的内在价值与一定风险下的贴现率呈反比关系，贴现率的变化将引发股票内在价值发生改变，进而导致股票价格的调整。

③利率。作为货币的一种替代资产，股票资产价格会受到货币资金的价格——利率的影响。中央银行的货币政策通过调整利率的途径对股票资产的价格变动产生影响。

④公开市场业务。中央银行通过在公开市场上大量买入或售出证券，来调整银根。这样，中央银行在影响基础货币供应量的同时又影响股票的需求，最终能够影响股票市场资产价格。

此外，货币政策的实施还可能对实体经济产生影响，通过改变各方面的心理预期来对股票市场价格产生间接影响。需要说明的是，货币政策对股票市场资产价格的影响是一种预期效应。

(4)财政政策变动

一般来说，作为政府宏观经济政策，财政政策的变动能够对股票市场资产价格的波动直接产生较大的影响。财政政策变动对股票市场资产价格的影响主要体现在以下几个方面：

①财政支出规模或方向的调整

财政支出调整可以从宏观和微观的层面对股市产生影响，下面以扩张性财政支出政策为例说明。

在宏观层面，政府可以通过扩大财政支出的方式增加对劳务和商品的需求，这有利于扩大社会总需求，继而会扩大投资需求，从而使社会经济发展速度加快，拉动社会景气度整体上扬，这也会活跃证券市场，使股票价格上升。

在微观层面，财政支出的增加会刺激投资需求，投资的主体是企业，这会促使企业扩大生产规模和投入，企业的产出和销售情况随之改善，进而企业的利润水平也会得以提高。可见，扩张性财政支出可以促使企业经营条件整体得以改善，从而带动相关股票价格上扬。尤其需要说明的是，一些与政府支出密切相关的上市公司，将会最直接、最迅速地从扩张性的财政支出政策中获益，其股票价格也会率先上扬。与此同时，扩张性财政支出政策也会增加居民作为股市投资者的信心，从而带动证券市场使股票价格上扬。

以上是扩张性财政支出政策对股票价格的影响分析，但是上述影响是在合理界限内，如果过度使用该政策，导致赤字规模超出合理范围时，虽然社会总需求有所扩大，但却也增加了经济的不稳定不合理因素。比如如果因此造成物价上涨、通胀压力增强时，企业和居民对经济的预期不乐观，由此反而导致股票价格的下滑。

②税收政策的调整

税收政策影响股票价格波动的渠道表现在两方面：一方面通过企业的渠道。税收政策可以采用税收优惠、税前抵扣、税率改变的方式，这些会影响企业的经营业绩和投资收益，从而影响企业的资产收益率，并最终影响股票资产的价格。另一方面通过股票市场渠道。政府还能够运用税收政策调节投资者的机会成本和交易成本，通过影响投资者的资金流向，以此对股票价格施加间接影响。

③国债发行

在整个证券市场的投资品种中，国债与股票是证券市场上主要的交易券种。国债发行规模的缩减，可以对证券市场原有供求平衡的结构产生影响。

比如，减少证券市场上国债的供给，对固定收益证券的需求减少，国债市场的资金会转向股票、企业债券等其他交易券种，从而推动股票市场资产价格的水平上扬。反过来，增加国债的供给量，资金会转向国债市场，股票市场的总体价格趋于下降。

因此，政府通过发行国债筹集资金时，由于国债的发行，股票市场的资金供应和资金需求也会发生改变，进而通过间接价格传导机制来影响股票资产的价格。某个时期国债发行规模的缩减，回购国债数量的增减都能改变证券市场的供给数量，从而对股票市场的供求产生影响，促进更多资金在股票市场转移。国债发行政策对股票价格上扬或降低的影响作用往往在短期内的。

简言之，国债发行量的增加或减少会使证券整体供给数量与市场资金需求发生相应改变，从而能够间接影响股票价格的波动。

④其他财政措施

比如转移支付渠道。政府可以采取加强社会保障支出力度的方式进行转移支出，这可以减轻人们对未来的忧虑，增强人们抵抗风险的能力，进而刺激人们增加当前投资和消费，并提高股票价格。再比如，通过政府救助制度，增加财政补贴渠道。通过对私人部门的救助制度对股票价格产生影响。

如果私人部门能够预期到政府可能对会计报表上的损失予以担保，那么银行和投资者就会产生道德风险。当一国政府采用各种财政政策方法增加财政收入，或者减少财政预算支出的时候，会影响经济主体对未来财政收入与财政支出计划的预期，进而影响相关企业的利润预期，并在一定时期内加剧股票市场的价格波动。

(5)心理与情绪等非经济因素的影响

通常来说，非基本面的因素主要包括战争、政权更迭、领袖更替等政治事件，国际社会政治、经济的变化等因素，随着世界经济一体化的进程，国家之间、地区之间的政治、经济关系更趋紧密。加之先进通信工具的运用，国际关系的细微变化，都可能引致各国股票市场发生敏感的股价联动。

在这里以投资者情绪等心理状态为例来说明。投资者的情绪等心理状态对股价的影响，是分析股票资产价格变动的重要因素。从世界各国及我国股票市场的情况看，市场上的投资者普遍存在着狂热等非理性的心理预期。很多资料显示，投资者的非理性行为，诸如羊群效应、过度自信乐观、过于短视，等等。这些都会导致股票资产价格的剧烈波动。可以说，预期的心理因素对股票资产价格是不可忽视的因素。

比如，当大部分投资者都对股票市场抱有乐观态度时，就会忽视一些潜在不利因素，且易夸大有利因素对股票市场的影响。在这种情况下，广大投资者就会踊跃买进股票，导致股价脱离上市公司的实际业绩情况，飞速上涨。

反之，当大部分投资者都对股票市场抱有悲观态度时，便会忽视潜在的很多有利因素，不考虑上市公司的优良业绩与经营状况，而放大不利因素的影响，导致盲目地大量抛售股票，股价下跌。还有另外一种情况，即当大部分投资者对股票市场持观望态度时，由于市场交易不活跃，股票价格在这种情况下通常呈盘整格局。

股市中，一些中小投资者和散户缺乏必要的投资技巧和专业知识，且信息容易不灵，很多时候有非常严重的盲从心理，一些人便利用他们盲目跟从的投资心理，故意渲染气氛、营造假象，诱使广大中小投资者盲目追涨或跟跌，这无疑会加大股价涨跌的程度。这种现象称为羊群效应。

7.2 课后习题详解

一、关键术语

1. 适应性预期(adaptive expectations)

答：适应性预期是指根据以前的预期误差来修正以后的预期的方式，意味着当以往的数据发生变化时，预期会随着时间的推移缓慢变化，即人们会动态改变自己的预期。“适应性预期”这一术语由菲利普·卡甘于20世纪50年代在一篇讨论恶性通货膨胀的文章中提出。由于它比较适用于当时的经济形势，因而很快在宏观经济学中得到了应用。适应性预期模型中的预期变量依赖于该变量的历史信息。例如，某个时点的适应性预期价格P等于上一个时期的预期价格加上常数C以及上期价格的误差。

适应性预期可以在物价平稳阶段较好地反映经济现实，西方国家的经济在二十世纪五六十年代正好如此，因此适应性预期非常广泛地流行起来了。适应性预期后来受到新古典宏观经济学的批判，认为它缺乏微观经济学基础，适应性预期的权数分布是既定的几何级数，没有利用与被测变量相关的其他变量，对经济预期方程的确定基本上是随意的，没有合理的经济解释。因此新古典宏观经济学派的“理性预期”逐渐取代了“适应性预期”。

2. 广义股利估值模型(generalized dividend model)

答：广义股利估值模型假定投资者所收到的现金流量只有股利与股票在n期末出售时的最终价格，股票的价值是所有未来现金流量的现值之和。广义股利估值模型可以被表述为：$P_0=D_1/(1+k_e)^1+D_2/(1+k_e)^2+\cdots+D_n/(1+k_e)^n+P_n/(1+k_e)^n$。其中，$P_0$为股票的现价；$D_i$为第$i$年末收到的股利；$k_e$为股票投资的要求回报率。

如果股票带来收益的时期无穷多，则广义股利估值模型中没有最终售价，股票价值仅仅取决于未来股利的现值，股票现价可以表示为：

$$P_0=\sum_{t=1}^{\infty}\frac{D_t}{(1+k_e)^t}$$

3. 卖空(short sales)

答：卖空是一种股票、期货等市场中的投资术语，是金融资产的一种操作模式。卖空的操作指投资者预期金融工具价格会下跌，在下跌之前卖出该种金融工具，再等到其价格降到一定程度后买进，从而赚取其中买卖差价。做多与卖空相对，是卖空的反向操作。

4. 套利(arbitrage)

答：套利是指在某种实物资产或金融资产(在同一市场或不同市场)存在未被利用的盈

利机会的情况下，获取无风险收益的行为。套利有两种类型：①纯粹套利，即消除未被利用的盈利机会的过程不存在任何风险；②非纯粹套利，即消除未被利用的盈利机会的时候需要承担一定的风险。

5. 戈登增长模型(Gordon growth model)

答：戈登增长模型是假定股利增长率不变时计算股票价值的简化模型，该模型假定：①假定股利永远按照不变的比率增长。②假定股利增长率 g 低于股票投资的要求回报率 k_e。根据戈登增长模型，股票的现价可以表示为：

$$P_0 = \frac{D_0 \times (1+g)^1}{(1+k_e)^1} + \frac{D_0 \times (1+g)^2}{(1+k_e)^2} + \cdots + \frac{D_0 \times (1+g)^{\infty}}{(1+k_e)^{\infty}}$$

$$= \frac{D_0 \times (1+g)}{k_e - g} = \frac{D_1}{k_e - g}$$

其中，D_0为最近一次支付的股利；g 为预期不变的股利增长率；k_e为股票投资的要求回报率。

6. 股东(stockholder)

答：股东是指持有公司股份或向公司出资的人，是公司的所有者。股东作为出资者按其出资数额(股东另有约定的除外)，享有所有者的分享收益、重大决策以及选择管理者等权利。股东是公司存在的基础，是公司的核心要素；没有股东，就不可能有公司。

7. 行为金融(behavioral finance)

答：行为金融是借助人类学、社会学特别是心理学等其他社会科学领域的概念来理解证券价格行为的金融学分支。该学说认为，证券的市场价格不只依赖于其内在价值，还在很大程度上受到投资者主体行为的影响，即投资者心理与行为对证券市场的价格决定及其变动具有重大影响，这与传统金融学理论中理性人的假设有很大不同。它是和有效市场假说相对应的一种学说，主要内容可分为套利限制和心理学两部分。

8. 市场基本面(market fundamentals)

答：市场基本面是指在证券市场上，对证券未来的收入现金流产生直接影响的因素。市场基本面可能来自证券市场，也可能来自证券市场以外的其他经济与政治因素。市场基本面主要包括经济性因素、政治性因素、人为操纵因素和其他因素等。其中，政治因素泛指那些对股票价格具有一定影响力的国内国际政治活动、重大经济政策和发展计划以及政府的法令、政治措施等等。经济因素主要是公司所属行业的性质(如属于电子工业、精细化工产业的企业，其发展潜力和吸引力都很好，属于成长型产业；反之，属于煤炭与棉纺业的企业，其发展前景欠佳，投资收益相应要低，则属于夕阳产业)以及公司经营业绩的好坏(很大程度上决定了公司价值)。

9. 有效资本市场理论(theory of efficient capital markets)

答：有效资本市场理论是指从证券价格对信息反映的角度来看待市场有效性的一种理论，它是金融证券理论的重要基础之一。20 世纪 50 年代，有人试图借助计算机来寻找股票价格的变动规律，结果却大大出乎意料，股票价格的变化遵循随机游走，几乎没有任何规律可循。理论界对此很快达成了共识：这种看似没有规律的现象，恰恰反映了市场有效、功能良好，它是投资者理性行为而不是非理性行为的结果。由于每个投资者都在努力寻找各种信息，从而做出更合理的决策，以谋求最大收益，因而任何促使证券价格发生变动的新信息必将很快地反映到现行价格之中。从而使得基于新信息基础上的未来获利可能趋向于零。有效市场理论是现代证券金融理论的基石，它表明任何人都不可能在市场上持续赚取超额利润，并为衡量一个市场的有效性以及如何健全证券市场提供了一条重要的标准和思路。

10. 泡沫(bubble)

答：泡沫是一种经济失衡现象，可以定义为某种价格水平相对于经济基础条件决定的理论价格(一般均衡稳定状态价格)的非平稳性向上偏移，泡沫的程度可以用这种偏移的数学期望来衡量。导致价格泡沫的原因是复杂的，在实际经济活动中，与预期相关联的过度投机行为、幼稚投机者交易行为、规范失灵、诈骗行为和道德风险等都可能成为导致泡沫现象的原因。

11. 最优预测(optimal forecast)

答：最优预测是指经济行为人努力获取、充分理解并利用其所能够掌握的一切历史的和当前的以及预期未来的有效信息对经济活动做出合理的预测，从而实现自身收益或效用最优化的行为。理性预期属于最优预测的一种，理性预期是充分利用了所有信息之后的最优预测。

12. 现金流(cash flows)

答：现金流是某一段时期内企业现金流入和流出的数量。如企业销售商品、提供劳务、出售固定资产、向银行借款等取得现金，形成企业的现金流入；购买原材料、接受劳务、购建固定资产、对外投资、偿还债务等而支付现金，形成企业的现金流出。现金流信息能够表明企业经营状况是否良好、资金是否紧缺、企业偿付能力大小等等有效信息，使得投资者、债权人、企业管理者可以做出合理决策。

现金流分为三类：①经营活动产生的现金流，是指企业投资活动和筹资活动以外的所有的交易和事项产生的现金流。②投资活动产生的现金流，是指企业长期资产(通常指1年以上)的构建和不包括现金等价物范围在内的投资及其处置活动产生的现金流。③筹资活动产生的现金流，是指导致企业资本及债务的规模和构成发生变化的活动所产生的现金流。

13. 随机游走(random walk)

答：随机游走是指基于某种变量过去的表现，无法预测该变量的未来价值会上升还是下降。在有效市场假说中，股票价格的未来变动都是无法预测的，即股票价格服从随机游走理论。外汇汇率同股票价格一样，在有效市场假说中，总体上是遵循随机游走的。

14. 未被利用的盈利机会(unexploited profit opportunity)

答：未被利用的盈利机会是指在证券市场上，证券的当前价格低于对其未来价格的最优预测值，此时，人们增加这类被低估的证券的持有量可以获得比平均水平高的回报率的情形。根据有效市场理论，在一个有效市场中，一种证券的价格完全地反映出所有可得的信息。应用所有信息后所得到的证券的最优预期回报率等于证券的均衡价格。如果证券价格低于最优预测回报率，从而会存在盈利的机会，出于逐利目的，人们会增加对证券的需求，从而使证券价格上升，最终使未利用的盈利机会消失。

15. 股利(dividends)

答：股利是指股东依据其所拥有的公司股份，有权从公司分得的部分利润。它是股东对公司投资所获得的报酬或收益。股利是公司董事会根据管理层的建议确定的、定期支付给股东的(通常按季度派发)。股利支付形式可以分为不同的种类，主要包括现金股利、财产股利、负债股利和股票股利。

16. 理性预期(rational expectations)

答：理性预期又称合理预期，是现代经济学中的预期概念之一，指投资人充分利用所有可以获得的信息，包括关于现在政府政策的信息，从而对未来形成自己的预期。由约翰·穆斯在其《合理预期和价格变动理论》(1961 年)一文中首先提出。它的假设有三个：①做出经济决策的经济主体是有理性的；②经济决策为正确决策，经济主体会在做出预期时力图获得一切有关的信息；③经济主体在预期时不会犯系统错误，即使犯错误，他也会及时有效地进行修正，保证预期在长期中相对正确。它是新古典宏观经济理论的重要假设(其余三个为个体利益最大、市场出清和自然率)，是新古典宏观经济理论攻击凯恩斯主义的重要武器。

17. 有效市场假说(efficient markets hypothesis)

答：有效市场假说是理性预期理论在金融市场中的一种应用，从证券价格对信息的反应程度来探究市场的有效性。具体而言，有效市场假说有三种形式：①弱形式假设，即证券的现行价格充分反映了过去的一切相关信息；②半强形式假设，即证券的现行价格不但充分反映了过去的一切信息，而且充分反映了现在的一切公开信息；③强形式假设，即证券价格不仅具有半强形式假设的特点，还充分反映了一切内部信息(如券商、分析师、公司经营者所掌握的信息等)。在满足强形式假设的有效市场中，任何人都无法获得超过平均收益水平的额外收益，且其获得的收益是对风险和机会成本的补偿的市场平均值。

18. 剩余索取权(residual claimant)

答：剩余索取权是普通股代表的一种索取权。剩余指企业全部收入减去成本和税金后的剩余部分；索取权，是一个与企业终极所有权或股权紧密联系的经济学概念。剩余索取权是对企业税后净利润的终极所有权和分配权。企业的所有资产在清偿了企业所有的金融债务以后，普通股的所有者对企业剩余的任何资产享有索取权。

二、思考题

1. 哪个金融基本原理可以用来对投资性资产估值？

答：可以被应用于投资性资产估值的一个基本的金融原理是：任何投资的价值都可以通过计算该投资未来所带来的现金流的现值之和来衡量。

2. 股东现金流的两个主要来源是什么？估计这些现金流的可靠性有多大？比较估计股票现金流问题与估计债券现金流问题。你觉得哪种证券的现金流更不稳定？

答：股票持有者有两个现金流来源：定期股息和股票未来出售的价格。预测这些现金流量的可靠性较低，一方面是由于公司的收益上升或下降时，股息经常改变，难以估计；另一方面是股票未来出售的价格取决于更远的未来所收到的股息，也很难估计。

估计债券现金流量的可靠性相对较高。债券现金流包括两部分，定期利息支付和最终到期本金。这些付款是在发行债券时以书面形式确定的，如果发债公司没有违约和破产，则不会发生变化。而股利随公司收益变化而变化，且股票价格波动性更大，故相较而言估计股票现金流的可靠性更低。

3. 一些经济学家认为，中央银行应当在股票市场泡沫失控并造成更大破坏之前，尝试刺破泡沫。如何运用货币政策来刺破市场泡沫？用戈登增长模型说明。

答：当市场参与者认为股利会出现迅猛的上涨或他们大幅度降低要求的投资回报率时（这将使戈登模型中的分母变小），股票价格将迅速攀升，股票市场就会出现泡沫。此时，中央银行可以通过紧缩性的货币政策来提高市场利率，使得投资要求的回报率上升，来抑制股价的迅速攀升。同时，利率的提高有助于降低预期经济增长率，从而抑制股价的高涨。

4. 如果货币政策关于未来利率路线变得更加透明，股票价格将如何受其影响（如果有影响的话）？

答：随着未来利率走向更加确定，金融市场上的不确定性和风险可能会减少，会使得要求的股票投资回报率降低，导致股票价格上升。此外，随着未来短期利率不确定性的降低，长期利率也可能降低，人们会增加资本投资。从而促进长期经济增长和股息增长，也会进一步推动股价上涨。

5. 假定要求你预测 ABC 公司未来的股票价格，于是你着手收集所有可得信息。在你公布预测值那天，ABC 公司的竞争对手宣布了全新的兼并和重塑行业结构计划。你的预测还会被认为是最优的吗？

答：是最优的，因为它是利用当时所有可用信息做出的预测。虽然有可能出现影响 ABC 公司股票价格的新信息，但这是预测者无法控制的。在这种情况下，预测是最优的，但很快就失效了。

6. "每当通勤者乔早起发现下雪时，他对驾车上班需要多长时间就会发生误判。如果没有下雪，他对驾车时间的预期就完全准确。如果在乔居住的地方，每 10 年才下一场雪，乔的预期就几乎总是完全准确的。"乔的预期是理性的吗？为什么？

答：乔的预期是不理性的。

理性预期是指可以最好地利用所有可以获得的信息形成自己的预期。理性预期的含义有三个：①做出经济决策的经济主体是理性的；②经济决策为正确决策，经济主体会在做出预期时力图获得并理解和利用一切有关的信息；③经济主体在预期时不会犯系统错误，即使犯错误，他也会及时有效地进行修正，使得预期在长期而言保持正确。理性预期并不一定要求精确无误，但是理性预期一定是在给定的条件下的最优预测，理性预期只要在长期中平均而言是正确的就可以了。

尽管乔的预期十分准确，但是他仍然可以通过预测何时下雪，来改进他的预期。既然他的预期仍然可以改进，他的预期就不是最优预测，从而也就不是理性预期。

7. 假定你决定玩个游戏。你用掷骰子的方法来决定购买哪只股票。10 个月后计算你的投资回报率，以及其他人在同样时间里遵循"专家"建议做投资而赚取的回报率。如果两个回报率相似，是否构成支持或反对有效市场假说的证据？

答：如果两种回报相似，这就构成了支持有效市场假说的证据。有效市场假说认为，所谓的"专家"建议并不比随机方法更好地预测股价走势。如果市场是有效的，没人能预测股价的走势，股票价格总是遵循随机游走：股票价格的未来变化情况对任何实用目的而言都是不可预测的。用掷骰子的方法来决定购买哪只股票是一个随机事件，而在同样的时间里遵循"专家"建议做投资赚取的回报与这一随机事件的结果相同时就说明股票价格是随机游走的，构成了支持有效市场假说的证据。

8. "如果股票价格不遵循随机游走，市场上就会存在未被利用的盈利机会。"这种表述正确、错误还是不确定？解释你的答案。

答：正确。根据有效市场理论，股票价格总是遵循随机游走：股票价格的未来变化情况对任何实用目的而言都是不可预测的，因为股票市场内有成千上万的精明人士，每一个人都会充分挖掘信息，懂得分析，而且资料流入市场都是公开的，每个投资者获得的信息都是相同的。因此，股票现在的价格反映了市场上所有的公开信息，反映了供求关系，不会过度偏离理论价值。因此，股票价格的随机游走意味着股票市场上不存在未被利用的盈利机会。如果股票的价格不再遵循随机游走，则股票的价格波动可能会存在一定的规律性，人们可以利用自己所掌握的信息，来预测股票的波动规律，从而实现盈利。

9. 假定货币供给增加引起股票价格上升。这是否意味着当你发现过去一周里货币供给急剧增加时，应当立刻去买股票？为什么？

答：不应当立刻购买股票，因为货币供给增加是公众广为周知的信息，已经体现在股票价格上面，无法根据这些众所周知的信息获得超额回报。如果根据货币供给信息进行投资，只能赚到股票的平均回报率。

10. 如果公众预期某公司本季度每股损失 5 美元，而实际损失了 4 美元，却仍然是该公司历史上的最大亏损，根据有效市场假说，当公布 4 美元损失的时候，股票价格将会怎样变化？

答：该公司的股价会上升。因为根据有效市场理论，该公司的亏损被高估，一旦此信息公开，理性的公众会及时利用这一信息修正自己的预期，新预期对于公司的经营状况的估计更加乐观，增加对该公司股票的需求，则该公司的股价会上升，最终未被利用的盈利机会消失，使其股价真正反映有关它的全部信息。

11. 如果你在《华尔街日报》上看到，华尔街"聪明钱"预计股票价格将下降，你是否应当跟随他们卖出所有股票？

答：不应该。因为这是一则所有投资人都知道的信息，已经在股票价格上反映出来。

由于对股票收益率的最优预测等于均衡收益率，所以出售股票无利可图。

12. 如果你的经纪人前面五次的买卖建议都是正确的，你是否应当继续听她的建议？

答：是否遵循经纪人的建议取决于预期的方式。如果采取适应性预期，则应该遵循经纪人的建议。因为适应性预期依赖于过去的信息。基于过去五次经纪人都预测无误的情况下，那么下一次经纪人的预测也应该会完全正确，因此，应该遵循经纪人的建议。如果采取理性预期，则不应该遵循经纪人的建议。因为根据理性预期，股票市场遵循随机游走，股价波动无规律可循，经纪人前五次预测无误也纯属巧合，第六次经纪人未必能够预测正确，因此，不应该继续遵循经纪人的意见。

13. 具有理性预期的人能够期盼谷歌股票价格下个月上涨10%吗？

答：不能。其前提是该投资人没有掌握比其他投资人更多的信息。预期下个月价格上升10%，意味着谷歌股票的年收益率超过100%，这肯定超过其均衡收益率。这表明市场上存在着未被利用的盈利机会，而在有效市场中它将被消除。只有在投资者掌握了并不被市场掌握的信息，从而战胜市场时，其预期才可能为理性预期。

14. 假定每年11月的最后一周股票价格都平均上涨3%。这是否构成支持或反对有效市场假说的证据？

答：根据有效市场理论，股票价格总是遵循随机游走：股票价格的未来变化情况对任何实用目的而言都是不可预测的，但是如果每年的11月的最后一周股票价格都呈现一个固定的变化，就说明股价并不是随机游走的，且形成了一个获利机会（例如：可以在11月第一周买股票并在11月最后一周出售），这就构成了反对有效市场假说的证据。

15. "有效市场是指，任何时候都没有人因为比其他市场参与者拥有更好的信息而获利。"这种表述正确、错误还是不确定？解释你的答案。

答：错误。掌握较多信息的人恰恰可以利用其他人没有利用的盈利机会，从而使市场更具效率。这些人掌握了较多的信息，并从中获利。

16. 如果更高的货币增长率伴随着更高的未来通货膨胀率，若公布的货币增长率后来被证明非常高但是仍然低于市场预期，你认为长期债券价格将会怎样变动？

答：长期债券的价格将下降。如果货币的增长极快，但是低于市场预期时，市场预期的通货膨胀率将高于实际通货膨胀率。根据费雪效应，实际利率＝名义利率－预期的通货膨胀率，由于市场预期的通胀率更高，当前的实际利率低于长期的实际利率。从长期来看，利率走势总会向长期实际利率靠拢。而债券的价格与实际利率水平成反比，因此，随着长期的实际利率水平上升，长期债券的价格将下降。

17. "外汇汇率与股票价格一样，应当遵循随机游走。"这种表述正确、错误还是不确定？解释你的答案。

答：原理上是正确的。在一周这样短的时间内，汇率波动无从预测，因而汇率运动是无规则的。假如可以预测某项变动，则外汇市场上将存在着大量未被利用的盈利机会。如果外汇市场是有效率的市场，则这些未被利用的盈利机会不可能存在，因此外汇市场的波动具有随机游走特征。

18. 假定有效市场假说成立。马科斯最近刚被一家经纪公司雇用，宣称他现在有机会获得最优市场信息。但他是个“新手”，公司里没人跟他谈论什么业务。你认为马科斯的客户跟公司的其他客户相比情况会更好还是更糟？

答：根据有效市场假说，在有效资本市场中，由于证券价格正确，不同投资之间并无优劣之分，证券价格反映了关于该证券内在价值的所有可得信息。如果有效市场假说成立，马科斯和其他经纪人拥有同样的市场信息，马科斯的客户跟公司的其他客户相比不会处于任何不利地位。然而，信息流通常有一个给定的层次结构，在这个层次结构中，一些人比其他人先获得信息。尽管美国证券交易委员会做出了巨大的努力来避免这种现象，但要完全消除这种现象还是相当困难的。此外，股票经纪人的经验和专业知识也对他们是有利的。

19. 假定你的工作是预测未来的月通货膨胀率，此前 6 个月你的预测值一直都偏离 -1%。你的预期有可能是最优的吗？

答：为了让预期是最优的，它们必须包括所有可用的最新信息，包括在过去 6 次中误差为 -1% 的事实。这意味着必须在预测中包含过去的错误或预测错误。如果不这样做，说明预期不是最优的。

20. 20 世纪 90 年代晚期，随着信息科技高速发展和互联网迅速普及，美国股票市场飙涨，在 2001 年初达到了顶点。当年晚些时候，市场开始放缓并随即崩溃。很多市场分析人士认为之前几年出现了“股票市场泡沫”。请用有效市场假说解释这段历史怎么可能是泡沫。

答：这一时期股票市场的价格远高于真正的价值，似乎可以认为出现了股票市场泡沫。然而，由于当时技术进步迅速，人们无法确定与技术相关的公司的真正价值。因此，尽管在事后很容易识别当时的股市泡沫，但是有效市场假说仍然可以成立。因为当时市场参与者正在对可获得的股票信息采取最佳的行动，只不过考虑到大量的新技术存在，错误地认为公司的增长潜力是无限的。

21. 当基本面表明股票应当处于更低的价格水平时，为什么有效市场假说不太可能成立？

答：行为金融学表明，当股票价格下降时市场参与者不太可能从事卖空交易。然而正是卖空交易能够捕捉到市场上未预期到的获利机会，从而使得股价回归合理水平。根据行为金融学，与价格上涨风险相比，人们更厌恶价格下跌的风险。由于卖空者可能会产生无限的损失，在实践中很少会出现卖空。此外，卖空是靠他人的损失获利，有时被视为是禁忌。因此，股票价格处于低位时，卖空交易受限导致有效市场假说不太可能成立。

三、应用题

22. 某股票每年支付 1 美元股利，你希望 1 年后出售价格为 20 美元，假定你的必要回报率为 15%，计算每股价格。

答：根据单阶段估值模型，可得股票的现价计算公式为：$P_0 = D_1/(1+k_e) + P_1/(1+k_e)$，代入数据计算可得，该股票的价格为：$1/(1+0.15)+20/(1+0.15)=18.26$（美元）。

23. **经过认真分析，你认为在可预见的未来，某公司的股利应当平均每年增长7%。公司上一次的股利支付为3美元。假定必要回报率为18%，计算该股票的当前价格。**

答：根据戈登增长模型，可得该股票的当前价格为：$P_0 = 3 \times 1.07/(0.18 - 0.07) = 29.18$（美元）。

24. **某股票现在的价格是65.88美元。如果预计未来5年每股股利是1美元，必要回报率为10%，那么5年后当你打算卖出时股票价格应当是多少？如果股利和必要回报率保持不变，预计5年后股票价格将上涨1美元，当前股票价格是否也上涨1美元？为什么？**

答：五年后的股票价格应该是100美元，计算方法如下：

设五年后的股票价格为P_5，则有$1/1.1 + 1/1.1^2 + 1/1.1^3 + 1/1.1^4 + 1/1.1^5 + P_5/1.1^5 = 65.88$（美元），解得$P_5 = 100$（美元）。

该股票的现在价格不会上涨1美元，因为未来股价的上涨要按照必要回报率进行贴现，即现在的股票价格只能上涨$1/1.1^5 = 0.62$（美元）。

25. **某公司刚刚宣布了三合一股票分割计划，立即生效。在分割前，公司市值为50亿美元，在外流通股为1亿股。假定分割计划没有传递有关公司的任何新信息，该计划实施后的企业价值、流通股数量以及每股价格是多少？如果分割后真实的市场即时价格为17美元，这告诉我们市场效率怎么样？**

答：在分割前，每股价值为50美元（=50亿美元/1亿股）。如果分割没有传递新的信息，公司的市场价值不变，保持在50亿美元。随着一股分割成三股，流通股份有3亿股。每股价格为16.67美元（=50亿美元/3亿股）。如果实际每股价格是17美元，价格相对来说较高。形成这一现象可能传达两种信息：一种可能性是市场是低效的，某种类型的异常已经发生且不清楚市场是否会自我纠正；另一种可能性是，股票分割实际上传达了关于公司的信息，投资者可能预计（不一定正确）每股价格会大幅增加，这也是公司实施股票分割的原因。

第3篇　金融机构

第8章　金融结构的经济学分析

8.1　复习笔记

【知识框架(庖丁解牛)】

金融结构的经济学分析
- 世界各国金融结构的基本事实
- 交易成本
- 信息不对称：逆向选择和道德风险
- 次品车问题：逆向选择如何影响金融结构
- 道德风险如何影响债务合约和权益合约的选择
- 道德风险如何影响债务市场的金融结构

【考点难点归纳(厚积薄发)】

考点一：世界各国金融结构的基本事实(见表8-1)　★★

表8-1　世界各国金融结构的基本事实

关键词	详细表述
股票非主要	股票并非企业最重要的外部资金来源
债和股非主要	债券和股票并非企业为了经营活动而融资的主要方式
间接融资更重要	间接融资相较于直接融资而言更为重要，直接融资是指企业通过金融市场直接获取贷款人资金的融资方式，间接融资是指金融中介机构参与到融资过程的融资方式
金融中介最重要	金融中介机构(尤其是银行)是企业进行外部融资的最主要资金来源
最严格监管	在经济体各部门中，金融体系监管最严格
信誉卓著方可直接筹资	信誉好的大公司可以直接筹资来获得资金，而小公司难以通过证券市场融资，往往采用银行贷款来筹集资金
抵押是重要特征	抵押是居民以及企业债务合约中的一个重要特征
债务合约	债务合约对借款者的行为限制多且非常复杂

考点二：交易成本(见表8－2) ★★★★

表8－2　交易成本

要点	具体内容		
概念	交易成本指为实施交易而付出的时间和金钱，它是阻碍金融交易达成的重要原因。金融中介作为金融结构中的主要部分，可以减少交易成本，允许小额储蓄者以及借款者从金融市场中受益		
降低交易成本的途径	规模经济	概念	将投资者的资金集中起来，以便能利用规模经济的优势。随着资金规模的增大，每一单位货币投资的交易成本降低，每一个投资者的交易成本也会大大降低
		原因	当交易量增加时，一项交易的总成本仅仅增加少量
		意义	①给出了金融中介发展起来并成为金融结构中重要部分的原因。 ②降低诸如计算机技术之类的运作成本
	专业技术	内容	金融中介可以发展专门技术来减少交易成本
		结果	可以向客户提供流动性服务，使得客户能够更加方便地进行交易

考点三：信息不对称：逆向选择和道德风险(见表8－3) ★★★★

表8－3　信息不对称：逆向选择和道德风险

要点	具体内容	
信息不对称	指交易的一方在交易中要进行准确决策时，对交易另一方的信息掌握不充分	
逆向选择	内容	指在交易前由于信息不对称所造成的问题，越是存在潜在信用风险的借款人越想获得贷款
	结果	逆向选择问题增加了贷款变成不良贷款的可能性，所以贷款人可能选择不放贷，即便市场上仍存在信用良好的借款人
道德风险	内容	指在交易后由于信息不对称所造成的问题，借款人得到贷款后，往往将资金投放于贷款人不希望的高风险项目，从而使贷款人面临借款人无法归还贷款的风险
	结果	由于使用的是他人的资金，借款人更可能投资高收益、高风险的项目。道德风险的存在同样加大了借款人的违约可能，所以贷款者也会选择不放贷

拓展：银行存在的根据是交易成本和信息不对称。假如交易成本和信息不对称(即市场的不完全性或市场的摩擦)不复存在，银行中介也就没有存在的理由。

【例8.1】通常，向商业银行申请贷款的企业会比银行获得更多关于自身投资项目的信息，这种信息上的差异为______，它会产生______问题。(　　)[清华大学2015年研]

A. 逆向选择；风险分担　　B. 不对称信息；风险分担

C. 逆向选择；道德风险　　D. 不对称信息；逆向选择

【解析】在经济活动中，由于经济个体获取信息的能力有差异而造成了信息资源占有不对称的现象。由于事前信息不对称造成的资源配置扭曲的现象称为逆向选择。

【答案】D

【例8.2】逆向选择与道德风险[兰州大学2015年研]

答：不对称信息可能导致逆向选择和道德风险。

(1)逆向选择

逆向选择是指在买卖双方信息非对称的情况下，差的商品总是将好的商品驱逐出市场；或者说拥有信息优势的一方，在交易中总是趋向于做出尽可能地有利于自己而不利于别人的选择。

逆向选择是交易之前发生的信息不对称问题。具有潜在的不良贷款风险的人正是那些积极寻求贷款的人，由于信息不对称，贷款者也往往将资金贷给易违约的借款者。逆向选择的存在使得市场价格不能真实地反映市场供求关系，导致市场资源配置的低效率。一般在商品市场上卖者关于产品的质量、保险市场上投保人关于自身的情况等都有可能产生逆向选择问题。

解决逆向选择问题的方法主要有：政府对市场进行必要的干预和利用市场信号。

(2)道德风险

道德风险是指交易双方在交易协定签订后，其中一方利用多于一方的信息，有目的地损害另一方的利益而增加自己利益的行为。

道德风险是交易发生后出现的信息不对称问题。贷款者发放贷款后会面临这样的风险：借款者可能会从事那些从贷款者观点出发不能从事的活动，这些活动会提高贷款违约的可能性。道德风险的存在不仅使得处于信息劣势的一方受到损失，而且会破坏原有的市场均衡，导致资源配置的低效率。

解决道德风险的主要方法是风险分担。

考点四：次品车问题：逆向选择如何影响金融结构 ★★★★

1. 次品车问题的主要内容

普通投资者很难区分高收益、低风险的优质企业与低收益、高风险的劣质企业，因此只愿意按照反映发行公司平均质量的价格购买证券。由于经理人更清楚企业状况，所以优质企业不会按照此价卖出证券，而愿意卖出证券的都是劣质企业。投资者不愿意购买劣质企业的证券，最后证券交易难以达成。

类似的事情也发生在债券市场，投资人只愿意接受平均风险水平的利率，因此优质企业不愿发债，只有劣质企业愿意发债。投资者意识到此种情况之后就不会投资于债券。

2. 次品车问题的影响

①降低了证券市场(例如股票和债券市场)中贷款者和借款者之间资金流动的有效性；

②解释了债券和股票不是企业进行经营活动筹资的主要方式这一事实，部分解释了股票并非企业最主要的外部融资来源这一事实。

3. 次品车问题的解决办法(见表 8－4)

表 8－4　次品车问题的解决办法

要点	具体内容
信息的私人生产和销售	①原则：向交易双方提供详细信息以消除信息不对称。 ②做法：让私人公司搜集并整理能够识别优劣企业的信息，然后销售给证券的购买者。 ③缺陷：免费搭车者问题

续表

要点	具体内容
政府监管	①政府能够免费提供信息以帮助投资者识别优劣企业，但是在政治方面实行起来会有困难。 ②政府鼓励企业公布其真实信息，以此监管证券市场。 ③解释了在经济体各部门中，金融体系受到最严格监管这一事实。然而，政府监管能弱化但无法消除逆向选择问题
金融中介	①金融中介（如银行）有更大的信息优势，能够区分优劣企业，从而选择放贷给优质企业并获得高收益。 ②银行主要是向居民个人放贷而非买入证券，因此解决了免费搭车问题。 ③银行拥有的贷款主要为非交易类型，能够有效减少信息不对称
抵押品和净值	①抵押品即借款者发生违约时对贷款者的担保财物，降低了贷款者的违约损失，因此弱化了逆向选择的不良结果。 ②有助于解释抵押是居民以及企业债务合约的普遍特征这一事实。 ③净值表示公司资产和负债之差，具有与抵押品相似的作用。高净值公司即使违约，贷款者也能通过出售公司净值来降低损失。公司初始净值越多，越不容易违约，逆向选择造成的影响越微弱，贷款者就更愿意放贷

考点五：道德风险如何影响债务合约和权益合约的选择（见表8－5） ★★★

表8－5　道德风险如何影响债务合约和权益合约的选择

要点	具体内容	
权益合约中的道德风险：委托－代理问题	起源	两权分离，拥有所有权的股东（委托人）与拥有控制权的管理者（代理人）是分开的
	结果	所有权和控制权相分离，经理可能按照他们自己的利益而非股东的利益来行事
	原因	信息不对称，经理比股东更了解公司的经营活动
解决方法	信息生产：监督	①做法：对股东来说，通过特殊的信息生产来监督公司活动可以降低道德风险。 ②代价：监管过程要花费大量的时间和金钱。 ③结果：高成本状态核实使得权益不再具有吸引力，同时部分解释了权益不是金融结构的重要部分的原因
	政府监管	①做法：政府通过立法规定公司遵循标准会计准则（易于评判盈亏）以及惩罚那些从事欺骗和骗取盈利的欺诈行为。 ②代价：效力有限，从事欺骗的经理人会尽力隐藏其欺诈行为
	金融中介	①做法：通过金融中介机构防止免费搭车者问题出现。 ②原理：风险投资公司向某企业提供启动资金时，企业的股份无法转让给除风险投资公司以外的其他人。所以其他投资者无法搭便车。 ③结果：风险投资公司能够获得其监督的所有利益，将会采取相应措施来解决道德风险问题
	债务合约	①债务合约作为契约性协议，规定借款者必须定期偿付到期本息。 ②与权益合约相比，债务合约下监督公司的需求将降低，查证成本也较低。这能够解释股票并非企业外部融资最主要的来源这一事实

考点六：道德风险如何影响债务市场的金融结构(见表 8－6)　★★★

表 8－6　道德风险如何影响债务市场的金融结构

要点	具体内容	
债务市场的道德风险	债务合约规定借款者需支付一个固定数额，只有借款人获得的利润超过这个固定数额才有利可图，因此借款者有从事风险更大的投资项目的冲动	
解决办法	净值与抵押品	①做法：高净值的借款者产生道德风险的可能性就会降低许多，因为借款者从事高风险活动使得自己可能会蒙受巨大的损失。 ②解释：高净值能使借款者与贷款者的动机达成一致，即债务合约激励相容。借款者的净值越大，道德风险越低，借款就越容易
	限制性条款的监督和执行	①做法：通过合约安排限制或鼓励某些行为。限制性条款包括限制不当行为、鼓励恰当行为、提供相关信息以及保持抵押品价值这四类条款。 ②作用：直接弱化道德风险。 ③缺陷：不能完全防止道德风险问题的发生。条款监督和执行的高成本会导致市场出现免费搭车者问题
	金融中介	优势：金融中介机构(尤其是银行)，由于其主要进行私人贷款，能有效缓解免费搭车者问题

8.2　课后习题详解

一、关键术语

1. 代理理论(agency theory)

答：代理理论，又称“委托－代理理论”，是指分析信息不对称问题对经济行为的影响机制问题的一种理论。具体而言，代理理论是研究委托人与代理人之间的关系及其行为规则的理论。委托人和代理人是一对孪生概念。在法律上，当某个人(或组织)授权另一个人(或组织)代表其从事某种活动时，双方就构成了委托－代理关系，前者称为“委托人”，后者称为“代理人”。股份制企业中股东和经理的关系就是一种典型的委托－代理关系。经济学上的委托－代理关系泛指任何一种涉及非对称信息的交易，交易中具有信息优势的一方称为“代理人”，另一方称为“委托人”，即知情者是代理人，不知情者是委托人。这里隐含着一个假定：知情者的私人信息(行动或知识)影响不知情者的利益；或者说，不知情者不得不为知情者的行为承担风险。

2. 激励相容(incentive-compatible)

答：激励相容是指使得代理人和委托人实现利益一致性的制度安排。在任何激励合同下，代理人总是倾向于使自己的期望效用最大化。因此，任何委托人希望代理人所采取的行动，都只能通过代理人的效用最大化行为来实现。也就是说，只有通过制度安排使得代理人按照委托人的意愿行事比违反委托人的意愿行事效用更大时，代理人和委托人才能实现利益上的一致。

3. 担保债务(secured debt)

答：担保债务是指有抵押品或以第三人为借款人提供相应的担保为条件的债务。贷款担保可以是人的担保或者物的担保。人的担保，是指有偿还能力的经济实体作为担保人出具担保文件，当借款人不能履约归还贷款本息时，由担保人承担偿还贷款本息的责任。物的担保，是以特定的实物或某种权利作为担保，若借款人违约，银行可通过行使对该担保物的权利来保证债权不受损失。

4. 抵押品(collateral)

答：抵押品是指当借款人违约时对贷款者的担保。抵押物包括动产和不动产，最常见的形式为不动产(即房产)或财产(如汽车)。借款人的抵押可以减少逆向选择带来的不利影响，因为在借款人违约，不能归还贷款时，贷款人可以变卖抵押物，用所得来弥补损失。银行更愿意发放抵押贷款，因为可以得到更多的安全保证；借款人也愿意使用抵押贷款，因为获得贷款变得相对容易。

5. 净值(权益资本)[net worth(equity capital)]

答：净值是指一家公司资产和负债之差，即股权资本。股权资本具有与抵押品类似的效用。如果公司的股权资本较大，即使公司发生较大亏损而产生违约，贷款者仍能够得到公司净值的所有权，并通过出售该净值以弥补贷款损失。公司起初的股权资本越大，越不可能违约。

6. 国有银行(state-owned banks)

答：国有银行是指其所有权归属国家的银行。由于国有银行缺乏逐利动机，它们主要向政府提供贷款，几乎不为生产效率最高的企业提供资金支持。因而资金常常很难输送给那些能够促进经济高速增长的部门。结果是导致投资效率低下，经济增长缓慢。

7. 高成本状态核实(costly state verification)

答：高成本状态核实是指为了减轻代理人的道德风险问题而进行的监督公司的活动，委托人对代理人进行监管可能花费大量时间和货币成本。例如股东定期审计公司财务并检查公司经理的所作所为以实现对公司的监督。由于成本过高，高成本状态核实使得委托人没有太大动力对代理人进行监管。

8. 委托－代理问题(principal-agent problem)

答：委托－代理问题是指由于代理人的目标函数与委托人的目标函数不一致，加上存在不确定性和信息不对称，代理人基于使得自己目标函数最大化的行为有可能偏离委托人的目标函数，而委托人又难以观察到这种偏离，无法进行有效监督和约束，从而出现代理人损害委托人利益的现象。

一旦出现委托－代理问题，其后果不仅是委托者的利益受损，也会降低社会资源配置效率，因为在不发生委托－代理问题的情况下，社会将生产出较高质量的产品。

由委托－代理问题而导致的效率损失不可能通过政府的干预解决，而需要通过设计有效的激励措施加以解决。解决委托－代理问题最有效的办法是实施一种最优合约。最优合约是委托人花费最低限度的成本而使得代理人采取有效率的行动来实现委托人目标的合约。

9. 无担保债务(unsecured debt)

答: 无担保债务是指没有抵押品或者第三人担保的债务。由于没有担保，因而信用贷款风险较大，故利息较高。商业银行只是有选择、有条件地对那些与银行业务往来密切，同时资信可靠、经营状况良好的客户提供此类贷款。其目的是吸引和稳定客户，密切与客户的关系，以扩大商业银行其他业务的范围和规模。

10. 免费搭车问题(free rider problem)

答: 免费搭车问题即经济学中的搭便车问题，是指某些人或某些团体在不付出任何代价(成本)的情况下，从别人那里或社会上获得好处(收益)的行为，也就是指经济中某个体消费的资源超出他的公允份额，或承担的生产成本少于他应承担的公允份额。产生这一问题的原因在于，集体行动创造出来的是一种集体物品。所谓集体物品，就是一旦被提供出来，其使用不具有排他性的物品(这与公共物品不同，后者不仅不具有排他性，同时具有非竞争性，而集体物品是可以有竞争性的)。搭便车问题使集体行动往往变得不可能——每个人都想搭便车的结果，就是每个人都没有便车可搭。

金融市场所形成的价格信号能够引导投资者的投资选择和融资者的行为，但是有信息价值的价格信号的形成需要各个投资者支付成本以搜集信息并对信息进行处理。因此，金融市场上每个投资者需要事先搜集并处理有关融资企业及其管理者、相关经济环境的信息，并对融资企业未来的收入流进行预测，事后则需要对融资企业及其管理者进行监督。这些信息成本和监督成本是相对固定的，因此对单个分散的资金供给者，特别是小额资金供给者来说，这些为金融交易必须支付的信息成本和监督成本是非常高昂的，因此每个投资者都希望其他投资者积极获取信息、行使对融资者的监控权，而自己从他人的行为中获益，于是产生搭便车问题。在资本市场上，强调完善的股票市场向所有的投资者揭示信息，就会产生搭便车问题。

搭便车问题会使大多数投资者因此丧失了获取信息的激励，由于投资者们不再花费资源搜集信息，竞争的金融市场就可能出现投资不足，结果对创新项目辨别产生负面影响，从而阻碍了资源有效配置。

11. 限制性条款(restrictive covenants)

答: 限制性条款是指债权人可以在债务合约中加入一些条款来限制债务人使用资金的范围，并且监督债务人，保证债务人严格执行合约。通常有四种限制性条款:

①禁止债务人从事高风险的经营，贷款只能用于特定项目，专款专用。

②鼓励债务人投资于更有利于偿付贷款的项目。如在对个人住房抵押贷款中，可以要求借款人同时买入一份人寿保险；万一借款人死亡，就可以用保险金来支付分期付款。在对企业的贷款中，则可以鼓励企业提高股本，或必须持有一定数量的某类资产。

③要求借款人保证抵押品在他的控制之中，并保持抵押品的状况良好。如在汽车销售信贷合同中，通常要求借款人购买车辆碰撞失窃险，并且在付清贷款之前，不得转售。

④要求企业定期提供会计报表等相关信息，以便贷款人监督企业的经营状况。

限制性条款通过排除不合意的行为或者鼓励合意的行为，直接弱化了道德风险。

12. 私募股权公司(private-equity firm)

答：私募股权公司是一种专注于长期投资的金融机构。它募集来自机构投资者、高净值个人等投资者的资金，形成专门的资本池，用于投资那些处于发展阶段、具有高增长潜力但尚未公开上市的企业。通过获得这些企业的股权，私募股权公司成为其重要的股东之一。在投资过程中，私募股权公司不仅提供资金支持，还积极参与被投企业的战略规划、运营优化及市场拓展，通常会派遣专业团队入驻被投企业，担任董事或顾问角色，利用其行业经验和资源网络，帮助企业解决成长中的难题，加速其成长进程。

13. 风险投资公司(venture capital firm)

答：风险投资公司是一种投资中介机构。它将合伙人的资金集中起来，投资于新生的发展前景良好的高风险企业，得到新企业的股份。风险投资公司通常委派自己的人员进入新企业的管理机构，成为董事会的成员，掌握、监管、参与新企业的经营活动。待新企业发展成熟、股票上市之后，风险投资公司便退出该企业。

二、思考题

1. 对下列各国，请指出外部资金来源中最重要的(最大的)和最不重要的(最小的)单项：美国；德国；日本；加拿大。评价这些国家资金来源的异同点。

答：各国的外部资金来源情况如下表所示。

	最重要的外部资金来源	最不重要的外部资金来源
美国	非银行贷款	股票
德国	银行贷款	债券
日本	银行贷款	股票
加拿大	银行贷款	股票

由表可知，对美国而言银行贷款不是最主要的外部资金来源，而其他国家的银行贷款在外部融资过程中都占很大一部分比例。对所有国家而言，股票和债券融资都相对不重要。

2. 如何用规模经济来解释金融中介机构的存在?

答：金融中介机构能够利用规模经济的优势降低交易成本。例如，共同基金可以进行大规模的购买活动，它具有降低佣金的优势；而银行的大规模交易能够使其在法律和计算机等方面的成本保持在较低水平。规模经济有助于金融中介降低交易成本，解释了金融中介机构为何能够存在及其对经济体系的重要性。

3. 解释为什么约会可以看作一种解决逆向选择问题的方法。

答：约会时双方都可以获取到有关对方的信息，同时也在向对方分享自己的信息。这些信息能够帮助双方对可能的未来生活做出更好的决定。可以认为这个过程与贷款人试图选择正确的借款人的过程在形式上没有什么不同。因此，约会可以看作一种能够解决逆向选择问题的方法。

4. 为什么金融中介机构愿意从事信息收集活动，而金融工具投资者可能不愿意这样做?

答：因为金融工具的投资者从事信息收集工作会面临“搭便车”问题，其收集到的信息可能会被其他投资人免费获取。因此，个人投资者没有足够的动力去花时间精力来收集证券发行者的信息。

由于金融中介机构是向借款人提供私人贷款而不是购买借款人发行的证券，搜集的信息对其他投资人而言并没有很大的意义，从而避免了“搭便车”问题，它们的信息收集活动将有利可图，因此它们就有更大的动机从事信息收集工作。

5. 假定你来到当地银行，想用自己的储蓄购买一张存单。如果后面一位客户是来银行申请汽车贷款的，请解释你为什么更喜欢存单而不愿意以高于存单利率的价格(但是低于银行汽车贷款利率)把钱直接贷给这个人。

答：在去银行办理业务的过程中，我可能会意识到，如果购买存单，年利率将为1%或2%，而向银行申请汽车贷款的个人将需要每年支付7%或8%的利率。起初来看，以4%的年利率向汽车贷款的申请人提供借款非常具有吸引力，因为双方都可以从中受益。然而，我可能会想要获得更多关于此人的信息，特别是他的净值(以评估他的偿还能力)，或他的信用记录(他或她是否曾经拖欠过贷款)，这个过程对我而言可能会耗费大量时间和成本。即使我决定参与这项交易，可能会想要订立一份合同，以保证当贷款者不还款时能够收回我的钱，制定合同的成本也可能是比较大的。当地银行在处理由信息不对称所造成的逆向选择和道德风险问题方面更有效率，因此我更愿意通过购买存单来避免与贷款相关的所有交易成本。

6. 假定你在申请住房抵押贷款。贷款负责人告诉你，如果获得贷款，银行将保留房契直到你还清全部贷款。银行在试图解决哪一种信息不对称问题?

答：银行在试图解决道德风险问题。通常银行并不会保留房屋所有权，而是通过留置权以避免房主在不存在银行监管时将房屋进行出售。在这种情况下，银行希望确保我不会将房屋出售、拿到钱且永远不还贷款。

7. 假定你有两组国家的数据：一组国家的法律体系是有效的，另一组国家的法律体系是耗时、费钱而且无效的。你觉得哪组国家有更高的生活水平?

答：人们普遍会认为有效法律体系的国家具有更高的生活水平。法律制度是贷款过程中的重要部分，这是因为它们是用于解决道德风险问题中合同执行机制的不可或缺的部分。昂贵、缓慢和低效的法律体系不会促进贷款，从而为投资机会提供资金。

8. 你认为国家层面的腐败指标与生活水平之间存在怎样的关系? 解释腐败可能影响生活水平的途径有哪些。

答：腐败指标和生活水平间存在负相关关系。由于腐败破坏了法律体系，因此它通常会阻碍投资，从而影响居民的生活水平。腐败的国家难以鼓励居民以及企业进行投资，进而影响整个社会的发展，使得整个社会无法提高生活水平。

9. 如果一位朋友将她一生的储蓄都投入到自己的企业中，你是否会比她不这样做时更愿意贷款给她? 为什么?

答：是的。对于一个将一生储蓄悉数投入自己的企业的人来说，假如她从事高风险活动或从事不会带来丰厚利润、仅对个人有利的活动，从而导致企业破产的话，她的损失将很惨重。因此，她的行动将更多考虑贷款人的利益，从而增加贷款的安全性。

10. 政府会采取什么措施来减少逆向选择问题并帮助金融体系更加平稳有效地运行？

答：政府会采取的措施有：

①收集关于借款人的信息，并免费提供给投资者。

②要求借款人向投资者提供自己的真实信息。

③制定金融机构的行为准则并强制执行，限制金融机构的风险行为。这些对银行的审慎监管条例包括禁止风险过大的资产投资活动，建立最低资本要求，并向监管机构和投资者披露财务信息。

11. 信息不对称问题是如何引起银行恐慌的？

答：即使银行因提供私人贷款而有动机收集贷款申请人的信息从而可以克服贷款中固有的逆向选择和道德风险问题，但没有解决银行存款人面临的信息不对称的问题：他们不像银行管理人员那样了解银行面临多大风险，并且不确定其存款的安全性和银行是否有能力全额偿还存款。如果一些银行因无力偿还存款而破产，而存款人又不了解银行是否运行稳健，这些破产的银行就会增加所有存款人面临的不确定性。这种由于信息不对称导致的不确定性的增加，可能导致存款人在银行现金用尽之前加紧取款（挤兑现象），极端情况下可能导致大量银行在短时间内破产。

12. 2001年12月，阿根廷政府宣布无法偿还其主权（政府发行的）债务。很多投资者手上的阿根廷债券的价格只有之前价值的零头。几年后，阿根廷政府宣布偿付其债务面值的25%。请对政府债券市场上信息不对称的影响做出评论。你认为投资者现在愿意购买阿根廷政府发行的债券吗？

答：信息不对称也存在于政府债券市场。通常，投资者会利用许多关于特定政府特征的信息来评估他们偿还债务的能力或意愿。正如阿根廷案例所示，由于债券持有人缺乏这些信息致其遭受巨大损失。从这一方面来说，这一问题与投资者决定购买哪个公司的债券没有显著差异。虽然按理来说，有关公司债券的信息更标准化，使得比较不同公司相对更加容易。

在阿根廷政府违约之后，投资者只愿意以一个很高的风险溢价购买政府发行的债券，这使得阿根廷政府在债券市场筹集资金的成本很高。

13. 免费搭车问题如何恶化了金融市场的逆向选择和道德风险问题？

答：免费搭车问题意味着信息的私人生产者并不能获得其信息生产活动的全部收益，因此，很少有人愿意参与信息的生产。这意味着用来区分好坏的信息减少，加重了逆向选择问题，对借款人的监管也减少了，加重了道德风险问题。

14. 假定在给定债券市场上，目前没有信息能帮助潜在债券购买者辨别债券的优劣。哪种债券发行人会有动机披露自己公司的信息？解释原因。

答：优质债券发行人会有披露自己公司信息的动机，而劣质债券发行人则并不会。这是因为当信息被创建和提供时，潜在的债券购买者能够做出更好的决定。劣质债券发行人最终很有可能只得到比平均价格更低的价格。需要注意的是，在信息不充分的情况下，债券都按平均价格出售。

15. 标准化的会计准则如何帮助金融市场更有效地运转？

答：标准化的会计准则使得利润核实更为容易，从而减少了金融市场中的逆向选择和道德风险等问题，并使得金融市场运转得更好。标准化的会计准则使得投资者更容易区分经营稳健的公司与经营不善的公司，从而减少了金融市场中的逆向选择问题。此外，准则使得利润的衡量更为准确，因而减少了委托－代理(道德风险)问题。

16. 当要求申请人参加面试时，未来雇主是想解决哪种信息不对称问题？面试可以终结信息不对称吗？

答：当要求申请人参加面试时，未来雇主是想解决逆向选择问题。雇主希望能够更多地了解未来的员工，就如贷款者想更多地了解潜在的借款者一样。但是面试并不能完美终结信息不对称问题，因为面试受到诸如时间、形式等的限制，而且面试双方都存在做出不诚实行为的可能，因此想要仅靠面试消除信息不对称是比较困难的。就像贷款交易一样，信息不对称问题并没有到此结束，因为如果雇佣，工人和雇主将不得不解决道德风险问题。通常雇主们试图通过支付薪酬计划来解决这个问题，鼓励工人付出更多努力。

17. 信息不对称的存在如何为政府监管金融市场提供了理论基础？

答：由于信息不对称和免费搭车问题的存在，导致金融市场缺乏足够信息。因此，政府就有了通过管理金融市场增加信息的理论基础，以帮助投资者识别好坏公司，减少逆向选择问题。政府也可以通过执行标准会计准则和起诉欺诈行为，来使金融市场高效运行，减少道德风险。

18. “支持贷款的抵押品越多，贷款人就越不必担心逆向选择问题。”这种表述正确、错误还是不确定？解释你的答案。

答：正确。假如借款人具有较高的信用风险且最终破产，则贷款人的损失较小，因为出售抵押品可以弥补部分贷款损失。因此逆向选择并不是一个严重的问题。

19. 美国企业的所有权和控制权分离导致了管理不力，请做出解释。

答：所有权与控制权的分离产生了委托－代理问题。经理人(代理人)追求自身的利益最大化而并不强烈追求利润最大化，因而经理人可能不努力工作，个人铺张浪费或追求一种仅增加个人权利而不增加利润的经营战略。

20. 许多发展中国家的政策制定者建议实施类似美国的存款保险制度。解释为什么这样做可能比发展中国家金融体系的解决方案制造出更多问题。

答：照搬美国监管框架(确保了美国金融体系的稳健运行)似乎是一个好主意，但超越了国家范围之后这通常不是一个好办法，因为发达国家和发展中国家有着完全不同的金融体系。引入存款保险制度后肯定会增加金融中介机构的存款；然而，如果没有适当的规则(如审慎监管条例和监督)来限制与存款保险制度相关的道德风险问题，银行可能会承担更大的风险，这显然不利于金融体系的正常运行。道德风险问题的增加可能抵消避免银行破产(存款保险制度最直接的影响)带来的好处。

21. 年轻医生古斯塔沃生活在一个法律体系和金融体系相对低效的国家。当申请抵押贷款时，他发现银行通常要求的抵押品价值高达贷款金额的300%。解释在这样的金融体系下银行为什么要求如此多的抵押品。评论这样的体系对经济增长会带来什么影响。

答：在产权和法律制度不完善的国家，金融中介机构通常在提供贷款时需要高额的抵押品。这种行为的理由是，如果借款人违约，银行需要较多抵押品来收回贷款的成本弥补损失。因此，要求高额的抵押品可能有助于借款人尽快获得资金。当然，这意味着更少的人可以获得抵押贷款，即使那些信用风险优良的人也被排除在外，因为贷款人很难得到这么多的抵押品。效率低下的金融制度使一些国家获得信贷的难度较高，这可能也是效率低下的法律制度的结果。

如前所述，低效率的金融体系降低了经济增长率。这个例子说明了低效的金融体系难以满足年轻人的贷款需求，从而使得投资支出较少。

三、应用题

对第22～25题，计算请使用以下资料：某个事件的预期值为其加权平均概率，等于每个可能结果乘以事件发生概率后再加总。

22. 你在二手车市场，决定拜访一位二手车交易商。据你所知，你看中那辆车的蓝皮书价值在2万～2.4万美元之间。如果你认为交易商对这辆车的了解程度和你相当，那么你愿意为该车支付多少钱？为什么？假定你只关心想买的那辆车的预期价值，并且该车的价值是对称分布的。

答：我愿意支付平均价格。如果汽车价值分布均匀，那么我愿意为随机选择的汽车支付22000美元。

23. 关于第22题，如果现在你认为交易商比你更了解那辆车，你愿意支付多少钱？为什么？竞争性市场是如何解决这种信息不对称问题的？

答：我愿意支付的平均价格为22000美元，然而交易商会知道这一点，所以他会只卖给我一辆价值在20000美元到22000美元之间的汽车。但我也知道这一点，所以只愿意支付21000美元。当愿意支付20000美元，且这辆车价值20000美元时，这一过程才会结束。这样对于买方是可行的，但是交易商因此永远不会出售价值超过20000美元的汽车。

当然，解决这种问题的方法是获得更多的信息，比如：试驾、机械检查、保修等。

24. 你想雇用罗恩管理你在达拉斯的业务。如下表所示，业务利润在一定程度上取决于罗恩工作有多努力。

利润的概率分布		
	利润＝1万美元	利润＝5万美元
懒惰	60%	40%
努力工作	20%	80%

如果罗恩很懒惰，他将整天上网玩，而且把这个工作当作是一个零成本机会。但是罗恩把努力工作看成是价值 1000 美元的“个人成本”。你应当向罗恩提供的固定利润分成比率是多少？假定罗恩只关心他的预期支付减去“个人成本”。

答： 假设按照 P 的比例把利润的一部分支付给罗恩。如果罗恩选择偷懒，则他的预期回报是：$0.60 \times 10000P + 0.40 \times 50000P = 26000P$。

如果罗恩努力工作，则他的预期回报是：$0.20 \times 10000P + 0.80 \times 50000P - 1000 = 42000P - 1000$。

为了促使罗恩努力工作，需满足：$26000P = 42000P - 1000$，解得：$P = 0.0625$。所以，当提供略高于 6.25% 的盈利分成比率时，就可以促使罗恩努力工作。

25. 你拥有的河景房价值为 40 万美元。如果发生 50 年一遇的中等水平洪水，你的房子就会被彻底损毁。如果你建造一条河堤，那么只有非常严重的洪水才会损毁你的房屋。如此严重的洪水大概要 200 年一遇。提供全险的洪水险保单每年的保费应当是多少？如果保单只覆盖房屋价值的 75%，那么建造和不建造河堤的预期成本分别是多少？不同保单是否会为你提供采取更安全措施（比如，建造河堤）的动力？

答：（1）全险的情况

没有建造河堤时，预期损失为 $400000 \times 0.02 = 8000$（美元）；

建造河堤时，预期损失为 $400000 \times 0.005 = 2000$（美元）。

提供全险的保险公司可以按照全部预期损失制定保费。即在没有建造河堤时提供全险的保费为 8000 美元，在已经建造河堤时提供全险的保费为 2000 美元。在没有建造和建造河堤两种情况下，预期成本和预期损失相同。

（2）部分保险的情况

没有建造河堤时，预期损失为 $400000 \times 0.75 \times 0.02 = 6000$（美元）；

建造河堤时，预期损失为 $400000 \times 0.75 \times 0.005 = 1500$（美元）。

同理提供部分保险的保险公司也可以收取相应预期损失作为保费。预期成本是：

没有建造河堤时，$0.02 \times (300000 - 400000) + 0.98 \times 0 - 6000 = -8000$（美元）；

建造河堤时，$0.005 \times (300000 - 400000) + 0.995 \times 0 - 1500 = -2000$（美元）。

总的来看，虽然部分保险的保费较低，但不管是没有建造还是建造河堤，全险和部分保险的预期成本相同。在任一保险情况下，如果建造和维护河堤的年度成本低于每年 6000 美元，就会选择建造河堤。

第 9 章　银行业与金融机构管理

9.1　复习笔记

【知识框架(庖丁解牛)】

- 银行业与金融机构管理
  - 银行的资产负债表
    - 负债端
    - 资产端
  - 银行的基本业务
  - 银行管理的基本原则
  - 信用风险管理
  - 利率风险管理
    - 缺口分析
    - 久期分析
  - 表外业务

【考点难点归纳(厚积薄发)】

考点一：银行的资产负债表　★★★

资产负债表是银行的主要会计报表之一，反映银行总的资金来源和资金运用情况。资产负债表包括三大类项目：资产、负债和资本，三者之间的关系可以表示为：总资产 = 总负债 + 资本；通过负债业务取得资金，再利用这些资金开展资产业务。资产业务的收益应高于负债业务的成本，两者的差异构成银行利润来源。

1. 银行资产负债表的负债端(见表 9 - 1)

表 9 - 1　银行资产负债表的负债端

要点	具体内容	
描述	①银行通过发行(销售)负债来获得资金，用以购买有收益的资产； ②负债是银行的资金来源	
科目	支票存款	①支票存款是允许账户持有者向第三方签发支票的银行账户，包括所有可以签发支票的存款。 ②特点：见票即付。 ③支票存款是储户财富的一部分，是储户的资产，银行的负债。 ④流动性强，因而利率低，成本最低廉
	非交易存款	①非交易存款是美国银行主要的资金来源。储户不能签发支票，该类存款利率通常比支票存款的利率要高。 ②两种基本类型：储蓄账户、定期存款(也称作定期存单，CDs)

续表

要点		具体内容
科目	借款	①银行向美联储、联邦住宅贷款银行、其他银行和企业借款，获得相应资金。 ②种类：贴现贷款(从美联储获得的贷款)、在联邦基金市场上向其他美国银行和金融机构借入的隔夜准备金(最初是为了满足准备金的要求)、其他资金(包括银行控股公司向银行发放的贷款、与企业之间的借款安排、欧洲美元借款)
	银行资本	①数值上等于资产总额减去负债总额，代表银行净值。 ②来源：销售新股权(股票)或留存收益。 ③作用：是应对资产价值下跌的缓冲器，资产价值下跌可能使得银行资不抵债(资产小于负债，则意味着银行面临破产)

2. 银行资产负债表的资产端(见表 9－2)

表 9－2　银行资产负债表的资产端

要点		具体内容
描述	银行将负债所获得的资金购买盈利性资产。资产就是银行的资金运用。银行从这些资产上获得利息支付，从而获利	
科目	准备金	①所有商业银行在美联储都要保存一定的存款和现金，称为准备金。美联储对准备金支付利率很低的利息。 ②包括两部分：一部分是根据法律的规定，按照吸收存款额的一定比例(法定准备金率)缴存的，称为法定准备金；超过法定准备要求的称为超额准备金，主要为应付客户提款要求而自行存放的
	托收在途现金	①应收但还未收到的现金，也称为托收中款项，一般指在银行间清算过程中，已经记入银行负债，但还未实际收到的资金。 ②因为是对其他银行的资金索偿权，所以属于银行资产
	银行同业存款	①银行间相互开设账户存放资金，特别是小银行在大银行的存款。 ②作用：支票托收、外汇买卖、代理业务等
	证券	①银行投资的对象主要是各种债券(银行不得投资股票)，包括美国政府和政府机构证券、州和地方政府证券以及其他证券。短期政府证券由于其高度的流动性，被称为二级准备金。 ②投资动机：州和地方政府更愿意与持有自身证券的银行开展业务
	贷款	①是银行主要的获利途径。贷款是得到贷款的个人或企业的负债，是银行的资产，为银行提供了收入。 ②贷款通常比其他资产流动性小，到期前不能转换为现金，违约的可能性更大，因此回报率也最高。 ③美国分类方法：工商业贷款、不动产贷款、消费者贷款、同业贷款和其他贷款。 ④中国分类方法：按用途分为流动资金贷款和固定资金贷款；按照期限分为短期贷款(1 年以内，含 1 年)、中期贷款(1 至 5 年，含 5 年)和长期贷款(5 年以上)；按照保障形式分为信用贷款、担保贷款(含保证贷款、抵押贷款和质押贷款)和票据贴现贷款；按照内在风险程度分为正常、关注、次级、可疑、损失五类(其中后三类为不良贷款)
	其他资产	银行持有的实物资本(如银行建筑、计算机以及其他设备)

【例9.1】下列不属于商业银行资产业务的是(　　)。[清华大学2016年研]

A. 贴现　　B. 贷款　　C. 信用证　　D. 证券投资

【解析】商业银行的资产业务是指将通过负债业务所聚集的货币资金加以运用的业务。常见的资产业务有：①贴现，是银行应客户的要求，买进尚未到付款日期的票据；②贷款，是银行将其所吸收的资金，按一定的利率贷给客户并约定归还期限的业务；③证券投资，是商业银行以其资金持有各种有价证券的业务活动；④租赁业务，是银行以收取租金为条件出让物件使用权的经济行为。C项，信用证属于中间业务。

【答案】C

【例9.2】下列哪项不是商业银行的资产？(　　)[清华大学2012年研]

A. 对企业贷款　　B. 在中央银行的存款

C. 购买的其他银行的股票　　D. 居民的信用卡欠款

E. 居民的理财产品余额

【解析】商业银行的资产业务是指将自己通过负债业务所聚集的货币资金加以运用的业务，是商业银行取得收益的主要途径。对于所聚集的资金，除了必须保留一定部分的现金和在中央银行的存款以应付客户提存和转账结算的需求外，其余部分主要是以贴现、贷款和证券投资等方式加以运用。理财产品是商业银行代理客户进行的资产管理业务，属于中间业务。

【答案】E

考点二：银行的基本业务(见表9-3)　★★

表9-3　银行的基本业务

要点	具体内容
资产转换	①银行通过出售具有一系列特征(流动性、风险、规模和回报的某种组合)的负债，再用所筹资金来购买一系列具有其他特征的资产，以此来获利； ②"借短贷长"，吸收短期存款来筹资，以此发放长期贷款
原理	①资产转换和提供一系列服务(支票清算、记账和信用分析等)的过程同其他企业的生产过程十分类似。 ②如果银行能够以低成本为客户提供使之满意的服务，而且从资产上获得相当的收入，就能赚取利润；反之，将遭受损失。 ③每一项活动都会引起资产和负债的同等变化，可运用T账户进行分析

【例9.3】商业银行在国民经济中的最重要职能是(　　)。[南京大学2013年研]

A. 代理国库和充当货币政策的传递渠道

B. 发放贷款，在间接融资中充当投资中介

C. 集中社会暂时或永久闲置的小额货币资金，然后将其转化为巨额的信贷资金

D. 通过存贷款业务和其他金融业务为公众提供金融服务

【解析】信用中介职能是商业银行最基本、最能反映其经营活动特征的职能。商业银行通过负债业务，将社会上的各种闲散资金集中起来，聚沙成塔，续短为长，通过资产业务将集中的资金运用到国民经济各部门中去。

【答案】C

考点三：银行管理的基本原则 ★★★

银行管理需要考虑以下问题：①流动性管理，即保持足够的流动性资产来履行银行向储户进行支付的义务；②资产管理，即通过购买低违约率的资产和进行资产多样化组合，将风险保持在适当的低水平；③负债管理，即以低成本获取资金；④资本充足性管理，即确定银行应当保有的资本规模，并获取所需要的资本。

1. 流动性管理与准备金(见表 9－4)

表 9－4　流动性管理与准备金

要点	具体内容
准备金的重要性	只要银行准备金充足，存款外流可能不会影响资产负债表其他项目。当银行未持有足够的超额准备金时，情况就大不相同
银行筹集准备金的选择	①通过在同业拆借市场上向其他银行借款或者向企业借款，成本就是这笔借款的利息。 ②出售一些证券来应付存款外流。成本是支付一些经纪费用和其他交易费用。 ③从中央银行借款获得准备金，成本有两项：贴现利率、非明示的成本(信誉成本)。 ④收回或出售贷款，成本包括：减少的贷款利率、客户资源流失
准备金的作用	①即使贷款和证券有更高的回报率，银行仍要持有超额准备金。 ②当存款外流时，持有超额准备金可使银行避免下列活动带来的成本：从其他银行或企业借款、出售证券、向中央银行借款、收回或者出售贷款。 ③超额准备金是对存款外流所导致的成本的保险。存款外流的成本越高，银行希望持有的超额准备金就越多

【例 9.4】下列哪项会使商业银行的准备金减少？(　　)[上海财经大学 2018 年研]

A. 中央银行在国外的资产增加　　B. 政府对中央银行债权增加

C. 金融机构对中央银行的债务增加　　D. 中央银行的政府存款减少

【解析】根据中央银行资产负债表的恒等式：资产总额＝负债总额，其中中央银行的资产端可简化为对金融机构的债权＋对政府机构的债权＋国外资产，负债端可简化为基础货币＋政府机构的存款＋对外负债。A 项，中央银行在国外的资产增加代表央行资产的增加，从而导致负债的增加，会使商业银行的准备金增加；B 项，政府对中央银行债权增加，也即中央银行对政府的债务(政府存款)增加，该项与商业银行的准备金同列于中央银行的负债端，当资产不变时，也即负债总额不变，一项负债的增加会导致另一项负债的减少，故政府对中央银行债权增加会使商业银行的准备金减少；C 项，金融机构对中央银行的债务增加，代表中央银行对金融机构的债权增加，也是中央银行资产端的增加，会使商业银行的准备金增加；D 项，中央银行的政府存款减少，表示中央银行对政府的债务减少，因此法定准备金作为同属于负债端的项目会增加。

【答案】B

2. 资产管理(见表9－5)

表9－5 资产管理

要点	具体内容
重要性	为实现利润最大化，银行必须同时达到三个目标：追求贷款和证券可能的最高回报率、降低风险和持有流动性资产以提供充足流动性
方法	①寻找愿意支付高利率并且违约风险小的借款者。可通过广告宣传其借款利率、直接与企业接触以推销贷款业务。 ②购买高回报率、低风险的证券。 ③在管理资产时，通过资产多样化来尽量降低风险。可以购买不同种类的资产，以及对许多客户发放多种类型的贷款。 ④管理资产的流动性，以便在存款外流时不用花费很高的成本就能满足法定准备金的要求。因此银行必须持有流动性证券，即使回报率相对较低。此外，还应当持有政府证券作为二级准备金，当存款外流发生时可控制成本

【例9.5】下列选项中属于金融创新工具的是(　　)。[中国科学技术大学2016年研]

A. 从资产管理到负债管理　　B. 从负债管理到资产负债管理

C. 从营业网点到网上银行　　D. 大额可转让定期存单的推出

【解析】AB两项是商业银行管理模式的创新。C项是商业银行组织形式的创新。D项，大额可转让定期存单是商业银行的创新性金融工具，目的是规避政府关于存款利率上限的限制。

【答案】D

【例9.6】认为银行只宜发放短期贷款的资产管理理论是(　　)。[中央财经大学2011年研]

A. 可转换理论　B. 预期收入理论　C. 真实票据理论　D. 可贷资金论

【解析】真实票据论又称商业贷款理论，其认为为了保持资金的高度流动性，贷款应是短期和商业性的；用于商品生产和流通过程的贷款如果具有自偿性，最为理想。

【答案】C

3. 负债管理

目前，银行不再需要依靠支票存款作为主要资金来源，负债管理变得更加灵活，银行可以主动为资产增长确定一个目标，通过发行负债等形式获得所需要的资金。

4. 资本充足性管理(见表9－6)

表9－6 资本充足性管理

要点	具体内容
原因	①银行资本金可以用来防范银行破产(即银行不能履行其对存款者和其他债权人的义务从而倒闭)； ②资本金规模影响银行所有者(股权持有人)的收益； ③监管机构对银行资本金有最低规模(银行资本金)要求

续表

要点	具体内容
测度盈利性	①资产回报率(ROA)，即单位资产的税后净利润：ROA = 税后净利润/资产，ROA 提供了银行运行好坏的信息。 ②股本回报率(ROE)，等于单位权益资本的税后净利润：ROE = 税后净利润/权益资本
ROA 与 ROE 的关系	①ROA(衡量银行运行状况)和 ROE(衡量所有者的投资回报)之间的联系由股本乘数(EM)决定，即每一单位权益资本的资产量：EM = 资产/权益资本；税后净利润/权益资本 = (税后净利润/资产) × (资产/权益资本)。 ②由定义可知：ROE = ROA × EM。当 ROA 一定时，EM 越大，即权益资本占资产的比重越小，ROE 就越高；EM 越小，即权益资本占资产的比重越大，ROE 就越低
安全性和股东回报率之间的权衡	①银行资本既有收益又有成本。 ②银行资本通过减少银行破产的可能性，使得股东投资更安全。代价是资本金越高，而资产回报率既定时，股权回报率越低。在确定银行资本金的数额时，必须决定在多大程度上，股东愿意用提高安全性(作为一种利益，由资本金较高所致)与降低股权回报率(作为一种代价，同样由资本金较高所致)进行交换。 ③不确定性增加的时候，贷款发生大的损失的可能性增加，银行可能愿意持有更多的资本金来保护股东。相反，如果能有把握贷款不会发生损失，可能会减少银行资本金，拥有更高的股本乘数，因而增加股权回报率
资本金的要求	监管当局往往要求银行持有法定存款准备金

【例 9.7】分析商业银行盈利性的指标不包括(　　)。[中国人民大学 2015 年研]

A. 股本收益率　　B. 资产收益率　　C. 净利息收益率　　D. 贷存比

【解析】A 项，股本收益率反映的是银行股东的投资收益率，是银行资金运用效率和财务管理能力的综合体现；B 项，资产收益率反映企业运用资产获得收益的能力，资产收益率越高，说明企业自有投资的经济效益越好；C 项，净利息收益率又称净息差，是利息净收入与总生息资产平均余额的比率，它是反映银行盈利能力的最重要指标，也是市场对银行估值的重要依据；D 项，贷存比是银行资产负债表中的贷款资产占存款负债的比例，影响贷存比的主要因素有国家对银行贷存比的上限管理等，是考察商业银行安全性原则下的重要指标。

【答案】D

【例 9.8】甲、乙两家银行总资产均为 1000 亿元，ROA 均为 1%。但甲银行的 ROE 为 10%，乙银行 ROE 为 16%。下列说法正确的是(　　)。[南京大学 2014 年研]

A. 乙银行用相同的资产为股东创造了更高的回报，因此乙银行的业绩好于甲银行

B. 甲银行的资本乘数低于乙银行，破产风险小，因而其业绩好于乙银行

C. 不能仅凭 ROA、ROE 和资本乘数来评价银行的业绩，还要看银行的资产质量

D. 因为银行业绩本质上是由 ROA 衡量的，所以这两家银行的业绩相同

【解析】ROA 是指资产收益率，衡量的是每一元资产所带来的利润；ROE 是指权益收益率，度量的是一年来股东的回报。但 ROA 和 ROE 都是会计收益率，银行业绩的衡量不仅取决于财务指标，还取决于银行资本金的总体规模、风险加权以及它们的流动性资产缓冲

强度等。

【答案】C

考点四：信用风险管理(见表9－7) ★★

金融机构为获得利润，必须克服可能致损的逆向选择和道德风险问题。逆向选择产生的原因在于，投资项目风险较高的借款人争取贷款的积极性最高。道德风险发生的原因在于，一旦借款人获得贷款，可能投资于风险高的投资项目。解决这些问题的方法(即信用风险管理原则)有：甄别和监督、建立长期客户关系、贷款承诺、抵押品和补偿余额以及信贷配给。

表9－7 信用风险管理

要点	具体内容	
甄别和监督	甄别	①银行收集潜在借款人的真实信息。逆向选择问题，要求银行选择风险小的借款人，从而使银行放款有利可图。为了有效地筛选，银行必须收集到可靠的信息。有效地筛选和收集信息构成信用风险管理的一项重要原则。 ②当银行进行消费者贷款时，首先调查申请者的信用状况。银行运用这些信息计算出“信用得分”，再进行判断和决策。 ③当银行进行企业贷款时，过程大致与消费者贷款相同：收集有关企业盈亏以及资产和负债的信息，估量成功偿还贷款的可能性。除此之外，银行还会询问诸如企业未来的计划等的情况，甚至实地访问公司，以掌握第一手材料
	贷款专业化	含义：贷款专业化指银行专门向当地企业，或者是某一特定行业发放贷款。 评价：①银行没有实现贷款组合分散化，从而面临更多的风险。 ②对于银行来说，收集当地企业的信息并确定它们的信用度要比处理非当地企业的类似信息容易得多。同样，将贷款集中于特定的行业，银行有深层次的了解，从而更容易判断
	限制性条款的监督和执行	贷款发出后，借款者就有从事那些可能会使贷款难以偿还的风险活动的动机，银行必须坚持风险管理的原则，在贷款合约中写入限制借款者从事风险活动的条款(限制性契约)。通过对借款者从事的活动进行监控，审视借款者是否遵守限制性契约，一旦借款者不执行则强制其执行
长期客户联系	含义	长期客户联系是银行和其他金融机构获得借款人信息的途径之一，也是信用风险管理的一个重要原则
	优点	①对于银行，减少信息搜集的成本，从而更容易甄别信贷质量； ②对于与银行有业务联系的潜在借款企业，银行可以更容易审核其信贷质量，降低监督成本，因此该借款企业能够更轻松地以低利率获取贷款； ③银行可以应对预料之外的道德风险
贷款承诺	含义	银行同意在未来某一时期中，以某种与市场利率相关联的利率向企业提供某一限额之内的贷款承诺。大部分工商业贷款基于贷款承诺安排而发放
	优点	①对于企业，可以在需要贷款时得到支持； ②对于银行，可建立长期客户联系，以便收集信息； ③贷款承诺要求企业连续不断地提供生产经营信息，从而降低银行的信息收集成本

续表

要点	具体内容	
抵押品与补偿余额	抵押品	抵押品是指在借款人违约条件下提供给贷款人的补偿财产，抵押品可减少违约事件发生时贷款人的损失，进而减轻逆向选择带来的影响。由于借款人的违约还会造成自身损失，因而抵押品还可缓解道德风险问题
	补偿余额	补偿余额是银行发放商业贷款时所要求的一种抵押品形式，即获得贷款的企业必须在银行支票账户中保有最低要求资金额。除充当抵押品外，补偿余额还有助于银行监督借款人，提高贷款人还款可能性，是信用风险管理的重要工具
信贷配给	含义	信贷配给指即使借款人愿意支付给定利率甚至更高利率，贷款人也拒绝向其发放贷款
	形式	①贷款人拒绝任何形式的向借款人发放贷款，即使后者支付更高利率； ②贷款人向借款人发放贷款的金额低于借款人实际要求

【例 9.9】信用风险管理工具包括(　　)。[中山大学 2014 年研]

A. 信用配给　　B. 抵押品

C. 补偿余额　　D. 上述所有的选项都正确

【解析】A 项，信用配给指即使借款人愿意支付给定利率，甚至更高的利率，也拒绝向其发放贷款或者向借款人发放金额低于借款人要求的贷款；B 项，抵押品是在借款人违约的情况下提供给贷款人作为补偿的财产，抵押品减少了贷款人在违约事件发生时的损失，从而减轻了逆向选择的后果；C 项，补偿余额是应银行要求，借款人保持在银行存有一定数量的活期存款和低利率定期存款，便于银行监督借款人进而减少道德风险问题，有助于增加贷款被归还的可能性。

【答案】D

考点五：利率风险管理(见表 9-8)　★★

表 9-8　利率风险管理

要点	具体内容	
概述	若利率敏感型负债超出利率敏感型资产，提高利率会减少收益，降低利率会增加收益。若利率敏感型负债少于利率敏感型资产，提高利率会增加收益，降低利率会减少收益	
缺口分析	概念	缺口分析可直接测量银行利润和利率变化的敏感性，缺口指的是利率敏感型资产与利率敏感型负债的差额。通过将缺口与利率变动幅度相乘，可以立刻得出其对银行利润的影响
	优化方法	①期限队列法：由于不是所有的固定利率资产和固定利率负债的期限都相同，通过衡量若干期限子区间也就是期限队列的缺口，计算较长时期内利率变化的影响。 ②标准化缺口分析：用以说明不同的利率敏感型资产和负债的利率敏感度差别
久期分析	①考察的是银行资产和负债总额的市场价值对利率变化的敏感度； ②基于麦考利的久期概念，其衡量的是一种证券支付现金流的加权平均期限； ③为证券市场价值对利率变化的敏感度提供了一种很好的近似值：证券市值的百分比变动≈－利率变动的百分点×久期(年数)	

拓展：缺口分析是通过会计模型进行分析，偏重短期目标，即在可接受的风险水平上使银行净利息收入最大或保持稳定。久期分析是通过经济模型进行分析，偏重长期目标，即在可接受的风险水平上使银行资本价值最大化或得到保障。

净息差(NIM)，又称净利息收益率，是衡量利率变化影响银行利润水平的重要指标。其表达式为：NIM =（银行贷款和投资的利息收入 - 存款和其他负债的利息支出）/银行收益资产总额。

【例9.10】如果银行经理确定其银行的缺口为正2000万美元，那么，利率上升5个百分点会导致银行利润（　　）。[中山大学2014年研]

A. 增加100万美元　　B. 减少100万美元

C. 增加1000万美元　　D. 减少1000万美元

【解析】缺口是利率敏感型资产与利率敏感型负债之差。将缺口乘以利率变动，即可得到利率变化对银行利润的影响。该银行的缺口为正2000万美元，当利率上升5个百分点时，利润变动为：$2000 \times 5\% = 100$（万美元）。即银行利润增加100万美元。

【答案】A

【例9.11】一个年度付息的债券票面利率为6%，该债券的修正久期为10年，债券价格为800元，该债券的到期收益率为8%。如果到期收益率增加到9%，则该债券的价格将如何变化？（　　）[北京航空航天大学2014年研]

A. 减少60元　　B. 增加60元　　C. 减少80元　　D. 增加80元

【解析】债券价格与修正久期的关系式为：$\Delta P/P = -D^* \times \Delta y$。代入数值，$\Delta P/P = -10 \times (9\% - 8\%) = -0.1$，$\Delta P = -80$，即该债券价格将减少80元。

【答案】C

【例9.12】利率风险管理中，（　　）可以反映商业银行的资产和负债的市场价值对利率变动的敏感性。[中国人民大学2021年研]

A. 净息差分析　　B. 缺口分析　　C. 久期分析　　D. 净值分析

【解析】久期可以用来衡量商业银行资产负债总额的市场价值对利率变动的敏感性。

【答案】C

考点六：表外业务（见表9-9）★★

表9-9　表外业务

要点	具体内容
概述	表外业务指银行从事的，不在银行的资产负债表中反映，但会影响银行利润的业务活动，例如金融工具交易和收费、出售贷款等
贷款出售	又称为二次参与贷款，合约约定将特定贷款现金流的部分或全部出售，从资产负债表中剥离该部分。由于银行出售贷款的价格略高于贷款最初金额，银行从中赚取利润
手续费收入的产生	①银行向客户提供专业化服务，从中收取手续费，包括代客买卖外汇、代收代付抵押支持证券的本息、为银行相应业务提供担保以及提供备用信用额度等。 ②证券担保和备用信用额度等表外业务可增加银行收益，同时也增加了银行的风险

续表

要点	具体内容
交易活动与风险管理工具	①有国际业务的银行可以在外汇市场上交易来降低风险以及为其他业务提供便利，但是这个过程中产生的投机活动也可能使银行破产。 ②管理者应当完善内部控制制度，以减少交易中存在的委托－代理问题

【例9.13】下列不属于无风险的商业银行中间业务的是（　　）。［中国人民大学2017年研］

A. 备用信用证　　B. 汇兑　　C. 承兑　　D. 代收

【解析】备用信用证又称担保信用证，开证行通过开具备用信用证保证在开证人未能履行其义务时，受益人只需凭备用信用证规定向开证行开具汇票，并随附开证人未能履行义务的声明或证明文件，即可得到开证行的偿付。开具备用信用证会给开证的商业银行带来信用风险。

【答案】A

【例9.14】以下业务中属于商业银行表外业务的是（　　）。［浙江工商大学2011年研］

A. 结算业务　　B. 信托业务　　C. 承诺业务　　D. 代理业务

【解析】凡银行并不需要运用自己的资金而代理客户承办支付和其他委托事项，并据以收取手续费的业务统称中间业务。最常见的是传统的汇兑、信用证、代收、代客买卖等业务。承兑业务也可归入这一类。表外业务是指凡未列入银行资产负债表内且不影响资产负债总额的业务。广义的表外业务既包括传统的中间业务，又包括金融创新中产生的一些有风险的业务，如互换、期权、期货、远期利率协议、票据发行便利、贷款承诺、备用信用证等业务。通常提及的表外业务专指后一类，属狭义表外业务。

【答案】C

【例9.15】商业银行的中间业务以及表外业务。［广东外语外贸大学2024年研］

答：（1）商业银行的中间业务

中间业务是指商业银行不用或较少占用商业银行自己的资金，以中间人的身份为客户办理资金收付或其他委托事项，提供各种金融服务并收取各种服务费、手续费、管理费的业务。该种业务是由传统的资产业务、负债业务衍生而来，不在资产负债表中反映，具有相对的独立性。

中间业务的种类繁多，主要有：

①结算类业务。该类业务是商业银行存款业务的自然延伸，是连接商业银行存贷款业务的纽带。由于交易双方的货币收支，绝大部分通过双方支票存款账户上的资金划拨来完成的，所以结算业务也很重要。

②代理类业务。该类业务是商业银行利用其较好的信誉及资金实力，为不同的社会经济主体提供的债权实现、债务清偿、资信保证、买卖、保管、财务管理、资金融通、会计服务等多种金融服务。

③信息咨询类业务。该业务是指商业银行充分利用自身的各种优势资源，为客户提供

各种有偿信息等方面的业务。

④其他中间业务。即除上述中间业务以外的其他中间业务，主要包括根据各国具体情况而制定的受商业银行法律保护的信托类业务、租赁业务、保险自营业务等。

(2)商业银行的表外业务

表外业务就是资产负债表以外的业务。从广义上看，它包括中间业务，也包括或有资产、或有负债的业务；狭义上讲就仅指后一类，即这类业务不在资产负债表中反映，但是与表内的资产业务、负债业务关系十分密切，可以在一定的条件下转化为表内业务。所以也称之为或有资产、或有负债，它的最大特点是收益较大、风险也较大。

常见的表外业务主要有：

①贷款承诺。贷款承诺是指商业银行向客户做出承诺，保证在未来一定时期内，根据一定的条件，随时应客户的要求提供贷款。

②备用信用证。备用信用证实际上是商业银行为其客户开立的信用保证书，保证了备用信用证持有人对第三方依据合同所做出的承诺。

③贷款销售。贷款销售是指商业银行通过直接出售或证券化的方式，将贷款转让给第三方的业务。

④商业银行的表外业务还有金融期权、金融期货、互换、远期等。

(3)中间业务和表外业务的联系

中间业务与表外业务都不在银行的资产负债表中反映，所以从广义的角度讲，它们都是表外业务。它们的联系主要有以下两点：

①二者都不在商业银行的资产负债表中反映，二者的业务也不占用银行的资金，银行在其中充当代理人、客户委托人的身份。

②收入来源主要是服务费、手续费、管理费等。

(4)中间业务和表外业务的主要区别

①中间业务更多地表现为传统业务，而且风险较小；表外业务更多的表现为创新业务，风险较大；而表外业务则需要从金融创新的角度来认识。该种业务虽然不在资产负债表中反映，但与表内的业务联系紧密，在一定的条件下会转化为表内的业务，所以也称或有资产、或有负债。它们有时也会占用银行的资金，其最大的特点是该业务的收益可能很大，而风险也可能很大。

②银行对它们所承担的风险却是不同的。在中间业务中，银行一般仅处在中间人或服务者的地位，不承担任何资产负债方面的风险。而表外业务虽然不直接反映在资产、负债各方，即不直接形成资产或负债，但却是一种潜在的资产或负债，在一定条件下，表外业务可以转化为表内业务，因此，银行要承担一定的风险。例如，当银行对商业汇票进行承兑后，即负有不可撤销的第一手到期付款责任，即使汇票的付款人无力付款，银行也必须向汇票的受益人付款，因此，银行承兑汇票是银行的一种或有负债。

9.2 课后习题详解

一、关键术语

1. 资产管理(asset management)

答：资产管理是商业银行使用最早的传统管理办法。该法对银行资金流量做出某种假设，尤其认为资金流量的来源是固定的，其中最主要的是视存款负债的构成和周转率为一定。资产管理的目标是维持资产的流动性与存款相适应，并不因本行的业务操作而发生变化。银行流动性的大小依赖于其一级储备（包括库存现金、超额准备金存款及托收中的现金）和二级储备（如银行承兑汇票、一年或一年以下的国库券及有流动二级市场的其他短期金融资产）的数量和分布。按照资产管理办法，在给定负债来源和构成的条件下，资金来源决定资金运用的数量和结构，银行流动性则又随一、二级储备比例的变化而变化。总之，资产管理法是经营银行的一种被动的办法，为此银行不得不根据资金来源对银行经营活动进行调整。

2. 久期分析（duration analysis）

答：久期分析也称为持续期分析或期限弹性分析，是衡量银行的经济价值对于利率变动的敏感性。具体而言，就是对各时段的缺口赋予相应的敏感性权重，得到加权缺口，然后对所有时段的加权缺口进行汇总，以此估算某一给定的小幅（通常小于1%）利率变动可能会对银行经济价值产生的影响（用经济价值变动的百分比表示）。各个时段的敏感性权重通常由假定的利率变动乘以该时段头寸的假定平均久期来确定。一般而言，金融工具的到期日或距下一次重新定价日的时间越长，并且在到期日之前支付的金额越小，则久期的绝对值越高，表明银行经济价值受到利率变化的影响越大。久期分析也是对利率变动进行敏感性分析的方法之一。

3. 表外业务（off-balance-sheet activities）

答：表外业务是指商业银行从事的，按通行的会计准则不列入资产负债表内，不影响其资产负债总额，但能影响银行当期损益，改变银行资产报酬率的经营活动。表外业务有狭义与广义两种涵义。狭义的表外业务是指那些未列入资产负债表，但同表内资产和负债业务关系密切，并在一定条件下会转变为表内资产或负债业务的经营活动，通常也被称为或有资产和或有负债，在会计报表的附注中予以揭示。广义的表外业务除了包括狭义的表外业务，还包括结算、代理、咨询等无风险的经营活动，被称为中间业务。

从现状来看，表外业务按其业务内容可分为承诺类业务、担保类业务、委托代理类业务、衍生金融工具类业务及咨询服务类业务。

4. 资产转换（asset transformation）

答：资产转换是指设计并出售适合投资者风险偏好的资产，并将出售资产所得的资金用于购买风险程度较高的资产，实现风险分担从而帮助投资者将风险资产转化为安全性资产的过程。银行的借短（吸收短期存款）贷长（发放长期贷款）是一种资产转换过程，银行据此赚取利润。

5. 股本乘数（EM）（equity multiplier，EM）

答：股本乘数也称权益乘数，是指资产总额相当于股东权益的倍数，是用来衡量企业财务风险的指标之一，股本乘数的计算公式为：EM = 资产总额/权益资本。股本乘数体现企业的负债程度，股本乘数越大，企业负债程度越高。

6. 法定准备金率(required reserve ratio)

答: 法定准备金率是金融当局规定的商业银行提取存款准备金的比率。早期规定存款准备金率是为了应付提现，保证存款业务信誉，即增强商业银行的清偿能力，保护存款人的利益。到了现代，特别是在法定准备金制度建立和不断完善之后，准备金的保留、准备金比率的高低已成了中央银行进行货币政策操作控制货币供给的一个强有力的工具。存款准备率一般按活期和定期存款的流动性高低加以区分，分别设定(如美国)。中央银行调整存款准备金率能够改变商业银行法定准备金和超额准备金之间的比例关系，即控制了整个商业银行系统利用准备金的能力。中央银行如果调高存款准备金率，其结果将使商业银行对已有的存款增加必要的准备金，对于新增的存款必须保持较多的准备金，这就削弱了银行贷款和投资的能力，降低存款准备金率则效果相反。由于存款准备金率的变动对货币乘数的影响较大，尤其对增量货币的影响更大，所以通常被认为是货币政策手段中最猛烈的工具之一。

7. 资产负债表(balance sheet)

答: 资产负债表是表示企业在一定日期(通常为各会计期末)的财务状况(即资产、负债和业主权益的状况)的主要会计报表。在本章中特指商业银行的资产负债表。银行对外公布其财务报表是为了向公众和股东报告在某一时间节点上的经营状况，争取社会信任和履行对中央银行规定的义务，以便中央银行或其他政府部门审核。根据复式记账的原则，银行报表中资产和负债分列排列，而且有恒等式：资产≡负债+所有者权益(资本金)。

银行资产负债表列明了银行资金来源(负债)和资金的用途(资产)。银行通过借款和吸收存款一类的其他负债来取得资金。然后还用这些资金去进行资产配置，如贷款和证券等。资产和负债均可由短期内的变现力划分为固定与流动两大类。流动资产指那些在短期内可变现的资产，如同业存放等，固定资产指土地、住房建筑等，流动负债指活期存款、拆入款等，固定负债指股东的权益等。

将1993年美国商业银行资产负债表总体列举如下，以供参考。

美国商业银行资产负债表(项目占总额的%)

资产(资金运用)*	负债(资金来源)
准备金和现金项目	支票存款
证券	非交易存款
美国政府和政府机构证券	小额定期存款(<10万美元)+储蓄存款
州和地方政府证券以及其他证券	大额定期存款
贷款	借款
工商业贷款	银行资本
不动产贷款	
消费者贷款	
银行同业贷款	
其他贷款	
其他资产(例如，实物资本)	
总计	总计

* 按流动性由高到低排序。

8．超额准备金(excess reserves)［厦门大学 2024 年研］

答：超额准备金又称“超额储备”，是指商业银行和其他储蓄机构在货币当局规定的必须提取的法定准备金之外自愿保留的一部分准备金。超额准备金是总准备金超过法定准备金的部分。超额准备金主要用于应付意外的大额提现、结清存款和寻找更好的投资机会。超额准备金的变动可影响到货币乘数。在基础货币供应量不变的情况下，它制约着金融机构创造货币的能力。超额准备金占当期存款总额的比率，称为超额准备金率。

9．法定准备金(required reserves)

答：法定准备金是金融当局为了加强监管，维护储户利益，以法律形式规定，要求商业银行必须按照一定比例保留的部分准备金，是商业银行存款准备总额的最主要的构成部分。商业银行准备金总额由法定存款准备金、超额存款准备金这两项构成，法定存款准备金是商业银行或存款机构根据所吸收的存款规模必须保留的基本准备金，它又由两部分构成：活期存款的法定准备金和定期存款的法定准备金(美国对活期存款和定期存款的法定准备金率是不同的，当准备金比率相同时就没有这种区分)。法定存款准备金有两种计算方式：①滞后准备金计算法，即本期需要的准备金数额是按照过去某一时期的存款水平来计算；②本期准备金计算法，即以即期的存款水平为基础来计算。

10．资本充足性管理(capital adequacy management)

答：资本充足性管理是指银行应当确定保有的资本规模，并获取所需要的资本。银行进行资本充足性管理的原因有三：①银行资本可以预防银行破产；②资本的规模影响银行所有者(股东)的回报；③监管当局对银行资本的最低规模也做出了要求(银行资本金要求)。资本充足性管理是目前国际上通行的以资本总量约束金融企业风险资产扩张的监管办法，对维护银行体系稳健运行、促进金融市场公平竞争、保护存款人利益具有重要作用，也可以达到正向激励金融企业的作用。

11．缺口分析(gap analysis)

答：缺口分析是指将金融机构(尤其是商业银行)的资产与负债在利率与期限上的特点联系起来进行利差分析的一种方法。根据有关资产和负债的利率特点，银行的资产、负债可以按缺口分析的要求分为三种类型：①利率、期限对应的资产与负债，即具有一定的或固定的利差，资产和负债期限相等；②可变利率的资产和负债，是指在市场利率发生变化时，收益率或利率会随之发生变化的资产和负债，如变动利率的定期贷款和借入联邦基金，又称“利率敏感型资产”；③固定利率的资产与负债，指在一个较长的时期内，有相对固定不变利率的那部分资产和负债。在缺口分析中，第一部分资产与负债非主要内容，关键是利用第二部分和第三部分的资产与负债，针对其中固定利率的资产与负债之间数量上存在的“差额”，即缺口，并运用固定利率负债来支持变动利率资产，通过不断调整缺口的大小，来适应经济发展周期性变化所引致的利率周期性变动，进而规避因利率变动造成的损失，从中实现较高收益。缺口分析可表明，由于利率分类而引致的某一部分资产与负债在量上的不平衡，导致了一部分固定利率的负债支持一部分变动利率的资产，在利率上升时期，缺口扩大会给银行带来一笔可观的利润；相反，在利率下降时期，同样大的差额会给银行带来损失，其原因是银行吸收“固定利率”负债的成本相对不变，而变动利率的资产所得收益率却随着市场利率的波动而上升或下降。缺口分析是商业银行资产负债管理的一种基本分析方法。

12. 法定准备金制度(reserve requirements)

答: 法定准备金制度是指商业银行吸收的存款总额必须按一定的比例以现金的方式保留起来，以作为储户提取存款的准备金。这一比例是由中央银行依法规定的，故被称为法定准备率。该制度是在美联储体制下建立起来的一般性货币政策工具。

13. 补偿余额(compensating balances)

答: 补偿余额又称补偿性余额，是指银行在发放工商业贷款时所要求的一种特殊的抵押。在这种安排下，取得贷款的企业必须在其银行支票存款账户上保留某一最低规模的资金(补偿余额)。当企业违约时，银行可用这些补偿余额来弥补部分贷款损失。除了发挥抵押功能之外，补偿余额还将提高贷款偿还的可能性，因为它有助于银行对借款人的行为进行监控，从而降低借款人的道德风险。特别是，要求借款者使用其在该发放贷款的银行的支票账户，这家银行就可以观察企业的支付活动，由此可以得到大量有关借款者财务状况的信息。对银行来说，借款者支付过程的任何重要变化都提供了一个信号，可以从中分析并做出决策。所以，补偿余额安排使得银行能更容易地对借款者进行有效监控，因而它是信用风险管理的重要工具。

14. 利率风险(interest rate risk)

答: 利率风险是指由于利率变动引起银行的收入和成本变动的风险。巴塞尔委员会在1997年9月发布的《利率风险管理原则》中，将利率风险界定为利率变化对银行的财务状况造成的影响。狭义上利率风险仅指由利率波动造成的损失，即由利率变动导致商业银行的实际收益低于预期收益或实际成本高于预期成本，以及因银行价值的下降导致商业银行遭受损失。商业银行面临的利率风险基本上可以归纳为四种类型：①资产与负债期限上和数量上的非配比性形成的资产与负债的差额风险；②利率变动导致利息收入和融资成本不同步变化而形成的基差风险；③客户提前归还贷款本息和提前支取存款使银行面临的潜在选择权风险；④收益曲线形状和斜率的变动引起的收益曲线风险。

15. 准备金(reserves)

答: 准备金是商业银行库存的现金按比例存放在中央银行的存款，包括法定准备金和超额准备金两种。法定准备金是按照中央银行的要求，基于各类存款的规模按照一定比例保留的准备金，这部分准备金存放在中央银行。同时，银行还主动多保留一部分现金，包括存在中央银行的超额准备金部分，方便进行同业间的资金结算；此外，还有一部分自留超额准备金，用以应付日常顾客的提款和结算要求。

16. 信贷配给(credit rationing)

答: 信贷配给是指借款人愿意支付规定利率，甚至更高利率，贷款人也不愿意发放贷款或将贷款数额严格控制在贷款申请额度内的现象。信贷配给有两种形式：①银行停止发放贷款，即使借款人愿意支付较高的利率；②银行愿意发放贷款，但在额度上只满足贷款人的部分需求。银行之所以会拒绝发放高利率收益的贷款，是因为银行发现，那些愿意以高利率借款的人，大多是投资于高风险项目，银行不愿意发放此类贷款是因为投资风险太大，如果投资失败，银行将遭受巨大损失，银行宁愿不发放任何高利率贷款而进行信用配给。银行从事第二种信贷配给是为了防范道德风险，因为贷款规模越大，借款人越有动力从事高风险活动，而小额借款者大都能偿还贷款，因而银行会通过在客户的借款要求中减少一部分的方式来进行信贷配给。

17. 负债管理(liability management)

答：负债管理是20世纪60年代出现的一种新的、进取性很强的商业银行经营管理方法。和资产管理中把资金来源视作固定、资产业务被动地根据负债进行调整不同，负债管理认识到可以通过竞争吸引活期存款、定期存款和储蓄存款，并同时可向联邦资金市场或欧洲货币市场去主动吸收资金，在资金供应缺乏利率弹性时，甚至把向联邦储备体系(或美联储)的借款看作是资金来源。进入20世纪60年代，由于Q条例的利率上限规定，高通货膨胀所引致的高利率使银行资金大量流失(即所谓“脱媒”现象的出现)，银行开始发行高利率存单(大额可转让存单)吸收资金，其利率高于定期和储蓄存款利率，但当时银行对这种资金来源无准备金要求，使得这种方式吸收来的资金成本较低。1953年以后，银行又被允许扩大使用联邦资金市场、回购协定和欧洲美元以作为资金来源，银行控股企业则通过发行不受利率限制的商业票据吸收资金。负债管理认为银行可以操纵资金来源，借此银行得以扩大资金来源和增加利润。但不可否认，这种状况同时加大了商业银行的经营风险。

18. 资产回报率(ROA)(return on assets，ROA)

答：资产回报率也称资产净利率，是用来衡量利用每单位资产创造多少净利润的指标。其计算公式为：ROA =(税后净利润/总资产)×100%，是反映资产总体盈利水平的主要指标。在总资产中，包括盈利资产和非盈利资产；在净利润中，包括存贷规模、利差、管理费用、税收等因素。因此，这一指标可以比较全面地反映银行的经营能力。资产回报率越高，说明资产利用的效率越高，反之则相反。

19. 信用风险(credit risk)

答：信用风险亦称“违约风险”，是指银行由于借款人不能或不愿意偿还贷款而遭受损失的可能性。信用风险来自借款人，伴随着信用关系而产生，通常与借款人的收入水平、年龄和家庭状况有关。为避免信用风险，银行在决定贷款时需要精准掌握企业的风险状况来确定具体的贷款政策。

20. 流动性管理(liquidity management)

答：流动性管理是指保持足够的流动性资产来履行银行向储户进行支付的义务。流动性是指银行满足存款人提取现金、到期支付债务和借款人正常贷款的能力。流动性资产包括现金、超额准备金、一个月内到期的债券投资等。

21. 股本回报率(ROE)(return on equity，ROE)

答：股本回报率也称股东权益收益率、净资产收益率，是在投资者和资深管理者中，普遍应用的最重要的业绩评价尺度之一。其计算公式为：ROE =(净利润/平均股东权益)×100%。该指标是银行股东最关心的指标，也是反映银行经营管理能力的最重要指标。它除了反映资产回报率的内容之外，还反映了通过既定资本运行多大的资产的规模的问题，体现了经营的效率。

22. 存款外流(deposit outflows)

答：存款外流是指由于存款人提款或要求支付而引起的存款减少。银行应付存款外流的方法有：①向其他银行借款，或是从企业借款；②出售证券；③向中央银行借款；④减少贷款。减少贷款是银行在面临存款外流时为获取流动性所采取的成本最高的方法。

23. 贷款承诺(loan commitments)

答：贷款承诺是表外业务的一种。在这种方式下，银行将在有效承诺期内，按照双方约定的金额、利率，随时准备应客户的要求满足其资金需求，并收取一定的承诺佣金。这是一种正式契约，对银行具有法律约束力。对承诺银行而言，贷款承诺为其提供了较高的盈利性。贷款承诺的类型有定期贷款承诺、备用贷款承诺和循环贷款承诺。对借款人而言，在支付承诺费以后，获得贷款承诺保证后，借款人可以根据自身的经营情况，灵活高效地使用资金，有了较大的灵活性。另外，借款人在需要时可通过贷款承诺获得一定的资金来源，从而在直接融资市场上处于十分有利的地位。贷款承诺的定价是指承诺佣金的确定，贷款承诺定价的核心是佣金费率的确定。

24. 二级准备金(secondary reserves)

答：二级准备金又称为二级储备，是银行准备金的一种，用于保持银行资产的流动性，主要包括短期国债、商业票据、银行承兑票据及同业短期拆借等流动性较强的资产。二级准备金的特点是能够迅速在市场上出售并进行贴现，或者能够立即收回，因而流动性很强，仅次于一级储备。同时，通过持有这些资产，商业银行还可以获得一定的收益，比一级储备的盈利性更好。这样，除了一级储备之外，还有二级储备可以随时应付流动性需要，商业银行的正常经营便有了更高的保障。

25. 贴现贷款(discount loans)

答：贴现贷款，是指借款人在急需资金时，以未到期的商业票据向银行融通资金，取得扣除贴现利息后的资金的一种贷款方式。通过这种贴现方式，银行直接贷款给持票人，同时间接支持了付款人，贷款的偿还保证依赖于付款人到期时能够足额付款。

26. 贷款出售(loan sale)

答：贷款出售，也称“二次参与贷款”，是指银行等金融机构将某笔贷款部分或全部现金流出售给第三方，从而将这笔贷款转移到银行资产负债表之外，改善银行流动性的一种合约安排。通过贷款出售，银行不仅可以减少风险资产的比例，提高资产的流动性，还可以通过提供“售后服务”(如为贷款购买者收取本息，监督借款单位的财务状况等)取得一定的收入。贷款的购买者一般保留对出售银行的追索权，即当借款人违约时，可以向出售银行进行追索；但是根据买卖双方的协议，贷款销售也可以采取买断的形式，在这种形式下，当借款人违约时，贷款购买者无权向出售银行追索。

27. T 账户(T-account)

答：T 账户是一个简化的资产负债表，其形式像一个 T，它只是列出了资产负债表中发生变动的部分，金额记入其左方时称为“借记”该账户，记入其右方则为“贷记”该账户。用这种账户可以简化分析资产负债表的变动。

28. 贴现率(discount rate)

答：贴现率亦称“贴现利率”，是指贴现利息与贴现的票据面额之间的比率，即银行接受商业票据、国库券等贴现时，对贴现申请人扣除贴现利息时所依据的利率。贴现利息按贴现票据的金额及贴现利率和贴现时间计算，具体计算公式：贴现率 =(贴现利息/票据面额)×100%；贴现利息 = 票据面额 × 月贴现率 × 未到期天数 ×(1/30)；贴现金额 = 票据面额 – 贴现利息。

29. 货币中心银行(money center banks)

答：货币中心银行是指地处大型金融中心(如纽约、芝加哥和旧金山)的银行。与其他银行相比，这些银行规模巨大，能够进行全球化的经营，主要从国内和国际货币市场筹集资金，很少依赖存款银行，如花旗银行、J. P. 摩根大通银行和美国银行。

30. 库存现金(vault cash)

答：库存现金是指商业银行保存在金库中的现钞和硬币。库存现金的主要作用是银行用来应付客户提现和银行本身的日常零星开支。因此，任何一家营业性的银行机构，为了保证对客户的支付，都必须保留一定数量的现金，否则银行容易出现违约而影响自身信誉。但是，由于库存现金不具有盈利性，而且保留库存现金还需要大量的成本，因此，从经营的角度讲，库存现金不宜保存太多。库存现金的经营原则就是保持适度规模。

二、思考题

1. 为什么银行宁愿以较高利率向其他银行借款，也不愿意向美联储借款？

答：如果该银行过于频繁地向美联储借款，美联储就会对其将来的借款能力进行限制。此外，如果该银行能使用借款产生更高的收益，那么，以高于美联储的利率借款也是合适的。

2. 将下列银行资产按照流动性从大到小排列：a. 商业贷款。b. 证券。c. 准备金。d. 实物资本。

答：流动性大小依次为 c、b、a、d。

3. 你名下银行的资产负债表如下表所示：

资　产		负　债	
准备金	7500 万美元	存款	50000 万美元
贷款	52500 万美元	银行资本	10000 万美元

如果银行发生 5000 万美元存款外流，假定法定准备金率为 10%，你应当采取什么行动？

答：5000万美元存款外流意味着准备金减少了5000万美元，下降到2500万美元。由于银行应当持有(50000－5000)×10%＝4500万美元的存款准备金，银行需要再获得2000万美元(4500－2500)的准备金。可以通过以下途径获得所需的准备金：

①收回或向其他银行出售2000万美元的贷款。

②向美联储借入2000万美元的贴现贷款。

③向其他银行或企业借款2000万美元。

④出售价值2000万美元的债券。

⑤同时采用上述4种方法中的多种，进行组合。

4. 如果发生5000万美元存款外流，银行会希望最初的资产负债表如第3题还是如下表？为什么？

资产		负债	
准备金	10000万美元	存款	50000万美元
贷款	50000万美元	银行资本	10000万美元

答：银行更愿意有本题所示的资产负债表。银行虽然存款外流5000万美元，但仍然拥有500万美元的超额准备金：准备金剩余5000万美元，法定准备金(即4.5亿美元存款的10%)只要求4500万美元。因此，银行不必进一步调整其资产负债表且存款外流并不增加任何成本。相反，在问题3的资产负债表中，该银行的准备金将短缺2000万美元(2500万美元的准备金减4500万美元的法定准备金)。在这种情况下，当银行通过教材介绍的方式筹集必要的准备金时其费用将增加。

5. 如果经济中没有像样的贷款机会，而且中央银行对准备金支付的利率与其他低风险投资相似，你认为银行会愿意持有大量超额准备金吗？

答：由于存放在中央银行的超额准备金相比其他低风险投资的风险会更低，而获得的收益率相似，因此，银行会愿意持有大量超额准备金。这正是2007年全球金融危机爆发时发生的事情。美联储在2008年9月宣布将支付准备金利息(IOR)，银行就愿意持有更多的超额准备金。尽管IOR非常低，但它与其他非常低的安全投资利率(如国库券)相当。

6. 如果你名下的银行没有超额准备金，这时，一位资金充裕的客户来申请贷款，你是否应当以没有超额准备金放贷为由直接回绝客户？为什么？有哪些办法能让你为客户提供其所需资金？

答：不应该直接回绝客户的贷款请求。当摒弃某一客户后，可能永远失去该客户的业务，这样做的成本很高。为了向客户发放贷款，可以向其他银行、企业或中央银行筹措资金。此外还可以通过出售可转让存单或某些证券来筹措必需的资金。

7. 如果一家银行发现股本回报率过低，原因是银行资本规模过大，它可以怎样做以提高股本回报率？

答：为了降低资本规模和提高股本回报率(ROE)，在保持资产不变时，该行可以支付更多的红利或者回购部分股份来降低所有者权益。此外，它可以保持资本不变，但是通过其他渠道获取资金来增加总资产，然后利用这些资金来从事发放贷款和购买债券等活动。

8. 如果银行缺少 100 万美元来满足法定准备金要求，它可以做哪三件事来解决这个问题？

答：银行可以通过以下三件事来解决该问题：①通过发行新股可筹集 100 万美元的资本金；②通过减少分红 100 万美元使留存收益增加 100 万美元；③减少所持资产的数量，使资本相对于资产的数量增加，从而达到资本充足率的要求。

9. 为什么股份持有者更关注 ROE，而非 ROA？

答：因为 ROE 是股权回报率，能够告诉股东他们在股权投资中获得了多少收益，而资产回报率 ROA 只能说明银行利用资产获利的状况。

10. 如果某家银行的资本金增加一倍，ROA 保持不变，ROE 会如何变化？

答：ROE 将会下降一半。根据 ROE = ROA × EM，股本乘数是资产总额相当于股东权益的倍数，在资产回报率给定的情况下，银行资本金增加一倍，股本乘数下降至原来的一半，则 ROE 将会下降一半，反之亦然。

11. 当银行决定扩大资本金规模时，银行的收益和成本是什么？

答：银行扩大资本金规模会带来的收益是银行有更大的资本进行缓冲，在贷款或其他资产有损失时破产可能性降低。银行扩大资本金规模会带来的成本是在资产回报率相同时，股权回报率较低，利用股权获利的效率下降。

12. 为什么银行家需要具有包打听的特征？

答：对银行家而言，为了减少逆向选择，他必须从预期借款者那里获得尽可能多的信息，以便筛选出风险较小的贷款。类似地，为了使道德风险最小，他必须连续地监控借款者以确保他们遵守限制性契约。因此，银行家爱追问是有利可图的。

13. 某银行总是坚持其放贷企业在银行保有补偿余额，为什么？

答：补偿余额可视为抵押品，此外也有助于建立长期客户关系，使银行更容易收集申请借款的借款人的有关信息，减少逆向选择问题的发生。补偿余额有助于银行监管借款企业的活动，从而可以避免企业承担过多的风险(因为这将损害银行的利益)。

14. 如果银行行长告诉你，他的银行经营状况非常好，从来没有因为存款外流而不得不收回贷款、出售证券或者向外借款，你是否愿意买这家银行的股票？为什么？

答：不会。因为这家银行行长不会管理银行。银行从未因为存款外流而产生费用，这意味着银行持有大量不生息的准备金。从而该银行的利润很低，不愿意买该银行的股票。

15. “因为多样化是避免风险的可取策略，所以银行专门发放特定类型的贷款从来不是明智的。”这种表述正确、错误还是不确定？解释你的答案。

答：错误。尽管多样化是银行值得追求的战略，但是从事专业化贷款也很有意义。例如，银行可能会在某一方面的贷款中形成筛选和监控的专门技术，从而减少逆向选择和道德风险。

16. 如果你是一个银行家，预计未来利率会上升，那么你更愿意发放长期贷款还是短期贷款?

答：更愿意发放短期贷款。当这些贷款到期时，可以收回资金并发放高利率的新贷款，这将为银行创造更多的收入。

17. "银行经理永远应当追求可能的最高资产回报率"，这种表述正确、错误还是不确定? 解释你的答案。

答：错误。因为银行经理在决定持有资产时必须同时考虑风险以及预期回报。如果一项资产的风险很高，即使它有比其他资产更高的回报率，银行经理可能也不想持有它。

18. 2010 年 7 月以后，使用借记卡的银行客户需要明确地选择加入银行的透支保护计划。解释该监管要求对银行非利息收入的影响。

答：在这项规定之前，客户会被自动加入银行的透支保护计划。这意味着即使资金不足，借记卡交易也将被批准。然而，这一交易产生了银行费用，许多客户支付的费用超过了交易的价值，从而产生了银行的非利息收入。在这项规定之后，客户必须自己明确选择加入透支保护计划，由于很多客户没有选择加入，非利息收入受到了负面影响。

三、应用题

19. 利用本章给出的第一国民银行和第二国民银行的 T 账户来说明会发生什么：假定简·布朗对其在第一国民银行的账户签发 50 美元支票，付给她的朋友乔·格林，后者将支票存入自己在第二国民银行的账户。

答：两个银行的 T 账户变化如下：

第一国民银行

资产		负债	
准备金	-50 美元	支票存款	-50 美元

第二国民银行

资产		负债	
准备金	50 美元	支票存款	50 美元

20. 如果有人从第一国民银行提取 1000 美元现金，另一个人存入 500 美元现金，第一国民银行的准备金会怎样变化? 用 T 账户来解释你的答案。

答：准备金减少 500 美元。第一国民银行的 T 账户如下所示：

第一国民银行

资产		负债	
准备金	-500 美元	支票存款	-500 美元

21. 安格斯银行遵守法定准备金率要求，但不持有超额准备金。法定准备金率为 9%，准备金目前是 2700 万美元。存款金额是多少? 500 万美元存款外流造成的准备金缺口是多

少？如果安格斯银行在联邦基金市场借款（假定联邦基金利率为 0.25%），那么准备金缺口的成本是多少？

答：存款金额 = 2700/9% = 30000 万美元。

500 万美元存款外流造成的准备金缺口 = (2700 − 500) − (30000 − 500) × 9% = −455 万美元。

准备金缺口的成本 = 455 × 0.25% = 1.1375 万美元。

22．超额准备金对存款外流发挥保险的作用。假定按年计算马尔科姆银行持有 1200 万美元超额准备金和 8800 万美元法定准备金。同时假定马尔科姆银行发放贷款可以赚取 3.5% 的利率，对（全部）准备金的利率支付为 0.2%。该保险措施的成本是多少？

答：该保险措施的成本 = 1200 × 3.5% − 1200 × 0.2% = 39.6 万美元。

23．维特里银行报告的股本乘数为 25，而百特威银行报告的股本乘数等于 14。哪家银行为应对巨额贷款损失准备得更好？

答：股本乘数的计算公式为：EM = 资产总额/股权资本，股本乘数体现负债程度，股本乘数越大，银行负债程度越高，应对巨额贷款损失的准备越差。百特威银行报告的股本乘数小于维特里银行报告的股本乘数，所以百特威银行为应对巨额贷款损失准备得更好。

24．假定你是某银行的经理，该银行 1000 亿美元资产的平均久期为 4 年，900 亿美元负债的平均久期为 6 年。对银行进行久期分析，说明如果利率上升 2 个百分点，则银行净值会如何变化。你能采取什么措施来降低银行的利率风险？

答：资产的价值下跌 80 亿美元[= 1000 × (− 2%) × 4]，负债的价值下跌 108 亿美元[= 900 × (− 2%) × 6]。由于负债价值比资产价值多下降 28 亿美元，故银行的净值增加 28 亿美元。通过调整利率敏感性资产和负债的规模和久期（将负债的久期缩短至 4 年或将资产的久期延长到 6 年），使得久期缺口为零，银行可以减少所面临的利率风险。另一种方法是参与利率互换，将从资产上获得的利息与久期为 6 年的其他银行资产的利息进行互换。

25．假定你是某银行的经理，该银行拥有 1500 万美元固定利率资产、3000 万美元利率敏感型资产、2500 万美元固定利率负债和 2000 万美元利率敏感型负债。对该银行进行缺口分析，说明当利率上升 5 个百分点时该银行利润的变化。你可以采取哪些措施来降低银行的利率风险？

答：缺口是利率敏感型资产减去利率敏感型负债的差额。本题中的缺口是 3000 − 2000 = 1000（万美元）。如果利率上升 5%，该银行的利润将增加 5% × 1000 = 50（万美元）。

可以通过把利率敏感型负债增加到 3000 万美元，或把利率敏感型资产减少到 2000 万元来消除利率风险。此外，也可以通过参与利率互换来减少利率风险，即以 1000 万美元的利率敏感型资产的利率来互换其他银行的 1000 万美元的固定利率资产的利率。

第 10 章　金融监管的经济学分析

10.1　复习笔记

【知识框架(庖丁解牛)】

- 金融监管的经济学分析
  - 政府安全网
  - 金融监管的类型
    - 资产持有限制
    - 资本金要求
    - 即时整改行动
    - 金融监管：注册与检查
    - 风险管理评估
    - 信息披露要求
    - 消费者保护
    - 对竞争的限制

【考点难点归纳(厚积薄发)】

考点一：政府安全网(见表 10－1)　★★★

表 10－1　政府安全网

<table>
<tr><th>要点</th><th colspan="4">具体内容</th></tr>
<tr><td>原因</td><td colspan="4">政府安全网存在的主要原因是解决金融中介机构为克服搭便车行为而产生的信息不对称问题，即金融交易各方所掌握的信息有差异。信息不对称在银行业中集中表现为储户对银行资产的质量信息掌握不充分，在经济受到冲击时可能导致银行业恐慌，造成挤兑，给经济带来严重、有害的后果。而政府设置安全网能够为储户提供保护，是稳定金融体系的有效制度安排</td></tr>
<tr><td rowspan="4">形式</td><td rowspan="3">存款保险制度</td><td>定义</td><td colspan="2">吸收存款的金融机构根据吸收存款数额和规定费率向存款保险机构投保，当存款机构破产或无法满足存款人取款需求时，由存款保险机构承担相应的责任，是一种对存款人利益提供保护、稳定金融体系的制度安排</td></tr>
<tr><td rowspan="2">破产银行的处理方式</td><td>偿付法</td><td>银行破产清算后，存款保险机构将在一定存款限额内为破产银行储户存款进行赔付。最高保险额因各国经济发展水平、居民储蓄状况和保险完善程度的不同而异</td></tr>
<tr><td>收购与接管法</td><td>存款保险机构给予收购人一定补贴促成收购人对破产银行和所有负债的收购和接管，并进行重组。由于该方法没有设定赔付限额，因此具有更高的成本</td></tr>
<tr><td>其他形式</td><td colspan="3">①中央银行提供贷款；
②政府直接提供资金；
③政府接管破产机构</td></tr>
</table>

续表

要点	具体内容	
缺陷	道德风险	①道德风险是政府安全网最严重的缺陷，银行存在过度冒险而使自己获利的动机，提升了赔付事件发生的概率。 ②在金融并购浪潮下，规模更大和业务更加复杂的金融集团诞生。由于大型金融机构的倒闭会引发金融体系的震荡，政府会保障其免于倒闭的预期将提升大机构的道德风险动机。 ③金融并购拓宽了政府安全网的保障范围，在银行外扩展至证券承销、保险和不动产等业务领域，加剧各业务活动的道德风险问题，削弱了金融体系的稳定性
	逆向选择	积极利用存款保险制度的银行，破产概率往往更大

拓展：各国实践中，关于存款保险机构的设置形式有以下几种途径：①由官方建立存款保险机构，如美国、英国、加拿大等；②由官方与银行界共同建立存款保险机构，如日本、比利时等；③在官方支持下，由银行同业合建存款保险机构，如德国、法国、荷兰等。

我国于2015年5月1日起依据《存款保险条例》正式实施存款保险制度，是全球第114个实行存款保险制度的国家。由中国人民银行出资设立存款保险基金管理有限责任公司，偿付上限为50万元人民币，能够涵盖99.70%的存款账户。

【例10.1】存款保险制度最早起源于（　　）。［中国人民大学2021年研］

A. 英国　　B. 德国　　C. 日本　　D. 美国

【解析】存款保险制度是指吸收存款的金融机构根据吸收存款数额和规定费率向存款保险机构投保，当存款机构破产或无法满足存款人取款需求时，由存款保险机构承担相应的责任，是一种对存款人利益提供保护、稳定金融体系的制度安排。存款保险制度最早起源于美国。

【答案】D

【例10.2】分析“大而不倒”政策有哪些利弊。［西南财经大学2014年研］

答：(1)“大而不倒”的定义

“大而不倒”是指金融机构规模、可代替性与系统关联性等因素具有重要性而不能任其倒闭，否则会引发系统性金融风险，对整个金融体系造成动荡和破坏。

(2)形成“大而不倒”政策的原因

大型金融机构由于规模大，所占市场份额大，囊括的金融服务种类多，如果任其无序倒闭，将对整个金融体系造成恶劣影响，容易引发系统性金融风险。所谓系统性金融风险，是指由金融体系整体或部分损害引起的，对实体经济具有潜在的严重消极影响的金融服务扰乱的风险。因此，当大型金融机构濒临倒闭时，各国政府出于防范系统性金融风险、维护金融体系稳定的考虑，大都采用中央银行再贷款或直接的财务救助等干预措施，对其加以特殊保护，从而形成“大而不倒”的现象。

(3)政策的利弊

①政策利端：

“大而不倒”有利于维护金融体系的稳定，避免了社会动乱，缓解了危机的蔓延，对于整个经济体系的平稳运行起到了至关重要的作用。

②政策弊端：

a. 大型金融机构知道其背后有中央银行充当最后贷款人，因此增加了其冒高风险的动机。

b. 由于存款人知道大型金融机构不会倒闭，因此也放松了外部监督，这间接地导致了金融机构的道德风险，而且如何判定一个金融机构是否在“大而不倒”的范围，并没有确定明确的标准。因此，对于某个已陷入绝境的金融机构是救或是不救，完全依赖于各国当局的自行判断。

考点二：金融监管的类型(见表 10－2)　★★★

表 10－2　金融监管的类型

<table>
<tr><th>类型</th><th colspan="3">具体内容</th></tr>
<tr><td>资产持有限制</td><td colspan="3">为了控制道德风险，对银行持有的资产加以限制，如不得持有普通股等风险资产、限制特定种类贷款或向单个借款人的贷款规模等</td></tr>
<tr><td rowspan="2">资本金要求</td><td>杠杆比率</td><td colspan="2">规定资本与银行总资产的比率必须超过最低要求</td></tr>
<tr><td>《巴塞尔协议》</td><td colspan="2">《巴塞尔协议》采纳以风险为基础的资本金要求，按照信用风险程度差异将资产分为四个类别，对应不同的风险权重。在《巴塞尔协议》中要求资本占风险加权资产的比重不低于 8%，同时考虑了表外业务的影响</td></tr>
<tr><td>即时整改行动</td><td colspan="3">对资本显著不足和严重不足的银行，存款保险机构应及早干预，并采取措施，如要求银行提交资本补充计划、限制资产增长速度等</td></tr>
<tr><td rowspan="2">金融监管：注册与检查</td><td>注册</td><td colspan="2">金融机构成立时需要经过注册，甄别逆向选择问题以筛选不符合要求的金融机构</td></tr>
<tr><td>检查</td><td colspan="2">金融机构成立后，要接受监管机构的经常性检查，如是否符合资本要求或持有资产的规定、是否抑制道德风险。一种常用评价方法是骆驼评级法，基于资本充足率、资产质量、管理、盈利、流动性、对市场风险的敏感度六个方面对银行进行全面监管</td></tr>
<tr><td rowspan="3">风险管理评估</td><td>风险管理评估因素</td><td colspan="2">金融创新环境下，应重点关注风险管理过程以控制风险，主要包括以下 4 个方面：①董事会和高级管理层的监督质量；②对有重大风险业务的限制和政策的有效性；③风险度量和监控系统的质量；④内部控制的有效性</td></tr>
<tr><td rowspan="2">利率风险评估方法</td><td>压力测试</td><td>计算极端情况下的潜在损失与资本补充需求</td></tr>
<tr><td>在险价值(VaR)</td><td>衡量在既定的概率水平下，某一交易组合在未来特定时期内的损失规模</td></tr>
<tr><td>信息披露要求</td><td colspan="3">要求金融机构向公众公开金融机构风险和资产组合质量的信息，以控制金融机构的道德风险，提高金融市场效率</td></tr>
<tr><td>消费者保护</td><td colspan="3">通过制定一系列法律法规保护处于信息劣势的消费者，帮助消费者获取信息保护自己。如对贷款者提出提供借款成本的真实信息、融资费用评价方法、快速处理投诉、禁止歧视借款人等要求</td></tr>
<tr><td rowspan="2">对竞争的限制</td><td>原因</td><td colspan="2">竞争会削弱金融机构的盈利能力，强化其冒险动机。因此要限制金融机构之间的竞争</td></tr>
<tr><td>效果</td><td colspan="2">限制竞争一定程度上维护了金融体系的健全，但也导致消费者成本增加、银行机构效率低下等后果</td></tr>
</table>

拓展：在正常的市场情况下，在险价值(VaR, Value at Risk)是非常有用的风险衡量工具。而在市场震荡期，压力测试和情景分析(假定某种现象或某种趋势将持续到未来的前提下，对预测对象可能出现的情况或引起的后果做出预测的方法)往往作为 VaR 的辅助工具来对市场风险进行分析。故金融监管者通常将压力测试和情景分析视为 VaR 的必要补充。

《巴塞尔协议》是世界各国银行监管中普遍采用的准则，代表着最先进的风险管理技术和监管理念。基于金融危机的教训，2010 年巴塞尔委员会发布《巴塞尔资本协议Ⅲ》，体现了微观与宏观审慎监管有机结合的监管新思维，按照资本监管和流动性监管并重、资本数量和质量同步提高、资本充足率与杠杆率并行、长期影响与短期效应统筹兼顾的总体要求，构建更加完善的银行业监管体系。

【例 10.3】巴塞尔协议对银行进行不同层次资本划分，划分的依据是(　　)。[中国人民大学 2018 年研]

A. 资本的收益性　B. 资本的永久性　C. 资本的公开性　D. 资本的可行性

【解析】《巴塞尔协议》规定把银行资本划分为核心资本和附属资本。核心资本是商业银行资本中最稳定、质量最高的部分，银行可以永久性占用，可以长期用来吸收银行在经营管理过程中所产生的损失，是银行资本的核心，包括股本和公开准备金；附属资本只是在有限时间内起到吸收损失的作用，包括未公开的准备金、资产重估准备金、普通准备金等。

【答案】B

【例 10.4】商业银行的资本充足率指(　　)。[厦门大学 2012 年研]

A. 资本和期限加权资产的比率　B. 资本和风险加权资产的比率

C. 资本和期限加权负债的比率　D. 资本和风险加权负债的比率

【解析】商业银行的资本充足率是指商业银行持有的符合相关规定的资本与商业银行风险加权资产之间的比率。

【答案】B

10.2 课后习题详解

一、关键术语

1. 银行破产(bank failure)

答：银行破产是指银行按照一定的程序停止经营、清理债权、清理债务、丧失民事权利能力和民事行为能力、丧失法人资格从而退出市场的过程。银行破产需要经过申请、受理、公告、和解和整顿、破产宣告、清算、注销登记和注销公告等阶段。在本书中指银行无法清偿对存款人及其他债权人的到期债务，从而破产的情况。

2. 金融监管(审慎监管)[financial supervision(prudential supervision)]

答：金融监管(审慎监管)亦称"金融风险监管"，它是指对金融机构防范和控制风险的能力和状况的监督和管理。金融机构(主要是指商业银行或"信贷机构")是经营货币、提供支付中介服务的特殊企业，是现代社会经济活动的神经中枢。同时，金融业风险相对集中，且具有传染性，个别金融机构的问题非常容易波及整个金融体系，破坏公众对金融体系的信心，进而引发社会性的金融危机。因此，金融机构的经营活动必须采取极为审慎的态度，国家对金融业也必须采取比一般工商企业更为严格、更为审慎的监管。这种审慎性，除了体现在对金融机构的市场准入比一般工商企业更为严格、要求的条件更高等方面，更主要地体现在对金融机构日常经营活动中“经营管理的审慎性”所实行的严格监管上。

3. 监管套利(regulatory arbitrage)

答：监管套利是指各种金融市场参与主体通过注册地转换、金融产品异地销售以及从事未列入该监管规则的经营项目等途径，从利用监管部门对于不同地区或不同项目的监管严格程度的差异，从而全部或者部分地规避监管、牟取超额利益的行为。

4. 银行恐慌(bank panic)

答：银行恐慌是指由于某种外在因素的冲击，短期资金的债权人突然大规模地从尚且具有清偿能力的银行中撤回资金，引起银行大规模倒闭的现象。存款者与银行之间信息不对称，存款者对银行资产质量信息缺乏了解等会导致银行恐慌的发生。银行恐慌使银行的间接融资活动减少，引起投资缩减和总体经济活动水平下降，对经济产生严重的不利影响。同时，银行大规模倒闭意味着存款者的利益受到损害。

5. 压力测试(stress testing)

答：压力测试是指在虚拟的极端场景下计算的金融机构潜在损失与资本补充需求。压力情景设计涵盖的风险类型应主要包括信用风险(含集中度风险、国别风险)、市场风险(含银行账簿利率风险)、流动性风险、操作风险等，并考虑不同风险之间的相互影响。

6.《巴塞尔协议》(Basel Accord)

答：《巴塞尔协议》是由巴塞尔银行管理和监督委员会(简称“巴塞尔委员会”)制定的关于国际间银行监管的协议。该委员会成立于1974年12月，由设在瑞士巴塞尔的国际清算银行发起，十国集团(美国、加拿大、法国、联邦德国、英国、意大利、荷兰、瑞典、比利时、日本)及瑞士、卢森堡的中央银行和银行监管当局的高级代表组成。1975年9月，第一个巴塞尔协议就是由该委员会签署的，即《对银行国外机构的监管原则》。该协议于1978年实施，1983年修订。该协议对海外银行监管责任进行了明确的分工，重点是监管现金流量和偿付能力。1988年7月，该委员会颁布了第二个巴塞尔协议，即《关于统一国际银行资本清算和资本标准的协议》。这是统一国际银行业资本充足率标准的国际监管条例。资本充足率是衡量商业银行自有资本金充足程度的比率。

由巴塞尔委员会公布的各种相关标准、原则和文件，已形成“巴塞尔协议体系”，成为各国银行普遍认可的准则。1999年6月，该委员会又提出了《新巴塞尔资本协议》草案；2001年1月，公布了该草案第二稿；2003年4月，公布了第三次征求意见稿。新协议草案的三大要素是资本充足率、监管部门监督检查和市场纪律，体现了银行业监管的发展趋势和方向，进一步强化了监管的标准和手段。

7. 杠杆比率(leverage ratio)

答：杠杆比率是指银行资本与总资产之比，美国银行所应用的杠杆比率也称为资本杠杆比率，用来衡量银行主要资本或核心资本账面价值占总资产账面价值的程度的指标。主要资本或核心资本定义为普通股权益账面价值、永久性累积特别股以及少数股权利益之总和。杠杆比率越低，代表银行杠杆程度越高，即一定量的资本能创造出更高倍的资产，银行资本的经营效率较高，但也反映了比较高的经营风险。

1991年美国《联邦存款保险公司改善法》(FDICIA)规定，银行资本充足程度依据杠杆比率划分为五级：当杠杆比率≥5%，表示资本充足；当杠杆比率≥4%，表示资本适当；当杠杆比率<4%，意味着资本不足；当杠杆比率<3%，意味着资本显著不足；当杠杆比率≤2%，意味着资本严重不足。

因此，杠杆比率简单明了地规定了银行持有的最低资本要达到银行资产的一定比例。一般资本化程度高的银行的杠杆比率必须高于5%，而杠杆比率低于3%的银行则将受到严格的监管限制。

8. “大而不倒”问题(too-big-to-fail problem)

答：“大而不倒”问题是指政府为最大的银行中未投保的大债权人的偿付提供担保，因而即使储户和债权人在名义上并不存在债权上的担保，他们也不会遭受损失的政策。“大而不倒”政策增加了大银行的道德风险动机，加大了这些机构过度冒险行为的可能性。

9. 巴塞尔银行监管委员会(Basel Committee on Banking Supervision)

答：巴塞尔银行监管委员会，原称银行法规与监管事务委员会，是银行监管领域最重要的国际组织，是制定银行监管标准的权威机构。它成立于1974年底，秘书处设在国际清算银行。

该委员会的主要宗旨在于交换各国的监管安排方面的信息、改善国际银行业务监管技术、建立资本充足率的最低标准及研究在其他领域确立标准的有效性。需要强调的是，委员会并不具备任何凌驾于国家之上的正式监管特权，其文件从不具备亦从未试图具备任何法律效力。不过，它制定了许多监管标准和指导原则，提倡最佳监管做法，期望各国采取措施，基于本国国情，通过具体的立法或其他安排予以实施。委员会鼓励采用共同的方法和共同的标准，但并不强求成员国在监管技术上的一致。

委员会的一项重要任务是堵塞国际监管中的漏洞，它遵循着两项基本原则：①没有任何境外银行机构可以逃避监管；②监管应当是充分的。另外，近年来，委员会把主要精力投入在资本充足性的研究之上。为了强化国际银行系统的稳定性，消除因各国对资本充足率要求不同而产生的不平等竞争，经十国集团中央银行行长理事会批准，委员会于1988年7月公布了著名的《巴塞尔资本协议》，其中提出了统一的风险加权式资本衡量标准，并规定最迟于1992年年底开始实施。此后，委员会又多次发布资本协议的补充及修正协议以完善该体系，逐步将结算风险和市场风险等纳入资本衡量系统。自1998年以来，这一协议不仅为各成员国所采用，而且实际上已为几乎所有拥有国际性银行的其他国家所采用。

10. 表外业务(off-balance-sheet activity)

答：表外业务是指商业银行从事的，按通行的会计准则不列入资产负债表内，不影响其资产负债总额，但能影响银行当期损益，改变银行资产报酬率的经营活动。表外业务有狭义与广义之分。狭义的表外业务是指那些未列入资产负债表，但同表内资产和负债业务关系密切，并在一定条件下会转变为表内资产或负债业务的经营活动，通常也被称为或有资产和或有负债，在会计报表的附注中予以揭示。广义的表外业务则除了包括狭义的表外业务，还包括结算、代理、咨询等无风险的经营活动，称作中间业务，所以广义的表外业务是指商业银行从事的所有不在资产负债表内反映的业务。

从现状来看，表外业务按其业务内容可分为承诺类业务、担保类业务、委托代理类业务、衍生金融工具类业务及咨询服务类业务。

11. 在险价值(value-at-risk，VaR)［厦门大学2024年研］

答：在险价值是指在既定的概率水平下，某一交易组合在未来特定时期内的最大的损失规模。金融机构利用在险价值(VaR)可以评估其风险敞口，并采取可行方法来降低风险。在正常的市场情况下，在险价值(VaR)是非常有用的风险衡量工具。

二、思考题

1. 为什么存款保险制度等政府安全网对于经济健康运转至关重要？

答：银行恐慌可能导致金融体系崩溃，使得所有银行无力偿债，并严重抑制投资和经济增长。政府安全网可以防止银行恐慌，缓解存款人对于银行系统稳健性的忧虑，有助于消除银行恐慌的传染效应。

2. 如果意外伤害保险公司提供的火灾保险没有任何限制，会引发哪类逆向选择和道德风险问题？

答：存在逆向选择，因为那些房屋存在火灾隐患并想要获得索赔的人总是试图投保大额保单。另外，购买火灾保险的人不会积极采取防火措施，因而也存在道德风险。

3. 你支持取消或限制存款保险金额吗？解释你的答案。

答：取消或限制存款保险的金额将有助于降低银行过度冒险的道德风险。但是这将使银行破产和发生金融恐慌的可能性增加，因而这可能并不是个好主意。

4. 对持有高风险资产的银行提高存款保险费率如何有利于经济？

答：道德风险减少有利于经济的发展。银行将尽量减少承担的风险，因为承担过度的风险将增加他们的存款保险费率，增加营运的成本。问题在于难以监测银行资产风险程度，因为在大多数情况下只有发放贷款的银行本身才了解贷款的实际风险。

5. "大而不倒"政策的成本和收益是什么？

答："大而不倒"政策的成本是增加了大银行道德风险的动机，因为大银行知道储户没有监督银行从事风险活动的动力。此外，这也是不公平的，它是对小银行的一种歧视。其收益是降低了银行恐慌的可能性。

6. 假定你在银行有30万美元存款。联邦存款保险公司经过慎重考虑，认为这家银行目前已经资不抵债。你希望联邦存款保险公司使用哪种方法？如果你有20万美元存款呢？

答：如果有30万美元存款，则希望联邦存款保险公司使用收购与接管法，使自己的损失得到全部补偿。如果有20万美元存款，则不会在意联邦存款保险公司会用什么方法来处理这家倒闭的银行。

7. 对于一个制度薄弱、腐败普遍且金融部门监管效率低下的国家，你是否建议其采取像美国联邦存款保险公司这样的存款保险体系？

答：不建议。制度薄弱、腐败普遍且金融部门监管效率低下时，存款保险体系会解决银行经营问题，但同时增加银行从事高风险贷款创造等道德风险行为的动机。减少高风险贷款的道德风险动机需要严格的金融监管。

8. 2008 年 10 月在全球金融危机最高潮时期，美国财政部强迫 9 家最大的美国银行接受资本注入，以不具有表决权的股份作为交换，即使其中一些银行并不需要资本而且也不愿意参加到这个计划之中。美国财政部这样做的理由可能是什么？

答：如果不需要资本的银行没有被迫接受资本，那么只有资金匮乏的银行才会接受必要的资本注入以避免破产。这可能会加速这些银行的破产，并对金融系统的其他部分造成不利影响，使所有银行受损。通过强迫所有银行接受资本，减少了向最弱的银行投资者和存款人发送不必要的不利信号。

9. 表外业务对银行监管当局提出了什么特殊问题？监管当局是如何解决的？

答：表外业务是商业银行从事的所有不在资产负债表内反映的业务。由于表外业务没有出现在银行的资产负债表上，因此不能通过简单的银行资本金要求（以银行资产为基础，如杠杆率）来监管。银行监管当局通过实施额外的基于风险的银行资本要求来处理这个问题，强制银行为不同风险的表外业务预留额外的银行资本。

10. 《巴塞尔协议》和《巴塞尔协议Ⅱ》有哪些局限性？《巴塞尔协议Ⅲ》为克服这些局限性，做了什么努力？

答：《巴塞尔协议》考虑到资本风险，但在实践中，风险权重可能与银行面临的实际风险大不相同。

《巴塞尔协议Ⅱ》是为了弥补这一不足而制定的，但这一目标使协议的复杂程度大大提高，而且各国在审批和执行这些条款时都有明显的拖延。更具体地说，《巴塞尔协议Ⅱ》并不要求银行持有足够的资本来应对金融危机，其风险权重取决于信用评级，但在 2008 年的金融危机中信用评级被证明是极不可靠的。此外，《巴塞尔协议Ⅱ》具有显著的顺周期性的资本要求，在经济环境不好时要求银行保持较高的资本金，进一步恶化了信用循环。此外，《巴塞尔协议Ⅱ》没有充分关注流动性的需要，而这在金融危机期间是尤为重要的。

《巴塞尔协议Ⅲ》试图通过提高资本数量要求和提高所持有的资本质量来解决这些问题，降低资本要求的顺周期性，规定了信用评级应用的新规则，并要求金融机构拥有更稳定的资金以增加流动性。

11. 银行注册是如何减少逆向选择问题的？是否总能有效？

答：银行注册通过审查新银行的计划书来对其进行筛选，防止风险偏好的企业家和骗子经营银行，从而减少逆向选择问题。但这种监管不一定有效，因为风险偏好的企业家和骗子有动机隐藏自己的真实偏好，从而可能通过注册过程。

12. 为什么银行监管的重点会从资本金要求逐步转向风险管理呢？

答：随着新的金融工具的出现，原本能够稳健运行的银行在特定时间点可能会因为这些工具的风险交易而非常迅速地陷入破产。因此，仅仅关注资本金可能无法有效地显示银行是否将在不久的将来面临破产风险。因此，为了确保银行不会承担未来银行倒闭的过度风险，银行监管机构更注重银行的风险管理程序。

13. 假定在一些并购活动之后，美国全部存款的70%都由一家银行持有。你觉得这家银行会被认为"大而不倒"吗？这对你理解正在进行的金融并购进程与政府安全网有什么启发？

答：这家银行会被认为"大而不倒"。如果只有一家银行拥有全美70%的存款，假如这家银行倒闭，那将是一场金融灾难。联邦存款保险公司和其他主管部门会尽一切努力防止这家银行破产。然而，随着银行不断合并(其结果是银行数量减少，但规模增加)，这正是监管者未来不得不面对的问题。处理大型金融机构的问题以及它们的倒闭对经济造成的潜在负面影响，是当前和未来金融监管面临的真正挑战。

14. 假定环球银行拥有1亿美元资产，构成如下：

法定准备金	**1000 万美元**
超额准备金	**500 万美元**
抵押贷款	**2000 万美元**
公司债券	**1500 万美元**
股票	**2500 万美元**
商品	**2500 万美元**

你认为环球银行持有股票、公司债券和商品等资产是否合适？为什么？

答：不太合适。因为这些资产的风险相对较高，银行资产的价值会存在巨大波动。这可能导致其资产价值的大幅度下降，使其无力偿债。正是由于这个原因，政府对金融机构可持有资产的类型和数量进行了限制。

15. 为什么金融市场更具竞争性可能是个坏主意？对竞争的限制会是更好的办法吗？为什么？

答：随着金融市场竞争的加剧，大量企业利润降低，这促使一些金融企业为获取更多利润而承担更高风险。虽然对竞争的限制会降低金融企业承担风险的动机，但此举也存在不足。竞争的减少会导致消费者承担更高的成本，以及银行机构的效率降低。

16. 消费者保护监管可能以什么方式对金融中介机构的利润产生负面影响？你能说出此类监管对利润的一种正面效应吗？

答：一般来说，消费者保护监管确保所有相关信息都向潜在借款人披露(包括贷款成本和贷款情况)，并禁止歧视贷款人。对于金融中介机构来说，遵守这些规定可能会带来高昂的成本(包括信息披露和失去机会，例如，如果它们只向更富有的潜在借款人放贷)，从而对它们的利润产生负面影响。然而，通过披露信息和禁止歧视，金融中介机构可能会吸引更多的潜在客户，这些客户将有公平的机会获得贷款。

三、应用题

17. 考虑一家破产银行。如果联邦存款保险公司使用偿付法，在给定典型回收率下，35 万美元存款现在对存款人来说价值多少？如果采取收购与接管法，同一笔存款对存款人的价值又是多少？哪种方法对纳税人而言成本更高？

答：在偿付法下，大额存款支付高达 1 美元偿付 0.9 美元，在这种情况下 350000 美元的存款价值约为 250000 + 100000 × 0.90 = 340000（美元）。

若采取收购和接管的方法，银行被完全接管，存款价值不变。

收购和接管的方法赔付额更多，因此收购和接管的方法要比偿付法的成本高。

18. 某银行的资产负债表如下表所示：

资产		负债	
法定准备金	1700 万美元	支票存款	205000 万美元
超额准备金	300 万美元	银行资本	1000 万美元
市政债券	6500 万美元		
住房抵押贷款	7000 万美元		
商业贷款	6000 万美元		

根据最初的《巴塞尔协议》，计算银行的风险加权资产。

答：根据银行的风险加权资产计算方式：准备金和国库券具有零权重；市政债券和住房抵押贷款的风险权重为 50%；商业贷款占 100% 的权重。

总风险加权资产 = (6500 + 7000) × 50% + 6000 × 100% = 12750 万美元。

第 19 ~ 21 题与旧帽子金融的一系列交易有关。

19. 旧帽子金融开业当天的资本金为 900 万美元。总共收到 13000 万美元支票存款。银行发放了 2500 万美元商业贷款和 5000 万美元抵押贷款。其中抵押贷款的贷款条件为：200 笔标准化的 30 年期固定利率抵押贷款，名义年利率为 5.25%，每笔 25 万美元。假定法定准备金率为 8%。

a. 该银行的资产负债表是怎样的？

b. 该银行的资本金是否充足？

c. 计算旧帽子金融开业一天后的风险加权资产和风险加权资本比率。

答：a. 资产负债表如下表所示：

资产		负债	
法定准备金	1040 万美元	支票存款	13000 万美元
超额准备金	5360 万美元	银行资本	900 万美元
商业贷款	2500 万美元		
抵押贷款	5000 万美元		

b. 该银行资本金充足，资本比率为 900/13900 = 6.47%。

c. 计算风险加权资产时，准备金的权重为零，住宅抵押贷款占50%的权重；商业贷款占100%的权重。因此风险加权资产 = 5000 × 50% + 2500 × 100% = 5000(万美元)。

该银行的风险加权资本比率 = 银行资本/风险加权资产 = 900/5000 = 18%。

20. 第二天一早，该银行用5000万美元超额准备金发放了商业贷款。当天晚些时候，坏消息打击了抵押贷款市场，抵押贷款利率跳升到13%，意味着旧帽子金融当前持有的抵押贷款每笔现值变为124798美元。银行监管机构强迫旧帽子金融卖出抵押贷款以确认其公平市场价值。旧帽子金融的资产负债表现在是什么样的？这些事件会如何影响其资本头寸？

答：每一笔抵押贷款的出售将会被如下记录：

借记		贷记	
现金	124798 美元	抵押贷款	250000 美元
损失	125202 美元		

出售完成之后，该银行的资产负债表为：

资产		负债	
法定准备金	1040 万美元	支票存款	13000 万美元
超额准备金	2860 万美元	银行资本	-1600 万美元
贷款	7500 万美元		

现在，银行的真实状态是资不抵债，处境比较危险。

21. 为避免破产，监管机构决定向该银行提供2500万美元银行资本。然而，当地报纸刊发了关于抵押贷款坏消息的标题文章，引起了银行挤兑。结果，3000万美元存款被提取。说明资本注入和银行挤兑对资产负债表的影响。资本注入是否足以使银行稳定下来？如果监管机构认为银行需要10%的资本比率才能防范未来挤兑，还需要额外注入多少资本才能满足10%的资本比率要求？

答：资本注入对银行经营的影响如下表所示：

资产		负债	
法定准备金	800 万美元	支票存款	10000 万美元
超额准备金	2600 万美元	银行资本	900 万美元
贷款	7500 万美元		

银行现在的资本比率 = 银行资本/银行资产 = 900/10900 = 8.3%，资本状况良好。

随着银行的运行，支票存款下降到1亿美元。为了使银行资本比率为10%，设银行资本所需的资本水平为BC，则有：BC/(10000 + BC) = 10%，解得：BC = 1110(万美元)。因此，监管机构将需要额外注入210万美元。

第11章　银行业：结构与竞争

11.1　复习笔记

【知识框架(庖丁解牛)】

银行业：结构与竞争
- 金融创新与影子银行体系
- 美国银行业结构及历史沿革
- 国际银行业务

【考点难点归纳(厚积薄发)】

考点一：金融创新与影子银行体系　★★★★

1. 金融创新(见表11－1)

表11－1　金融创新

<table>
<tr><th>要点</th><th colspan="3">具体内容</th></tr>
<tr><td>原因</td><td colspan="3">金融环境的变化促使金融机构进行金融创新。新的产品和服务的研发过程被称为金融工程</td></tr>
<tr><td rowspan="4">类型</td><td rowspan="2">适应需求变化的金融创新</td><td>原因</td><td>利率波动性的增强加剧了利率风险，从而增加了对控制利率风险的金融产品和服务的需求</td></tr>
<tr><td>产品</td><td>①可变利率抵押贷款。贷款利率通常在贷款期限内钉住基准利率而浮动(如国库券利率)。
②金融衍生工具。开发债务工具的期货和期权交易市场，对冲利率风险</td></tr>
<tr><td rowspan="2">适应供给变化的金融创新</td><td>原因</td><td>计算机和通信技术的发展通过降低金融交易的成本、方便投资者获取信息途径促进金融创新</td></tr>
<tr><td>产品</td><td>①信用卡和借记卡。
②电子银行业务。ATM为电子银行业务的重要形式，为客户提供便利，降低银行交易成本，扩大银行服务的覆盖范围。随着通信成本的降低和电脑移动设备的普及，自动银行机与虚拟银行相继出现。
③商业票据及垃圾债券市场的兴起。信息技术的发展为投资者获取企业财务信息、进行甄别提供便利，故投资者愿意购买信用评级在Baa级以下的垃圾债券及企业商业票据等短期债务证券。
④证券化。证券化是将众多不具有流动性的金融资产打包，转化为可流通的资本市场证券的过程。由于信息技术的发展，计算机能够对复杂金融工具的违约风险进行评估，故能够对证券化产品进行定价</td></tr>
</table>

续表

<table>
<tr><th>要点</th><th colspan="3">具体内容</th></tr>
<tr><td rowspan="2">类型</td><td rowspan="2">规避现行监管的金融创新</td><td>原因</td><td>①法定准备金制度。由于法定准备金具有机会成本，事实是对存款征税，银行有动机通过规避准备金制度增加利润。
②存款利息支付的限制。美联储《Q 条例》对定期存款利率设置上限，为避免“脱媒”，银行具有规避存款利率上限以吸引存款的动机</td></tr>
<tr><td>产品</td><td>①货币市场共同基金。货币市场共同基金以基金形式投资于短期货币市场，其性质相当于能够赚取利息的支票账户存款，但不必缴纳法定准备金，也不受利息支付的限制，因此其利率高于银行存款；
②流动账户。每个工作日结束，预留一部分余额后将企业支票账户资金投资于隔夜证券，以在不缴纳法定准备金的情形下向企业支付利息</td></tr>
<tr><td rowspan="2">金融创新导致传统银行业衰落</td><td>衰落原因</td><td colspan="2">①银行获取资金的成本上升，成本优势被削弱；
②银行贷款业务被金融创新产品挤压，市场份额减少，收入优势被削弱</td></tr>
<tr><td>银行对策</td><td colspan="2">①开拓新的风险更大的贷款业务领域，以维持传统的贷款业务；
②从事利润更高的表外业务</td></tr>
</table>

【例 11.1】2013 年 6 月正式上线的“余额宝”是依托第三方支付平台“支付宝”而诞生的一种余额理财产品。过去的两年里，“余额宝”资金规模曾高达 7000 余亿元，7 日年化收益率也曾超过 6.7%，随后各种“宝宝类”余额理财产品也相继涌现。针对这一现象，请结合金融系统的功能，讲出三点以上“余额宝”及类似产品产生和发展过程中所可能体现的金融创新。［电子科技大学 2016 年研］

答：（1）金融系统的功能

金融系统是有关资金的流动、集中和分配的一个体系。它是由连接资金盈余者和资金短缺者的一系列金融中介机构和金融市场共同构成的一个有机体，包括股票、债券和其他证券的市场，还包括银行和保险公司等金融中介机构。资金通过金融系统从资金盈余方流向资金短缺方，这些资金通常通过金融中介机构发生流动。金融系统的功能主要有以下几点：

①在时间和空间上转移资源。金融体系中的金融中介机构和金融市场可以帮助实现资金在资金盈余部门和资金短缺部门之间的调剂，提供了促使经济资源跨时间、地域和产业转移的方法和机制，从而有助于实现资源配置，促进经济发展。

②提供分散、转移和管理风险的途径。金融体系能够将风险合理地配置到有承担能力且愿意承担的部门和经济行为主体。

③提供清算和结算的途径，以完成商品、服务和各种资产的交易。各类金融中介提供的服务使它们日益便捷、安全、快速、节省。这就保证了经济的顺利进行，节省了经济发展的社会成本。

④提供了集中资本和股份分割的机制。股份公司、银行、投资基金等，都是集中小额资金、短期资金以解决巨额资本需求的形式。巨大的营运资本可以通过股票形式细分所有权；巨大的债权则可以通过基金形式分割债权等。

⑤提供价格信息。金融领域的价格信息，如利率、汇率、股市行情等，对于投资决策、经营决策都是极其重要的，而金融体系则提供了这些金融信息形成的机制。

⑥提供解决“激励”问题的方法。这是金融体系在涉及金融工具设计、公司治理的问题中，存在着由信息不对称而产生的道德风险和逆向选择，以及委托－代理问题。例如，如果银行对贷款要求抵押担保，就会使借款人谨慎使用贷款。由于技术进步，降低了对抵押担保品价值的评估成本，这类金融业务的应用范围不断扩大，从而有助于减少轻率取得贷款的道德风险。比如将代理人的利益与公司的股票价格挂钩，像代理人股票期权分红的做法，则使代理人与委托人的利益一致，有利于缓和委托－代理的矛盾。

(2)金融创新

①金融创新的概念：

金融创新是指西方发达国家自七八十年代开始至今，金融业由于竞争加剧，市场波动，为了逃避金融管制获得发展，不断超越传统的经营方式和管理模式，在金融工具、金融机构、金融方式、金融服务技术、金融市场组织等各个方面所进行的大量革新与创造活动。其内容极为丰富，包括在金融工具、方式、技术、机构和市场等方面的创新。

金融创新的方式主要有两种，一种是业务创新，另一种是制度创新。狭义的金融创新是指业务创新，包括金融产品、工具的创新；金融服务的创新；金融机构功能创新等。制度创新是指为了保证金融机构和整个金融体系的安全、稳定所进行的一系列在管理制度和管理活动上的调整和改善。

②金融创新的原因及形式：

a. 避免风险的创新。主要包括避免利率风险的创新和避免贷款风险的创新。银行为了避免或降低利率风险，纷纷进行了诸如：创造可变利率的债权债务工具、开发债务工具的远期和期货交易、开发债务工具的期权市场等创新活动。作为银行主要资产的贷款业务，使银行时刻承受着种种金融风险，特别是流动性风险的强大压力。贷款证券化是银行避免贷款风险，解决流动性难题的重要途径。

b. 技术进步推动的创新。金融创新的兴起和蓬勃发展是以计算机为核心的现代信息技术、通信技术的迅猛发展、广泛应用作为依托的。技术进步引起了支付系统领域的创新，为技术要求日益复杂的金融工具创新提供了保障，并使金融交易快速地突破了时间和空间的限制，把全球的交易主体联结在一个世界性的金融市场之上。

c. 规避行政管理的创新。在激烈的竞争中，为了规避不合理的、过时的金融行政管理法规，金融企业利用法规的漏洞，推出了种种新的业务形式，如自动转账制度、可转让支付命令账户、货币市场互助基金、大额可转让定期存单，等等。

(3)余额宝及类似产品体现的金融创新

根据以上金融系统的功能，将“余额宝”等互联网理财产品产生和发展过程中体现的金融创新总结如下：

①降低交易成本，避免风险：

余额宝等互联网理财产品利用云计算、大数据、移动互联网等技术，实现了金融资源的去中介化，大大降低了交易成本。在互联网金融体系下，资金供求双方可以自行通过网络平台完成信息的筛选、定位、议价和交易，过程中无需传统中介，降低了交易成本和垄断利润。一方面，金融机构可以节省开设营业网点的费用；另一方面，消费者也可以在开放透明的平台上找到与自己匹配的金融产品。大数据也为余额宝等互联网理财产品规避传统的金融机构面临的流动性短缺问题和转型过程中的期限错配问题提供了可能。

②优化资源配置，促进实体经济发展：

余额宝等互联网理财产品比传统金融机构的业务和客户覆盖面更广，有助于增强金融体系有效配置资源的能力。在互联网金融模式下，客户可以突破时间以及地域的约束，在互联网平台上寻找自己所需要的金融资源。而且互联网金融的服务主体是小微企业，这就覆盖了传统金融业的部分金融盲区，有利于提升资源配置效率，促进实体经济发展。

③节约资金成本，增加资金收益：

余额宝等互联网理财产品开创了碎片化的理财方式。余额宝碎片化理财的长尾效应，主要体现在碎片化资金使用的成本节约和资金收益的增加上，如低成本甚至零成本的转账费用，较高的收益率等。相比于将小额存款存放到银行的活期存款，购买余额宝等货币基金的收益明显较高。

④推动传统金融机构转型：

余额宝等互联网理财产品的兴起及快速发展体现了金融组织创新。如阿里巴巴、京东等非金融企业借助网络技术，利用成本优势不断向金融服务领域渗透，冲击了商业银行的经营，促使其加快业务改革。

2. 证券化与影子银行体系(见表11－2) ★★★

表11－2 证券化与影子银行体系

要点		具体内容
证券化		证券化是将众多不具有流动性的金融资产打包，转化为可流通的资本市场证券的过程
影子银行体系	含义	影子银行是指游离于银行监管体系之外、可能引发系统性风险和监管套利等问题的信用中介体系。其中，证券化是影子银行体系最基本的构成部分，参与证券化的机构构成了影子银行体系
	运作机制	影子银行体系运作机制可以简化为：发起贷款→贷款服务→捆绑→分销
次级抵押贷款		次级抵押贷款是向信用记录较差的借款人发放的抵押贷款，是证券化和影子银行体系下的创新。通过将次级抵押贷款进行证券化，打包成抵押支持证券，为抵押贷款提供新资金

拓展：根据借款人信用的高低，美国抵押贷款市场形成了两个层次的市场，“次级”和“优惠级”抵押贷款市场。信用低的人申请不到优惠贷款，只能在次级市场寻求贷款。两个层次的市场服务对象均为贷款购房者，但次级市场的贷款利率通常比优惠级抵押贷款高2%～3%。

【例11.2】资产证券化［南开大学2019年研；华南理工大学2014年研；中南财经政法大学2012年研］

答：资产证券化指的是通过对流动性差，或者说不能立即变现，但却有稳定的预期收益的资产进行重组，将其转换为可以公开买卖的证券的过程，它是证券化的高级阶段。按照被证券化的资产种类区分，资产证券化可以被分为实物资产的证券化和金融资产的证券化。

资产证券化的几个关键步骤是：①资产的出售。资产出售须以买卖双方已签订的书面资产买卖协议为依据，出售时卖方拥有对标的资产的全部权利，买方对标的资产支付对价。②信用增级。资产证券化需要对资产支持证券进行信用增级，提高资产信用等级可以由发起人或第三方进行。③资产证券的信用评级。信用评级由专门评级机构应资产证券发行人或承销人的委托进行。评级考虑因素不包括由利率变动等因素导致的市场风险，或基础资产提前支付所引起的风险。④发售证券。经过信用增级和信用评级后，即可通过投资银行发售证券，获取收入，以向发起人支付购买资产的价格。

考点二：美国银行业结构及历史沿革 ★★

1. 美国银行业结构及历史沿革（见表 11－3）

表 11－3 美国银行业结构及历史沿革

<table>
<tr><th colspan="2">要点</th><th colspan="2">具体内容</th></tr>
<tr><td colspan="2">美国银行体系概况</td><td colspan="2">①美国在历史上形成了国民银行和州银行并存的双重银行体系。
②美国商业银行的多重监管机构：通货监理署、联邦储备系统、联邦存款保险公司和各州的银行管理机构</td></tr>
<tr><td rowspan="5">美国银行业的变革</td><td>对分支机构的限制</td><td colspan="2">美国 1927 年颁布的《麦克法登法案》对金融机构设立分支机构实施限制，禁止跨州开办分支机构，使得众多的小银行得以生存，并促成以下金融创新：
①银行持股公司。为规避禁止跨州开办分支机构的限制，成立银行持股公司，通过股权形式拥有不同银行的控制权。
②自动提款机。自动提款机可被视为银行的分支机构的替代品，不受分支机构法律的限制，以帮助银行进行市场拓展</td></tr>
<tr><td rowspan="3">银行并购</td><td>概念</td><td>银行并购指通过与其他银行完成合并或收购活动以建立更大实体，以达到跨州拥有所有权的效果</td></tr>
<tr><td>原因</td><td>①地区银行业壁垒的消除；
②获得来自不同区域的多元化利益，降低投资风险；
③网络和计算机的发展为银行并购提供技术条件；
④银行为了扩大产品和服务的联系，增强范围经济</td></tr>
<tr><td>影响</td><td>积极影响：①促进竞争，提高银行效率；②提高银行体系的稳定性；③发挥规模经济和范围经济的优势；④多元化的贷款组合可以降低银行发生危机的概率。
消极影响：①迅速扩张会增加风险，甚至破产；②减少小银行数量，进而减少对小企业的贷款；③垄断限制竞争</td></tr>
<tr><td>分业经营法案的规定与废止</td><td colspan="2">1933 年《格拉斯－斯蒂格尔法》规定，商业银行可以销售新发行的政府证券，但禁止承销企业证券、从事证券经纪业务以及保险和不动产业务；禁止投资银行和保险公司从事商业银行业务。
但金融环境的变化以及对利润的追求使得商业银行和其他金融机构试图从事对方的传统业务。
1999 年美国废止《格拉斯－斯蒂格尔法》，允许证券公司和保险公司收购商业银行，允许银行承销保险和证券以及从事不动产业务，促进了金融并购活动</td></tr>
</table>

续表

要点			具体内容
美国银行业的变革	分业经营法案的规定与废止	银行业与证券业的三种模式	①全能银行模式。银行业和证券业之间完全不分离。商业银行提供一整套银行、证券、房地产和保险业务，代表国家为德国、芬兰和瑞士。 ②英格兰式全能银行体系。银行可以从事证券承销，但不同业务应由不同附属公司开展；银行一般不得持有工商企业的股份；银行和保险公司的联系也不普遍。其全能性弱于全能银行模式，代表国家为英国、加拿大、澳大利亚和美国。 ③分业模式。对银行业和其他金融服务业之间进行一定的隔离，代表国家为日本、美国

拓展：伴随迅速发展的金融自由化浪潮和金融创新的层出不穷，在执行分业管理的国家中，商业银行经营日趋全能化、综合化，分业经营向混业经营的转化日益加速。分业经营缺乏规模经济效应和国际竞争力，降低了资金的配置与使用效率。商业银行面对其他金融机构的挑战，利润率不断降低，迫使其从事更广泛的业务活动。全能化主要有三条途径：

①利用金融创新绕开管制，向客户提供原来不能经营的业务；

②通过收购、合并或成立附属机构等形式渗入投资业务领域；

③通过直接开办其他金融机构实现综合经营。

银行与其他金融中介机构的自身治理水平和自我约束能力不断提高、宏观调控水平及金融监管体系的不断完善、相关经济、金融法规的健全等条件的支持为混业经营乃至于全能发展提供基础。近年来，我国一些商业银行、保险公司等通过控股方式组成银行集团和保险集团，实现跨业经营。除了券商牌照，我国银行业在很大程度上已经实现了混业经营。

2. 美国储蓄业结构(见表11－4)

表11－4 美国储蓄业结构

要点	具体内容
储蓄与贷款协会	储蓄与贷款协会可以在联邦政府或州政府注册成立，大部分是联邦住宅贷款银行体系的成员。其业务活动与商业银行相似。联邦存款保险公司为储贷协会提供联邦存款保险
互助储蓄银行	互助储蓄银行类似于储贷协会，但是是由储户共有的
信用社	信用社是由具有某种联系的特定群体组成的小规模合作性贷款机构，也是免税金融机构

考点三：国际银行业务(见表11－5) ★★

表11－5 国际银行业务

要点		具体内容
国际银行业务发展迅速的原因		①国际贸易和跨国公司的发展。 ②从事全球投资银行业务和保险业务可以获取大量利润。 ③可以利用规模庞大的欧洲美元市场
欧洲美元市场	含义	欧洲美元是指存放在美国以外的银行的美元存款
	原因	①美元是国际贸易中广泛使用的货币，便利国际结算。 ②欧洲美元属于离岸存款，不必遵守所在国法定准备金的要求及其他限制政策
	意义	欧洲美元是美国银行的重要资金来源。美国银行通过在海外设立分支机构，吸引美元存款，赚取高额利润，是美国银行海外业务发展的重要推力

续表

要点	具体内容
美国海外银行业务的结构	①美国银行的分支机构多位于拉丁美洲、远东、加勒比和伦敦，其中，伦敦作为欧洲美元市场中心具有最庞大的资产规模。美国银行的国际业务主要由美联储的《K 条例》予以规范。 ②美联储于 1981 年底通过设立国际银行业设施吸收外国居民定期存款，不受本国法定存款准备金、相关法规的约束，以鼓励美国和外国银行在美国国内开展业务
美国的外国银行	外国银行可通过两种形式在美开展业务： ①代表处。代表处受监管限制较少，可以在美国发放贷款，但不能接受国内居民存款。 ②附属的美国银行。与美国银行相似受到同样的监管制约，提供全面的服务

11.2 课后习题详解

一、关键术语

1. 自动柜员机(ATM)(automated teller machine，ATM)

答：自动柜员机是一种电子装置，利用磁性代码卡或智能卡实现金融交易的自助服务，完成银行柜面人员基本工作的自动化机器。自动柜员机可用于提取现金、查询存款余额、进行账户之间资金划拨、余额查询等工作。持卡人可以使用信用卡或储蓄卡，根据密码办理自动取款、查询余额、转账、更改密码等业务。

2. 双重银行体系(dual banking system)

答：双重银行体系又称双轨银行制，是指以美国为典型代表所实行的，对银行的注册和经营活动采取联邦和州分别进行监管的银行制度。美国的银行可以选择不同的注册机构，既可以向联邦政府申请注册而成为国民银行，也可以向州政府申请注册而成为州银行。对于储蓄机构，既可在联邦住房贷款银行委员会注册，也可在州管理机构注册。所有在联邦政府注册而成立的商业银行必须在该行名称前冠以“国民”一词。凡是国民银行都必须加入联邦储备银行体系，成为联邦储备银行的会员银行。州银行是否要成为联邦储备银行的会员银行可自行决定。一般来说，国民银行是规模较大、资金比较雄厚的商业银行，州银行规模大多比较小。

3. 国民银行(national banks)

答：国民银行专指向美国联邦政府登记，经批准注册并领取营业执照接受政府管理的商业银行。国民银行根据 1864 年制定的《国民银行法》，由通货监理署(OCC)核准资格，还必须加盟联邦储备体系(FRS)与联邦存款保险公司(FDIC)，由联邦储备银行和联邦存款保险公司共同监督与检查。

美国的大商业银行基本上都是国民银行。这种银行最早是根据美国国会 1863 年 2 月通过并于 1864 年作了修订而颁布的《国民银行法》而建立的，可以基于其持有的美国政府债券发行同等金额的银行券。1913 年美国颁布《联邦储备法》，规定所有国民银行都必须加入联邦储备体系，成为其会员银行。1935 年联邦政府取消了国民银行发行银行券的特权，将发行权集中到联邦储备体系，国民银行专营商业银行业务。

4. 范围经济(economies of scope)

答：范围经济是指金融中介机构通过将同一信息源应用于多种金融服务，从而使得每种金融服务的信息成本有所降低。例如，银行向某公司发放贷款时，需要对该公司的信用风险进行评估，该信息也可以用来评估该公司的债券，使得公司债券顺利地被销售给公众。金融机构可从范围经济中受益，但同时也需要付出潜在的成本。

5. 发起-分销商业模式(originate-to-distribute business model)

答：发起-分销商业模式(OTD模式)是指金融机构把所发放的贷款等资产，转让给特殊目的机构进行重新包装和证券化，以及将贷款和抵押债券等债务重新打包、分割做成结构金融产品，并把收益连同相关风险通过销售转移给投资者的商业模式。OTD模式包含了从贷款发放到证券化和结构金融产品销售的一系列金融服务。

6. 银行控股公司(bank holding companies)

答：银行控股公司，是指以被控制的一家或几家银行的股票作为其资产的公司。这种组织形式在美国银行业取得了长足的发展，原因之一便是它可以规避美国银行业对银行设立分支行的限制。因为虽然控股公司能够控制多家银行，并把其中的每一家银行都当作一个分支行来经营，但是这些银行在法律上是独立的，因而免受过多限制。许多银行控股公司发展成了庞大的银行组织。设立银行控股公司还有其他的好处。例如，它可以从事与银行业有关的其他活动，如提供投资咨询、租赁、信用卡服务等。银行向证券业的渗透，也是通过这种方式进行的。另外，控股公司还可以通过发行商业票据等方式使银行获得它本身无法获得的资金来源。控股公司的上述优点，使它成为美国银行业主要的组织形式。几乎所有的大银行都归属于银行控股公司，而且商业银行总资产中约有3/4被隶属于控股公司的银行所占有。

7. 《埃奇法案》公司(Edge Act Corporation)

答：《埃奇法案》公司，是为促进美国商品和劳务出口、根据美国1919年《埃奇法案》所设立的一种特别的联邦注册公司，作为美国银行或银行控股公司的附属企业以协助银行的对外业务活动，主要开展国际投资、对外贷款、国际贸易融资、国际业务结算等国际银行与金融业务。《埃奇法案》公司是美国海外银行结构的组成之一，其国内活动受到严格的限制，但可以比较自由地参与国际业务包括外国股权投资，是主要流行于美国的一种银行跨国经营方式。《埃奇法案》公司与其上层银行或银行持股公司以股权控制为主要联结纽带，不属于跨国银行的分行。

8. 证券化(securitization)

答：证券化是指以缺乏流动性但能够产生未来现金流的资产为基础，通过结构性重组，转变为可以在金融市场上销售和流通的证券，并据以融资的过程。资产证券化是通过证券化，银行可使贷款在资本市场上变现，提前收回贷款，在负债不变的情况下改善信贷资产结构，提高信贷资产质量，实现经营风险的分散，并由此推进资本市场的规范化发展。目前金融市场上存在两种证券化方式，一种是通过发行资产支持债券ABS来实现；另一种是MBS，即抵押资产证券化，专指按揭的资产。

当代金融业证券化趋势主要表现在下列两个方面：①国际证券市场的扩展。特别是在20 世纪 80 年代上半期，国际信贷的构成从以银行辛迪加贷款为主转向以证券化资产的转移为主。②银行的资产负债可买卖性增加。这表现为：a. 银行既作为代理人又作为投资者直接参加国际证券市场的交易活动，由此也增加了银行对于证券的持有量；b. 银行国内资产和国际资产的可买卖性增大；c. 银行在长期证券市场充当借款人的重要性增大。

9. 金融衍生工具(financial derivatives)[广东外语外贸大学 2024 年研；中央民族大学 2023 年研]

答：金融衍生工具又称“金融衍生商品”“金融衍生产品”，是指从传统的金融工具中衍生而来的，根据某种相关资产的预期价格变化而进行定值的金融工具。传统的金融工具包括原生性金融商品和基础性金融工具。原生性金融商品主要包括货币、外汇、存单、债券、股票等。基础性金融工具主要有四种形式：利率或债务工具的价格、外汇汇率、股票价格或股票价格指数及商品期货价格。相关资产可以是货币、外汇、债券、股票等金融资产，也可以是金融资产的价格，如利率、汇率、股票价格指数等。金融衍生工具的出现，是在国际金融市场上金融资产价格发生剧烈波动、原生市场交易的利差变化的情况下，满足人们寻求能更多获利、投机或保值的种种需求的结果。

金融衍生工具最基本的形式有四种，即金融期权、金融期货、金融互换和远期协议。其中金融期权主要包括利率期权、外汇期权、股票和债券期权、股价指数期权、利率上限期权、利率下限期权、特价利率期权、互换期权等；金融期货主要有利率期货、外汇期货、股票和债券期货、股价指数期货、远期利率期货、汇率期货等；金融互换包括利率互换、外汇互换、利率或外币掉期、互换期权、可换证券等；远期协议主要有远期外汇合约、远期利率协议、远期股票合约等。

金融衍生工具的特点是：①杠杆性。即以较少的资金成本可以获得较多的投资。这是金融衍生工具最显著的特点。在现金交割制度下，金融衍生工具是以原生工具的价格为基础，交易时无须缴纳相关资产的全部价值，只要缴存一定比例的押金或保证金，便可获得相关资产的管理权；到了到期日，对已交易的金融衍生工具进行反向交易，结算通常采用差价结算。在实物交割的情况下，金融衍生工具在到期时缴付一定数额的现金，即可得到原生商品。②融资性。体现在两个方面：a. 用少量现金作为保证金来获得相关资产的经营权和管理权；b. 金融衍生工具交易能间接促进公司计划资本的形成，也可以有利于各种证券的发行。③高风险性。主要存在的风险有价格风险、运作风险、交割风险、流动性风险、信用风险和法律风险。④虚拟性。它独立于现实资产运动之外，却可能给持有者带来一定收入。

10. 影子银行体系(shadow banking system)

答：影子银行体系是指以房地产贷款为依据发行有价证券，在资本市场上交易，房地产业传统上由银行系统承担的融资功能逐渐被投资所替代的体系，属于银行的证券化活动。影子银行系统的概念由美国太平洋投资管理公司执行董事麦卡利首次提出并被广泛采用，它包括投资银行、对冲基金、货币市场基金、债券保险公司、结构性投资工具(SIVs)等非银行金融机构。这些机构通常从事放款，也接受抵押，是通过杠杆操作持有大量证券、债券和复杂金融工具的金融机构。

11. 分支机构(branch)

答：分支机构是指在总行授权范围内依法开展业务，但不具备独立的法人资格，其民事责任由总行承担的经营单位。除美国之外，世界各国的商业银行普遍采取分支银行制的组织形式，商业银行可以视业务需要，申请在境内外设立分支机构。美国却在相当长的一段时间内，对商业银行设立分支机构进行严格的限制，从而形成了独特的单元银行制。

12. 金融工程(financial engineering)

答：金融工程指开发、设计与实施各种创新性金融工具和金融手段，包括为各种金融问题提供创造性的解决方案的过程。这个过程实际上就是金融工程师针对客户的问题，运用概念性工具对客户的需求进行分析，运用和组合各种实体金融工具，为客户寻找可能的创新性的解决方案，而创造出的金融产品经大规模标准化后，又作为下一次金融创新的工具。在创新中用到的概念性工具主要是一系列理论知识，包括套期保值理论、估值理论、证券组合理论、会计和税收方面的理论和知识；而实体性工具则包括各种权益证券、固定收益证券、期权、期货、互换协议等一系列金融工具，以及计算机技术、电子证券交易和其他数学模型等手段。

金融工程业务的范围包括三个方面：①新型金融工具设计与开发，如互换、期权、票据发行便利、远期利率协议等；②为降低交易成本的新型金融手段的开发，包括金融机构内部运作机制优化，金融市场套利机会发掘和利用，以及交易系统创新等；③创造性地为解决某些金融问题提供系统完备的解决办法，包括各类风险管理技术开发与应用，现金管理策略创新、公司融资结构创造，企业收购兼并方案设计，以及实施资产证券化。

13. 州银行(state banks)

答：州银行是指在美国州政府注册并领取营业执照的商业银行。按照美国双轨注册制度的规定，商业银行可在联邦政府注册，也可在州政府注册；前者称为国民银行，后者称为州银行。州银行对发展和振兴地方经济发挥着重要作用。州银行可自愿决定是否加入美国联邦储备体系。州银行的数量远远高于国民银行，其数目基本是后者的两倍。州银行在数量增长上比国民银行要快，主要是因为州银行的建立对银行资本的比例和储备要求较低，政府对其管理较松散，业务比较自由。

14. 中央银行(central bank)

答：中央银行是负责总体经济中货币和信贷供给以及金融监管等方面的政府机构。中央银行产生的客观经济原因有：①统一信用货币发行与流通；②统一票据交换和清算的需要；③银行支付保证能力的需要；④政府融资的需要；⑤监管金融业的需要。

15. 期货合约(futures contract)

答：期货合约是指由期货交易所统一制定的、由交易双方达成的、在规定的未来某个时间和地点交割一定数量实物商品或金融商品的标准化合约。其基本特征是：①场内交易，期货合约是由期货交易所制定的，必须在期货交易所内进行买卖。②期货合约是标准化的合约，合约中规定了各项条款，如交易的数量、单位、品质、价格、交割时间、交割地点、交割方式等。③期货合约不是到期必须履行实际交割的合约，虽然在其中规定双方应按时交货和付款，但允许在规定的交割日期前通过对冲来抵消其履行实际交割的义务。实际上，在期货市场中，买卖期货合约的绝大多数人都是在期货合约到期之前进行平仓，真正进行实物交割的仅占期货交易的一小部分。④标准化期货合约解决了远期交货合同难以交易的问题，使交易者在期货交易所内可以最快的速度达成交易，从而增加了交易的流动性。

16. 次级抵押贷款(subprime mortgages)

答：次级抵押贷款是指一些贷款机构向信用程度较差和收入不高的借款人提供的贷款。次级贷款对放贷机构来说是一项高回报业务，但由于次级贷款对借款人的信用要求较优惠级贷款低，借款者信用记录较差，因此次级贷款机构面临的风险也天然地更大。

17. 社区银行(community banks)

答：社区银行是指资产规模较小、主要服务于经营区域内中小企业和居民家庭的地方性小型商业银行。其概念来自美国等西方金融发达国家。“社区”并不是一个严格界定的地理概念，既可以指一个省、一个市或一个县，也可以指城市或乡村居民的聚居区域。

18. 对冲(hedge)

答：对冲是利用期货交易来避免或减轻现货所受价格波动风险的交易方式。对冲保值是指将期货交易与现货买卖结合起来，通过套用期货合约为现货市场上的商品买卖与经营规避价格变动风险的交易行为。它是生产经营者在市场经济活动中力图把现货市场价格波动可能造成的经营风险降到最低限度的一种期货买卖方式。

19. 超地域银行(superregional banks)

答：超地域银行又称超级区域性银行，是指在规模上类似于货币中心银行、但总部不在货币市场中心(如纽约、芝加哥、旧金山)的银行控股公司。超地域银行在某个特定的区域内提供广泛的金融业务，如美联银行(Wachovia)和美国第一银行(Bank One)。这种银行起源于禁止跨区经营政策，在限制跨州设立分行的《麦克法登法案》放松之后，通过扩张性并购而逐渐成长起来。

20. 存款利率上限(deposit rate ceiling)

答：存款利率上限是指金融管理机构根据经济、金融市场的现实状况，通过法规对银行给存款人支付的利率加以确定的政策性限度。如 1933 年美国的《格拉斯—斯蒂格尔法》禁止对支票存款支付利息，对其他存款设置利率上限(Q 条例)。

21. 国际银行业设施(IBFs)(international banking facilities)

答：国际银行业设施是美国联邦储备银行于 1981 年 12 月批准在纽约设立的，它们能接受外国客户的美元或外币的定期存款，而且可以免除储备金的规定及利率的限制，它们亦可以对外国人提供信贷。国际银行设施具有不受货币发行国的国内法令管制，可经营非居民业务等特征，属于广义上的欧洲货币市场。

国际银行设施的特点是：①凡获准吸收存款的美国银行、外国银行均可申请加入成为会员。②经营这类业务的银行不设单独的机构，而仅在本行内设立专管这种业务的部门，另立一套专门的账本。③交易可不受国内金融法规的限制，交易者还可以豁免利息预扣税和地方税。④交易严格限制在会员机构与非居民之间。⑤存放在国际银行设施账户上的美元视同境外美元，与国内美元账户严格分开。

国际银行设施是分离型的欧洲货币市场，即在岸业务与离岸业务相分离，这使得美国既可以建立起一个可与以伦敦为中心的欧洲货币市场相匹敌的离岸金融市场，又有助于隔绝国际金融市场资金流动对本国货币存量和宏观经济的影响。

22. 流动账户(sweep account)

答：流动账户实质上是一种银行对支票账户支付利息的金融创新。银行可以利用这种流动账户来从事隔日回购安排。当一家公司每个工作日结束时，其支票账户中超过一定金额的存款“全部清理出去”投资于隔日回购协定，而隔日回购交易是向客户支付利息的。这样虽然法律规定支票账户不能支付利息，但客户还是通过其支票账户的资金以隔日回购安排的方式获得了利息。

23. 脱媒(disintermediation)

答：脱媒，又称“非中介化”，是指资金的融通、支付等活动更多地直接通过证券市场进行，从而降低以商业银行为主体的传统中介在金融体系中的重要性。从20世纪70年代末和80年代初美国金融体系就开始发生这种现象。当时由于银行管理条例对存款利率上限的限制(Q条例)，以及货币市场收益的增长，市场利率高于金融中介提供的利率，致使商业银行和储蓄机构的存款流出大于流入，储蓄从金融中介流出、由储蓄者直接投资于其他流通工具，特别是股票、债券及其他货币市场工具，从而金融中介的资金来源大幅减少。脱媒所造成的影响是多方面的，对存款机构的流动性造成了严重影响：一方面在存款流失的同时，吸存成本上升；另一方面则由于储蓄机构的盈利资产多是长期的，利率较低且周转不快，极易造成亏损。脱媒现象也改变了国民经济中信贷资金流向，使小储蓄者不易从金融中介机构借得资金，而那些能在公开市场上筹资的机构则可筹得更多的资金，从而造成了事实上的不公平。自1986年4月1日起Q条例废除，脱媒问题在公平竞争的原则基础上已基本解决。

近些年来，随着以资本市场为中心的新金融商品的开发和需求的创造，特别是随着资本需求的超强劲增长，使得以证券市场为中心的资本市场功能日趋凸显，而传统银行的媒介作用则趋于萎缩，利润下降，存贷利差收入减少，依靠传统的存贷业务难以维持生存，“脱媒”又日益严重。

24. 虚拟银行(virtual bank)

答：虚拟银行是指主要通过互联网、通信系统和计算机系统向客户提供服务的银行，其服务需通过ATM、POS机、自助银行、电话银行和网络银行等载体。与传统实体银行不同，虚拟银行是存在于电子空间的金融活动，具有系统开放性、运行方式网络化、存在形式虚拟化等特点。虚拟银行既能实现3A(Anytime、Anywhere、Anyhow)金融服务，还可以通过互联网传递信息，实现端对端的交易，极大地改变了银行与客户间的关系，并使银行在经营理念、管理模式、业务流程和组织架构等方面发生一系列的变化。

二、思考题

1. 你认为 1863 年《国民银行法》出台前银行业的普遍状况是促进还是妨碍了美国各州之间的贸易？

答：1863 年《国民银行法》的出台妨碍了美国各州之间的贸易。《国民银行法》会对州银行发行的银行券征收寓禁税从而妨碍了美国各州之间的贸易。

2. 为什么美国存在双重银行体系？

答：由于美国银行业的传统，美国银行业一直担心出现垄断集权式的银行，因此所有银行都被当地的州政府管理。由于一些州的监管不力，银行由于缺乏足够的资本或欺诈行为而倒闭。为了稳定银行体系，1863 年联邦政府颁布了《国民银行法》，它形成了新的银行体系，使银行业受到更多的监管和监督。由于联邦注册银行不太容易倒闭，多年来其数量一直增加。然而，银行体系对中央权力的怀疑使得州银行仍然能获准运营。虽然多年来美国银行业一直试图促使所有银行都纳入联邦注册银行组成的银行体系，但由于注册程序趋于一致，州和联邦注册银行之间的区别已经减少，因此这两个标准今天仍在同时运行。

3. 结合 2007～2009 年金融危机，你认为 1933 年《格拉斯－斯蒂格尔法》在商业银行业和证券业之间建立防火墙是好事还是坏事？

答：有利也有弊。《格拉斯－斯蒂格尔法》是将高风险行业（证券业）从传统商业银行中分离出来的一个好选择，从这个意义上说，该法案被证明是一件好事，因为银行业在其有生之年没有经历过很多危机（该法案于 1999 年被废除）。但是美国银行会因此失去盈利机会，这使其相对于外国竞争对手而言处于不利地位。

4. 哪个监管机构主要负责监管以下各类商业银行？

a. 国民银行；

b. 银行控股公司；

c. 非美联储会员的州银行；

d. 美联储会员的州银行；

e. 联邦注册的储蓄与贷款协会机构；

f. 联邦注册的信用社。

答：a. 通货监理署对国民银行负有主要监管责任。

b. 美联储对银行控股公司负有主要监管责任。

c. 联邦存款保险公司和州银行监管当局共同监管在联邦存款保险公司投保但并非美联储会员的州银行。州银行监管当局还对没有在联邦存款保险公司投保的州银行（这些银行的存款不到商业银行体系的 0.2%）负有独立监管职责。

d. 美联储对联邦储备系统会员的州银行负有主要监管责任。

e. 储蓄监管局对在联邦存款保险公司投保的储贷协会机构进行监管。

f. 全国信用社管理局（NCUA）负责为联邦注册的信用社颁发执照，并通过制定最低资本金要求、要求定期提交财务报告和进行检查等手段，对其予以监管。

5. 为什么利率风险的出现有助于解释金融创新？

答：20世纪70年代到80年代期间利率的大幅波动，导致增加了对能够减少与意外利率波动相关的低风险的金融产品的需求，如浮动利率贷款和金融衍生品，两者都是在20世纪70年代发展起来的。

6. 为什么新技术加大了限制银行开办分支机构的执行难度？

答：由于诸如电子银行设施之类的新技术通常由几家银行共享，银行只是按每笔交易来付费，因此并不能将这些电子银行设施视为银行的分支机构，因此也不受设立分支机构的规定限制。这样，新技术的发展促进了大量的此类分享设施在全国范围的建立，从而使银行可以通过新技术规避开设分支机构的限制。

7. "发明计算机是银行业衰落的一个主要原因。"这种表述正确、错误还是不确定？解释你的答案。

答：计算机的发明和使用与银行业地位下降之间的关系无法确定。一方面，计算机技术的进步确实有助于降低交易成本与信息搜集成本，这就使其他金融机构与银行相比更具有竞争优势，并使得公司可以不通过银行而直接在证券市场上发行债券来筹集资金。因此，计算机技术的发展在银行系统地位下降的过程中发挥着重要的作用。但另一方面，计算机技术的进步也降低了银行业处理金融交易的成本，使得银行能够从为公众提供新型金融产品和服务过程中获取利润。此外，导致银行业地位下降还有另外一个重要因素，即银行无法以低成本获取资金来源。这一优势丧失的原因主要在于通货膨胀率的提高及其与有关存款转化为直接证券投资的规则之间的相互作用，而与计算机技术的发展无关。

8. "如果没有20世纪60年代和70年代的通货膨胀率上涨，今天的银行业可能更加健康。"这种表述正确、错误还是不确定？解释你的答案。

答：正确。高通货膨胀率导致利率上升，这导致金融脱媒逐步发展，并且有助于货币市场共同基金的发展。由此导致的结果是，银行无法以低成本获取资金来源，从而导致银行业的不健康发展。然而，信息技术的进步将进一步侵蚀银行通过贷款获得的收入水平，从而导致银行业状况的进一步下降。

9. 流动账户和货币市场共同基金如何使银行规避法定准备金制度？

答：由于有流动账户的出现，在工作日结束时，银行利用清算账户将剩余的账户资金转移到另一个账户，并将该账户资金投资到隔夜证券市场上。由于它们不再是支票存款，所以这些资金不必计提法定准备金。设立货币市场共同基金，使存款投资于短期货币市场证券。虽然货币市场共同基金账户具有支票存款的功能，但它们也不受法定准备金制度的约束。

10. 如果按照一些经济学家的提议，未来取消法定准备金制度，这会对货币市场共同基金的规模产生怎样的影响？

答：货币市场共同基金主要投资于货币市场上短期有价证券，如国库券、商业票据、银行定期存单、政府短期债券、企业债券、同业存款等。它不必计提法定存款准备金，所以也不用缴税，因此它们相对于银行存款来说具有低成本优势。取消法定准备金制度，将使得货币市场共同基金的成本优势消失，因而会导致共同基金规模下降。

11. 为什么钻空子在美国银行业中非常普遍？

答：由于银行部门受到的监管非常严格，因此银行有强烈的动机去寻找规避监管的方法以获取更大利润。通过挖掘监管漏洞，银行能够创建新的金融产品去获取被现有监管规则禁止的利润，并使其在现有监管条例下能够合法运营。

12. 银行近年来为何会丧失获取资金的成本优势？

答：通货膨胀率的上升以及支票存款替代品利率的上升表明，银行以低成本筹资的模式已经出现了极大的萎缩。货币市场共同基金这种创新方式也表明银行支票存款业务逐渐衰弱。Q 条例的废除及 NOW 账户的出现的确有助于减少脱媒的现象，却使美国银行丧失了低成本的资金来源，银行必须对支票存款和其他存款支付较高的利息。此外，外资银行为了获得国内储蓄，相对于美国银行而言，也降低了资金成本。

13. 银行近年来为何会丧失资产的收入优势呢？

答：商业票据市场和垃圾债券市场的发展表明，公司可通过发债，而不是从银行借款获得资金，从而削弱了银行在贷款方面的竞争优势。证券化使得其他金融机构得以变相发放贷款，这又减少了银行的贷款业务。

14. “在加拿大，只有几家大银行主宰了整个行业，而美国有 4500 家左右的商业银行，因此，加拿大商业银行业不如美国的竞争性强。”这种说法正确、错误还是不确定？解释你的答案。

答：这种说法是错误的。尽管美国的银行数目远远多于加拿大，但这并不意味着美国银行业更具竞争性。美国银行数目庞大的原因恰恰在于美国银行业反竞争规则的实施，例如正是因为存在对设立分行机构的种种限制条款，才使得许多小银行得以生存。

15. 为什么资产不足 2500 万美元的银行在商业银行中的占比高于在储蓄与贷款协会和互助储蓄银行中的占比？

答：由于商业银行开设分支机构的限制要比储蓄与贷款协会和互助储蓄银行严格得多，故小商业银行受到的竞争压力较小，且比规模较小的储蓄与贷款协会更易于生存。

16. 与商业银行、储蓄与贷款协会、互助储蓄银行不同，信用社不限制在其他州开办分支机构。那么，为什么信用社的规模通常要比其他储蓄机构更小呢？

答：美国信用社的规模较小是因为它仅向满足该信用社的共同联合要求的某些特定的社员提供服务，属于一种相对封闭型的金融组织。共同联合要求规定，信用社必须建立在某种共同联合关系的基础上，即凡是加入同一个信用社的社员之间都必须存在着某种共同的联系，如同属一个雇主的职业型信用社，同属一个组织或宗教的社团型信用社，同属一个社区的居住型信用社等。信用社的服务对象主要是工薪阶层和低收入家庭，为这部分满足共同联合要求的特殊群体提供小额消费性贷款。

17. 为什么银行控股公司的数量如此急速地上升？

答：银行控股公司获得巨大发展是因为它为商业银行规避金融管制，获取更多收益提供了便利条件，主要体现在以下两点：①规避关于设立分支机构的限制条款。尽管根据相关法律不能跨州设立分支机构，但通过银行控股公司的形式，商业银行可以持有不同银行的多数股权，从而可以间接开展跨州银行业务。②从事与银行业相关的其他业务，获取更高的收益。例如银行控股公司的出现，允许了商业银行通过银行控股公司形式设立附属证券机构从事证券业务。

18. 根据教材所描述的抵押贷款证券化过程中贷款发起人的作用，你认为贷款发起人会担心借款家庭满足抵押贷款月供的能力吗?

答：不会。次级抵押贷款是向信用记录较差的借款人发放的抵押贷款。通过将次级抵押贷款进行证券化，打包成抵押支持证券出售给投资者，此时贷款发起人将风险转移给了投资人，因此贷款发起人不会担心借款的家庭满足抵押贷款月供的能力。

19. 竞争力量如何促成废除了分离银行业和证券业的《格拉斯－斯蒂格尔法》?

答：货币市场共同基金和现金管理账户出现以后，经纪公司通过发行贷款工具，开始从事传统的银行业务。对商业银行从事证券和保险业务的限制，使得美国银行在与外国银行的竞争中处于劣势。这导致美联储允许商业银行通过《格拉斯－斯蒂格尔法》的漏洞开展承销业务，以保持其竞争力。最后，1999 年出台了废除《格拉斯－斯蒂格尔法》的法案。

20.《格兰姆－里奇－布利利法案》对金融并购可能有什么影响?

答：《格兰姆－里奇－布利利法案》使得并购活动得以广泛开展，并购活动不仅可以在银行业间展开，而且可以跨越整个金融服务业。银行机构在规模扩张的同时，也在逐渐成为能够从事各种金融服务业务的复杂组织。

21. 哪些因素可以解释国际银行业的迅速发展?

答：主要有三个因素促进了国际银行业的迅速发展：①国际贸易的增长和跨国公司的飞速发展；②全球投资银行盈利能力的提高；③国外美元存款市场(欧洲美元市场)的扩张。

22. 监管机构创造了哪些鼓励国际银行业的动机? 它们为什么要这样做?

答：通过对《埃奇法案》公司和国际银行业设施给予特殊的税务处理和宽松的分支机构规定，鼓励了国际银行业务。这样做是为了使美国银行在同外国银行的竞争中更具实力，从而在美国创造更多的就业机会。

23. 1981 年美联储批准设立国际银行业设施怎么会减少了欧洲的银行业就业?

答：国际银行业设施(IBF)鼓励美国和其他国家的银行在美国开展更多的银行业务，因此会将欧洲的就业机会转移到美国。

24. 如果你把支票账户开在一家外国人所有的银行，应当担心你的存款不如存放在美国银行更安全吗?

答：不会，因为外国银行与美国的银行接受同样的监管。

25. 为什么世界十大银行中只有两家美国银行?

答：与世界其他地区相比，美国对银行业的监管更加严格。这使得美国银行的数量较多，规模较小，甚至美国最大的银行与其他国家最大的银行相比也相对较小。此外，美国银行业的并购进程比大多数国家慢。但是随着银行业的持续并购，美国最大的银行规模将会扩大。

第12章 金融危机

12.1 复习笔记

【知识框架(庖丁解牛)】

金融危机
- 金融危机的含义及发展阶段
- 全球金融危机：2007～2009年
- 金融监管的反应
- “大而不倒”和未来监管

【考点难点归纳(厚积薄发)】

考点一：金融危机的含义及发展阶段(见表12－1) ★★★★

表12－1 金融危机的含义及发展阶段

<table>
<tr><th>要点</th><th colspan="3">具体内容</th></tr>
<tr><td>含义</td><td colspan="3">金融危机是由金融市场存在的金融摩擦，即信息不对称问题导致资本无法有效配置，加剧金融脆弱性，进而引发的金融市场大动荡。其表现为各类资产价格的急剧下跌与大范围的企业破产</td></tr>
<tr><td rowspan="5">发展阶段</td><td rowspan="3">危机爆发初期</td><td>信贷繁荣与萧条</td><td>金融创新和金融自由化→短期内推动金融机构大规模放贷(信贷繁荣)→贷款风险过度攀升→贷款损失累积→去杠杆化→资金外流，信贷冻结→金融摩擦加剧，企业融资困难→经济活动萎缩</td></tr>
<tr><td>资产价格暴涨</td><td>①心理因素和信贷繁荣导致股票与房地产等资产价格远超过其基础经济价值，出现资产价格泡沫。
②泡沫破灭的影响：
a. 资产价格暴跌导致公司净值大幅度减少，加剧道德风险问题，金融机构信贷收紧。
b. 金融机构资产价值减少，引起金融去杠杆化，加速经济萎缩</td></tr>
<tr><td>不确定性增加</td><td>大型金融机构的倒闭将引发严重的不确定性，进而引发严重的逆向选择与道德风险，加剧金融摩擦，导致信贷与经济活动缩紧</td></tr>
<tr><td>银行业危机</td><td colspan="2">信息不对称问题的加剧和企业状况的恶化引发银行业恐慌，出现挤兑现象。银行紧急抛售资产筹集资金，引发资产价格进一步下跌。大量银行破产，信贷市场上的逆向选择和道德风险问题加剧，引起经济进一步萎缩</td></tr>
<tr><td>债务紧缩</td><td colspan="2">如果经济萎缩引起意料之外的价格下降，则企业债务负担增加，使企业净值进一步恶化，贷款方逆向选择和道德风险问题继续增加，贷款、投资与总体经济长期呈现收缩状态</td></tr>
</table>

考点二：全球金融危机：2007～2009年（见表12－2）★★

表12－2　全球金融危机：2007～2009年

要点	具体内容	
起因	抵押贷款市场金融创新	信息技术的进步推动了次级抵押支持证券市场的发展，创造了结构化信用产品，即基于标的资产的收入流设计的具有特定风险特征的产品，如担保债务权益（CDO）
	抵押贷款市场代理问题	发起－分销模式会加剧委托代理问题，抵押贷款经纪人追求自身利益最大化，导致高风险借款人涌向抵押贷款市场，加剧逆向选择问题
	信用评级机构与信息不对称	信用评级机构同时提供对金融产品的评级和咨询服务，而金融产品的评级业务和咨询服务具有利益冲突，最终导致评级结果被严重高估，增加金融体系的风险
影响	居民住宅市场：繁荣与萧条	①居民住宅市场的繁荣：房地产价格上升周期内，逆向选择问题减弱，住房抵押市场低利率及次级抵押贷款市场的增长推动房地产价格进一步上升，形成房地产价格泡沫。住房抵押贷款低利率是刺激房地产市场繁荣的深层动力，巨额资本流入美国和国会立法鼓励房地美、房利美等，进一步刺激住房需求，从而推高房价。 ②居民住宅市场的萧条：当房地产价格下跌到抵押贷款金额以下时，房产所有人选择违约并放弃房产，抵押贷款违约率急剧上升
	金融机构的资产负债表恶化	美国房地产价格下跌提升了抵押贷款的违约率，持有房地产抵押支持证券的银行等金融机构净值减少，银行等金融机构进行抛售资产去杠杆化并收缩信贷，导致金融市场摩擦增加
	挤提影子银行体系	影子银行的监管弱于传统银行体系，金融危机下违约率上升，抵押产品和金融资产价值的暴跌引发对影子银行体系的挤提，引发资产的紧急抛售，大规模去杠杆化，导致信贷和经济活动急剧收缩
	全球金融市场传染	金融市场全球化导致金融危机在全球各地区间传播，引发欧洲主权债务市场危机
	知名公司破产	危机导致美国第五大投资银行贝尔斯登和第三大投资银行美林公司被收购；第四大投资银行雷曼兄弟破产
政府干预措施	①美联储采取非常规货币政策与量化宽松，为金融市场提供流动性支持； ②美国政府实施问题资产援助计划，购买危困金融机构的次级抵押资产，注入流动性； ③美国政府实施积极的财政政策刺激经济	

拓展：2020年的新冠疫情有潜力触发一场严重程度堪比2007～2009年的全球金融危机。随着美国2020年3月开始实施经济封锁，股市大幅下跌，失业率激增，许多健康运营的企业面临无法偿还贷款的风险。这些因素叠加在一起，为新的金融危机埋下了种子。然而，尽管信贷利差显著增长，美国并未爆发全面金融危机，这主要得益于美国联邦政府及美联储采取的强有力应对措施。美联储迅速将政策利率降至零，并提供了大规模的流动性支持。此外，美国国会通过了史上规模最大的救助计划——CARES法案，该计划总额达2万亿美元，包括向企业和个人提供贷款、补助及直接发放现金等。这些政策有效支撑了企业和市场，降低了金融危机发生的可能性。

考点三：金融监管的反应(见表 12 – 3) ★★★

表 12 – 3 金融监管的反应

要点		具体内容
微观审慎监管		微观审慎监管仅关注单个金融机构的安全性和稳健性，金融机构之间彼此独立地进行评估。监管当局在金融危机发生前主要运用微观审慎监管，无法防止金融危机的发生
宏观审慎监管	内容	宏观审慎监管关注金融体系整体的安全性和稳健性，强调资本的整体充足性和金融体系的流动性。宏观审慎监管的内在逻辑即打破金融危机发展过程中杠杆循环的反馈回路
	形式	①逆周期资本金要求，即监管对银行的资本金要求与经济周期呈反向变动关系：经济繁荣时提高资本金要求，经济萧条时降低资本金要求。 ②在杠杆循环的上行周期收紧贷款标准，在下行周期则要求整体增加新资本。 ③要求金融机构具有足够低的净稳定资金比率(机构短期借款在总体资金来源中的比率)，以确保金融机构的流动性
《多德 – 弗兰克华尔街改革和消费者保护法案》		2010 年《多德 – 弗兰克法案》是金融危机以来最全面的金融改革法案，明确了消费者保护、年度压力测试、清算权力、限制美联储贷款、系统性风险监管、沃尔克法则和衍生品七类监管

拓展：净稳定资金比率 = 可用的稳定资金/业务所需的稳定资金，根据《巴塞尔资本协议》规定，净稳定资金比率的标准是大于 100%。

【例 12.1】宏观审慎监管[中国人民大学 2015 年研]

答：宏观审慎监管是为了维护金融体系的稳定，防止金融系统对经济体系的负外部溢出效应而采取的一种自上而下的监管模式。宏观审慎监管的具体目标包括：①限制金融风险的累积，降低金融危机的可能性或强度；②强化金融体系对经济下滑和其他负面冲击的恢复能力。限制风险累积可以理解为对系统风险的事前预防，强化恢复能力是对系统风险爆发后的事后补救。

【例 12.2】中国双支柱监管框架下宏观审慎政策的主要目标是(　　)。[对外经贸大学 2022 年研]

A. 防范系统性金融风险　　B. 经济增长

C. 充分就业　　D. 国际收支平衡

【解析】宏观审慎政策关注金融体系整体的安全性和稳健性，强调资本的整体充足性和金融体系的流动性。中国双支柱监管框架下宏观审慎政策的主要目标是防范系统性金融风险。

【答案】A

考点四："大而不倒"和未来监管(见表12-4) ★★

表12-4 "大而不倒"和未来监管

要点	具体内容	
应对"大而不倒"的方法	分拆系统重要性的大型金融机构	将大型金融机构进行分拆成为若干家小公司，以避免其发展到能够颠覆整个金融体系的程度。但该行为将在一定程度上降低金融体系的效率
	提高资本金要求	①提高资本金意味着提高机构的风险承受能力，同时减少道德风险，抑制金融机构的冒险动机。 ②在贷款快速扩张时提高资本金要求，在贷款紧缩时降低资本金要求，以增强资本金要求的逆周期性，抑制经济周期的信贷循环
	《多德-弗兰克法案》	《多德-弗兰克法案》对大型金融机构实施更严格的监管，一定程度上能削弱大型金融机构的冒险动机
未来金融监管应解决的问题	消费者保护	①支持者：欺诈行为促成了全球金融危机，加强消费者保护可以让金融体系更加安全。 ②批评者：消费者保护规定使得银行放贷保守
	废除有序清算权力	①支持者：有序的清算权力加大了"大而不倒"问题。 ②批评者：缺失有序清算权力会引起失控的金融危机
	沃尔克法则	①支持者：利于限制银行过度风险承担。 ②批评者：执行难度大、成本高；限制银行从事可盈利活动；减少金融市场流动性
	取消衍生品交易规定	①支持者：《多德-弗兰克法案》关于衍生品交易的规定伤害金融机构交易能力。 ②批评者：衍生品交易安全透明，降低金融危机发生可能性
	改革政府发起的企业	①完全私有化，解除政府支持，取消债务隐形担保。 ②完全国有化，成为政府机构。 ③保留私人属性，强化监管。 ④保留私人属性，显著收缩规模，减少损失

【例12.3】金融监管为什么会出现失灵问题？［辽宁大学2011年研］

答：(1)监管者的经济人特性

从理论上讲，金融监管机关作为一个整体，是社会公众利益的代表者。但具体到单个的监管人员来说，由于他们也是经济人，也具有实现个人利益最大化的动机，很容易被某些特殊利益集团俘获，并成为他们的代言人。

(2)监管行为的非理想化

尽管监管者主观上想尽力通过监管最大限度地弥补市场缺陷，但由于受到各种客观因素的制约，有可能无法达到理想化的目标。制约监管效果的客观因素为：

①鉴于监管者对客观规律的认识具有局限性，即使信息相对完备，也可能做出错误的决策。

②监管者面临着信息不完备问题，如被监管者为了自身的利益故意隐瞒实情，甚至向监管者传递虚假的信息。在这种情况下，即使监管者对客观规律具有完全的认识，也不可

能做出正确的决策。

③监管时滞问题。这表现为监管当局对金融现象的认识，对是否采取措施和采取何种措施，以及从采取措施到产生效果，都可能产生滞后现象。由于监管者既不能适时推出恰当的监管措施，也不能及时纠正错误或不当的措施，因而金融监管的有效性就值得怀疑。

作为监管制度的制定者和实施者，金融监管机关处于独特的地位，它们几乎不受来自市场的竞争和约束，也就没有改进监管效率的压力和动机，这必然会导致监管的低效率。此外，金融监管机关具有政府部门的科室结构，其运作机制和一般的政府部门也无大区别，极易导致监管的官僚主义行为。

12.2　课后习题详解

一、关键术语

1. 资产价格泡沫(asset-price bubble)

答：资产价格泡沫是指资产价格(特别是股票和不动产的价格)逐步向上偏离由产品和劳务的生产、就业、收入水平等实体经济决定的内在价值对应的价格，泡沫的破裂往往导致市场价格的迅速回调，使经济增长陷于停顿。主要特征包括：①“泡沫”一般产生于带有投机性的投资行为；②“泡沫”所伴随的投资增长往往是虚假繁荣的表现；③“泡沫”的扩大必然导致金融系统风险的加大，有出现金融危机的可能；④“泡沫”的产生和成长受制于人们对未来的预期。

2. 金融摩擦(financial frictions)

答：金融摩擦是指金融体系运转过程中产生的信息不对称问题阻碍了资本的有效分配。当金融摩擦加剧时，金融市场就无法有效地发挥资本分配功能，即将资金从储蓄者融通给具有生产性投资机会的居民和企业，进而导致经济活动的急剧收缩。当金融市场的信息不对称问题极为严重时，金融摩擦就会进一步加剧，造成金融市场停滞，金融危机爆发，经济活动崩塌。

3. 微观审慎监管(microprudential supervision)

答：微观审慎监管是指着眼于单个金融机构安全性和稳健性的监管政策。监管当局将每个金融机构看作是独立的，评估其经营活动的风险是否严格进行了信息披露，并检查特定金融机构的资本比率是否满足要求。金融危机前，监管当局实施微观审慎监管，仅关注单个金融机构的安全性和稳健性。金融危机后，监管当局开始关注金融体系整体安全性和稳健性，实施宏观审慎监管。

4. 信贷繁荣(credit boom)

答：信贷繁荣是指伴随着管制的取消和创新金融产品的应用，金融机构往往会大规模放贷的现象。信贷增长越多，意味着融资渠道增加，金融对投资和经济增长的支持增强。但是，如果信贷膨胀过于迅速，往往会造成贷款标准下降、过度杠杆化和资产价格泡沫，进而会大大增加金融系统的脆弱性。

5. 金融创新(financial innovation)

答：金融创新是指金融机构为追求更高利润和迎合客户的需要而创造新的金融产品、新的金融交易方式，以及新的金融市场和新的金融机构的出现。金融创新的基本类型有三种：①适应需求变化的金融创新；②适应供给变化的金融创新；③规避现行监管的金融创新。

6. 回购协议(repurchase agreement)

答：回购协议指的是在出售证券的同时，和证券的购买方签订协议，约定在一定期限后按原定价格或约定价格购回所卖证券，从而获取即时可用资金的一种交易行为。从本质上说，回购协议是一种抵押贷款，其抵押品为证券。

回购协议可以被中央银行用以调节全社会的流动性，当中央银行购入商业银行或证券经纪商持有的证券时，全社会的流动性便增加了；反之，当商业银行或证券经纪商再购回该证券时，全社会的流动性将恢复到其原先的水平。中央银行证券回购协议的期限一般较短，通常在15天之内。因此，回购协议是中央银行对全社会的流动性进行短期调节的手段。回购协议也可能发生在金融机构和金融机构之间、金融机构和非金融机构之间以及非金融机构之间。这时的回购协议是各经济单位之间融通短期资金的手段之一。回购协议的标的物通常是信用等级较高的债券，尤以短期国库券为主。

7. 信用违约互换(credit default swap)

答：在信用违约互换交易中，违约互换购买者将定期向违约互换出售者支付一定费用(称为信用违约互换点差)，而一旦出现信用类事件(主要指债券主体无法偿付)，违约互换购买者将有权利将债券以面值出售给违约互换出售者，从而有效规避信用风险。

8. 金融自由化(financial liberalization)

答：金融自由化亦称"金融深化"，是"金融抑制"的反面，主张改革金融制度，减少政府对金融的过度干预，放松对金融机构和金融市场的限制，增强国内的筹资功能以改变对外资的过分依赖，放松对利率和汇率的管制使之市场化，使得各种价格信号更加有效，从而利率能反映资金供求、汇率能反映外汇供求，促进国内储蓄率的提高，减少对外资的依赖，最终达到抑制通货膨胀、刺激经济增长、形成金融资产增长和经济增长之间的良性循环的目的。金融自由化的标志是金融资产增长超过经济增长，金融相关比率不断提高。这是美国的两位经济学家罗纳德·麦金农和爱德华·肖，针对当时世界发展中国家普遍存在金融市场不完全、资本市场严重扭曲和患有政府对金融的"干预综合症"而影响经济发展的状况，在1973年分别出版的《经济发展中的货币和资本》和《经济发展中的金融深化》两部专著中首先提出的。

9. 压力测试(stress testing)

答：压力测试是指将整个金融机构或资产组合置于某一特定的(主观想象的)极端市场情况下，测试该金融机构或资产组合在这些关键市场变量突变的压力下的表现状况，看是否能经受得起这种市场的突变。压力测试能够帮助市场减少逆向选择和道德风险问题。

10. 信贷利差(credit spread)

答：信贷利差是指除了信用等级不同，其他所有方面都相同的两种债券收益率之间的差额，代表了仅仅用于补偿信用风险而增加的收益率。信贷利差衡量了有违约风险的公司债券和相同期限但没有违约风险的国债之间的利率差异。在金融危机期间，信贷利差的上升反映了信息不对称问题的升级，使得难以衡量企业借款人的真实风险，并削弱了金融市场向具有生产性投资机会的借款人提供资金的能力。

11. 紧急抛售(fire sales)

答：紧急抛售是指预期资产价格将下降或为压低资产价格而大量卖出某资产的行为。紧急抛售资产的行动会导致资产价格大幅下跌，致使更多的银行资不抵债。与此同时，其他金融机构被迫也开始抛售资产，结果是该种传染行为致使多家银行破产，全面的银行业恐慌出现。

12. 结构化信用产品(structured credit products)

答：结构化信用产品是运用金融工程结构化的方法，将若干种基础金融商品和金融衍生品相结合设计出的新型金融产品。例如担保债务权益。结构化信用产品即基于标的资产的收入流设计的具有特定风险特征的产品，可以吸引不同风险偏好的投资者。

13. 债务紧缩(debt deflation)

答：债务紧缩是指美国金融危机中的第三阶段。在这一阶段，价格水平的大幅下跌加重了企业的债务负担，引起净值的进一步恶化。在债务紧缩时期，信息不对称问题继续增加，贷款、投资支出和总体经济活动长期呈现萎缩状态。包含债务紧缩过程最严重的金融危机就是大萧条，这也是美国历史上最严重的经济收缩。

14. 基础经济价值(fundamental economic values)

答：基础经济价值是指资产未来收入现金流的现实预期价值。股票与房地产等资产价格在投资者的心理作用下可以远远超过其基础经济价值。当资产价格超过其基础经济价值时被称为资产价格泡沫，随着泡沫的破裂，资产价格又会回归其基础经济价值。

15. 系统重要性金融机构(systemically important financial institutions，SIFIs)

答：系统重要性金融机构是指业务规模较大、涉及范围较广、业务复杂程度较高、一旦发生风险事件将给地区或全球金融体系带来冲击的金融机构。被官方认定为系统重要性金融机构的企业需要接受更为严格的金融监管，比如资本金要求更高，流动性要求更严等。

16. 去杠杆化(deleveraging)

答：去杠杆化是指银行和其他金融机构的贷款损失激增，(资产负债表的资产一栏)贷款价值相对于负债急剧降低，净值(资本)随之减少，资本减少迫使这些金融机构不得不提前收回贷款并减少发放新贷款的过程。去杠杆化是防范金融危机的必要措施。

17. 估值折扣(haircuts)

答：估值折扣是指由于对金融机构资产负债表的不确定性增加，贷款人要求的抵押品金额越来越高。例如在发生严重的金融危机时，估值折扣上升到接近 50% 的水平，金融机构以同样的抵押品，只能借到一半的资金。抵押贷款违约率的上升使得抵押支持证券的价值下降，估值折扣也不断上升。

18. 金融危机(financial crises)

答：金融危机是指以资产价格急剧下跌与企业破产为特征的金融市场的大动荡。在金融危机中，六类因素发挥着重要的作用：资产市场对资产负债表的影响、金融机构的资产负债表恶化、银行业危机、不确定性的增加、利率上升和政府财政失衡。

19. 杠杆循环(leverage cycle)

答：杠杆循环是指在金融危机发展升级的过程中的一种反馈回路。即信贷繁荣推高资产价格，金融机构拥有更多资本缓冲，支持其在不断变化的资本金要求下扩大放款，从而进一步推高资产价格，以此类推，在泡沫破裂的过程中，资本价值陡降，导致贷款收缩。

20. 问题资产援助计划(Troubled Asset Relief Plan)

答：问题资产援助计划是2008 年10 月通过的布什政府《紧急经济稳定法案》中最重要的组成部分，它授权财政部可以将7000 亿美元用于从受困的金融机构手中购买次贷抵押资产，向这些机构注入流动性。此外，法案还将联邦存款保险的限额从10 万美元暂时性提高到25 万美元，旨在抑制公众针对银行的挤兑。

21. 金融衍生工具(financial derivatives)

答：金融衍生工具又称“金融衍生商品”“金融衍生产品”，是指从传统的金融工具中衍生而来的，根据某种相关资产的预期价格变化而进行定值的金融工具。传统的金融工具包括原生性金融商品和基础性金融工具。原生性金融商品主要包括货币、外汇、存单、债券、股票等。基础性金融工具主要有四种形式：利率或债务工具的价格、外汇汇率、股票价格或股票价格指数及商品期货价格。相关资产可以是货币、外汇、债券、股票等金融资产，也可以是金融资产的价格，如利率、汇率、股票价格指数等。金融衍生工具的出现，是在国际金融市场上金融资产价格发生剧烈波动、原生市场交易的利差变化的情况下，满足人们寻求能更多获利、投机或保值的种种需求的结果。

金融衍生工具最基本的形式有四种，即金融期权、金融期货、金融互换和远期协议。其中金融期权主要包括利率期权、外汇期权、股票和债券期权、股价指数期权、利率上限期权、利率下限期权、特价利率期权、互换期权等；金融期货主要有利率期货、外汇期货、股票和债券期货、股价指数期货、远期利率期货、汇率期货等；金融互换包括利率互换、外汇互换、利率或外币掉期、互换期权、互换证券等；远期协议主要有远期外汇合约、远期利率协议、远期股票合约等。

金融衍生工具的特点是：①杠杆性。即以较少的资金成本即可进行大规模投资。这是金融衍生工具最显著的特点。在现金交割制度下，金融衍生工具基于原生工具的价格，交易时无须缴纳相关资产的全部价值，只要缴存一定比例的押金或保证金，便可获得相关资产的管理权；到了到期日，对已交易的金融衍生工具进行反向交易，并进行差价结算。在实物交割的情况下，金融衍生工具在到期时缴付一定数额的现金，即可得到原生商品。②融资性。体现在两个方面：a. 用少量现金作为保证金来获得相关资产的经营权和管理权；b. 金融衍生工具交易能间接促进公司计划资本的形成，也可以有利于各种证券的发行。③高风险性。主要存在的风险有价格风险、运作风险、交割风险、流动性风险、信用风险和法律风险。④虚拟性。它独立于现实资产运动之外，却可能给持有者带来一定收入。

22. 宏观审慎监管(macroprudential supervision)

答：宏观审慎监管是指着眼于信贷市场总体状况的监管政策。宏观审慎监管是为了维护金融体系的稳定，防止金融系统对经济体系的负外部溢出而采取的一种自上而下的监管模式。宏观审慎监管的具体目标包括：①限制金融风险的累积，降低金融危机的可能性或影响；②强化金融体系对经济下滑和其他负面冲击的恢复能力。限制风险累积可以理解为对系统风险的事前预防，强化恢复能力是对系统风险爆发后的事后补救。

二、思考题

1. 信息不对称概念如何帮助定义金融危机？

答：信息不对称问题(逆向选择和道德风险)在金融交易中总是存在的，但通常不会妨碍金融系统对资本进行有效的配置。然而在金融危机期间，信息不对称问题加剧导致的金融摩擦致使正常金融活动和信息生产过程受阻或被阻断，给经济活动带来不利影响。

2. 股票市场资产价格泡沫破裂如何引发金融危机？

答：当资产价格泡沫破裂，资产价格经过调整回归其基本经济价值，由此导致的净值下降意味着企业有动机以牺牲债权人利益为代价而承担风险。此外，较低的净资产意味着抵押价值的下降，所以逆向选择增加。因此资产价格泡沫破裂使借款人的信誉度下降，从而导致借贷和消费的萎缩。资产价格泡沫破灭还导致金融机构的资产负债表恶化，进一步引起去杠杆化，并且由此收缩金融机构贷款，进一步收缩了借贷等经济活动。

3. 价格水平的意外下跌如何导致贷款减少？

答：价格水平的非预期下降导致公司债务的实际负担增加，而不能增加其资产的真实价值，因此公司资产净值减少，从而增加了贷款人面临的逆向选择和道德风险以及爆发金融危机的可能性。金融危机时，有良好投资机会的企业无法从金融市场获得资金支持。

4. 用你自己的方式定义“金融摩擦”，并解释为什么金融摩擦加大是金融危机的一个关键要素。

答：金融摩擦是指金融体系运转过程中产生的信息不对称问题阻碍了资本的有效分配。当金融摩擦提高时，金融市场就无法有效地发挥资本分配功能，即无法有效将资金从储蓄者融通给具有生产性投资机会的居民和企业，进而导致经济活动的急剧收缩，构成了金融危机的一个关键要素。

5. 金融机构资产负债表恶化和大规模破产如何引起经济活动下降？

答：如果金融机构的资产负债表恶化引起资本的大幅收缩，用于贷款的资金来源就会减少，导致贷款减少，进而引起投资支出下降，从而使经济活动减速。若此时其他金融机构也同时面临同样的问题，金融市场无法生产足够的信息，直接导致银行金融中介机构的损失。此外，在银行业危机期间，银行贷款的萎缩还导致可提供给借款人的资金供给减少，依次轮流，由此而上升的利率也增加了信息不对称的问题，并进一步导致贷款和经济活动的收缩。

6. 主要金融机构破产引起的不确定性普遍增加是如何加剧逆向选择和道德风险问题的？

答：主要金融机构的破产，导致金融市场的不确定性急剧增加，使得贷款人很难甄别信用风险的高低。贷款人解决逆向选择和道德风险问题能力的削弱使其不愿意放款，从而导致贷款、投资和总体经济活动的收缩。

7. 什么是信贷利差？为什么金融危机期间信贷利差会显著上升？

答：信贷利差衡量了有违约风险的公司债券和相同期限但没有违约风险的国债之间的利率差异。在金融危机期间（如大萧条期间和2007～2009年金融危机期间），信贷利差的上升反映了信息不对称问题的升级，使得难以衡量企业借款人的真实风险，并削弱了金融市场向具有生产性投资机会的借款人提供资金的能力。

8. 有些国家从不宣扬它们的银行体系中存在像美国FDIC一样的存款保险制度。解释为什么这些国家要这样做。

答：存款保险制度指由银行等金融机构作为投保人向存款保险机构缴纳保险费成立存款保险准备金，当面临经营危机时，存款保险机构可以向其提供财务救助或赔款的金融保障制度。其既可以保护存款人利益，也保障银行体系稳定。

有些国家不宣扬这样的制度，是因为存款保险制度也存在局限性：一是其作为银行冒险行为的背书可能引发银行道德风险，为金融体系注入不稳定因素；二是产生逆向选择问题，存款人冒险选择高风险高回报的银行，经营良好的低风险银行则退出存款保险体系，最终使得存款保险制度难以维持，金融风险进一步扩大。若一个国家金融市场发展不够成熟，以上局限性会尤为突出。

9. 用你自己的语言描述"证券化"过程。该过程是导致2007～2009年金融危机及大衰退的唯一原因吗？

答：证券化过程是指传统的银行和储蓄机构的资产（主要是贷款或者抵押物）被转变成可转让证券的过程。

2007～2009年金融危机及大衰退的起因有：抵押贷款市场的金融创新，抵押贷款市场的代理问题，以及信用评级过程中信息不对称的作用。"证券化"过程不是导致2007～2009年金融危机及大衰退的唯一原因。

10. 有观点认为美联储对2000年代中期的房地产价格泡沫负有责任，请分别给出一个支持和一个反对的论据。

答：支持：美联储2003～2006年实行低利率的货币政策，拉低抵押贷款利率，降低买房融资成本，刺激人们的住房需求，助长银行发放次级抵押贷款，导致房价上涨，形成价格泡沫。

反对：首先，美联储低利率并未超过合理水平；其次，银行降低放贷标准，主要原因在于金融创新产生新的抵押产品，更多买家进入房地产市场，以及印度等国家的资本不断进入美国市场。以上原因导致美国房地产市场过热，形成泡沫。

11. 金融监管不力对于导致金融危机起了什么作用？

答：金融监管不力意味着金融机构有动机过度承担风险，在市场纪律因政府安全网而削弱的情况下尤其如此。当风险贷款成为坏账时，金融机构的资产负债表将会恶化。这意味着这些机构将会削减贷款，降低经济参与程度，加速了金融危机的发生。

12. 说明大萧条期间和 2007～2009 年金融危机大衰退期间美国经历的两个相似点和两个不同点。

答：相似点：①在大萧条和 2007～2009 年的金融危机之前，资产价格都急剧上升。②在两次金融危机期间，信贷利差都扩大了，出现信贷萎缩，经济活动急剧下降。③两次事件都导致 GDP 的显著下降和失业率的上升。

不同点：①触发因素不同。在大萧条期间，股价上涨是触发因素；而在 2007～2009 年的金融危机中，房地产泡沫是主要触发因素。②银行恐慌发生情况不同。在大萧条期间，许多银行倒闭造成了银行恐慌，导致更多的银行破产。在 2007～2009 年的金融危机期间，尽管银行系统受到严重打击，银行倒闭，但传染性不强，没有发生银行恐慌。③失业率情况不同。大萧条期间失业率达到 25%，而 2007～2009 年的金融危机期间失业率只有 10.2%。在某种程度上，这是美联储积极应对金融危机的结果。

13. 你认为是什么原因阻止了 2007～2009 年金融危机转化为经济萧条？

答：一般而言，整个国家可以从大萧条中积累经验教训，并制定更加严格全面的政策框架，从而更有效地应对严重的经济衰退。例如，在大萧条期间公众对于银行体系的恐慌在 2007～2009 年的危机期间几乎不存在，这可能是由于银行存款由联邦存款保险公司提供保险，而这在大萧条期间是不存在的。另一个因素是政策制定者在经济衰退期间制定了更积极、更迅速的政策，防止了任何传染效应加深或延长危机。

14. 什么技术创新促进了次级抵押贷款市场的发展？

答：技术领域的以下两点创新促进了次级抵押贷款市场的发展：①使用数据挖掘技术为家庭提供可用于预测违约的数字信用评分。②使用计算机技术将许多小额抵押贷款捆绑在一起，并将其廉价包装到证券中。

15. 发起－分销商业模式为什么会受委托－代理问题影响？

答：发起－分销的商业模式是指金融机构把所发放的贷款等资产，转让给特殊目的机构进行重新包装和证券化，以及将贷款和抵押债券等债务重新打包、分割做成结构金融产品，并把收益连同相关风险通过销售转移给投资者的商业模式。投资者的代理人，也就是抵押贷款发起人，追求自身利益最大化，发起的贷款越多越能提高业绩，因此没有动力去确保抵押贷款的信用风险处于较低水平。

16. “存款保险随时随地防范金融危机”，这种说法正确、错误还是不确定？

答：错误。存款保险保证在银行资金周转不灵或破产倒闭而不能支付存款人的存款时，按照保险合同条款，投保银行可从存款保险机构那里获取赔偿或取得资金援助，或被接收、兼并，存款人的存款损失就会降低到尽可能小的程度，有效保护了存款人的利益。存款保险制度是一种事后补救措施，并不能随时随地防范金融危机。

17. 房价下跌如何助推了2007年开始的次贷危机？

答：房地产价格下跌后，很多次级借款人发现其抵押贷款已经“溺水”，也就是说房地产价格下降到抵押贷款金额以下。此时，房地产贷款的债务人选择不再履行合约，把房产交还贷款人，抵押贷款违约率急剧上升，金融机构因此遭受了损失并因资本的减少而收缩了贷款，最终造成了贷款的崩溃。

18. 影子银行体系在2007～2009年金融危机中发挥了什么作用？

答：影子银行体系是由对冲基金、投资银行和其他非存款类金融机构组成的，不受传统银行严格监管框架的约束。由于监管不严格，影子银行的资本金要求(如果有的话)较低，与其他金融机构相比更愿意承担较大风险。在影子银行体系的支持下，大量的资金通过低利率的抵押贷款获得，推动了房地产泡沫的形成。由于其在金融市场大量存在，所以当信贷市场开始收紧时，影子银行体系的资金大幅减少，造成信贷市场的进一步萎缩。

19. 为什么金融危机期间抵押品的估值折扣会迅速上升？这是如何引起资产紧急抛售的？

答：在金融危机期间，资产价格往往会快速下跌。使得市场产生了资产价格可能会在未来进一步下跌的预期，并增加了作为抵押品的资产价值的不确定性。因此，接受抵押资产的公司需要更高的估值折扣。这意味着随着时间的推移，为相同的贷款提供的抵押品会越来越多。由于资产价格下跌和估值折扣上涨，资产价格迅速下降，形成买方市场，任何需要快速筹集资金的公司都会被迫以资产价值的折扣价出售资产，从而导致资产的价格进一步下降，引发资产的紧急抛售。

20. 全球金融危机是如何导致欧洲主权债务危机的？

答：全球金融危机爆发后，其中一些欧洲国家遭遇到严重的冲击，经济活动收缩，它们在减税的同时又需要额外的费用来救助经营失败的金融机构，使得政府预算赤字大幅增加，市场开始担心这些受到冲击的国家是否会对其政府债务违约，结果导致利率上升并陷入失控境地，导致这些国家发生主权债务危机。

21. 为什么说宏观审慎政策提出的逆周期资本金要求是个好主意？

答：在金融危机发展升级的过程中，存在着被称为杠杆循环的反馈回路。即信贷繁荣推高资产价格，金融机构的资本缓冲增加，支持其在不断变化的资本金要求下扩大放款，从而进一步推高资产价格。以此类推，在泡沫破裂的过程中，资本价值陡降，导致贷款收缩。金融机构在经济周期中起到了推波助澜的作用。

为了截断杠杆循环，宏观审慎监管制定了逆周期的资本金要求；也就是说，繁荣时提高资本金要求，泡沫破裂时降低资本金要求。此外，在杠杆循环的上行周期，宏观审慎监管政策会要求银行体系收紧贷款标准，甚至直接限制其贷款增长速度。在下行周期，宏观审慎监管政策要求银行整体增加新的资本，避免银行为了降低资产水平和满足监管需求而收缩信贷。

逆周期资本金要求有助于熨平经济周期波动，在经济过度繁荣时提高资本金要求，抑制信贷进一步扩张；在经济衰退时，放松资本金要求，有利于金融机构扩大投资规模，促进投资支出，从而缓解经济衰退，促进经济增长。

22．金融创新过程如何影响宏观审慎管理的有效性？

答：宏观审慎监管不是着眼于单个金融机构的安全性和稳健性，而是着眼于评估整个金融体系的稳健水平，寻求减少系统性资产抛售和去杠杆化的方法，以避免金融危机。此外，宏观审慎监管不仅强调资本的整体充足性，而且关注金融体系的流动性是否充裕。

（1）金融创新增加了宏观审慎监管的难度

金融创新的发展为宏观审慎监管带来新的难题，主要体现在：①金融创新不断突破现有的金融监管框架，使得监管机构的监管对象不断扩大。当一种创新产品和业务出现时，难以准确识别并且量化其中的风险。如在次贷危机发生之前，金融衍生品的规模极度膨胀，设计繁复使得无法计算其风险程度，导致风险的复杂性、突发性、传染性大大增加。②一些金融创新以规避监管和获取套利为目的，增大了风险的隐蔽性。监管套利行为游离在监管范围之外，其风险性质和规模不易确定，增大了金融市场的不稳定性和金融风险，严重妨碍了各金融机构的公平竞争，并削弱了监管的公信力。③一些金融创新脱离实体经济需求，使得系统性金融风险加大。例如，影子银行的发展虽然在一定程度上服务了实体经济，丰富了投资渠道，但是影子银行蕴含的系统性风险很难被察觉，从而给市场带来风险。

（2）金融创新促进了宏观审慎监管水平的提高

金融创新的快速发展对金融监管提出了更高的要求。次贷危机后出台的《巴塞尔协议Ⅲ》，吸取了次贷危机的教训，完善了宏观审慎监管，对资本充足性提出了更高的要求，此外，宏观审慎监管制定了逆周期的资本金要求，为了截断杠杆循环的反馈回路，在杠杆循环的上行周期，要求银行体系收紧贷款标准，在下行周期要求银行整体增加新的资本，避免银行为了降低资产水平和满足监管要求而收缩信贷。

金融创新和金融监管之间相互作用，相互促进，金融监管与金融创新矛盾对立，形成了“监管——创新——再监管——再创新”的良性动态循环博弈发展过程。如果单纯地强调金融创新，而放弃金融监管，就会产生新的金融风险甚至爆发金融危机；如果单纯地强调金融监管，而放弃金融创新，就会抹杀金融的活力甚至遏制金融发展；只有正确处理金融创新与金融监管的关系，平衡好金融创新与金融监管，在监管中创新，在创新中监管，才能共同发挥两者的效用。

23．有哪三种方法可以限制“大而不倒”问题？简要描述每种方法的利弊。

答：以下三种方法可以限制“大而不倒”问题：

（1）分拆系统重要性的大型金融机构

优点：使得没有一家金融机构可以大到颠覆整个金融体系，从而可以将所有金融机构都纳入市场纪律的约束之下。

弊端：分拆系统重要性金融机构可能会导致这些大型金融机构也无法达到协同效应以提高风险管理的效果和降低金融服务的成本。因此，分拆系统重要性金融机构会降低金融体系的效率。

(2)提高资本金要求

优点：资本金提高后，这些机构用于承担风险的缓冲增加，如果冒险，自身的损失也会增加，因此可以抑制其过度冒险的动机。

弊端：提高资本金要求不利于提高金融机构的盈利水平，将受到这些机构的强烈抵制。

(3)按照《多德－弗兰克法案》进行严格监管

优点：《多德－弗兰克法案》赋予了政府针对被认定为具有系统重要性的金融企业进行破产救助和更严格监管的权利，该法案的一些规定削弱了具有系统重要性大型金融机构过度冒险的动机。

弊端：该法案能否彻底解决“大而不倒”问题还存在着疑问。

24. 为什么旨在强化金融体系的《多德－弗兰克法案》会规定消费者保护的条款？这些监管规定有什么问题？

答：(1)规定消费者保护条款的原因

《多德－弗兰克法案》是在 2008 年次贷危机爆发后，美国经济和金融受到重创的背景下推出的。在 2008 年的次贷危机中，金融机构利用信息不对称以及许多消费者对复杂的金融产品如 CDs 缺乏充分的了解，导致次贷危机的产生和损害消费者利益。

金融消费者是金融产业发展的基础。保护金融消费者，就是保护金融机构自身，就是维护金融稳定，保护金融安全与经济安全。

《多德－弗兰克法案》加强消费者和投资者保护，设立消费者金融保护局，负责监管按揭贷款、信用卡等个人金融产品，确保消费者决策时真正了解金融产品，防止金融机构的不平等条款和欺诈行为。通过加强对金融机构的监督和对消费者的教育，可以在一定程度上缓解由于金融市场的信息不对称而导致的道德风险和逆向选择，尽量避免金融消费者的损失。同时，对消费者的保护和培训也使整个金融市场更加公平，金融体系更为完善。

(2)监管规定的问题

消费者保护条款要求贷款人确保借款人能够偿还贷款和抵押贷款，导致银行向消费者发放贷款时过于保守。

25. 为什么清算权力对美国政府来说非常重要？

答：在 2007 ~ 2009 年金融危机期间，美国财政部和美联储在说明它们无法救助雷曼兄弟而只能让其破产时，一个理由就是它们无权接管并拆分雷曼兄弟。现在，《多德－弗兰克法案》赋予了政府针对被认定为具有系统重要性的金融企业的这种清算权力。该权利使得美国政府可以有权接管并关闭破产大型金融机构，有助于解决“大而不倒”问题。

第4篇　中央银行与货币政策操作

第13章　中央银行与联邦储备体系

13.1　复习笔记

【知识框架(庖丁解牛)】

中央银行与联邦储备体系
- 美国联邦储备体系的起源和结构
- 联邦储备体系的独立性
- 解释中央银行的行为
- 欧洲中央银行的组织结构
- 其他外国中央银行的结构和独立性

【考点难点归纳(厚积薄发)】

考点一：美国联邦储备体系的起源和结构(见表13－1)　★★

表13－1　美国联邦储备体系的起源和结构

要点		具体内容
起源	建立联邦储备体系最初的目的在于防止恐慌频繁发生。美国的这种中央银行制度是权力分散并具有众多制约的平衡机制	
结构	联邦储备银行	联邦储备区各自设立一家联邦储备银行，并可在本储备区内的其他城市设立分行。各联储银行是私营公用事业的股份机构，股东是本储备区内作为联储体系成员的私人商业银行
	会员银行	联储体系的会员包括全部的国民银行，而在各州注册的商业银行则不要求加入联储体系。为了加强联储对货币的控制能力，《放款存款机构管制和货币控制法》规定任意银行都要在联储保有准备金，且都能平等享有联储体系提供的各种便利
	联邦储备委员会	联邦储备委员会是联邦储备体系的最高领导层，总部设在华盛顿。出于公平，委员会委员均须来自不同的联邦储备区。委员会对货币政策的决策具有非常重要的作用
	联邦公开市场委员会	联邦公开市场委员会对制定公开市场操作、确定联邦基金利率以及法定准备金率等进行决策。联邦公开市场委员会不直接参与证券买卖，而是向纽约联储银行交易部发出交易指令

考点二：联邦储备体系的独立性(见表 13－2)　★★★

表 13－2　联邦储备体系的独立性

要点		具体内容
独立性类型		中央银行的独立性有两类： ①工具独立性，即中央银行独立自主使用货币政策工具； ②目标独立性，即中央银行独立自主制定货币政策目标。 联邦储备体系具备以上两类独立性，但只是相对的独立性
对独立性的讨论	支持美联储独立性的理由	①如果美联储缺乏独立性，政府行为的短视性会造成通货膨胀倾向。 ②政府人员不具备经济领域的专业性，缺乏为公共利益行事的动机，具有严重的委托代理问题
	反对美联储独立性的理由	①货币政策对经济社会具有重要意义，由精英管控将缺乏民主性。 ②货币政策需要与财政政策协调。将货币政策交给政府管控，才能保证两种政策的一致性。 ③由于政治压力，独立的美联储可能无法发挥其应有作用

【例 13.1】中央银行的独立性集中反映在中央银行与(　　)的关系上。[清华大学 2016 年研]

A. 财政　　B. 政府　　C. 商业银行　　D. 其他监管部门

【解析】在市场经济体制下，中央银行的独立性问题就是指在货币政策的决策和运作方面，中央银行由法律赋予或实际拥有的自主程度。独立性问题集中地反映在中央银行与政府的关系上。如何处理这种关系，可概括为两点：一是中央银行应对政府保持独立性；二是中央银行对政府的独立性总是相对的。

【答案】B

考点三：解释中央银行的行为　★★

根据官僚行为理论，官僚对权力和声望的渴求会对中央银行的行为产生重要影响。该观点对中央银行行为的预测有：

①美联储会维护自己的自主权。

②美联储避免与影响其权力和自主权的利益集团产生冲突。

③对更多银行实施控制。

但官僚行为理论的解释过于极端，美联储在进行货币政策相关决策时同样会考虑到公共利益。

考点四：欧洲中央银行的组织结构(见表 13－3)　★★

表 13－3　欧洲中央银行的组织结构

要点	具体内容
起源	欧洲中央银行成立于 1999 年 1 月，其前身是法兰克福的欧洲货币局

续表

要点	具体内容
职能	欧洲中央银行的职能是"维护货币的稳定"，管理利率、货币的储备和发行并制定欧洲货币政策；其职责和结构以德国联邦银行为模式，独立于欧盟机构和各国政府之外
特点	①欧洲中央银行的权力比联邦储备委员会的权力小。 ②欧元体系的货币政策由各成员国的央行执行，因此欧洲央行货币操作集权程度低。 ③欧洲中央银行不参与监管金融中介机构，而是由欧洲货币联盟各成员国自行负责
独立性	《马斯特里赫特条约》使得欧洲中央银行的独立性最强。执行委员会的成员与中央银行行长的任职期较长；欧元体系的预算由其自身确定，且成员国的政府不允许向其颁布指令。这些规定使得欧洲中央银行高度独立

考点五：其他外国中央银行的结构和独立性(见表 13－4)　★

表 13－4　其他外国中央银行的结构和独立性

银行	具体内容
加拿大银行	加拿大银行的工具独立性与目标独立性弱于美联储。由政府任命银行董事并由董事推选行长。货币相关等决策则由理事会(包括行长以及 4 位副行长)制定。加拿大的《银行法》规定政府拥有货币政策的最终决策权，但实际上货币政策由加拿大银行掌控
英格兰银行	英格兰银行的工具独立性与目标独立性弱于美联储。英国的通货膨胀目标由财政大臣制定，此外，英格兰银行不具备完全的工具独立性。但政府几乎无法否决中央银行的决策
日本银行	日本的货币政策由日本银行的政策委员会负责制定。日本政府可以派出代表参加政策委员会会议，代表有权要求推迟货币政策相关决策。日本银行的独立性有限

拓展： 中国人民银行属于弱独立性中央银行，《中国人民银行法》规定，中国人民银行在国务院领导下，制定和执行货币政策，防范和化解金融风险，维护金融稳定。

13.2　课后习题详解

一、关键术语

1. 联邦储备委员会(Board of Governors of the Federal Reserve System)

答： 联邦储备委员会是联邦储备系统的最高机构，它由 7 名委员组成(他们大多是职业经济学家)，由总统征得参议院同意后任命，每一委员任期 14 年，届满后不再连任，并且任期互相错开。因此，在正常情况下，每两年有一位委员任期届满；但是有不少委员因年龄或其他方面的原因提前离任。委员会主席由总统在委员会成员中遴选任命，任期只有 4 年，但是可以连任。联邦储备委员会制定了美国的货币政策，它控制贴现率，并可以在规定范围内改变银行的法定存款准备金率。它和联邦公开市场委员会的其他成员一起，控制着最重要的货币政策工具——公开市场业务。

2. 联邦公开市场委员会(Federal Open Market Committee，FOMC)

答： 联邦公开市场委员会是联邦储备系统内一个重要的决策中心，该委员会由 12 名委员组成，其中包括 7 名联邦储备委员会委员，5 名联邦储备银行行长(其中纽约联邦储备银行行长为委员会的必然成员，其余 11 家联邦储备银行的行长则轮流占据其余的 4 个席位)。联邦储备委员会主席同时兼任联邦公开市场委员会主席。联邦公开市场委员会每年约召开 8 次会议，通过商讨从而决定联邦储备系统的公开市场业务，即在公开市场上买卖证券的活动。那些不是该委员会现任委员的联邦储备银行行长通常也出席会议并参加讨论，但是无权参与表决。在联邦储备系统内部还有一些机构，如联邦顾问委员会等，但是它们远不如联邦公开市场委员会重要。

3. 工具独立性(instrument independence)

答：工具独立性是指中央银行设定货币政策工具的能力。中央银行的工具独立性反映了中央银行为达到目标可利用工具的选择空间。不同国家中央银行的工具独立性强弱由其使用货币政策的能力来判断，例如，美联储的工具独立性要强于加拿大银行和英格兰银行。

4. 公开市场操作(open market operations)[厦门大学 2023 年研]

答：公开市场操作是中央银行三大传统货币政策工具之一，是指中央银行在金融市场上公开买卖有价证券，以调节货币供给的一种操作。中央银行在金融市场上买卖有价证券和票据(一般为政府公债)，控制货币供应量，以达到货币政策目标。该业务一般在二级市场上公开操作，对所有交易者一视同仁，而不能从证券发行人手中直接购买。根据中央银行的动机，它可分为主动性公开市场操作和防御性公开市场操作两种。前者指中央银行为改变银行准备金总水平，而主动买卖有价证券；后者指中央银行为应对它不能控制的因素的变动对货币供应量的影响，而进行的业务操作行为。

中央银行买进有价证券和票据，将产生三方面的影响：①基础货币投放量增加。当货币乘数不变时，扩大货币供应量。②有价证券和票据的价格上升，市场利率下降，刺激投资增加。③向公众传达放松银根的信息，影响心理预期。比如，中央银行通过买进有价证券，实际等于向社会投放了一笔基础货币，增加了货币供应量，引起信用的扩张；相反当中央银行卖出有价证券和票据时，就会减少市场上相应数量的基础货币，达到信用的收缩。

公开市场业务与其他货币政策相比，有以下优点：①通过防御性操作，消除不能控制的因素对货币供应量的外部冲击。②能够连续操作，主动出击，具有很强的灵活性。③中央银行能帮助政府稳定债券市场，有利于政府债券发行。同时，它不会因为财政赤字的货币化而丧失资产流动性。

公开市场业务的顺利进行需要具备以下条件：①金融市场足够发达有效；②一定规模的证券和票据发行量；③独立的交易主体。中国在 1996 年开始实施此项货币政策。

5. 货币政策的宽松

答：货币政策的宽松总的来说是指增加市场货币供应量的货币政策，比如降低再贴现率，在公开市场上买入有价证券，降低存款准备金率和放松信贷条件等，宽松的货币政策向市场投放流动性，有利于降低利率水平，是促进繁荣或者是抵抗衰退的措施。

6. 联邦储备银行(Federal Reserve Banks)

答：联邦储备银行是美国联邦储备系统所属的私营区域性金融机构。按 12 个联邦储备区设立的 12 家联邦储备银行分别位于纽约、波士顿、费城、克利夫兰、里士满、亚特兰大、芝加哥、圣路易斯、明尼阿波利斯、堪萨斯城、达拉斯和旧金山。这些银行的股份分别归属于它们各自的会员银行。这 12 家联邦储备银行又在其他 25 个大城市中设立了分支机构。纽约、芝加哥和旧金山 3 家联邦储备银行的规模最大，它们持有一半以上的联邦储备资产。而纽约联邦储备银行又是“冠中之冠”，持有联邦储备的大部分资产。每家联邦储备银行都由 9 名兼职董事组成的董事会来管理。这些董事被分为 A、B、C 三类，每类各 3 名。A 类董事由会员银行推选产生，他们本人也是银行家。B 类董事可以不是银行的官员或职员，也可以由会员银行推选产生，但通常是由联邦储备银行行长向会员银行推荐的。C 类董事不由会员银行推选，而是由联邦储备委员会任命，其中的两名将分别担任董事会的主席和副主席。董事会的重要职责之一是选举产生各联邦储备银行的行长，但行长的正式任命必须经过联邦储备委员会的同意。除了负责监管会员银行、审批某些银行合并的申请以及一些日常的职能外，各联邦储备银行还具有一定的政策职能。例如它可以管理自己的贴现窗口，决定是否向辖区内的某一商业银行或其他存款机构提供贷款；它还可以在征得联邦储备委员会批准的情况下设定自己的贴现利率。更重要的还在于，各联邦储备银行占据着联邦公开市场委员会 12 个席位中的 5 个。

7. 政治经济周期(political business cycle)

答：政治经济周期是指政策周期性波动对经济波动的影响。在大选之前，政府实行刺激性的经济政策，以“适度”的通胀率为代价来降低失业率；当选之后，政府则采取紧缩性的经济政策来降低由扩张性政策所导致的高通胀率。这样，宏观经济运行就会呈现出明显的通胀循环周期。

政治性商业周期的产生有三个基本条件：①凯恩斯国民收入决定理论为政策制定者提供了刺激经济的理论依据；②选民喜欢高经济增长，低失业以及低通货膨胀的时期；③政治家喜欢连选连任。

8. 联邦基金利率(federal funds rate)

答：美国联邦基金利率是指美国同业拆借市场的利率，其最主要的是银行间隔夜拆借利率。这种利率的变动能够敏感地反映银行之间资金的余缺，美联储瞄准并调节同业拆借利率就能直接影响商业银行的资金成本，并且将同业拆借市场的资金余缺通过金融市场传递给工商企业，进而影响消费、投资和国民经济。

9. 目标独立性(goal independence)

答：目标独立性是指中央银行独立设定货币政策目标的能力。中央银行的目标独立性反映了中央银行根据其货币政策制定其目标的自由度。不同国家中央银行的目标独立性强弱由其独立设定货币政策目标的能力来判断，例如，美联储的目标独立性要强于加拿大银行和英格兰银行。

10. 货币政策的紧缩

答：货币政策的紧缩是政府在经济过热，出现通货膨胀时对宏观经济进行调控，使经济过热势头得到控制的经济措施之一。紧缩的货币政策的核心是减少宏观货币供给，一般包括三个方面：①贴现率的调高；②银行法定准备金率的提高；③央行在公开市场卖出政府债券。

二、思考题

1. 联邦储备体系为什么由 12 家地区联邦储备银行组成，而不是和其他国家一样的单一中央银行？

答：由于美国人仇视中央银行和集权的传统，故建立起 12 个区域性银行以分散美联储的权力。

2. 为什么第 12 个联邦储备区（旧金山）地理上幅员如此大，而第 2 个联邦储备区（纽约）相比而言却如此小？

答：1913 年联邦储备区创建时，大致依据人口来进行划分，以达到公正地反映地区经济利益的目的。由于那时西海岸相对于东海岸人口稀少，导致第 12 个联邦储备区（旧金山）的面积比第 2 个联邦储备区（纽约）大得多。

3. 美联储是否可以重新规划各个储备区的边界，就像国会定期调整选举区一样？为什么？

答：理论上来说，以 1913 年的《联邦储备法》为基础，重新规划各个储备区的边界，以反映自 1913 年以来的更大的经济利益以及人口向西部和南部州流动的趋势，似乎比较合理。然而实际上，这需要国会重新修订《联邦储备法》并重新划定边界，还可能会给政治利益集团创造更多的机会参与货币政策的制定和实行，并且时间成本较大。

4. "同美国宪法一样，联邦储备体系反映了权力的制约和平衡。"这一观点正确、错误还是不确定？解释你的答案。

答：正确。像美国宪法一样，最初根据《联邦储备法》建立起来的联邦储备体系是一个独特的机构，它具有三权分立特征。正如各州的权力可以形成对联邦政府集权的分散，12 家联邦储备银行对贴现政策的影响力被视为抗衡联邦储备委员会权力集中的制约力量。设置三类代表不同集团利益的董事（银行家、商人和政府）再次试图防止美联邦储备被某一集团完全控制。此外，美国联邦储备相对联邦政府的独立以及作为一个自成系统的联邦储备银行体系进一步限制了政府对银行业的干预。

5. 联邦储备体系的哪个部门控制贴现率？法定准备金率呢？公开市场操作呢？对准备金支付的利率呢？

答：联邦储备委员会制定法定准备金率、贴现率以及对准备金支付的利率，公开市场委员会指导公开市场操作。不过在实践中，公开市场委员会也参与准备金率、贴现率以及对准备金支付的利率的决策。

6. 地区联邦储备银行通过哪些途径影响货币政策操作？

答：联邦储备银行通过以下两条渠道来影响货币政策的实施：对每家银行贴现条件（贴现率和贴现资格）的制定；在联邦公开市场委员会中有 5 票的投票权，而联邦公开市场委员会是联邦储备系统中决定政策制定的主要力量。

7. 各储备区的联邦储备银行行长虽然没有投票资格，但可以参加联邦公开市场委员会会议。这一点为什么重要？

答：这很重要是因为即使他们目前是无投票权的成员，但是联邦公开市场委员会会议使得他们可以反映该区域经济运行状况的信息，这可能与其他区域完全不同，为政策制定提供了重要背景。

8. 为什么纽约联邦储备银行拥有 FOMC 永久投票权？

答：纽约联邦储备银行在美国联邦储备和货币政策的执行中发挥着极其重要的作用：

①美国许多大的商业银行都位于纽约地区，纽约联邦储备银行对商业银行有监管权限，熟知大多数金融市场操作，因此纽约联邦储备银行可以密切监测经济和金融市场的运作状况。

②纽约联邦储备银行设有公共市场交易室，负责实施公开市场操作。在这种情况下，纽约联邦储备银行直接与债券和外汇交易商进行接触和交易，能够提供有关国内外金融市场动向的重要信息。

③纽约联邦储备银行是国际清算银行的成员，并且是美国最大的黄金储备银行。

由于这些原因，纽约联邦储备银行是非常重要的，并且拥有联邦公开市场委员会的永久投票权。

9. 目前，各区联邦储备银行行长（包括纽约联邦储备银行行长）都不需要经过正式的政治任命和批准程序。你认为这是否合理？为什么？

答：合理。可能有些人认为，各联邦储备银行行长的任命应该使用提名制，并经过委员会审批，以确保它们的合格从而保证他们为公众利益服务。毕竟，储备区的联邦储备银行行长作为联邦公开市场委员会的投票或非投票成员参与了货币政策决策，可以在很大程度上影响政策事务。此外，有些人担心储备区的商业银行有选举该区储备银行行长的权利，而该区联邦储备银行有监督这些商业银行的责任，可能会带来利益冲突问题。

然而，建立正式的政治任命和批准程序可能是漫长的，导致许多区联邦储备银行相当长一段时间没有人领导，这不仅不能解决问题，反而可能会产生更多的问题。

10. 你认为 14 年不可连任的委员任期是否可以有效地将联邦储备委员会与政治压力隔离开来？

答：14 年的不可连任的任期并不能完全隔绝政治对委员们的影响。委员们知道他们的政治权利会受到国会立法的限制，因此，他们也会有讨好国会和总统的动机。此外，为了获得控制金融体系的更大权利，委员们也需要国会和总统通过有利的法律来支持他们。

11. 虽然联邦储备委员会在货币政策制定中发挥了十分重要的作用，但委员会席位有时会空缺长达数年之久。为什么会出现这样的现象？

答：由于委员会成员必须由总统任命，并由参议院确认，因此特别是在参议院多数成员来自总统的敌对方的情况下，填补空缺席位的政治程序是艰巨和漫长的。因此，找到合格的且愿意为人民服务并通过审查过程的人选，有时是非常困难的。

12. 美国总统如何向联邦储备体系施加影响?

答: 总统可以通过以下三种方式影响美联邦储备:

①总统可以影响国会。国会曾威胁立法,通过各种途径损害美联邦储备的独立性。

②总统可以任命有特定经济目的的人为委员会成员。

③总统可以每四年任命一名新的委员会主席。虽然前任主席可以填补他在董事会的任期,但通过惯例可以预期他们通常会辞职。

13. 为什么美联储主席提出的政策建议不大可能会被 FOMC 其他成员投票否决?

答: 即使联邦公开市场委员会上的每个成员都有 1 票表决权,政策审议也无疑会反映主席的偏好。原因如下:

①主席是货币政策的代表,因此如果他在重要政策事项上的建议被否决,这可能会导致公众无法对金融市场产生稳定的预期。

②主席设定会议程序,并选择职员进行研究和分析工作,因此他有机会主导会议的发展方向,并展示支撑其建议的数据。

14. 联邦储备体系高度的工具独立性是通过什么途径得到的?如果国会要求它实现"最大就业以及稳定的低物价",美联储如何实现目标独立性?

答: 工具独立性:联邦储备体系具有高度的工具独立性,意味着它可以选择任何想要的方式来实现既定的政策目标。过去采取调整货币供应量的形式,然而现在美联储(以及大多数其他中央银行)选择使用短期利率作为其主要政策工具。

目标独立性:尽管"最大就业"和"稳定的低物价"这两个目标难以兼得,美联邦储备仍然有相当大的目标独立性。因为它可以自由解释"最大就业"和"稳定的低物价"的真实意义。在许多其他国家,特别是那些政府规定了名义通货膨胀目标的国家,目标独立性要低得多。

15. 美联储是独立性最强的美国政府机构。它与其他机构的哪些主要区别可以解释它如此强的独立性?

答: 美联储的强独立性表现在:①受《联邦储备银行法》的制约,由国会授权进行独立行动,直接向国会报告,对国会负责,不受政府的直接控制。②最高决策机构是七人联储理事会,理事会在货币金融政策上有权独立做出决定,直接向国会负责,无须经总统批准,总统不经国会批准,也不得对联邦储备委员会发布任何指令。③理事会和副主席由总统从七名委员会中提名,七名理事需经参议院同意,由总统任命,任期 14 年,每两年更换一次,这使得总统在其任期内不能更换委员会中的大多数成员,排除总统完全控制理事会的可能,主席副主席任期 4 年,可以连任,与总统的任期错开。④它可以从证券和对银行的贷款中获得可观的收入,这些收入使得美联储能够控制自己的预算。

16. 国会对美联储实施控制的主要工具是什么?

答: 国会通过威胁要控制美联储的财务和预算来对其实施控制。国会还通过法律,要求美联储对自己的行为承担更多的责任。例如,美联储必须每半年向国会提交货币政策报告,美联储主席还要参加听证会,解释货币政策行为是否与《联邦储备银行法》的目标一致等。

17. 美联储的政策、程序与财务是否应当接受定期审计？为什么？

答：应当接受定期审计，原因如下：

①如果美联储受到额外审查，可能损害美联储的独立性，导致不太理想的经济结果。特别是在政策问题上，政策审计可能给美联储带来隐性压力，使其有偏好(或避免)特定政策的动机。

②对美联储进行审计，能使其更负责任，这也符合民主原则。

18. 20 世纪 60 年代和 70 年代，联邦储备体系的会员银行流失速度非常快。美联储竭力呼吁要制定法律强制所有商业银行加入，官僚行为理论如何解释美联储的这种行为？美联储的努力成功了吗？

答：官僚行为理论指出，美联储会通过控制所有银行来获得尽可能多的权利。尽管美联储并没有达到通过立法要求所有银行都成为会员银行的目标，但是它成功地使国会通过立法把许多原来仅仅是对成员银行的管制(如准备金要求)扩张到对所有的存款机构。美联储成功地将权利扩张了。

19. "官僚行为理论说明美联储从来不从公共利益出发行事。"这种观点正确、错误还是不确定？解释你的答案。

答：错误。个人福利最大化并不排除利他主义。为公众利益而经营显然是美联储的一个目标。官僚行为理论仅着眼于其他目标，例如权力最大化等也将对决策产生影响。

20. 为什么削弱美联储的独立性会使得政治经济周期更明显？

答：削弱美联储的独立性会使其更加短视和被政治利益集团所左右。因此，当在大选之前能够通过扩张性政策实现政治利益时，美联储会更可能从事这样的行为。结果，会造成更显著的政治经济周期。

21. "美联储的独立性使它完全不对自己的行为负责。"这种观点正确、错误还是不确定？解释你的答案。

答：错误。美联储仍然面临政治压力，因为国会可以通过立法限制美联储的权力。因此，假如美联储未能恪尽职责，国会可通过立法使美联储为其行为付出高额代价。

22. "美联储的独立性意味着，它可以追求长期目标而非短期目标。"这种观点正确、错误还是不确定？解释你的答案。

答：不确定。尽管独立性可能有助于美联储的货币政策更加关注长期目标(因为其人事并不受下次选举结果的直接影响)，但是美联储仍然会受到政治压力的影响。此外，美联储的独立性可能使其更加不负责任。因此，美联储的独立性会使其关注长期目标，这一点并不是完全明确的。

23. 美联储不向国会或公众立即公布 FOMC 会议纪要，以维持其保密性。讨论支持和反对这一政策的理由。

答：反对立即公布 FOMC 会议纪要的人认为，这样做使得美联储远离国会控制，得以实施独立的货币政策，从而不受通货膨胀和政治经济周期的影响；而支持立即公布 FOMC 会议纪要的人的理由是，这将使美联储负有更大的责任，而且透明度的增加会帮助形成市场预期，从而更好地促进货币政策目标的实现。

24. 美联储和欧洲中央银行，谁的独立性更强？为什么？

答：欧洲中央银行比美联储更加独立。一方面，欧洲中央银行的条例只能够根据《马斯特里赫特条约》修订，而这要求所有缔约国都同意，因此这是一个非常困难的过程。而美联储的规章制度可以通过立法修改，这相对来说简单多了。

另一方面，欧洲中央银行的目标比美联储更加明确，因为《马斯特里赫特条约》规定稳定物价是欧洲中央银行压倒一切的长期目标，虽然它并没有规定具体的物价目标水平。

25. 为什么 1997 年前的英格兰银行独立性很差？

答：1997 年之前英格兰银行独立性很差，是因为当时的利率政策决策权不由英格兰银行控制，而是完全由英国财政部（财政大臣）进行掌控。

第 14 章　货币供给过程

14.1　复习笔记

【知识框架(庖丁解牛)】

- 货币供给过程
  - 货币供给过程中的三位参与者
    - 中央银行
    - 银行(存款机构)
    - 存款人
  - 美联储的资产负债表
  - 控制基础货币
  - 多倍存款创造：简化模型
  - 货币供给的决定因素
  - 货币乘数

【考点难点归纳(厚积薄发)】

考点一：货币供给过程中的三位参与者(见表 14－1)　★★★

表 14－1　货币供给过程中的三位参与者

参与者	具体内容
中央银行	监督银行体系并负责实施货币政策的政府机构，例如美国的联邦储备体系
银行(存款机构)	接受个人和机构存款并发放贷款的金融中介，主要有：商业银行、信用社储蓄与贷款协会等
存款人	在银行拥有存款的机构和个人

考点二：美联储的资产负债表(见表 14－2)　★★

表 14－2　美联储的资产负债表

项目			具体内容
资产	解释		①资产项目的变动→准备金和基础货币的变动→货币供给的变动。 ②由于资产的利率高于负债，美联储通过资产获取大量收入
	科目	证券	主要包括美联储持有的由美国财政部发行的证券。美联储购入证券，货币流入市场，进而提高货币供给水平
		向金融机构发放的贷款	美联储向银行等金融机构放贷，增加银行体系的准备金。向银行机构放贷的贷款利率被称为贴现率

续表

项目	具体内容		
负债	解释	流通中的现金和准备金是美联储的货币负债，与美国财政部的货币负债统称为基础货币。其中，美联储的货币负债是主要关注点	
	科目	流通中的通货	即公众手中持有的货币。存款机构所拥有的货币也是美联储的负债，但属于准备金的范畴
		准备金	所有银行都需要在美联储开立存款账户。准备金既是银行的资产，也是美联储的负债，包括两类：法定准备金和超额准备金

【例 14.1】非银行公众向中央银行出售债券 1 万元，将所得钞票存入商业银行，央行______1 万元，商业银行______1 万元。(　　)[中国人民大学 2017 年研]

A. 负债减少；负债减少　　B. 资产减少；资产增加

C. 资产增加；负债增加　　D. 资产增加；负债减少

【解析】向中央银行出售债券，即中央银行给非银行公众人民币，流通中的人民币属于中央银行的负债，所以中央银行的负债增加 1 万元，同时债券持有作为中央银行的资产，使得中央银行资产也相应增加 1 万元；将所得钞票存入商业银行时，商业银行的负债增加 1 万元。

【答案】C

考点三：控制基础货币(见表 14－3)　★★★

表 14－3　控制基础货币

要点	具体内容	
基础货币	基础货币 MB 是指流通中的现金 C 与银行准备金总额 R 的总和，可以表述为：$MB = C + R$	
公开市场操作	含义	公开市场操作是指中央银行在公开市场买卖二级市场债券以增减货币供应量的一种政策手段，是美联储变动基础货币的主要途径
	机制	①公开市场购买：美联储购买债券→银行体系准备金以同等幅度扩张→基础货币等量增加； ②公开市场出售：美联储出售债券→银行体系准备金以同等幅度收缩→基础货币等量减少
存款向现金转换	存款向现金的转换会影响银行体系的存款准备金，但对基础货币没有影响，因此美联储直接控制基础货币的效果更好	
向金融机构发放贷款	形式	美联储以贴现贷款的形式向金融机构提供贷款
	机制	①降低再贴现利率→贷款增加→准备金增加→基础货币增加； ②提高再贴现利率→贷款减少→准备金减少→基础货币减少
影响基础货币的其他因素	浮款	浮款是指美联储在进行支票清算时，由于时间差而导致银行体系准备金总额的暂时性增加，从而影响基础货币
	在美联储的财政存款	①财政部将存款转入美联储账户→财政存款增加→准备金减少→基础货币减少； ②财政部将存款转出美联储账户→财政存款减少→准备金增加→基础货币增加

续表

要点	具体内容
美联储控制基础货币的能力	①影响货币供给的主要渠道是公开市场操作和向金融机构发放贷款。 ②基础货币中，美联储控制力较弱的是借入准备金；控制力强的是其余部分，被称为非借入基础货币。 ③浮款以及在美联储的财政存款是美联储不能完全控制的因素，但可以预见并通过公开市场操作抵消其影响

【例 14.2】基础货币是指(　　)。[中国人民大学 2015 年研]

A. 准货币

B. M_0

C. 存款准备金

D. 商业银行的存款准备及公众持有现金

【解析】基础货币，也称强力货币、始初货币，因其具有使货币供应总量成倍放大或收缩的能力，又被称为高能货币，它是中央银行发行的债务凭证，表现为商业银行的存款准备金(R)和公众持有的现金(C)之和。

【答案】D

【例 14.3】在影响基础货币增减变动的因素中，(　　)的影响最为主要。[四川大学 2016 年研]

A. 国外净资产

B. 中央银行对政府债权

C. 固定资产的增减变化

D. 中央银行对商业银行的债权

【解析】基础货币，也称"高能货币""强力货币"，是指具有使货币总量倍数扩张或收缩能力的货币，它一般由存款准备金和流通在银行体系以外的现金两部分组成。因此，影响基础货币投放的因素主要有商业银行存款准备金和流通在银行体系以外的现金量这两部分。D 项，中央银行对商业银行的债权可以直接影响商业银行的存款准备金，是最为主要的影响因素。

【答案】D

【例 14.4】下列属于扩张性货币政策操作的是(　　)。[浙江财经学院 2011 年研]

A. 发行央行票据

B. 降低法定存款准备金率

C. 在公开市场上进行正回购操作

D. 在公开市场上进行现券卖断操作

【解析】降低法定存款准备金使得商业银行的放款能力提高，货币乘数变大，最终会扩大货币供应量，属于扩张性货币政策。正回购的交易是央行卖出债券、回笼资金，承诺以后购回证券的操作，ACD 三项均属于紧缩性的货币政策。

【答案】B

考点四：多倍存款创造：简化模型(见表 14－4)　★★★★

表 14－4　多倍存款创造：简化模型

要点	具体内容
存款创造	①存款创造是指银行体系准备金的增加引起存款多倍的增加。存款增加的倍数称为简单存款乘数，是法定准备金率的倒数。 ②存款创造的公式为： $\Delta D=(1/rr)\times\Delta R$ 式中，ΔD 表示银行体系支票存款总额的变动；rr 表示法定准备金率；ΔR 表示银行体系准备金的变动
推导多倍存款创造的公式	假定银行不持有超额准备金，则银行体系法定存款准备金 RR 等于银行体系存款准备金总额 R： $RR=R$　(14.1) 法定存款准备金总额等于法定存款准备金率 rr 与支票存款总额 D 的乘积： $RR=rr\times D$ 用 $rr\times D$ 替换式(14.1)中的 RR： $rr\times D=R$　(14.2) 将式(14.2)两边同时除以 rr，得： $D=(1/rr)\times R$　(14.3) 式(14.3)两边同时变动，用 Δ 表示： $\Delta D=(1/rr)\times\Delta R$
对简化模型的批判	①简化模型过于机械； ②模型给出的存款创造数量偏大； ③美联储的行为不是影响货币供给的唯一因素

【例 14.5】下列关于法定准备金的说法错误的是(　　)。[清华大学 2015 年研]

A. 法定准备金是银行根据其存款应该持有的最低准备金

B. 法定准备金影响银行体系可以用一美元准备金创造出多少货币

C. 当美联储提高法定准备金时，意味着银行必须持有更多准备金

D. 当美联储提高法定准备金时，增加了货币乘数，并增加了货币供给

【解析】法定存款准备金是商业银行等金融机构根据央行规定的准备金比率提取部分存款存入央行的金额，这是银行应该持有的最低准备金。法定存款准备金率的大小可以影响货币扩张倍数，当法定存款准备金率增加时，货币乘数减小，货币供给减少。

【答案】D

【例 14.6】假定同一的 100 万元货币，在一定期限内媒介了 5 次商品交易，其中 3 次卖家将收入全部存入了银行，银行留下准备金后又将余额贷出(存款准备金率为 10%)，则下列说法正确的是(　　)。[南京大学 2014 年研]

A. 这 100 万元现金总共创造了 300 万元的存款

B. 这 100 万元现金总共创造了 271 万元的存款

C. 这 100 万元现金总共创造了 270 万元的存款

D. 这 100 万元现金总共创造了 190 万元的存款

【解析】第一次 100 万元全部存入银行，第二次银行贷出 90 万元，又全部存入银行，第三次银行贷出 81 万元，也全部存入银行，第四次银行贷出 72.9 万元，不再存入银行。所以总共的存款 = 100 + 90 + 81 = 271（万元）。

【答案】B

考点五：货币供给的决定因素（见表 14－5）★★★

表 14－5　货币供给的决定因素

参与者	因素	影响机制	结论
美联储	非借入基础货币 MB_n	①公开市场购买→MB_n 上升→基础货币和准备金增加→货币供给扩张； ②公开市场出售→MB_n 下降→基础货币和准备金减少→货币供给收缩	货币供给与非借入基础货币 MB_n 呈正相关关系
	法定准备金率 rr	①提高法定准备金率→简单存款乘数下降→货币供给收缩； ②降低法定准备金率→简单存款乘数升高→货币供给扩张	货币供给与法定准备金率 rr 呈负相关关系
银行	向美联储借入准备金 BR	①美联储增加贷款→借入准备金增加→基础货币和准备金增加→货币供给扩张； ②美联储减少贷款→借入准备金减少→基础货币和准备金减少→货币供给收缩	货币供给与借入准备金 BR 呈正相关关系
	超额准备金	①增加超额准备金→发放贷款减少→货币供给收缩； ②减少超额准备金→发放贷款增多→货币供给扩张	货币供给与超额准备金呈负相关关系
储户	现金持有水平	①现金持有增加→多倍扩张能力减弱→货币供给收缩； ②现金持有减少→多倍扩张能力增强→货币供给扩张	货币供给与现金持有水平呈负相关关系

【例 14.7】通货比率的变动主要取决于（　　）的行为。［浙江工商大学 2011 年研］

A. 中央银行　　B. 非银行金融机构

C. 商业银行　　D. 社会公众

【解析】通货对活期存款的比率叫做通货比率，其变动主要受居民、企业的影响。

【答案】D

【例 14.8】下列哪种情况下（　　）导致货币供给增加。［浙江工商大学 2011 年研］

A. 政府购买增加

B. 央行从公众手中购买国债

C. 一个平民购买通用汽车的债券

D. 联想公司向公众发售股票

【解析】央行从公众手中购买国债属于公开市场操作，会造成基础货币的增加，从而使得货币供给增加。

【答案】B

考点六：货币乘数(见表14－6) ★★★★

表14－6 货币乘数

要点		具体内容
含义		货币乘数 m 表示基础货币的变动所引起的货币供给变动的比例，通常大于1。货币供给 M、货币乘数 m 和基础货币 MB 之间的关系为： $M=m\times MB$
推导过程	定义	①M(货币供给 M 由M1定义)表示通货(C)加上支票存款(D)； ②R 表示准备金总额，等于法定存款准备金(RR)和超额存款准备金(ER)之和，即： $R=RR+ER$ ③MB 表示基础货币，等于通货(C)加上存款准备金(R)，即： $MB=C+R$
	假定	①通货(C)与支票存款(D)保持固定的比率： $c=C/D$ ②法定存款准备金率为： $rr=RR/D$ ③超额存款准备金(ER)与支票存款(D)保持固定的比率： $e=ER/D$
	推导	货币乘数 m 的推导过程如下： $R=RR+ER=rr\times D+e\times D$ $MB=R+C=rr\times D+e\times D+c\times D=(rr+e+c)\times D$ $M=C+D=c\times D+D=(1+c)D=m\times MB=m\times(rr+e+c)D$ $m=(1+c)/(rr+e+c)$ 货币乘数是由存款者决定的通货存款比率 C/D，由银行决定的超额存款准备金率 ER/D 以及由中央银行决定的法定存款准备金率 rr 共同决定的
货币乘数小于简单存款乘数		货币乘数远远小于简单存款乘数，原因有： ①存款存在多倍扩张过程，但现金不存在多倍扩张过程； ②超额准备金率大于0，说明增加基础货币和存款能够增加超额准备金

补充：货币乘数一定大于1的说法是错误的。正如公式 $m=(1+c)/(rr+e+c)$ 所表明的，若 $rr+e$ 大于1，则货币乘数可能小于1。但在实际中，由于 e 相当小，$rr+e$ 小于1，因此，货币乘数通常大于1。

【例14.9】经济中通货和存款比是5%，存款准备率是15%，则货币乘数是(　　)。[中国人民大学2018年研]

A. 5.0　　B. 5.25　　C. 6.67　　D. 7.0

【解析】根据计算公式，可得货币乘数为：

$$m=\frac{C+D}{C+R}=\frac{\frac{C}{D}+1}{\frac{C}{D}+\frac{R}{D}}=\frac{5\%+1}{5\%+15\%}=5.25$$

其中，C 为流通中的现金；D 为活期存款；R 为存款准备金。

【答案】B

【例 14.10】下列能够直接制约商业银行派生存款大小的因素是（　　）。［中国人民大学 2017 年研］

A. 市场利率　　B. 通货膨胀　　C. 资产负债表　　D. 提现率

【解析】存款货币创造乘数（派生乘数）可表示为：

$$K=\frac{\Delta D}{\Delta R}=\frac{1}{r_d+t\cdot r_t+c+e}$$

式中，ΔD 是指活期存款量增额，ΔR 为总原始存款的增额。r_d 为法定活期存款准备金率、r_t 为定期存款准备金率、e 为超额准备金率、c 为现金漏损率、t 为定期存款与活期存款的比。其中，现金漏损率即提现率，提现率越大，派生乘数越小。

【答案】D

14.2　课后习题详解

一、关键术语

1. 借入准备金（borrowed reserves）

答：借入准备金是指商业银行及存款性金融机构在法定准备金数量不足时向拥有超额准备金的银行（如美联储）借入的货币资金。其计算公式为：借入准备金（BR）= 基础货币（MB）- 非借入基础货币（MB_n）。当其他条件不变，联邦基金利率相对于再贴现率上升时，借入准备金就会增加，因为与同业借款相比，商业银行更愿意向联储借款。

2. 货币乘数（money multiplier）［厦门大学 2023、2022 年研］

答：货币乘数指中央银行创造一单位的基础货币所能增加的货币供应量。假定货币供给（M）等于通货（C）加上支票存款（D），基础货币 MB 等于通货（C）加上存款准备金（R），存款准备金总额 R 等于法定存款准备金（RR）和超额存款准备金（ER）之和，那么货币乘数为：$m=M/MB=(C+D)/(RR+ER+C)=(1+C/D)/(RR/D+ER/D+C/D)$。

货币乘数是由存款者决定的通货存款比率 C/D，由银行决定的超额存款准备金率 ER/D 以及由中央银行决定的法定存款准备金率 RR/D 的函数。货币乘数与通货存款比率、超额存款准备金率及法定存款准备金率之间都呈负相关关系。

3. 一级交易商（primary dealers）

答：一级交易商是指具备一定资格、能够直接参与中央银行公开市场交易的政府债券交易商。例如，美联储买卖债券通常是通过一级交易商进行的。一级交易商的规模一般比较大，是中央银行公开市场交易的主要对象，其认定也往往需要中央银行的批准，一般包括资金实力雄厚的商业银行和证券公司。

4. 贴现率（discount rate）

答：贴现率亦称“贴现利率”，是贴现利息与贴现的票据面额之间的比率，即银行接受商业票据、国库券等贴现时，对贴现申请人收取贴现利息时所依据的利率。贴现利息按贴现票据的金额及贴现利率和贴现时间计算，具体计算公式为：贴现率 =（贴现利息/票据面额）×100%；贴现利息 = 票据面额 × 月贴现率 × 未到期天数 ×（1/30）；贴现金额 = 票据面额 − 贴现利息。

5. 多倍存款创造（multiple deposit creation）

答：当中央银行向银行体系供应1美元的额外存款准备金时，存款就以这个数目的多倍增加，这个过程被叫作多倍存款创造。多倍存款扩张的公式可以写成：$\Delta D = (1/rr) \times \Delta R$，其中，$\Delta D$ 代表银行体系中支票存款总量的变动，rr 代表法定存款准备金率，ΔR 代表银行体系存款准备金的变动。

多倍存款创造过程也可以反向作用，即当中央银行从银行体系收回存款准备金，将会引起多倍存款收缩。

6. 法定准备金率（required reserve ratio）

答：法定存款准备金率是指中央银行规定的各商业银行和其他存款机构缴存的存款准备金占其存款总额的比率，是中央银行三大传统货币政策工具之一。中央银行通过调整法定存款准备金率来控制商业银行的信用扩张能力，进而调节社会货币供应量。当经济过热时，中央银行提高法定存款准备金率，缩小货币乘数，使商业银行收缩信贷规模，从而减少货币供应量。反之，当经济衰退时，中央银行降低法定存款准备金率，提高货币乘数，增强商业银行信贷扩张能力，从而增加货币供应量。

中央银行调整法定存款准备金率对货币供给的影响很大，它的局限性在于：效果太强烈，不宜作为日常性工具，而且对于不同类别的存款影响不一致，效果不易把握。因此，法定存款准备金率是中央银行三大传统政策工具中最不经常使用的。

7. 超额准备金（excess reserves）

答：超额准备金又称“超额储备”，指商业银行或其他存款机构在货币当局规定必须缴纳的法定准备金之外，还保留的那部分储备资金。超额储备等于总储备减去法定储备。商业银行保留超额准备金主要是为了解决意外的大额提现、结清存款或更好地投资。超额储备的变动将影响到货币乘数大小，在基础货币供应量不变的情况下，它制约着银行体系创造货币的能力。

8. 非借入基础货币（nonborrowed monetary base）

答：非借入基础货币是指基础货币减去中央银行的贴现贷款的剩余部分。非借入基础货币主要来自中央银行的公开市场操作，是完全处在中央银行控制之下的基础货币。中央银行的公开市场购买会增加非借入基础货币，公开市场出售则会减少非借入基础货币。非借入基础货币是影响货币供给量的重要因素之一，货币供给和非借入基础货币呈正相关。

9. 法定准备金（required reserves）

答：法定准备金是按照银行法的规定，商业银行必须将其吸收的存款按照一定比率存入中央银行而形成的存款。法定存款准备金是商业银行存款准备金总额最主要的构成部分，这项准备金一般是不准动用的。商业银行在中央银行的存款超过法定存款准备金以外的部分被称为超额准备金。

10. 浮款(float)

答：浮款是指当美联储为商业银行进行支票清算时，先增加收到款项的银行的准备金存款，经过一段时间后再减少付出款项的银行的准备金存款，这样就出现了银行体系的准备金和基础货币的暂时性增加。因此浮款对基础货币存在一定影响，但美联储无法完全控制其影响。

11. 公开市场操作(open market operations)

答：公开市场操作是中央银行三大传统政策工具之一，是指中央银行在金融市场上公开买卖有价证券，以调节货币供给的一种操作。该业务一般在市场上公开操作，对所有交易者一视同仁，而不是直接向发行人购买。根据中央银行的动机，它可分为主动性公开市场操作和防御性公开市场操作两种。前者指中央银行为改变银行准备金总水平，而主动买卖有价证券；后者指中央银行为消除它不能控制的因素对货币供应量的影响，而进行的业务操作行为。

中央银行买进有价证券和票据，将产生三方面的影响：①基础货币投放量增加。当货币乘数不变时，货币供应量将增加。②有价证券和票据的价格上升，市场利率下降，刺激投资增加。③向公众传达放松银根的信息，影响心理预期。比如，中央银行通过买进有价证券，实际等于向社会投放了一笔基础货币，增加了货币供应量，引起信用的扩张；相反当中央银行卖出有价证券和票据时，就会减少市场上相应数量的基础货币，达到信用的收缩。

公开市场业务与其他货币政策相比，有以下优点：①通过防御性操作，消除不能控制的因素对货币供应量的外部冲击。②能够连续操作，主动出击，灵活性大。③中央银行能帮助政府稳定债券市场，有利于政府债券发行。同时，它不会因为财政赤字的货币化而丧失资产流动性。

公开市场业务的顺利进行需要具备：①有效率的金融市场；②一定规模的证券和票据发行量；③独立的交易主体。中国在 1996 年开始实施此项货币政策。

12. 准备金(reserves)

答：准备金是指商业银行为应付客户提取存款而设置的资金储备。它由两部分组成：一部分是自存准备，即库存现金；另一部分是法定准备，即根据银行法，商业银行将其存款按中央银行规定的比率转存中央银行而形成的存款准备。在西方国家，存款准备金普遍实行“二级准备金制度”，即存款准备金分为第一准备金和第二准备金。所谓第一准备金是银行为应付客户提取现款随时可以兑现的资产，主要包括库存现金及存放在中央银行的法定准备金，其流动性较高，一般称为“现金准备”，也称为“主要准备”。所谓第二准备金，是指银行最容易变现而又不致遭受重大损失的资产，如有价证券及其他流动性资产，也叫“保证准备”。中央银行为了控制信贷，在必要时除要求商业银行维持一定比率的“第一准备”外，还要维持一定比率的“第二准备”。

13. 高能货币(high-powered money)

答: 高能货币亦称“基础货币”“货币基数”“货币基础”或“强力货币”,它是经过商业银行的存贷款业务而能扩张或收缩货币供应量的货币。西方国家的基础货币包括商业银行存入中央银行的存款准备金(包括法定准备金和超额准备金)与社会公众所持有的现金。

基础货币有四个属性:①可控性,是中央银行能调控的货币;②负债性,是中央银行的负债;③扩张性,能被中央银行吸收作为创造存款货币的基础,具有多倍创造的功能;④初始来源唯一性,即其增量只能来源于中央银行。

中央银行通过调节基础货币的数量就能数倍扩张或收缩货币供应量,因此,基础货币构成市场货币供应量的基础。在现代银行体系中,中央银行对宏观金融活动的调节,主要是通过控制基础货币的数量来实现的。其具体操作过程是:当中央银行提高或降低存款准备金率时,各商业银行就要调整资产负债项目,相应增加或减少其在中央银行的法定准备金,通过乘数效应,可对货币供应量产生紧缩或扩张的作用。社会公众持有现金的变动也会引起派生存款的变化,从而导致货币供应量的扩大或缩小:当公众将现金存入银行时,银行就可以按一定比例(即扣除应缴准备金后)进行放款,从而在银行体系内引起一系列的存款扩张过程;当公众从银行提取现金时,又会在银行体系内引起一系列的存款收缩过程。

14. 公开市场购买(open market purchase)

答: 公开市场购买是公开市场操作的一部分,指中央银行购买债券的过程。中央银行能够向债券市场交易商发布指令,完全控制公开市场购买的规模。如果其他所有变量不变,公开市场购买导致的非借入基础货币的上升会增加基础货币和准备金,在多倍存款创造过程的作用下,货币供给出现扩张。

15. 简单存款乘数(simple deposit multiplier)

答: 简单存款乘数是指由银行体系存款准备金的增加而引起的存款多倍增加的倍数。简单存款乘数等于法定存款准备金率的倒数,可以用分数表示。因此,多倍存款扩张的公式可以写成:$\Delta D=(1/rr)\times\Delta R$。其中,$\Delta D$ 表示包括原始存款在内的经过派生的存款增加总额,rr 表示法定存款准备金率,ΔR 表示原始存款或准备存款的初始增加额。

16. 基础货币(monetary base)

答: 基础货币亦称“高能货币”“货币基数”“货币基础”或“强力货币”,它是经过商业银行的存贷款业务而能扩张或收缩货币供应量的货币。西方国家的基础货币包括商业银行存入中央银行的存款准备金(包括法定准备金和超额准备金)与社会公众所持有的现金。

基础货币有四个属性:①可控性,是中央银行能调控的货币;②负债性,是中央银行的负债;③扩张性,能被中央银行吸收作为创造存款货币的基础,具有多倍创造的功能;④初始来源唯一性,即其增量只能来源于中央银行。

中央银行通过调节基础货币的数量就能数倍扩张或收缩货币供应量,因此,基础货币构成市场货币供应量的基础。在现代银行体系中,中央银行对宏观金融活动的调节,主要是通过控制基础货币的数量来实现的。其具体操作过程是:当中央银行提高或降低存款准备金率时,各商业银行就要调整资产负债项目,相应增加或减少其在中央银行的法定准备金,通过乘数效应,可对货币供应量产生紧缩或扩张的作用。社会公众持有现金的变动也会引起派生存款的变化，从而导致货币供应量的扩大或缩小：当公众将现金存入银行时，银行就可以按一定比例（即扣除应缴准备金后）进行放款，从而在银行体系内引起一系列的存款扩张过程；当公众从银行提取现金时，又会在银行体系内引起一系列的存款收缩过程。

17. 公开市场出售（open market sale）

答：公开市场出售是公开市场操作的一部分，指中央银行出售债券的过程。中央银行能够向债券市场交易商发布指令，完全控制公开市场出售的规模。如果其他所有变量不变，公开市场出售导致的非借入基础货币的下降会减少基础货币和准备金，在多倍存款创造过程的作用下，货币供给出现收缩。

二、思考题

如果没有特别注明，下列假定适用于本章所有思考题：支票存款的法定准备金率为10%，银行不持有超额准备金，公众持有的通货水平保持不变。

1. 将下列交易归类为货币供给过程中三位参与者（美联储、银行和存款人）的资产、负债或二者都不是。

a. 你从银行得到 1 万美元汽车贷款。

b. 你将 400 美元存入当地银行的支票账户中。

c. 美联储向某银行提供了 100 万美元紧急贷款。

d. 一家银行向另外一家银行借入 50 万美元隔夜贷款。

e. 你在饭馆消费 100 美元后，用借记卡结账。

答：a. 存款人：由于购置汽车，资产增加 10000 美元；由于贷款，负债增加 10000 美元。

银行：由于贷款，资产增加了 10000 美元，被准备金减少 1 万美元抵消。

b. 存款人：资产不受影响，支票存款增加 400 美元，现金减少 400 美元。

银行：资产因储备金增加 400 美元，负债因支票账户余额增加 400 美元。

美联储：负债不受影响，储备金增加 400 美元，货币减少 400 美元。

c. 银行：资产增加了 100 万美元储备金；负债由于从美联储借款而增加相同数额。

美联储：资产因贷款增加了 100 万美元；负债因储备金而增加了 100 万美元。

d. 银行：整个银行系统的资产和负债不受影响。单个银行的资产负债表将由于贷款而改变。

e. 存款人：由于支票账户余额减少 100 美元，资产的减少抵消了资产的增加。

银行：银行体系的资产和负债整体不受影响。个人银行的资产负债表会随着资金从我的银行账户转移到餐厅的银行账户而改变。

2. 第一国民银行准备金增加了 100 美元，但它不准备将其贷放出去，这种情况下整个银行体系创造的存款是多少？

答：整个银行体系的存款创造没有发生任何变化。这是因为额外的存款准备金没有贷出，也就没有参与存款创造。

3. 假定美联储向第一国民银行购买了100万美元债券。如果包括第一国民银行在内的所有银行都将由此增加的准备金全部用于购买证券而不发放贷款，支票存款会发生怎样的变化？

答：美联储购买100万美元的债券，使银行系统的准备金增加了100万美元，支票存款增加的总额为1000万美元。在多倍存款创造过程中，银行用由此增加的准备金购买债券而非发放贷款，这不会对多倍存款创造过程产生任何影响。

4. 如果某存款人从银行账户中提取了1000美元现金，准备金、支票存款和基础货币会发生什么样的变化？

答：银行体系的准备金减少1000美元，由于多倍收缩效应，支票存款相应减少了10000美元。基础货币保持不变，这是由于准备金减少的1000美元被增加的1000美元现金所抵消。

5. 如果某银行向美联储出售了1000万美元债券，以归还它所欠的1000万美元贷款，这对支票存款有何影响？

答：没有影响。美联储的贷款减少了1000万美元，持有的债券增加了1000万美元，存款准备金水平没有发生变化，因此支票存款也不改变。

6. 如果你决定比平时减少100美元现金持有，并将多出的这100美元现金存入银行，若其他公众保持通货持有水平不变，对银行体系的支票存款有何影响？

答：100美元的存款使银行准备金增加100美元，经过存款多倍创造，银行体系的支票存款增加了1000美元。

7. "美联储可以完全控制银行体系的准备金水平。"这一观点正确、错误还是不确定？解释你的答案。

答：错误。虽然美联储可以通过公开市场操作相当精确地控制基础货币，但它对系统中银行的准备金水平的控制程度却较低。因为公众决定了它想要持有多少现金，银行决定了从美联储借款多少，这两者都能影响银行的准备金水平。此外，浮款和财政存款会在短期内出现巨大波动，从而改变银行体系中的准备金水平，这基本上是不受美联储控制的。

8. "美联储可以完全控制基础货币规模，但对基础货币构成的控制力较弱。"这一观点正确、错误还是不确定？解释你的答案。

答：错误。由于美联储不能控制金融机构的贴现贷款金额，因此不能对准备金数量实现完全控制，进而不能完全控制基础货币规模。

9. 美联储从公众手中买入了1亿美元债券，同时下调了法定准备金率。货币供给会发生怎样的变化？

答：美联储无论是购买1亿美元的债券（这增加了基础货币），还是下调法定准备金率（这提高了多倍扩张的倍数，因而使货币乘数增大）都将导致货币供给的增加。

10. 说明下列参与者如何影响货币供给：(a)中央银行；(b)银行；(c)存款人。

答：(a)中央银行可通过公开市场操作影响货币供应，从而改变了非借入性的基础货币。它也可以通过向金融机构发放贷款，增加借入性准备金来影响基础货币，进而影响货币供应量。最后，中央银行可以改变存款准备金要求，影响货币乘数，从而影响给定基础货币时的货币供应量。

(b)银行可通过持有超额准备金来影响货币供应，超额准备金的减少意味着更多的贷款和更多的货币供应。

(c)存款人可以通过持有现金存款比率来影响货币供应。较高的现金比率导致较低的货币乘数，因此在基础货币给定的情况下的货币供应量较低。

11. "货币乘数必然大于 1。"这个观点正确、错误还是不确定？解释你的答案。

答：错误。正如公式 $m=(1+C/D)/(RR/D+ER/D+C/D)$ 所表明的那样，假如 $RR/D+ER/D$ 大于 1，则货币乘数可能小于 1。不过在实际中，由于 ER/D 相当小，$RR/D+ER/D$ 小于 1，因此，货币乘数通常大于 1。

12. 金融恐慌对货币乘数和货币供给可能产生什么影响？为什么？

答：在基础货币一定的情况下，金融恐慌可能会使货币乘数效应降低，从而减少货币供应。在金融恐慌时，银行会降低风险贷款并拥有更多的流动性，这将增加超额准备金率，导致货币乘数减小。此外，储户可能担心银行倒闭而增加他们持有的货币量，这进一步降低了货币乘数。

13. 在 1930～1933 年大萧条期间，通货比率 c 和超额准备金率 e 都急速上升。这些因素对货币乘数产生了什么样的影响？

答：通货比率 c 和超额准备金率 e 上升都会使得货币乘数减小，导致货币供应量的迅速下降。因为当 c 上升时，货币供给中进行多倍扩张的部分(如支票存款)就转换为不进行多倍扩张的部分(现金)。多倍扩张的整体水平下降，货币乘数也减小了。超额准备金率的上升，意味着银行体系实际上支持支票存款的准备金减少了。因此，货币乘数减小。

14. 2008 年 10 月，联邦储备体系开始对银行持有的超额准备金付息。如果有的话，这会如何影响多倍存款创造过程和货币供给？

答：对超额准备金支付利息使银行有动机不发放贷款而持有更多的准备金，这将提高超额准备金率，减少货币乘数。在基础货币一定的情况下，减少货币供应。

15. 货币乘数在 1930～1933 年期间与 2008～2010 年金融危机期间都显著下降。然而 M1 货币供给在大萧条期间下降了 25%，却在最近的金融危机期间增加了超过 20%。用什么解释这种结果差异？

答：这两个时期基础货币的增幅不同。最近的金融危机期间基础货币急剧增加，这足以抵消货币乘数的下降。而大萧条期间，基础货币即使有增长也只是温和地上涨，所以货币供应下降。

三、应用题

如果没有特别注明，以下假设适用于本章所有应用题：支票存款的法定准备金率为 10%，银行不持有超额准备金，公众的通货持有保持不变。

16. 如果美联储出售 200 万美元债券给第一国民银行，准备金和基础货币会怎样变化？运用 T 账户解释你的答案。

答：存款准备金和基础货币都减少 200 万美元，如下列 T 账户所示：

第一国民银行

资　产		负　债	
存款准备金	-2000000 美元		
证券	+2000000 美元		

联邦储备体系

资　产		负　债	
证券	-2000000 美元	存款准备金	-2000000 美元

17. 如果美联储出售 200 万美元债券给投资者欧文，用来支付债券的是满满一手提箱现金，准备金和基础货币会怎样变化？运用 T 账户解释你的答案。

答：准备金不变，但基础货币减少了 200 万美元，如下面 T 账户所示：

投资者欧文

资　产		负　债	
货币	-200 万美元		
证券	+200 万美元		

联邦储备体系

资　产		负　债	
证券	-200 万美元	货币	-200 万美元

18. 如果美联储向 5 家银行发放总额为 1 亿美元的贷款，但存款人从银行提取 5000 万美元存款，并以通货形式持有，准备金和基础货币会如何变化？用 T 账户解释你的答案。

答：准备金增加 5000 万美元，但是基础货币增加 1 亿美元，如下面 5 家银行和美联储的 T 账户所示：

5 家银行

资　产		负　债	
准备金	+5000 万美元	贴现贷款	+10000 万美元
		存款	-5000 万美元

联邦储备体系

资　产		负　债	
贴现贷款	+10000 万美元	准备金	+5000 万美元
		货币	+5000 万美元

19. 运用 T 账户说明，如果美联储向第一国民银行发放 100 万美元贷款，银行体系支票存款发生的变化。

答：美联储发放贷款后的初始影响如下：

联邦储备体系

资 产		负 债	
贷款	+100 万美元	准备金	+100 万美元

第一国民银行

资 产		负 债	
准备金	+100 万美元	贷款	+100 万美元

银行收到贷款后将超额准备部分贷出，通过货币乘数效应，新增的 100 万美元准备金将创造 1000 万美元的新增贷款，货币供给增加 1000 万美元。最终的 T 账户变化如下所示：

联邦储备体系

资 产		负 债	
贷款	+100 万美元	准备金	+100 万美元

第一国民银行

资 产		负 债	
准备金	+100 万美元	向美联储借款	+100 万美元
贷款	+1000 万美元	支票存款	+1000 万美元

20. 运用 T 账户说明，如果美联储出售 200 万美元债券给第一国民银行，银行体系支票存款发生的变化。

答：美联储向第一国民银行销售债券使存款准备金减少了 200 万美元。最终结果是银行体系的支票存款下降 2000 万美元。初始影响如下所示：

联邦储备体系

资 产		负 债	
债券	−200 万美元	准备金	−200 万美元

第一国民银行

资 产		负 债	
债券	+200 万美元		
准备金	−200 万美元		

银行准备金下降通过乘数效应导致贷款成倍下降，最终的 T 账户变化如下所示：

联邦储备体系

资 产		负 债	
债券	−200 万美元	准备金	−200 万美元

第一国民银行

资　产		负　债	
债券	+200 万美元	支票存款	-2000 万美元
准备金	-200 万美元		
贷款	-2000 万美元		

21. 如果美联储从第一国民银行手中买入 100 万美元债券，但额外 10%的存款被作为超额准备金持有，支票存款总计增加多少？（提示：利用 T 账户说明多倍存款扩张每一步的情况。）

答：支票存款的总增加额仅为 500 万美元，明显地小于没有超额存款准备金时的 1000 万美元。原因是现在银行都把存款的 20% 作为准备金，仅借出 80%，因此 T 账户的存款增加总额为 1000000 + 800000 + 640000 + 512000 + 409600 + ⋯ = 5000000（美元）。下表显示证券购买对银行体系 T 账户的影响：

联邦储备体系

资　产		负　债	
债券	+100 万美元	准备金	+100 万美元

第一国民银行

资　产		负　债	
债券	-100 万美元		
准备金	+100 万美元		

银行准备金增加后通过乘数效应导致贷款成倍增加，最终的 T 账户变化如下所示：

联邦储备体系

资　产		负　债	
债券	+100 万美元	准备金	+100 万美元

第一国民银行

资　产		负　债	
债券	-100 万美元	支票存款	+500 万美元
准备金	+100 万美元		
贷款	+500 万美元		

22. 如果美联储向金融机构发放 10 亿美元贷款引起银行体系准备金增加 10 亿美元，而支票存款增加 90 亿美元，为什么银行体系没有处于均衡状态？银行体系在趋向均衡的过程中还会发生什么？利用 T 账户说明银行体系的均衡状态。

答：银行体系处于不平衡状态是因为仍有 1 亿美元的超额存款准备金（10 亿美元的准备金减去 9 亿美元（90 × 10%）的法定存款准备金）。超额存款准备金将贷出，直到支票存款再增加 10 亿美元，从而实现均衡。当实现均衡时，银行体系的 T 账户如下所示：

银行体系

资 产		负 债	
存款准备金	+10 亿美元	贴现贷款	+10 亿美元
贷款	+100 亿美元	支票存款	+100 亿美元

23. 如果美联储卖给银行 500 万美元债券以减少准备金，那么银行体系处于均衡状态时它的 T 账户是什么样的？支票存款规模会发生什么样的变化？

答：支票存款下降了 5000 万美元。银行体系处于均衡时其 T 账户为：

银行体系

资 产		负 债	
准备金	-500 万美元	支票存款	-5000 万美元
证券	+500 万美元		
贷款	-5000 万美元		

24. 如果美联储卖出 100 万美元债券，银行减少其向美联储的借款 100 万美元，你预计货币供给将发生什么变化？

答：美联储出售 100 万美元的债券，使基础货币减少了 100 万美元，贴现贷款的减少也使基础货币减少了 100 万美元。结果，基础货币减少了 200 万美元，导致货币供给的减少。

25. 假定流通中的通货是 6000 亿美元，支票存款为 9000 亿美元，超额准备金为 150 亿美元。

a. 计算货币供给、通货存款比率、超额准备金率和货币乘数。

b. 假定由于经济出现了严重萎缩，中央银行实施了罕见的大规模公开市场购买，从银行手中买入了 1.4 亿美元债券。假定 a 计算的所有比率不变，预测货币供给的变化。

c. 假定中央银行采取与 b 一样的公开市场购买，但银行因为担心金融危机决定将所有资金都作为超额准备金持有而不是贷放出去。如果通货和存款保持不变，超额准备金、超额准备金率、货币供给和货币乘数会出现怎样的变化？

d. 2008 年金融危机期间，美联储向银行体系注入了大规模的流动性，而与此同时，几乎没有什么贷款。结果，在从 2008 年 10 月到 2011 年期间的大部分时间里，M1 货币乘数都小于 1。这一情景与 c 的答案有何联系？

答：a. 货币供给 $M = C + D = 6000 + 9000 = 15000$（亿美元）

通货存款比率 $c = C/D = 6000/9000 = 0.667$

超额准备金比率 $e = ER/D = 150/9000 = 0.017$

货币乘数 $m = (1 + c)/(rr + e + c) = 1.667/0.783 = 2.13$

b. 基础货币将增加至 $6000 + 9000 \times 10\% + 150 + 1.4 = 7051.4$（亿美元）。

根据第一问计算的货币乘数，货币供给将增加到 $7051.4 \times 2.13 = 15019.482$（亿美元）。

c. 公开市场操作之后的超额准备金为：$ER = 151.4$（亿美元）

超额准备金比率 $e = 151.4/9000 = 0.0168$

货币乘数 $m = (1 + 0.667)/(0.1 + 0.0168 + 0.667) = 2.13$

货币供应仍然是15000亿美元，因为流通中的现金和支票存款没有改变。

d. 上述结果表明，一般情况下，少量货币作为超额准备金停留在银行体系中，货币乘数大于1，但是在2008年金融危机期间，银行体系的超额准备金规模庞大，M1货币乘数就可能会小于1。

第 15 章　货币政策工具

15.1　复习笔记

【知识框架(庖丁解牛)】

- 货币政策工具
  - 准备金市场和联邦基金利率
    - 准备金市场的供给与需求
    - 货币政策工具对联邦基金利率的影响机制
  - 常规货币政策工具
    - 公开市场操作
    - 贴现政策和最后贷款人
    - 法定准备金率
    - 超额准备金利息
  - 非常规货币政策工具与量化宽松
  - 欧洲中央银行的货币政策工具

【考点难点归纳(厚积薄发)】

考点一：准备金市场和联邦基金利率　★★

1. 准备金市场的供给与需求(见表 15－1)

表 15－1　准备金市场的供给与需求

要点	具体内容
需求曲线	①存款准备金需求量＝法定存款准备金需求量＋超额存款准备金需求量 超额存款准备金的机会成本＝联邦基金利率－准备金利率 ②当联邦基金利率上升，超额准备金机会成本增加，其需求会减少，因此当联邦基金利率高于准备金利率时，准备金的需求曲线会向下倾斜。 ③当联邦基金利率跌至低于超额准备金利率的水平时，超额准备金的需求无限大，此时需求曲线水平
供给曲线	①准备金的供给量＝非借入准备金(*NBR*)＋借入准备金(*BR*)。 ②当联邦基金利率 i_{ff} 低于贴现率 i_d 时，准备金供给量与非借入准备金(*NBR*)的数量相同，此时供给曲线垂直。 ③当联邦基金利率上升并超过贴现率时，银行愿意增加借款再贷出，此时供给曲线水平
需求和供给的均衡	准备金的供给和需求的均衡如图 15－1 所示。 当准备金的需求量和供给量相等，即 $R^s=R^d$ 时，实现市场均衡，此时均衡利率为 i_{ff}^*

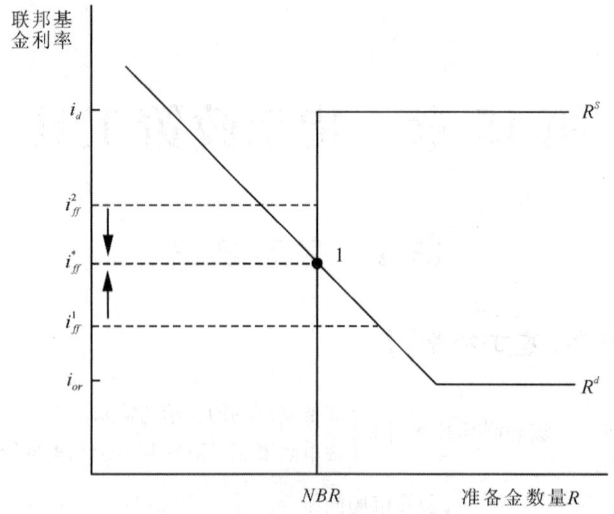

图 15－1　准备金市场上的均衡

【例 15.1】中央银行对利率的控制能力强于对超额准备金的控制。（　　）［中央财经大学 2015 年研］

【解析】影响利率的因素有很多，利率的高低由货币的供求决定。虽然中央银行可以通过货币政策工具影响货币供给，但很难影响货币需求，利率不易控制。超额准备金一般包括借入准备金和非借入准备金。借入准备金是商业银行由于准备金不足向拥有超额准备金的银行借入的货币资金。超额准备金中扣除借入准备金，即为非借入准备金，又称自有准备金。央行可以通过调整再贴现率、银行资本充足率控制超额准备金。因此，中央银行对超额准备金的控制更加容易。

【答案】×

2. 货币政策工具对联邦基金利率的影响机制（见表 15－2）

表 15－2　货币政策工具对联邦基金利率的影响机制

工具	影响机制
公开市场操作	公开市场操作对联邦基金利率的影响取决于供求曲线相交的位置： ①交点位于需求曲线的倾斜部分时： 公开市场购买→增加准备金供给量→供给曲线右移→联邦基金利率下跌； 公开市场出售→减少准备金供给量→供给曲线左移→联邦基金利率上升。 ②交点位于需求曲线的水平部分时：公开市场操作不会影响联邦基金利率
贴现贷款	大部分对贴现率的调整不会对联邦基金利率产生影响
法定准备金率	①法定存款准备金率提高→法定存款准备金增加→需求曲线右移→联邦基金利率上升； ②法定存款准备金率降低→法定存款准备金减少→需求曲线左移→联邦基金利率下降
超额准备金利息	超额准备金利息变动的影响取决于供求曲线相交的位置： ①交点位于需求曲线倾斜部分时：提高超额准备金利率→需求曲线的水平部分上移，但供求曲线的交点不变，因此联邦基金利率不变。 ②交点位于需求曲线的水平部分时：提高超额准备金利率→联邦基金利率上升

【例 15.2】在经济萧条时期，政府不会选择的货币政策是(　　)。[南京大学 2012 年研]

A. 降低法定准备率

B. 中央银行在公开市场上买进政府债券

C. 中央银行在公开市场上卖出政府债券

D. 降低再贴现率

【解析】在经济萧条时期，政府会采取宽松的货币政策，主要包括降低法定准备金率、降低贴现率和在公开市场上买进政府债券，以达到扩大货币供给的目的。C 项，卖出政府债券会使得市场中的货币量减少，属于紧缩的货币政策，是治理通货膨胀的货币政策。

【答案】C

考点二：常规货币政策工具(见表 15－3) ★★★

表 15－3　常规货币政策工具

工具	具体内容		
公开市场操作	含义		公开市场操作是指中央银行在金融市场上公开买卖有价证券，以调节货币供给的一种业务。这里的有价证券主要包括政府公债、国库券和银行承兑汇票等
	机制		①当金融市场资金短缺，需要扩大货币供应量时，买进债券，投入基础货币； ②当金融市场资金过剩，需要收缩货币供应量时，卖出债券，回笼货币，减少货币供应量
	类型		①以调整准备金和基础货币规模为目标的主动性公开市场操作； ②以抵消其他因素变动对基础货币和准备金的影响为目标的防御性公开市场操作
	优点		①中央银行可以通过公开市场操作直接影响货币供给。 ②公开市场操作可以按照意愿确定交易规模、方法，准确调整法定准备率。 ③公开市场操作不具有惯性，容易进行业务逆转。 ④公开市场操作可以对货币量进行微调。 ⑤公开市场操作不会引起人们预期的改变，其效果更理想
	使用条件		①中央银行能够调控整个金融市场； ②具备发达的金融市场； ③有其他政策工具配合
贴现政策和最后贷款人	贴现政策	级信贷	一级信贷是最重要的贴现贷款，其利率一般高于联邦基金利率目标 100 个基点
		二级信贷	二级信贷发放的对象是流动性严重不足的银行，其利率高于贴现率 50 个基点
		季节性信贷	季节性信贷发放的对象是具有季节性特征的银行，其利率与定期存款利率和联邦基金利率的均值挂钩
	最后贷款人		中央银行作为最后贷款人，向流动性急缺且没有其他资金来源渠道的银行提供贴现贷款

续表

工具	具体内容	
法定准备金率	含义	法定存款准备金率是指商业银行及其他金融机构在中央银行的存款准备金占其存款的比率
	作用最猛烈的原因	①通过货币乘数作用引起货币供给更大幅度的变化。 ②在很大程度上限制了商业银行体系的存款派生能力。 ③调整法定准备金率会引起整个存款准备金率的变动，进而引起货币乘数变动
	局限性	①调整法定存款准备金率产生的作用强烈，不宜作为经常性的货币政策工具。 ②法定存款准备金率的调整会改变人们的预期，导致其他经济变量发生变化。 ③法定存款准备金率有多种类型，其调整会产生不易控制的影响
超额准备金利息	当银行积累大量的超额准备金时，超额准备金利率可以提高联邦基金利率，从而将超额准备金转移出银行体系	

【例 15.3】什么确定了中央银行在金融体系中的核心和主导地位，确定了中央银行对金融机构监督管理的必然性和必要性？(　　)［清华大学 2014 年研］

A. 依法实施货币政策　　B. 代理国库

C. 充当“最后贷款人”角色　　D. 集中与垄断货币银行

【解析】“最后贷款人”的角色确立了中央银行在金融体系中的核心和主导地位，确定了中央银行对金融机构实施金融监督管理的必然性与必要性。尽管随着金融体系与制度的发展，有些国家对金融机构的监督管理不是由中央银行一家承担而是与另外专设的金融监管机构共同分工负责，但中央银行作为最后贷款人及由此决定的中央银行对金融机构实施监督管理的基本属性并未改变，而且还在不断增强。

【答案】C

【例 15.4】可选择性货币政策工具指的是(　　)。［华中科技大学 2017 年研］

A. 再贴现　　B. 不动产信用控制

C. 公开市场业务　　D. 存款准备金政策

【解析】货币政策工具包括：①传统货币政策工具(再贴现政策、公开市场业务、法定准备金率)。②选择性货币政策工具(消费者信用控制、证券市场信用控制、不动产信用控制、优惠利率、预缴进口保证金等)。③直接信用控制(消费者信用控制、证券市场信用控制、不动产信用控制、优惠利率、预缴进口保证金等)。④间接信用控制(道义劝告、窗口指导等)；⑤新的货币政策工具(MLF、PSL 等)。

【答案】B

【例 15.5】在一般性货币政策工具中，再贴现政策对中央银行而言具有较强的主动性。(　　)［中央财经大学 2015 年研］

【解析】再贴现政策存在一定的局限性：主动权并非只在中央银行，甚至市场的变化可能违背中央银行的政策意愿。因为商业银行是否申请再贴现或再贴现多少，取决于商业银行的行为，由商业银行自主判断和选择。

【答案】×

【例 15.6】公开市场业务是通过增减商业银行借款成本来调控基础货币的。(　　)[中央财经大学 2015 年研]

【解析】公开市场业务是指中央银行在金融市场上公开买卖有价证券，以此来调节金融机构的准备金和基础货币，进而影响市场利率和货币量的政策行为。再贴现业务是通过增减商业银行借款成本来调控基础货币的。

【答案】×

考点三：非常规货币政策工具与量化宽松 ★★

1. 非常规货币政策工具(见表 15－4)

表 15－4　非常规货币政策工具

要点	具体内容	
出现的原因	在金融危机期间，由于金融体系崩溃、利率达到有效下限，常规货币政策工具无法正常发挥作用	
形式	提供流动性	①扩张贴现窗口：即调低贴现率。但由于通过贴现窗口借款会留下不良记录，因此危机期间其作用有限。 ②期限拍卖便利(TAF)：即通过竞拍的方式确定贷款利率。TAF 的利率较低，应用较为广泛。 ③新贷款计划：包括向投资银行提供贷款，为购买商业票据、抵押支持证券以及其他资产支持证券提供贷款等
	大规模购买资产	危机期间，美联储发起资产购买项目(LSAP)，包括长期国债、贷款、机构债务与抵押支持证券，以降低某些特定类型的信贷工具的利率
	前瞻性指引和对未来货币政策行动的承诺	①美联储承诺未来的货币政策能够将短期利率保持在零水平，以降低未来短期利率的预期值，从而促使长期利率下降。 ②对未来货币政策行动的承诺有两类： a. 附加条件的。如果经济环境变化，则放弃承诺。 b. 不附加条件的。不管情况如何变化都会遵守承诺，其对长期利率影响更大

拓展：非常规货币政策的有利之处在于，“流动性陷阱下”，常规货币政策失效，非常规货币政策是权宜之计。非常规货币政策的有害之处在于：①削弱了央行的独立性；②增大了整体的流动性，可能导致未来恶性通胀；③全球操作一致，如同一个市场，可能导致全球系统性风险；④在贸易摩擦下，量化宽松是竞相贬值。

2. 量化宽松与信贷宽松(见表 15－5)

表 15－5　量化宽松与信贷宽松

要点	具体内容	
量化宽松	支持者的观点	美联储对抗金融危机的政策使其资产负债表出现扩张，这种扩张政策被称为量化宽松(QE)。大规模增加基础货币会导致货币供给的扩张，推动经济增长

续表

要点	具体内容	
量化宽松	质疑者的观点	①量化宽松不一定会引起货币供给的扩张，因为大部分基础货币转化为了超额准备金。 ②联邦基金利率达到零利率下限时，量化宽松无法降低短期利率或刺激经济。 ③基础货币增加时，银行不一定会增加放贷。 ④短时期内货币供给的快速扩张可能引发通货膨胀
信贷宽松	美联储前主席本·伯南克认为，美联储的政策并非为了扩张其资产负债表，而是为了实现信贷宽松，即对资产负债表组成进行调整，促进特定的信贷市场正常运转。通过信贷宽松刺激经济的途径： ①美联储向某个信贷市场提供流动性，该市场将资本分配到生产用途上，从而刺激经济。 ②美联储购买某类证券时，该证券的需求增加可以降低其利率，从而刺激支出	

拓展：量化宽松政策有效性的判断：①政策有效，表现为经济增长，无通胀；②政策相对有效，表现为经济增长，但导致通胀；③政策无效，表现为经济无增长；④政策有害，表现为经济停滞，资金流入虚拟经济。

考点四：欧洲中央银行的货币政策工具（见表15-6） ★

表15-6 欧洲中央银行的货币政策工具

工具	具体内容
公开市场操作	欧洲中央银行以公开市场操作作为主要的货币政策工具，有两种类型： ①主要再融资操作，由信贷机构提交报价，欧洲央行确定可以接受的报价然后用合格的资产作抵押，以回购或信贷业务的方式进行买卖，直到准备金供给量达到预期。 ②长期再融资操作，不是用于体现货币政策意图，而是为欧元区的银行提供长期资金
向银行发放贷款	①隔夜市场利率的上限：边际贷款利率； ②隔夜市场利率的下限：存款便利利率
法定准备金率	欧洲中央银行要求所有吸收存款的机构在央行存放准备金，并向准备金支付利息
超额准备金利息	超额准备金利息是指中央银行对商业银行存放在央行、超过法定准备金要求的那部分资金所支付的利息。欧洲中央银行通过调整超额准备金利率来影响市场利率和货币供应量

15.2 课后习题详解

一、关键术语

1. 常规货币政策工具（conventional monetary policy tools）

答：常规货币政策工具是指美联储用来控制货币供给和利率的货币政策工具，包括公开市场操作、贴现贷款和法定准备金率。其中，公开市场操作是最重要的货币政策工具。一方面，公开市场操作对利率和基础货币变动起最主要的决定作用；另一方面，它又是货币供给变动的重要来源。

2. 前瞻性指引（forward guidance）

答：前瞻性指引也称预期管理，是指美联储通过承诺未来一定期间内的货币政策将保持短期利率的零水平，可以使得市场对未来短期利率的预期值降低，从而拉动长期利率下降。因为利率期限结构的预期理论提到，长期利率等于在长期债券有效期内市场预期短期利率的平均值。哥伦比亚大学的迈克尔·伍德福特将这种策略称为预期管理，通俗称为前瞻性指引。

3．非常规货币政策工具(nonconventional monetary policy tools)

答：非常规货币政策工具是指利率之外的工具，主要有三种表现形式：提供流动性，大规模购买资产，前瞻性指引和对未来货币政策行动的承诺。中央银行使用非常规货币政策工具的原因有以下两点：①金融体系停摆，资本无法被配置到生产用途之中，投资支出骤减，经济崩溃；②经济体系遭遇负冲击，导致利率达到零下限水平，中央银行无法进一步调低利率。

4．最后贷款人(lender of last resort)

答：最后贷款人是指能作为银行业的坚强后盾、并为其信贷活动提供最后支持的金融机构。美国的最后贷款人是联邦储备银行。联邦储备银行通过贴现窗口为会员银行提供信贷支持。这种信贷支持的方式是多种多样的，包括向银行提供短期调整信贷以满足银行的法定准备金需求，或长期的季节信贷和展期信贷以满足银行长期资金的需求。有时联邦储备银行还要向有困难的银行或储蓄机构提供贷款，以恢复公众对银行系统的信任，维持银行业的稳定与发展。

在欧洲国家，最后贷款人一般是财政部而不是中央银行。而欧洲债券市场则无最后贷款人。

5．信贷宽松(credit easing)

答：信贷宽松是指通过调整资产负债表的组成部分，促进某些特定的信贷市场正常运转的货币政策。信贷宽松的途径有：①向某个陷入停滞的信贷市场提供流动性；②通过资产购买降低特定信贷市场的利率水平等。可以由抵押担保证券、公司债券或其他私人部门债务工具组成的债务证券作为贷方加入联邦政府资产负债表中，用于购买的资金作为借方添加。

6．长期再融资操作(longer-term refinancing operations)

答：长期再融资操作是欧洲中央银行公开市场操作之一，是欧元区银行体系较小的流动性来源，它们并不是用来表明货币政策立场的，而是为欧元地区的银行提供额外的长期再融资。这些操作每月实施，通常是买入或者卖出 3 个月期限的证券。

7．隔夜现金利率(overnight cash rate)

答：隔夜现金利率是指银行之间的期限非常短的拆借利率，也称隔夜拆借利率，一般期限为一天。隔夜现金利率是现金利率的一种，是银行借贷给银行的一种政策利率，央行会通过调节现金利率来控制宏观经济。

8．防御性公开市场操作(defensive open market operations)

答：防御性公开市场操作是指中央银行为了抵消那些非中央银行所能控制的因素对存

款货币机构准备金水平和货币供给量的影响、维系既定的货币政策而进行的公开市场操作。防御性公开市场操作通常是通过回购协议和逆回购协议两种方式进行的。在此目标下，中央银行通常采用短期性的回购协议和逆回购协议进行操作，以及时而准确地抵消那些非中央银行所能控制的因素对存款货币机构准备金水平和货币供给量的影响，确保既定货币政策的实现。回购协议政策的意义在于为社会提供短期资金，满足临时资金需求，防止政府债券不规则的波动，稳定金融市场。逆回购协议的政策意义在于通过中央银行的逆回购协议操作，吸收因外部因素所造成的暂时过剩的准备金，维系货币供给的稳定。

9. 一级交易商(primary dealer)

答：一级交易商是指具有一定资格，能够直接参与中央银行公开市场交易的政府债券交易商。例如，美联储买卖债券通常是通过一级交易商进行的。一级交易商的规模一般比较大，包括资金实力雄厚的商业银行和证券公司，是中央银行公开市场交易的主要对象，其认定也往往需要中央银行的批准。

10. 主要再融资操作(main refinancing operations)

答：主要再融资操作是公开市场操作中最具影响力的一种形式，由信贷机构提交报价，欧洲中央银行确定可以接受的报价，然后用合格的资产作抵押，以回购或信贷业务的方式进行买卖。欧洲中央银行接受最具吸引力的价格进行买卖，直到准备金供给量达到理想水平。

11. 量化宽松(quantitative easing)

答：量化宽松是指美联储为对抗金融危机而引入非常规货币政策工具(提供流动性，大规模购买资产以及前瞻性指引和对未来货币政策行动的承诺)，使得其资产负债表出现了前所未有的急剧扩张。量化宽松会引起基础货币的大幅增加，基础货币如此大规模的增加通常情况下会导致货币供给的扩张，从而在较短的时间内就会对经济形成巨大的推动力，还可能引发通货膨胀。

12. 存款便利(deposit facility)

答：存款便利是欧元系统的一种常备便利，指银行存款可以从国民中央银行获取比目标融资利率低100个基点的固定利率，从而欧洲中央银行可以通过预先规定的存款便利利率设定隔夜市场利率的下限，进而调整目标融资利率。

13. 预期管理(management of expectations)

答：预期管理是指美联储通过承诺未来一定期间内的货币政策将保持短期利率的零水平，可以使得市场对未来短期利率的预期值降低，从而拉动长期利率下降。因为利率期限结构的预期理论提到，长期利率等于在长期债券有效期内市场预期短期利率的平均值。哥伦比亚大学的迈克尔·伍德福特将这种策略称为预期管理，通俗地称为前瞻性指引。

14. 回购协议[repurchase agreement(repo)]

答：回购协议指的是在出售证券的同时，和证券的购买商签订协议，约定在一定期限后按原定价格或约定价格购回所卖证券，从而获取即时可用资金的一种交易行为。从本质上说，回购协议是一种抵押贷款，其抵押品为证券。

回购协议是中央银行调节全社会流动性的手段之一，当中央银行购入商业银行或证券经纪商持有的证券时，全社会的流动性便增加了；反之，当商业银行或证券经纪商再购回该证券时，全社会的流动性将恢复到其原先的水平。中央银行证券回购协议的期限一般较短，通常在 15 天之内。因此，回购协议是中央银行对全社会的流动性进行短期调节的手段。回购协议也可能发生在金融机构和金融机构之间、金融机构和非金融机构之间以及非金融机构之间。这时的回购协议是各经济单位之间融通短期资金的手段之一。回购协议的标的物通常是国家债券，尤以短期国库券为主。

15. 贴现窗口(discount window)

答：贴现窗口指中央银行开办的办理再贴现业务的设施及机构。美联储可以通过贴现窗口向私人金融机构(银行或贷款协会)发放贷款。这种贴现操作会导致高能货币的供给量变化。中央银行作为最后贷款人，通过贴现窗口向商业银行提供资金，但中央银行并非一定要提供资金，因此商业银行不可将通过贴现窗口融资视为一项权利。

16. 边际贷款便利(marginal lending facility)

答：边际贷款便利也是欧元系统的一种常备便利，指银行可以从国民中央银行按照边际贷款利率借入(以符合资格的物品为抵押)隔夜贷款。边际贷款利率高出目标融资利率 100 个基点，它规定了欧洲货币联盟隔夜市场利率的上限。欧洲中央银行也是通过调整边际贷款便利来调整目标融资利率。

17. 反向交易(reverse transactions)

答：反向交易是指用合格的资产作抵押，以回购或信贷业务的方式进行买卖的行为。欧洲中央银行主要通过主要再融资操作(类似于美联储的回购交易)，包括每周的逆向交易和两周后会进行的反向操作，来实施货币政策和根据目标融资率确定隔夜现金利率。

18. 主动性公开市场操作(dynamic open market operations)

答：主动性公开市场操作指中央银行为改变存款货币机构的准备金总水平和基础货币水平，而主动进行的公开市场操作。当中央银行货币政策方向或力度发生转变时，中央银行通常是采取主动性公开市场操作来实现其转变。在此目标下，中央银行的公开市场操作通常是连续性、同向性地买进或卖出有价证券，增加或减少存款货币机构的储备总量和货币供给量，达到实现货币扩张或紧缩的政策目标。

19. 边际贷款利率(marginal lending rate)

答：边际贷款利率即边际贷款便利的利率。银行可以借助边际贷款便利从国民中央银行按照边际贷款利率借入(以符合资格的物品为抵押)隔夜贷款。边际贷款利率高出目标融资利率 100 个基点，它规定了欧洲货币联盟隔夜市场利率的上限。

20. 常备贷款便利(standing lending facility)

答：常备贷款便利即贴现贷款，财务健康的银行可以按照它们自己的意愿在非常短的时期内(通常为隔夜)借入所需的一级信贷便利，因此被称为常备贷款便利，这种贷款的利率就是贴现率。该贷款的利率通常高于联邦基金利率目标 100 个基点，因为美联储希望银行能够在联邦基金市场上进行同业拆借，使得银行间可以互相监督对方的信贷风险。

21. 以买回为条件的出售交易(逆回购协议)(matched sale-purchase transaction，reverse repo)

答：逆回购协议实际上与回购协议是一个问题的两个方面。它是从资金供应者的角度出发，相对于回购协议而言的。回购协议中，卖出证券取得资金的一方同意按约定期限以约定价格购回所卖出证券。在逆回购协议中，买入证券的一方同意按约定期限以约定价格出售其所买入的证券。从资金供应者的角度看，逆回购协议是回购协议的逆进行。

22. 目标融资利率(target financing rate)

答：目标融资利率是欧洲中央银行视为理想的利率目标水平。欧洲中央银行通过制定目标融资利率，并据此设定隔夜现金利率来表明了其货币政策立场，对宏观经济进行调控。公开市场操作是欧洲中央银行根据目标融资利率确定隔夜现金利率的首要工具。

23. 联邦基金利率(federal funds rate)

答：联邦基金利率是指美国同业拆借市场的利率，其最主要的是隔夜拆借利率。这种利率的变动能够敏感地反映银行之间资金的余缺，美联储瞄准并调节同业拆借利率就能直接影响商业银行的资金成本，并且将同业拆借市场的资金余缺传递给工商企业，进而影响消费、投资和国民经济。尽管，对联邦基金利率和再贴现率的调节都是由美联储宣布的，其方式则有行政规定和市场作用之分，其调控效果也有高低快慢等差别，这也许正是联邦基金利率逐渐取代再贴现率、发挥调节作用的一个重要原因所在。

作为同业拆借市场的最大的参加者，美联储并不是一开始就具有调节同业拆借利率的能力的，因为它能够调节的只是自己的拆借利率，所以能够决定整个市场的联邦基金利率。其作用机制应该是这样的，美联储降低其拆借利率，商业银行之间的拆借就会转向商业银行与美联储之间，因为向美联储拆借的成本低，整个市场的拆借利率就将随之下降。如果美联储提高拆借利率，在市场资金比较短缺的情况下，联邦基金利率本身就承受上升的压力，所以它必然随着美联储的拆借利率一起上升。在市场资金比较宽松的情况下，美联储提高拆借利率，向美联储拆借的商业银行就会转向其他商业银行。但是，美联储可以在公开市场上抛出国债，吸纳商业银行过剩的超额准备金，造成同业拆借市场的资金紧张，迫使联邦基金利率与美联储的拆借利率同步上升。

24. 有效下限问题(effective-lower-bound problem)

答：有效下限问题是指在金融危机等极端经济状况下，中央银行试图通过降低政策利率来刺激经济，但发现利率已经接近或达到零，无法进一步下降的情况。这意味着传统的降息手段失效，因为理论上，利率一旦降到零以下，银行客户可能会选择持有现金而不是支付负利率存款，而银行也可能宁愿持有无风险的实物现金，而不是在同业拆借市场上以负利率出借资金。这样一来，货币政策的传导机制受阻，中央银行无法有效地通过利率调整来促进信贷增长、提振投资和消费，进而支持经济增长。因此，在面临有效下限问题时，中央银行需探索非常规货币政策工具来应对经济衰退。

二、思考题

1. 如果公开市场交易室的经理听说，纽约市将发生暴风雪，从而加大支票兑付难度，增加浮款，这位经理会进行怎样的防御性公开市场操作？

答：暴风雪导致在途支票数量的增加，使得基础货币增加。为了抵消这一影响，公开市场操作室的经理将实施防御性公开市场卖出。

2. 圣诞节期间，当公众的通货持有增加时，通常会发生怎样的防御性公开市场操作？为什么？

答：在圣诞假期，当公众的通货持有增加时，通货 - 支票存款比率上升，货币供给减少。为了抵消货币供应的减少所带来的影响，美联储将实施防御性公开市场购买。

3. 如果财政部刚刚向国防承包商支付了一大笔账单，导致其在美联储的存款减少，公开市场交易室的经理将进行怎样的防御性公开市场操作？

答：当财政部在美联储的存款减少时，基础货币将增加。为抵消这一结果，公开市场操作室的经理将实施公开市场出售。

4. 如果浮款降到正常水平以下，为什么国内操作部经理认为使用回购协议来影响基础货币比直接购买债券更可取？

答：因为浮款降到正常水平之下只是暂时的，基础货币只是暂时下降。采用回购协议只是临时向银行体系注入准备金，因此用这种方法来抵消由于浮款下降而产生的基础货币的暂时下降是明智之举。

5. "美联储可以影响借入准备金的唯一途径是调整贴现率。"这种表述正确、错误还是不确定？解释你的答案。

答：错误。美联储还可以通过直接限制单一银行贷款数量或限制更广泛的金融系统的贷款规模来影响借入准备金的水平。

6. "联邦基金利率永远不能高于贴现率。"这种表述正确、错误还是不确定？解释你的答案。

答：不确定。理论上看，联邦基金利率永远不可能高于贴现率。一旦联邦基金利率与贴现率相等，它就会停止上涨。因为在这种情况下银行会放弃联邦基金市场选择直接从美联储借款，这阻止了联邦基金利率的进一步上涨。

然而，在实际生活中，联邦基金利率可以（并且已经）高于贴现率。这可能是由于银行直接向美联储借款比较困难，银行宁愿支付更高的利率从联邦基金市场借款。此外，非银行金融机构无法获得贴现贷款，只能向联邦基金市场借款。非银行金融机构参与联邦基金市场的程度意味着当联邦基金利率高于贴现率时，它们之间的利差无法通过套利来消除。

7. "联邦基金利率永远不能低于超额准备金利率。"这种表述正确、错误还是不确定？解释你的答案。

答：不确定。理论上，一旦联邦基金利率下降到与超额准备金利率相同的水平，它将不再下降，永远不会低于超额准备金利率。因为在这种情况下，银行可以直接从美联储赚取无风险利润，而不会选择在风险较高的联邦基金市场上以相同或更低的利率贷放超额准备金，这会防止联邦基金利率低于超额准备金利率。

然而，在实际生活中，联邦基金利率可能(并且已经)低于超额准备金利率。这是因为非银行金融机构无法获得准备金的利息，只能通过联邦基金市场向市场提供大量资金。非银行金融机构参与联邦基金市场的程度意味着当联邦基金利率低于超额准备金利率时，他们之间的利差无法通过套利来消除。

8. 为什么向超额准备金付息是美联储管理危机的重要工具?

答：在危机期间，美联储可能需要向银行和金融系统提供大量的流动性，这将会降低联邦基金利率。为了维持联邦基金利率的稳定性，美联储需要消除这些影响。如果美联储选择公开市场操作，在流动性很大的情况下，美联储的证券可能难以抵消流动性所带来的影响。此时，向超额准备金付息可以提高联邦基金利率，而不必进行公开市场操作来抵消流动性的影响。

9. 为什么大部分短期货币政策操作是通过回购协议而非直接买卖证券进行的?

答：大部分短期货币政策操作通过回购协议进行是因为它们是临时性的，且这一方法使美联储应对准备金市场日常变化的公开市场操作相对容易。

10. 公开市场操作通常是回购协议。防御性公开市场操作的可能规模与主动性公开市场操作规模相比，你从中有何发现?

答：这表明防御性公开市场操作远较主动性公开市场操作普遍，因为回购协议主要用于抵消基础货币临时变动的防御性公开市场操作。

11. 2008年全球金融危机后，美联储资产负债表上的资产迅速增加，2007年底大约为8000亿美元，2015年超过了4.5万亿美元。许多资产持有是通过危机后设立的各类贷款计划而获得的长期证券。在这种情况下，逆回购协议(以买回为条件的出售交易)如何帮助美联储有序地减少持有的资产，同时降低未来潜在的通货膨胀问题?

答：因为银行和金融机构以超额准备金形式存在的大量流动性会通过银行贷款而离开银行系统，作为存款或货币流入公众手中，这最终可能导致严重的通货膨胀问题。但是，当美联储持有的资产是一些期限较长的证券时，这些资产可能不容易从资产负债表中购回，以消除银行和金融体系中的一部分流动性。因此，逆回购协议可暂时性地用于从银行系统中持续地减少准备金，直到较长期限的证券都能够从美联储的资产负债表中购回为止。

12. "FDIC的出现消除了发生银行恐慌的可能性，因此，贴现政策已经没有必要存在。"这种表述正确、错误还是不确定?

答：错误。假如没有美联储向有问题的银行提供贴现贷款，从而防止银行倒闭的连锁反应，联邦存款保险公司将不可能有效地消除银行恐慌。

13. 利用向金融机构发放贷款来防止银行恐慌的做法有什么缺点?

答：向金融机构发放贷款会产生道德风险问题。如果金融机构知道他们将有机会获得美联储的贷款，他们将更可能从事风险投资活动。因为如果发生银行业恐慌，美联储会为它们提供保障。因此，美联储为了防止银行业恐慌而发放贷款的政策，可能会使得一些管理不善而应该停业的银行生存下来，出现大量运营状况不佳的银行，导致银行体系效率低下。

14. "将法定准备金率提高到 100%，就能对货币供给实施完全的控制。国会应当授权美联储将法定准备金提高到这样的水平。"评述这个观点。

答：这一建议的一个问题是它能够完全控制官方口径的货币供给，但是会减弱对与经济相关的货币供给的控制。另外一个问题是它会导致高昂的金融体系重组成本，因为这会迫使银行退出贷款行业。

15. 2020 年 3 月新冠疫情发生后，美联储将法定准备金要求降为零，同时美联储的资产负债表规模达到 6 万亿美元。实施上述调整依据的基本原理可能是什么？

答：实施上述调整依据的基本原理如下：

①增加银行系统的流动性：通过降低法定准备金要求，银行能够持有更少的准备金，释放更多资金用于贷款和市场活动，从而增强银行系统的流动性。

②刺激经济：在新冠疫情导致经济活动大幅下滑的背景下，美联储希望通过增加货币供应和降低借贷成本来刺激经济活动，包括促进消费、投资和就业。

③提供紧急流动性支持：面对疫情导致的市场动荡，美联储需要采取措施稳定金融市场，确保关键金融市场的正常运作，防止信贷紧缩和市场崩溃。

④应对有效下限问题：在利率接近零的情况下，传统货币政策的有效性减弱，通过量化宽松等非常规政策工具，美联储能够继续影响利率和经济活动。

⑤支持特定资产市场：通过大规模购买特定类型的资产（如政府债券、抵押贷款支持证券等），美联储旨在降低特定信贷市场的利率，促进这些市场的健康和流动性，进而支持经济的整体稳定。

⑥提供财政支持：美联储的这些举措可能还包括为政府和其他企业提供信贷便利，以支持受疫情影响的企业和个人，缓解经济压力。

16. 当短期利率处于有效下限时，以量化宽松替代常规货币政策有何优缺点？

答：由于使用常规货币政策工具时短期利率不能低于零利率，在这种情况下常规货币政策工具将是无效的。因此，量化宽松的主要优势是，可以通过购买中期和长期证券降低长期利率，进 步增加货币供应，导致货币供给的扩张。

量化宽松的一个缺点是，它可能实际上并没有带来更多的贷款和货币增加，以至于对经济活动的扩张效果不明显：如果信贷和金融市场受到严重损害，银行可能只是将额外的流动性作为超额准备金，不会带来贷款和流通中货币的增加。

17. 为什么美联储资产负债表的构成是经济危机期间货币政策的潜在重要方面？

答：通过购买特定类型的证券，美联储可以影响信贷与金融市场特定部门的利率水平和流动性。因此可以为最需要流动性的部门提供更具针对性的流动性（这与公开市场购买相反，它为整个银行系统提供流动性）。例如，由于全球金融危机，美联储从政府发起成立的企业手中购买了大量的抵押贷款支持证券，这有助于降低抵押贷款利率和支持房地产市场。

18. 无条件政策承诺的主要优点和主要缺点分别是什么？

答：无条件的政策承诺的主要优点是它增强了透明度和确定性，使市场和家庭更容易做出关于未来的决定。

主要缺点是它代表了中央银行的默示承诺，如果条件突然改变使得政策立场需要发生变化。坚持承诺可能会破坏市场稳定；另一方面，如果不严格保守承诺，中央银行的信誉可能会显著下降。

19. 在怎样的经济状况下，中央银行会想要使用“前瞻性指引”策略？根据你的答案，我们能否很容易地衡量该策略的影响？

答：一般来说，当其他类型的传统货币政策工具不能以期望的方式影响经济时，央行会使用“前瞻性指引”策略。在实践中，美联储在大衰退(Great Recession)之后采取了这一策略，试图降低长期利率(因为联邦基金利率已接近于零)。由于在实施这些策略期间，经济状况通常很不正常，因此一般很难确定它们的影响：在异常的经济条件下，个体行为的标准模型不能很好地反映他们的决策过程，因此经济学家无法确定一个变量发生变化的原因。

20. 如何比较欧洲中央银行体系与联邦储备体系的货币政策工具？欧央行有贴现贷款便利吗？欧央行是否对银行在中央银行的存款支付利息？

答：总的来说，欧洲央行可用的货币政策工具与美联储可用的货币政策工具非常相似。欧洲央行有一个贴现率贷款工具，称为边际贷款便利，它随时准备以边际贷款利率向成员国银行提供资金，这个利率也作为隔夜市场利率的上限，就像美国的贴现率一样。欧洲央行向银行成员支付其在欧洲央行的存款利率，为隔夜市场利率创造了一个下限。

21. 瑞典、瑞士和日本等国对银行在中央银行的存款支付负利率，这背后的基本原理是什么？如果银行决定把超额准备金贷放出去，但却没有好的投资机会，这些经济体会发生什么？

答：对银行在中央银行的存款支付负利率，也就是鼓励银行把在中央银行的存款贷放出去，由此来鼓励消费支出，进而达到刺激经济的目的。但是如果在没有好的投资机会的情况下，银行仍将超额准备金贷放出去，那么这些经济体将会面临更大的金融风险。

22. 2016 年初当日本银行开始推行负利率政策时，日本的房屋销售大幅增长。为什么会这样？这是否意味着负利率政策效力显现？

答：负政策利率的效果是使银行存款利率为负。因此，人们只需从存款账户中取出现金并将其存放在保险箱(收益为零)，就可以避免持有现金带来的负回报。这对负利率政策的有效性有两个主要影响。首先，它有潜在的副作用，即随着储户从银行撤资，银行业流动性下降，这可能会破坏银行系统的稳定，并减少银行系统中可供放贷的货币数量。第二，负利率的预期效果是惩罚以存款形式存在的储蓄，从而鼓励消费和借贷，这有助于刺激经济。然而，如果储户只是提取存款，而不是把它们作为现金存放在保险箱里，这不会增加支出，也不会创造预期的刺激。

三、应用题

23. 如果将存款转换为现金，联邦基金利率会发生怎样的变化？利用准备金市场的供

求分析来解释你的答案。

答：存款转换为现金，减少了银行的准备金，从而减少了在每一利率下的准备金的供给，使得准备金的供给曲线左移。存款的下降还将导致要求的准备金减少，这将导致准备金的需求曲线左移。但是准备金的供给减少大于需求减少的幅度，因此，准备金市场上的贴现率将高于联邦基金目标水平，从而联邦基金利率将提高。但是，如果联邦基金利率等于贴现率时，将存款转换为现金时，联邦基金利率将维持在贴现率水平不变。

24. 为什么降低贴现率通常不会增加借入准备金？利用准备金市场的供求分析来解释。

答：大部分情况下，贴现率往往被设定为高于联邦基金利率目标的一个固定水平，使得在联邦基金利率目标不变的情况下，即使贴现率降低，联邦基金均衡利率仍低于贴现率。因此银行仍然会以联邦基金市场利率而不是贴现率借贷。换句话说，即使贴现率下降，借入准备金也不会改变，因为联邦基金均衡利率仍将低于贴现率，如图 15－2 所示。

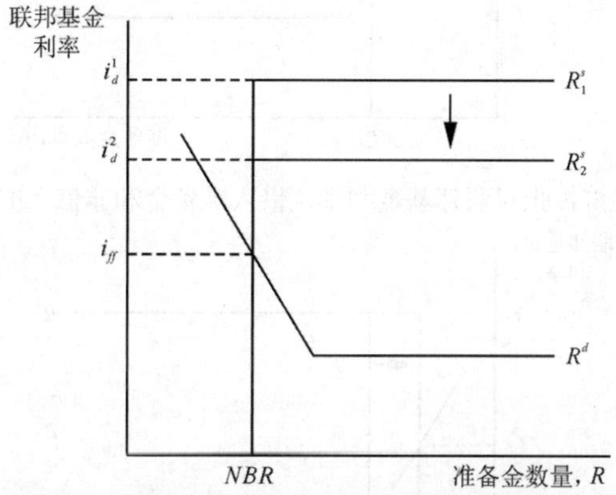

图 15－2　贴现率下降对借入准备金的影响

25. 利用准备金市场的供求分析，假定其他条件保持不变，说明下列情形中联邦基金利率、借入准备金、非借入准备金的变化。

a. 经济出人意料地表现强劲，导致支票存款规模扩大。

b. 银行预期支票存款账户未来会出现罕见的大规模集中提款。

c. 美联储提高目标联邦基金利率。

d. 美联储提高超额准备金利率，使得其超过了当前的均衡联邦基金利率。

e. 美联储调低法定准备金率。

f. 美联储调低法定准备金率，但随即实施了公开市场证券出售来对冲这一政策行动。

答：a. 在任何利率水平下，支票存款增加都会导致法定准备金增加，从而推动准备金需求曲线向右移动（如图 15－3 所示）。如果联邦基金利率起初低于贴现率，这会导致联邦基金利率上升，借入准备金和非借入准备金不变。如果联邦基金利率起初等于贴现率，那么联邦基金利率仍然会保持与贴现率一致，借入准备金增加。

b. 如果银行预期未来支票存款账户会出现大量提款，他们现在将会持有更多的超额准备金，这意味着在任何利率水平下，准备金需求将会增加。联邦基金利率、借入准备金和非借入准备金的变化情况与 a 相同。

c. 为了提高联邦基金利率的目标水平，美联储必须在公开市场出售证券，这将使非借入准备金减少，货币供给曲线左移。如图 15－4 所示，联邦基金利率上升，只要均衡时联邦基金利率仍旧低于贴现率，则借入准备金将保持不变。

d. 提高超额准备金利率使其高于目前的联邦基金利率，将会推动准备金需求曲线的水平部分上移，使联邦基金利率与超额准备金利率同步上升。如图 15－5 所示，借入准备金和非借入准备金将保持不变。

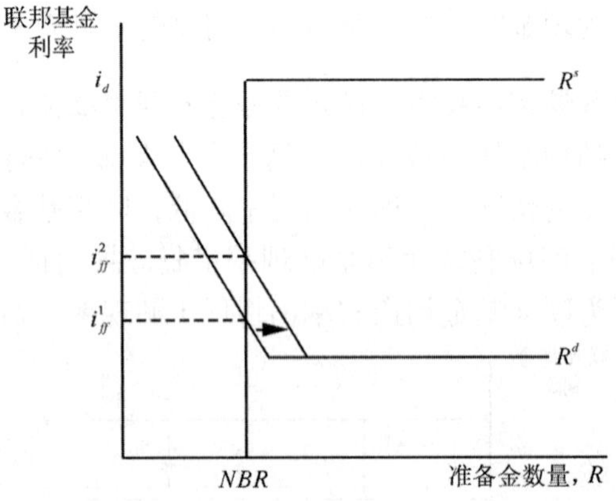

图 15－3　经济扩张对联邦基金利率、借入准备金和非借入准备金的影响

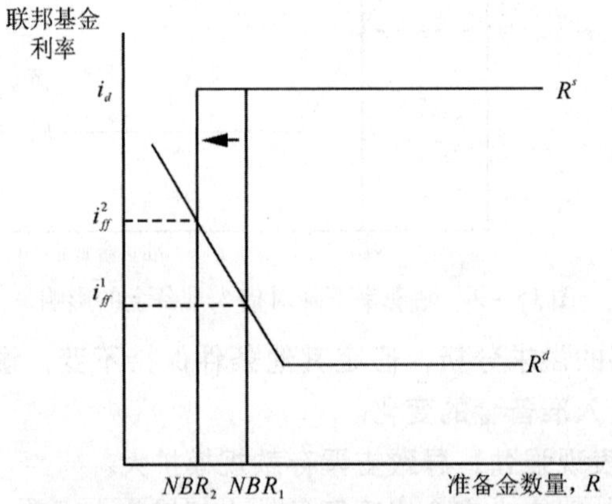

图 15－4　联邦基金利率提高对借入准备金和非借入准备金的影响

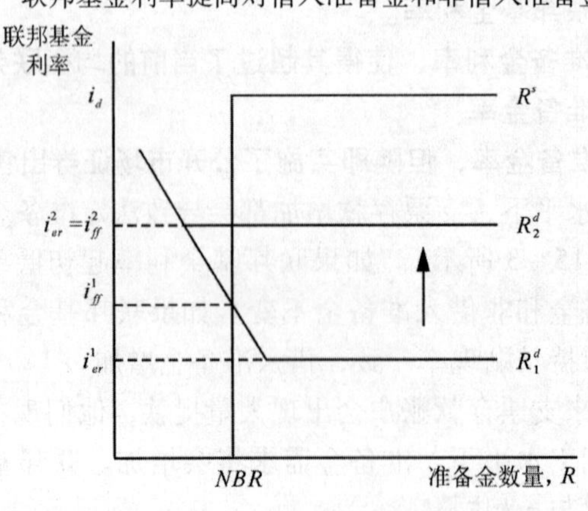

图 15－5　超额准备金利率大于联邦基金利率时，借入准备金和非借入准备金的变化

e. 美联储调低法定准备金率会使得法定准备金需求减少，准备金需求曲线向左移动，导致联邦基金利率下跌。如图 15 -6 所示，非借入准备金和借入准备金数量保持不变。

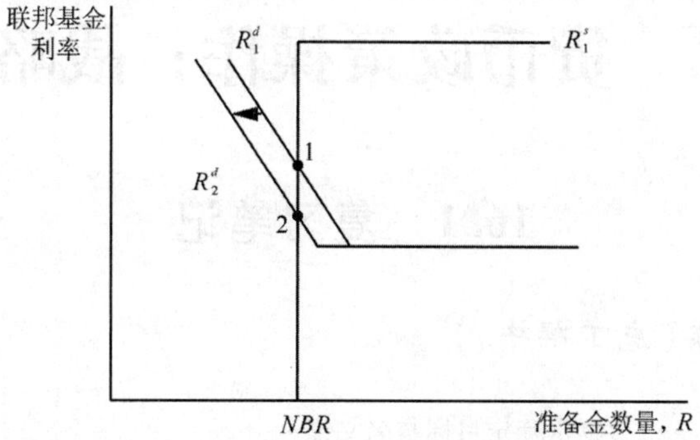

图 15 -6　法定准备金率降低对借入准备金和非借入准备金的影响

f. 美联储调低法定准备金率会导致准备金需求曲线先向左移动，联邦基金利率下跌；实施公开市场出售会导致非借入准备金供给减少，联邦基金利率上升。总体来看联邦基金利率不变。非借入准备金和借入准备金数量减少。

第 16 章　货币政策操作：战略与战术

16.1　复习笔记

【知识框架(庖丁解牛)】

- 货币政策操作：战略与战术
  - 物价稳定目标与名义锚
  - 货币政策的其他目标
    - 高就业和产出稳定
    - 经济增长
    - 金融市场稳定
    - 利率稳定
    - 外汇市场稳定
  - 通货膨胀目标制
  - 美联储货币政策战略的演进
  - 全球金融危机对于货币政策战略的启示
  - 资产价格泡沫的类型以及中央银行的反应
  - 选择政策工具
  - 泰勒规则

【考点难点归纳(厚积薄发)】

考点一：物价稳定目标与名义锚(见表 16－1)　★★

表 16－1　物价稳定目标与名义锚

<table>
<tr><th>要点</th><th colspan="3">具体内容</th></tr>
<tr><td rowspan="4">物价稳定</td><td>重要性</td><td colspan="2">①通货膨胀会增加经济中的不确定性，危害经济增长；
②通货膨胀会增加未来规划的难度和国家社会结构紧张</td></tr>
<tr><td rowspan="3">地位</td><td>单一目标</td><td>单一目标是指把物价稳定置于首要位置，在达到该目标后再追求其他目标</td></tr>
<tr><td>双重目标</td><td>双重目标是指将物价稳定和充分就业放在平等的位置上</td></tr>
<tr><td>长期目标</td><td>物价稳定应该是货币政策的首要和长期目标，但可以允许通货膨胀在短期内偏离长期目标</td></tr>
<tr><td rowspan="2">名义锚</td><td>含义</td><td colspan="2">名义锚是锁定物价水平以实现物价稳定目标的名义变量</td></tr>
<tr><td>作用</td><td colspan="2">①名义锚可以直接将通货膨胀预期维持在稳定低水平，实现物价稳定目标。
②名义锚可以限制时间不一致性问题。时间不一致性问题是指关注短期目标、自由放任的货币政策会导致长期的不良后果</td></tr>
</table>

考点二：货币政策的其他目标（见表 16－2）★★★★

表 16－2　货币政策的其他目标

目标	具体内容
高就业和产出稳定	①高就业率的目标是达到自然失业率，即和充分就业相适应的失业率水平。该目标的意义在于： a. 高失业会降低居民收入，影响社会稳定性； b. 高失业率会导致经济社会闲置资源增加，造成产出损失。 ②自然失业率对应的产出为潜在产出
经济增长	平稳的经济增长目标和充分就业目标相关。失业率很低时，企业对资本设备的投资增加，提高生产力，促进经济增长；反之则相反
金融市场稳定	金融危机减少资金流向具有生产性投资机会的主体，导致经济活动的急剧收缩。因此保持金融市场稳定成为中央银行的一项重要目标
利率稳定	利率的波动导致经济的不确定性，阻碍对未来的规划。利率的提高导致长期债券和抵押贷款的巨大资本损失，可能促使持有这些资产的金融机构倒闭
外汇市场稳定	本币升值会使得本国工业竞争力减弱，而本币贬值刺激本国通货膨胀。因此，稳定外汇市场，防止本币价值波动是一个有意义的目标

拓展：物价稳定目标在长期与其他目标是一致的，但在短期内，物价稳定常常与产出稳定和利率稳定等目标发生冲突。例如，如果经济处于扩张期，失业率正在下降，经济体可能就会出现过热现象，导致通货膨胀率上升。为了实现物价稳定目标，中央银行会通过提高利率的方式，防止经济过热，这样的举措起初会降低产出和加剧利率的不稳定性。

【例 16.1】货币政策四大目标之间存在矛盾，任何一个国家要想同时实现是很困难的，但其中（　　）是一致的。［对外经贸大学 2017 年研］

A. 充分就业与经济增长　　B. 经济增长与国际收支平衡

C. 物价稳定与经济增长　　D. 充分就业与物价稳定

【解析】稳定的经济增长的目标同高就业的目标密切相关，因为在失业率较低的时期，企业更愿意投资于资本设备，从而会提高生产力，加快经济增长；相反，如果失业率很高，工厂处于闲置状态，企业就不愿意增加对厂房和设备的投资。

【答案】A

【例 16.2】下列（　　）不是货币政策的最终目标。［浙江工商大学 2011 年研］

A. 充分就业　　B. 经济增长

C. 物价稳定　　D. 国际收支顺差

【解析】货币政策的最终目标包括充分就业、国际收支均衡和经济增长、稳定物价等诸多方面。

【答案】D

考点三：通货膨胀目标制（见表16-3） ★★★

表16-3 通货膨胀目标制

要点	具体内容
含义	中央银行采用通货膨胀指标作为货币政策指标，以达到稳定物价的目的
实行国家	新西兰、加拿大、英国
要素	①公布中期通货膨胀率目标的数值； ②将物价稳定作为货币政策的首要和长期目标，承诺实现通货膨胀目标； ③使用包括多个变量的信息集合来制定货币政策； ④公开传递货币政策制定者的计划和目标，提高货币政策透明度； ⑤增强中央银行实现通货膨胀目标的责任
优点	①关注解决长期通货膨胀的问题，减少时间不一致性问题； ②易于理解且透明度高； ③增强中央银行的公信度； ④使得货币政策的实施框架更加符合民主原则； ⑤通货膨胀率和通货膨胀预期的降低在短期与长期都有较好的效果
缺点	①货币当局不易控制通货膨胀； ②对于政策制定者的严格规则与实践有出入； ③只关注通货膨胀可能导致较大的产出波动； ④导致产出和就业增长缓慢

【例16.3】货币政策以通货膨胀为指标会增加产出波动的可能性。（　　）［对外经济贸易大学2017年研］

【解析】通货膨胀目标制的缺点包括信号迟滞、过于僵化、增加产出波动的可能性以及低经济增长。

【答案】√

考点四：美联储货币政策战略的演进（见表16-4） ★★

表16-4 美联储货币政策战略的演进

政策	具体内容	
“尽管去做”的货币政策战略	含义	全球金融危机之前美联储的政策制度被称为“尽管去做”的政策。中央银行利用众多的信息来源，决定货币政策的最佳设置
	优点	有助于阻止过分扩张的货币政策，改善时间不一致性问题
	缺点	低透明度导致金融市场不必要的波动，阻碍公众监管，引发时间不一致性问题
向通货膨胀目标制发展	2007年11月，FOMC将对通货膨胀的预测期延长到3年，向通货膨胀目标制前进。在这个预测期下，通货膨胀会向着长期目标收敛	

考点五：全球金融危机对于货币政策战略的启示(见表 16－5)　★★

表 16－5　全球金融危机对于货币政策战略的启示

要点	具体内容
对经济学家和政策制定者的启示	①金融部门发展对于经济活动的意义极其重大； ②利率有效下限是严重的问题； ③金融危机后的清理成本很高； ④物价和产出稳定不能保证金融稳定
对通货膨胀目标制的意义	①关于通货膨胀指标的水平。只有出现利率有效下限的问题时，提高通货膨胀目标的积极作用才能充分显现。虽然这一问题在全球金融危机期间十分突出，但并非经常出现。且提高通货膨胀指标至一定水平时，政策当局对指标的控制力被削弱，通货膨胀指标扭曲经济体价格的成本十分明显。 ②关于通货膨胀目标制的灵活性。在通货膨胀目标制的制度框架和货币政策的框架中，中央银行都需要更加关注金融稳定

考点六：资产价格泡沫的类型以及中央银行的反应(见表 16－6)　★★

表 16－6　资产价格泡沫的类型以及中央银行的反应

要点		具体内容
资产价格泡沫的类型	信贷驱动型泡沫	宽松环境下的信贷资金会推高资产价格。资产价值上升后，一方面，更容易获取借款，另一方面，金融机构的资本价值增加，放贷扩张，又进一步增加资产需求，引起价格上涨，从而产生信贷驱动型泡沫
	非理性繁荣驱动型泡沫	这类泡沫来自过分乐观的预期，对金融体系的影响较小
中央银行的反应	是否应刺破泡沫	①应刺破泡沫的观点。信贷驱动型泡沫破裂的后果严重，应该提前压制泡沫。 ②不应刺破泡沫的观点。资产价格泡沫几乎无法确认；泡沫可能只出现在一部分资产中，而货币政策行为可能会影响所有资产价格
	中央银行的政策	①宏观审慎政策。监管应当重点防止“杠杆周期”。宏观政策作用有限，需要实施货币政策。 ②货币政策。货币政策的风险承担渠道是指低利率会助长金融机构资产管理者寻求高收益的动力，从而增大了风险，说明货币政策应当被用来压制信贷繁荣

考点七：选择政策工具(见表 16－7)　★★

表 16－7　选择政策工具

要点		具体内容
政策指标与中介指标	政策工具	政策工具是一种对中央银行工具做出反应且能够表明货币政策立场的变量，包括准备金总量(准备金、非借入准备金、基础货币和非借入基础货币)和利率(联邦基金利率或者其他短期利率)
	中介指标	中介指标是位于政策工具和货币政策目标之间的指标，不受货币政策工具的直接影响
	图示	货币政策工具、政策工具、中介指标和货币政策目标之间的联系如图 16－1 所示

续表

要点	具体内容
选择政策工具的标准	可观察性可测量性、可控性、对目标有可预计的影响

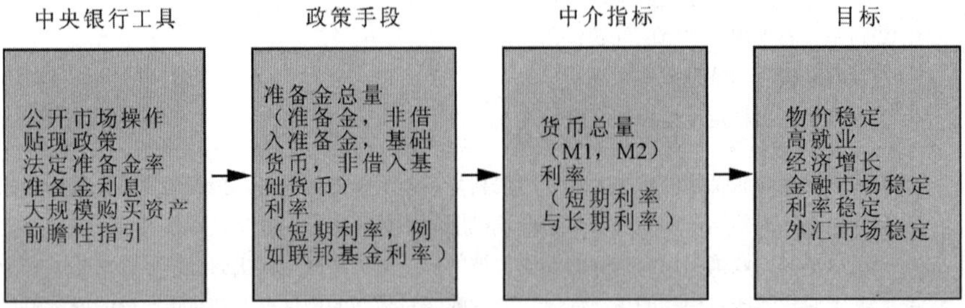

图 16－1　中央银行工具、政策工具、中介指标和货币政策目标之间的联系

【例 16.4】如果一国货币政策的远期中介目标是货币供给量，那么这个国家应该选择(　　)为近期中介目标？［华中科技大学 2017 年研］

A. 基础货币　　B. 联邦基金利率

C. 180 天国库券利率　　D. 90 天国库券利率

【解析】根据中介指标对货币政策工具反应的先后和作用于最终目标的过程，可分为两类：一类是近期指标，另一类是远期指标。超额准备金和基础货币一般视为近期指标。超额准备对商业银行的资产业务规模有直接决定作用。但是，作为中介指标，超额准备金往往因其取决于商业银行的意愿和财务状况而不易为货币当局测度、控制。基础货币是流通中的现金和商业银行的存款准备金的总和，它构成了货币供应量倍数伸缩的基础。与超额准备金不同，它可满足可测性和可控性的要求，数字一目了然，数量也易于调控。不少国家把它视为较理想的近期指标。

【答案】A

【例 16.5】属于货币政策远期中介目标的是(　　)。［暨南大学 2011 年研］

A. 汇率　　B. 利率　　C. 基础货币　　D. 超额准备金

【解析】利率和货币供应量两种指标一般视为远期指标。这类中介指标离货币政策最终目标较近，但中央银行对这些指标的控制力弱于像超额准备和基础货币这样的短期指标。

【答案】B

考点八：泰勒规则(见表 16－8)　★★

表 16－8　泰勒规则

要点	具体内容
含义	泰勒规则也称利率规则，是指中央银行的短期利率工具依经济状态而进行调整的方法
表达式	联邦基金利率目标＝通货膨胀率＋均衡实际联邦基金利率＋(1/2)×通货膨胀缺口＋(1/2)×产出缺口 通货膨胀缺口＝当前的通货膨胀率－目标通货膨胀率 产出缺口＝实际 GDP 增长－潜在(自然)水平下的 GDP 增长

续表

要点	具体内容
特征	货币当局提高名义利率的幅度应当超出通货膨胀率的上升幅度
政策含义	联邦基金名义利率应顺应通货膨胀率的变化，以保持利率稳定性。如果实际利率偏离实际均衡利率，货币当局就应运用政策工具调节名义利率，使实际利率恢复到实际均衡利率

【例 16.6】根据泰勒规则的思想，当出现（　　）时，中央银行应提高短期利率。［对外经济贸易大学 2018 年研］

A. 产出缺口为负　　B. 产出缺口为正

C. 通货膨胀缺口为零　　D. 通货膨胀缺口为负

【解析】泰勒规则是一种确定短期利率调整的规则，即短期利率如何针对通货膨胀率和产出变化进行调整的准则。泰勒规则认为，当产出缺口为正和通货膨胀缺口超过目标值时，应提高短期的名义利率。

【答案】B

16.2　课后习题详解

一、关键术语

1. 资产价格泡沫（asset-price bubbles）

答：资产价格泡沫是指资产价格脱离其基础经济价值（基于对资产未来收入流的现实预期的价值）的显著上升，最终泡沫会突然破裂。资产价格泡沫有两种类型：一种是由信贷所驱动的，另外一种完全来自过分乐观的预期（美联储前任主席艾伦·格林斯潘将后者称为“非理性繁荣”）。

2. 自然失业率（natural rate of unemployment）

答：自然失业率又称“有保证的失业率”“正常失业率”“充分就业失业率”等，它是经济围绕其波动的平均失业率，是经济在长期中趋近的失业率，是充分就业时仍然保持的失业水平。

自然失业率是在没有货币因素干扰的情况下，让劳动市场和商品市场自发供求力量起作用时，总供给和总需求处于均衡状态时的失业率。“没有货币因素干扰”，指的是失业率的高低与通货膨胀率的高低之间不存在替代关系。自然失业率取决于经济中的结构性和摩擦性的因素，主要包括劳动市场的组织状况、人口组成、失业者寻找工作的能力和愿望、现有工作的类型、经济结构的变动、新加入劳动者队伍的人数等。

任何把失业率降低到自然失业率以下的企图都将造成加速的通货膨胀。任何时候都存在着与实际工资结构相适应的自然失业率。自然失业率是弗里德曼对菲利普斯曲线发展的一种观点，他将长期的均衡失业率称为“自然失业率”，它可以和任何通货膨胀水平相对应，且不受其影响。

3. 潜在产出(potential output)

答：潜在产出有两种定义：一种是指各种资源在正常限度的充分利用时所能达到的产出水平，另一种是指各种资源在最大限度的充分利用时所能达到的产出水平。在国际学术界，这两种定义都被使用。第一种定义的生产潜力线，构成一定时期内社会生产与资源供给能力之间的均衡中轴线。一般说来，经济的短期波动是围绕着这条中轴线上下起伏的。第二种定义的生产潜力线，构成一定时期内经济扩张的上限。生产潜力线是由一定时期内整个经济的发展水平，特别是资源供给条件所决定的，它具有较为稳定的长期增长趋势。

4. 双重目标(dual mandates)

答：双重目标是指将物价稳定和就业最大化(产出稳定)两个目标放到平等的地位上。在短期内，物价稳定和就业最大化(产出稳定)两个目标具有矛盾性，但当物价稳定是长期目标时，中央银行就可以通过允许通货膨胀率在短期内偏离长期目标，从而实现减少产出波动的目的，即可以按照双重目标行事。

5. 名义锚(nominal anchor)

答：名义锚是锁定物价水平以实现物价稳定目标的名义变量，相当于通货膨胀或是货币供给的名义变量。盯住名义锚，保证确立的名义变量在一个狭小的区间内波动，可以直接将通货膨胀维持在一个稳定的低水平上，进而实现物价稳定目标。名义锚十分重要的原因在于它能够限制时间不一致性问题。

6. 物价稳定(price stability)

答：物价稳定是指保持稳定的价格水平，而中央银行将物价稳定定义为通货膨胀率保持在稳定的低水平。在实践中，物价稳定越来越被看作是货币政策最重要的目标。因为价格水平的上升(通货膨胀)会增加经济体系的不确定性，进而对经济增长起到危害作用。

7. 单一目标(hierarchical mandates)

答：单一目标是指一国或经济体把物价稳定置于首要位置，在达到该目标以后就能去追求其他目标。英格兰银行、加拿大银行和欧洲中央银行等皆以单一目标为行为指引。例如，欧洲联盟的总体经济政策(包括“高就业”与“可持续的、无通货膨胀的经济增长”)获得支持的前提条件是不与物价稳定目标冲突。

8. 非加速通货膨胀失业率(nonaccelerating inflation rate of unemployment，NAIRU)

答：非加速通货膨胀失业率又称自然失业率，指经济社会在正常情况下的失业率，它是劳动市场处于供求稳定状态时的失业率。这里的稳定状态被认为是：既不会造成通货膨胀也不会导致通货紧缩的状态。由于摩擦性失业的普遍性和不可避免性，宏观经济学认为，经济社会在任何时期总存在着一定比率的失业人口。

自然失业率的高低，取决于劳动力市场的完善程度、经济状况等多种因素。各国政府可根据实际情况来确定自然失业率。

9. 泰勒原理(Taylor principle)

答：泰勒原理是指货币当局提高名义利率的幅度应当超出通货膨胀率的上升幅度。泰勒原理对货币政策的成功实现有意义重大。假定没有遵循泰勒原理，即货币当局提高名义利率的幅度小于通货膨胀率的上升幅度，则实际利率会随着通货膨胀率的上升而下降，这会引发严重的动荡，因为通货膨胀率的上升带来的实际利率的下降会导致货币政策的实际放松，这会使得未来通货膨胀率进一步升高。

10．通货膨胀目标制(inflation targeting)

答：通货膨胀目标制指中央银行采用通货膨胀指标作为货币政策指标，以达到稳定物价的目的，且为达到通货膨胀目标负有责任。它包括几方面的因素：①公开发布中期通货膨胀率指标数据；②将物价稳定作为主要和长期的货币政策指标，当作一种制度性承诺，并且承诺实现通货膨胀目标；③信息综合理论，即在货币政策的决策中用到许多变量(不仅限于货币总量)；④就货币政策决策者的计划和目标与普通公众和市场进行交流与沟通，从而提高透明度；⑤提高中央银行达到通货膨胀目标所负有的责任。目前实行该方针的国家是新西兰、加拿大、英国等。

11．泰勒规则(Taylor rule)

答：泰勒规则也称利率规则，是由美国经济学家泰勒经过长期的研究和实证分析，于1993年提出的一条货币政策调整规则，该规则表明了中央银行的短期利率工具依经济状态而进行调整的方法。

泰勒规则的表达式为：联邦基金利率指标 = 通货膨胀率 + 均衡实际联邦基金利率 + (1/2) × 通货膨胀缺口 + (1/2) × 产出缺口。其中，通货膨胀缺口 = 当前的通货膨胀率 - 目标通货膨胀率，产出缺口 = 实际 GDP 增长 - 潜在(自然)水平下的 GDP 增长。其政策含义是联邦基金名义利率应顺应通货膨胀率的变化，以保持利率稳定性。如果实际利率偏离实际均衡利率，货币当局就应运用政策工具调节名义利率，使实际利率恢复到实际均衡利率。泰勒规则的一个重要特征是货币当局提高名义利率的幅度应当超出通货膨胀率的上升幅度。

泰勒认为没有必要刻板地遵守这个规则。当发生严重的外来冲击时，货币政策不必拘泥于这个公式。但是，他强调这个规则提供了一个货币政策的思路：选择一个通货膨胀目标，不仅要考虑到当前的通货膨胀，而且也要考虑失业的情况。

12．中介指标(intermediate targets)

答：中介指标是指既能为中央银行的货币政策工具所左右，又能与货币政策目标紧密相关，能够有效地传导货币政策的中间变量。中介指标的选择，是货币政策运行过程中的重要环节，它直接关系到货币政策执行的效果。对货币政策传导机制的认识不同，就会选择不同的货币政策中介指标，但就一般的认识来讲，在选择中介指标时通常坚持如下几个标准：

①可观察性和可观测性。这种指标具有明确的内涵，所需的数字资料和信息容易获得，透过这些资料和信息能够准确观察、分析和监测货币政策作用的效果和实施进度。

②可控性。这种指标处在货币政策工具的直接作用范围内，与货币政策工具的操作密切相关。当货币政策工具的参数改变后，这种指标的数值随之发生变化。可控性较强的指标，一般称之为近期指标，其特征是，中央银行对它的控制力较强，但离货币政策目标较远。

③相关性。这种指标与货币政策目标高度相关。当这种指标的数值发生变化时，最终目标的实现程度就随之发生变化。相关性较强的指标，一般称之为远期指标，其特征是，离货币政策的目标较近，但中央银行对它的控制力较弱。货币政策中介指标，一般有：利率、货币供应量、基础货币和超额准备金。

13. 操作工具(operating instrument)

答：操作工具是指对中央银行工具做出反应，并反映货币政策状态(宽松或者紧缩)的变量，如准备金、基础货币等指标。美联储等中央银行有两种可以选择的政策工具类型：①准备金总量(准备金、非借入准备金、基础货币和非借入基础货币)；②利率(联邦基金利率和其他短期利率)。

14. 时间不一致性问题(time-inconsistency problem)

答：时间不一致性问题是指着眼于短期目标的、自由放任的货币政策会导致长期的不良后果。换句话说，时间不一致性问题是指在执行好的计划时，不能在长期内保持一致，并且很快会放弃这个计划。时间不一致性问题是货币政策制定者时常面临的问题之一。货币政策制定者为了在短期内迅速刺激经济产出(或者降低失业率)，通常乐于追求自由放任的货币政策，导致其扩张程度超出公司和个人的预期。由于工资和价格决定会反映对政策的预期，当工人和企业发现中央银行实施的是扩张性的政策，他们对通货膨胀的预期会随之提高，从而推高工资和价格，进而导致通货膨胀率上升，但总体产出水平并没有上升。

15. 宏观审慎管理(macroprudential regulatioin)

答：宏观审慎管理是指可以影响信贷市场总体状况的监管政策，被认为是抑制信贷驱动型泡沫的有效工具。由于审慎监管更加直接地触碰到了金融机构的底线，其所承受的政治压力比货币政策还大，此外，这些被触碰到利益底线的金融机构非常擅长"钻空子"来规避监管，因此宏观审慎监管可能不会有效，宏观审慎政策可能无法很好地抑制信贷繁荣。

16. 菲利普斯曲线理论(Phillips curve theory)

答：菲利普斯曲线理论是由新西兰经济学家菲利普斯根据英国1861～1957年的统计资料提出来的关于工资增长率和失业率之间交替关系的经验规律。菲利普斯曲线指货币工资变动率与失业率之间交替关系的曲线：当失业率高时，货币工资增长率低；反之，当失业率低时，货币工资增长率高。因此，如图16－2所示，横轴代表失业率(U)，纵轴代表货币工资增长率(W)，菲利普斯曲线(PC)是一条向右下方倾斜的曲线。根据成本推动型通货膨胀的理论，货币工资增长率决定了价格增长率，所以，菲利普斯曲线也可以表示通货膨胀率和失业率之间的交替关系，即当失业率高时，通货膨胀率低，反之，当失业率低时，通货膨胀率高。

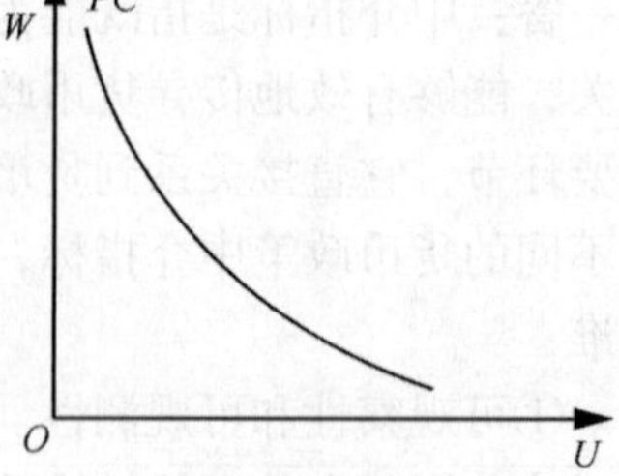

图16－2　菲利普斯曲线

新古典综合派经济学家把菲利普斯曲线作为调节经济的依据，即当失业率高时，实行扩张性财政政策与货币政策，以承受一定通货膨胀率为代价换取较低的失业率；当通货膨胀率高时，实行紧缩性的财政政策与货币政策，借助提高失业率以降低通货膨胀率。

货币主义者对菲利普斯曲线所表示的通货膨胀率与失业率之间的交替关系提出了质疑，并进一步论述了短期菲利普斯曲线、长期菲利普斯曲线和附加预期的菲利普斯曲线，以进一步解释不同条件下，通货膨胀率与失业率之间的关系。

理性预期学派进一步以理性预期为依据解释了菲利普斯曲线。他们既反对凯恩斯主义的观点，也不同意货币主义的说法。他们认为，由于人们的预期是理性的，预期的通货膨胀率与以后实际发生的通货膨胀率总是一致的，不会出现短期内实际通货膨胀率大于预期通货膨胀率的情况，所以，无论在短期或长期中，菲利普斯曲线所表示的失业与通货膨胀之间都不存在稳定的交替关系，菲利普斯曲线只能是一条垂直线。

17. 自然产出率(natural rate of output)

答：自然产出率是指自然失业率下对应的某一产出水平。由于失业率的高低与经济活动的产出水平息息相关，因此在自然失业率下，必定对应着某一产出水平，通常称为潜在产出。推动产出趋向于其自然率水平是中央银行实施货币政策的目标之一，与中央银行努力实现高就业目标相一致。

18. 政策工具(policy instrument)

答：政策工具(也被称为操作工具)是一种对中央银行工具做出反应且能够表明货币政策立场的工具变量。两种基本类型的政策工具是准备金总量和利率。但利率和准备金总量工具是不相容的，货币当局要根据政策工具的标准，即可观测性和可计量性、可控性、对目标有可预计的影响来选择更合适的政策工具。

二、思考题

1. 使用名义锚对于货币政策操作有什么好处？

答：名义锚通过锁定货币价值，直接将通货膨胀预期固定在较低的水平上，从而达到稳定物价的目的。它也能通过对货币政策的约束，限制时间不一致问题的出现。

2. 中央银行出于什么动机，会追求过度扩张的货币政策，从而陷入时间不一致性陷阱？

答：即使从长远来看，过分扩张的货币政策只会导致通货膨胀率的上升，而不会增加产出或降低失业率。但在较短时期内，中央银行可能会认为这一政策可以达到提高产出或降低失业率的目的。另外，也可能是政客们向中央银行施加压力，要求实施过分扩张的货币政策。

3. 为什么中央银行以经济增长最大化作为首要目标是有问题的？

答：中央银行以最大化经济增长作为首要目标存在问题，主要体现在以下两个方面：

①与维持长期低而稳定的通货膨胀率和利率的功能相比，货币政策对长期经济增长的影响有限。

②过分关注经济增长这一目标，会使得短期内利率较低、消费和投资增长。这可能导致经济失衡，如果不能得到适当的解决，将会导致泡沫和金融危机。

4. “既然金融危机会对经济造成严重的破坏，中央银行的首要目标应当是确保金融市场稳定。”这一表述正确、错误还是不确定？解释你的答案。

答：不确定。经济学家们可能对维持金融市场稳定的重要性没有争议，但总是优先考虑金融市场的稳定性似乎是没有必要的，因为金融危机通常是很罕见的。此外，过分关注金融市场的稳定性，可能会忽视更重要的、在日常生活中会对经济造成重大影响的因素，例如稳定产出、失业或其他与经济周期相关的短期问题。

5. “与优先关注物价稳定的单一目标中央银行相比，双重目标中央银行在长期里将实现更低的失业率。”这一表述正确、错误还是不确定？解释你的答案。

答：错误。长期来看，通货膨胀与失业率之间不存在长期关系，因此在长期中，实行双重目标(物价稳定和充分就业)的中央银行在降低失业率方面不可能比把物价稳定作为首要目标的中央银行更成功。

6. 为什么公开发布量化的通货膨胀目标对于通货膨胀目标制中央银行的成功十分重要？

答：通货膨胀目标制的成功与否取决于其能否令人信服地将通货膨胀预期控制在一个较低的合理水平。如果没有关于量化的通货膨胀目标的正式公告和提醒，市场和公众可能不太相信决策者致力于维持通货膨胀目标。如果根本没有正式宣布通货膨胀目标，市场参与者和公众可能不知道确切的目标，并被迫对目标进行推断或估计。从而造成很大的不确定性，可能会提高通货膨胀预期。

7. 通货膨胀目标制如何帮助降低相机抉择政策的时间不一致性问题？

答：通货膨胀目标制是一种自律机制，增加了货币政策制定者的责任，有效地将政策制定者的决策与政策路径联系起来。由于通货膨胀目标制的透明度较高，很容易检验决策者是否忠实于承诺的政策路径。因此，政策制定者偏向可以增加产出或提高通货膨胀率的相机抉择政策的能力和动机就小得多，从而减少时间不一致问题。

8. 通货膨胀目标制中央银行使用什么方法加强与公众的沟通，以及提高货币政策制定的透明度？

答：实施通货膨胀目标制的中央银行采取的使公众广泛了解其策略的活动包括：派发小册子，发行譬如《通货膨胀报告》的出版物，发表公众演讲，以及与当选政府进行持续的沟通等。

9. 为什么通货膨胀目标制可能提高对中央银行操作货币政策独立性的支持？

答：用预先公布的、明确的通货膨胀指标作为衡量指标，在实施货币政策中不断取得的成功，将有助于建立公众对央行独立性和政策的支持。此外，通货膨胀目标制和民主原则也是一致的：因为通货膨胀目标制下的央行更加具有责任感，一旦没有达到通货膨胀目标，央行就会被问责。

10. “因为通货膨胀目标制关注实现通货膨胀目标，所以将导致过度的产出波动。”这一表述正确、错误还是不确定？解释你的答案。

答：错误。通货膨胀目标制的关注点并不在于通货膨胀目标的实现。实际上，通货膨胀目标制不会引起产出波动，反而会减少产出的波动，这是因为它允许货币政策制定者更积极地应对需求的下降，因为他们不必担心由此产生的扩张性货币政策导致通胀预期大幅上升。

11. 在艾伦·格林斯潘时期，美联储货币政策战略使用的是隐性的而非明确的名义锚，它有哪些主要优点和缺点？

答：这种策略有如下三个优点：①它使得货币政策能够关注国内情况；②它并不依赖于稳定的货币－通货膨胀关系；③它在从二次世界大战开始的最长的经济周期扩张中使通货膨胀维持在较低水平，获得了示范性的成功。

然而它也有如下三种缺陷：①这种策略缺乏透明度；②它强烈地依赖于掌管央行和政府大权的个人偏好、技术及信誉度；③它与民主原则存在一些不一致性，因为央行不具有高度责任感。

12. "短期利率的有效下限不是问题，因为中央银行可以采取量化宽松政策来降低中期和长期利率。"这一表述正确、错误还是不确定？解释你的答案。

答：错误。虽然一旦短期利率达到有效下限，就可以使用量化宽松和其他类型的非常规货币政策工具，但这不是灵丹妙药。特别是当短期利率达到有效下限并且通常与通货紧缩相伴而生时，很难设计出有效的政策，因为与一般情况下的传统利率政策相比，非常规货币政策的结果更不确定。此外，非常规货币政策工具（如量化宽松）的实施更为复杂，很难有效地利用这些方案来推动经济走出利率有效下限。

13. 如果更高的通货膨胀是坏事，那么为什么更高的通货膨胀目标会比更低的、更接近零的目标有利呢？

答：名义利率零下限使得实际通货膨胀率（以及短期利率）接近于零，实施扩张性政策变得更加困难。在低通胀环境下，使用货币政策工具的空间较小，有人认为更高的通货膨胀目标可能会给决策者的决策带来更多的灵活性。这种做法的缺点是，一般来说，更高的通货膨胀的社会成本较高。所以，对于货币政策制定者而言，要在灵活性和货币政策效率方面加以取舍。

14. 为什么宏观审慎管理在管理资产价格泡沫上可能比货币政策更有效？

答：宏观审慎监管比货币政策更有效有几个原因：

①主要原因是资产价格泡沫难以及时识别。在许多情况下，当政策制定者和公众都认为存在泡沫时，实施减少泡沫的政策通常已为时太晚，直接运用宏观审慎监管的效果更佳。

②即使资产价格泡沫被及时识别，货币政策工具生效通常具有一定的时滞性，不能有效地处理大多数资产价格泡沫。

③尽管利率变化可以对减少资产价格泡沫有一些积极的影响，但利率变化还可能危及整体经济。

15. 为什么压制信贷驱动型泡沫可能比等到资产泡沫破裂后清理要更好？

答：一般来说，适当的政策反应应该符合最小化损失原则。如果危机发生，与政策制定者采取行动以事先压制泡沫的成本相比，信贷驱动型泡沫(例如导致全球金融危机的房地产泡沫)对经济的破坏性更大。换句话说，提高利率以试图压制泡沫可能对经济造成附带损害，但是与根本不采取任何行动并允许泡沫继续存在相比，压制泡沫的做法将会使损失大大减少。

另一方面，非信贷驱动型泡沫在破灭后更容易处理。因为金融市场在非信贷驱动型泡沫破裂之后运行相对正常，常规货币政策工具就可以有效地减轻衰退。与由任何非信贷驱动型泡沫的破灭带来的损失相比，采取行动来压制泡沫可能导致更多的附带损害。

16. 根据格林斯潘信条，中央银行在什么条件下可能对观察到的股票市场泡沫做出反应？

答：因为股市泡沫很难被识别，对此制定政策可能会造成更多的损害，一般来说，格林斯潘不主张直接对股市泡沫采取行动。然而，在股市泡沫扩大财富、增加消费和投资的情况下，提高利率将被视为一项谨慎的政策。它可以在财富水平较高的情况下维持低而稳定的通货膨胀率，并最大限度地减少近期产出波动。换句话说，格林斯潘信条意味着不直接对泡沫采取行动，而是奉行正常政策，以维持价格和实体经济活动的稳定。

17. 将下列各项按照政策工具和中介指标进行分类，并解释你的选择。

a. 10 年期国债利率。

b. 基础货币。

c. M1。

d. 联邦基金利率。

答：a. 10 年期国债利率是一个中介指标，因为它不受中央银行货币工具的直接影响，而是与经济活动挂钩。

b. 基础货币是一种政策工具，因为它直接对中央银行货币工具做出反应，并且只通过其对货币供应的影响与经济活动挂钩。

c. M1 是一个中介指标，因为它不直接受到中央银行货币工具的影响，对经济活动有直接影响。

d. 联邦基金利率是一种政策工具，因为它直接受到中央银行货币政策工具的影响。

18. “如果准备金需求不波动，美联储就可以同时追求准备金指标和利率指标。”这一表述正确、错误还是不确定？解释你的答案。

答：正确。在准备金需求不波动的情况下，达到准备金指标将意味着美联储也会达到利率指标，反之亦然。因此，在准备金需求不波动的情况下，美联储可以同时追求准备金指标和利率指标。

19. 美联储用什么程序来控制联邦基金利率？为什么这种利率控制意味着美联储将失去对非借入准备金的控制？

答：美联储可以通过在公开市场上买卖债券来控制联邦基金利率。当联邦基金利率上升到目标水平以上时，美联储将购买债券，这将增加非借入准备金，并将利率降至目标水平。同样，当联邦基金利率下降到目标水平以下时，美联储将出售债券，将利率提高到目标水平。美联储所进行的公开市场操作当然会改变准备金数量和货币供应量。也就是说，美联储为了追求其利率目标，将放弃对准备金和货币供应的控制。

20. 根据可控性和可测量性两个标准，比较基础货币与 M1。你更倾向于用哪个作为中介指标？为什么？

答：基础货币比 M1 更可控，因为它更直接地受到中央银行货币工具的影响。在可测量性和准确性上，基础货币也比 M1 更好。因为美联储可以从自己的资产负债表数据计算基础货币的数量，而从银行调查 M1 的数量需要一定的时间且不一定准确。

尽管基于可测量性和可控性两个标准，基础货币是一个很好的中介指标。但它不一定是更好的中介指标，因为从与经济活动的联系上来看，它可能要弱于 M1。

21. “利率比准备金总量能够更快、更精确地测量，因此利率作为政策工具优于准备金总量。”你是否同意这种看法？解释你的答案。

答：不同意。虽然与准备金总量相比，名义利率更准确并且可以被更快地测量，但决策者更关心的利率变量是实际利率。由于实际利率的测量需要估计预期通货膨胀率，实际利率比准备金总量更准确、能够更快地测量是不可能的。因此，利率不一定是优于准备金总量的政策工具。

22. 前瞻性指引作为中央银行工具，如何影响政策工具、中介指标和货币政策目标？

答：中央银行通过前瞻性指引来引导市场对未来利率的预期，进而影响实际利率以达到使市场预期与央行目标预期靠拢实现货币政策目标的目的。

23. 在下列情况下，泰勒规则暗示政策制定者应当如何调整联邦基金利率？

a. 由于经济衰退，失业率上升。

b. 石油价格冲击导致通货膨胀率上升 1%、产出下降 1%。

c. 生产力增长周期延长，实际产出保持不变。

d. 潜在产出下降而实际产出保持不变。

e. 美联储向下调整了(隐含的)通货膨胀目标。

f. 均衡的实际联邦基金利率下降。

答：a. 失业率上升，这将降低产出缺口，根据泰勒规则，政策制定者应该下调联邦基金利率。

b. 如果通货膨胀上升 1%，这只会使得联邦基金利率上升 1.5 个百分点。单单产出缺口的下降意味着联邦基金利率将下降 0.5 个百分点。这两个因素同时作用，根据泰勒规则，政策制定者应该将联邦资金利率上调一个百分点。

c. 生产力增长周期延长将增加潜在产出，以相同比例增长的实际产出将导致产量缺口下降，根据泰勒规则，政策制定者应该下调联邦基金利率。

d. 潜在产出下降而实际产出保持不变，将导致产量缺口下降，根据泰勒规则，政策制定者应该下调联邦基金利率。

e. 美联储向下调整了(隐含的)通货膨胀率的目标水平，将导致通货膨胀缺口的扩大，政策制定者应该上调联邦基金利率。

f. 均衡的实际联邦基金利率下降，将直接导致联邦基金利率指标下降，根据泰勒规则，政策制定者应该下调联邦基金利率。

三、应用题

24. 如果美联储有一个利率指标，为什么增加准备金需求将导致货币供给扩张？利用准备金市场的简图来解释。

答：当准备金需求增加时，联邦基金利率也会相应提高。为了保持目标利率水平，美联储需要通过在公开市场上买入债券，提高非借入准备金数量，这使得准备金供给曲线向右移动，从而达到设定的利率水平。如下图16－3所示，公开市场购买将导致基础货币和货币供给增加。

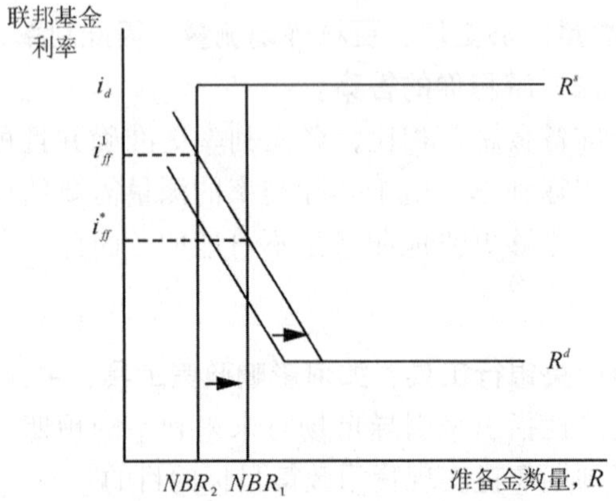

图16－3 准备金市场供求曲线

25. 由于调整联邦基金利率的货币政策存在着时滞，政策制定者通常会更关心根据预测的或者预期的通货膨胀率变动来调整政策，而不是依据当前的通货膨胀率。鉴于此，假定货币政策制定者采取泰勒规则来设定联邦基金利率，其中的通货膨胀缺口被定义为预期通货膨胀率和目标通货膨胀率的差值。假定通货膨胀缺口和产出缺口的权重都为1/2，均衡的实际联邦基金利率为2%，通货膨胀率目标为2%，产出缺口为1%。

a. 如果预期通货膨胀率为4%，那么根据泰勒规则，联邦基金利率目标应当设定为多少？

b. 假定一半的美联储经济学家预测通货膨胀率为3%，另外一半的经济学家预测通货膨胀率为5%。如果美联储用两个预测值的平均数作为预期通货膨胀率指标，那么根据泰勒规则，联邦基金利率目标应当设定为多少？

c. 现在假定一半的美联储经济学家预测通货膨胀率为0，另外一半的经济学家预测通货膨胀率为8%。如果美联储用两个预测值的平均数作为预期通货膨胀率指标，那么根据泰勒规则，联邦基金利率目标应当设定为多少？

d. 根据上述a～c的答案，你认为货币政策决策者严格按照泰勒规则来制定政策是否合理？为什么？

答：泰勒规则为：

联邦基金利率目标＝通货膨胀率＋均衡的实际联邦基金利率＋0.5×通货膨胀缺口＋

0.5×产出缺口

a. 假设产出缺口和所有其他参数保持不变，预期通货膨胀率为 4%，通货膨胀缺口为 2%（=4% −2%）。因此，联邦基金利率目标应当设定为 7.5%（=4% +2% +1% +0.5%）。

b. 此时的预期通货膨胀率为：(3% +5%)/2 =4%

在这种情况下，根据泰勒规则，联邦基金利率仍应设定为 7.5%。

c. 此时的预期通货膨胀率为：8%/2 =4%

在这种情况下，根据泰勒规则，联邦基金利率仍应设定为 7.5%。

d. 可能不合理。在 a 的情况下，通货膨胀率的不确定性较小，因此按泰勒规则来制定政策可能很好。然而，在 b 和 c 中，经济状况更加不确定，因此用一个机械性的规则来制定政策而不考虑这种不确定性可能是有问题的。例如，在 c 部分中，如果未来通货膨胀率实际上接近 0%，按照泰勒规则制定的联邦基金利率就可能太高，并可能使经济进入通货紧缩状况。这个例子强调了为什么在货币政策制定过程中对数据的判断和甄别非常重要。

第5篇　国际金融与货币政策

第17章　外汇市场

17.1　复习笔记

【知识框架(庖丁解牛)】

- 外汇市场
  - 外汇
  - 长期汇率
  - 短期汇率：供给－需求分析
  - 汇率变动的影响因素
    - 国内资产的利率
    - 外国利率水平
    - 预期国内相对物价
    - 预期贸易壁垒
    - 预期进口需求
    - 预期出口需求
    - 预期国内生产能力

【考点难点归纳(厚积薄发)】

考点一：外汇(见表17－1)　★★★

表17－1　外汇

要点		具体内容
含义		汇率是两种货币之间的兑换比率，即以一国货币表示的另一国货币的价格
即期汇率与远期汇率	即期汇率	即期交易中的汇率，即交易成交后在两个营业日以内办理交割所使用的汇率
	远期汇率	远期交易中的汇率，即交易双方在成交时约定在未来某一时间进行交割所使用的汇率
标价方法	直接标价法	①直接标价法是指以本国货币表示外国货币的价格。 ②一定单位外币折算的本国货币数额增大，表明外币升值、本币贬值；一定单位外币折算的本国货币数额减少，表明外币贬值、本币升值
	间接标价法	①间接标价法是指以外国货币间接表示本国货币的价格。 ②一定单位本币折算的外国货币数额增多，表明外币贬值、本币升值；一定单位本币折算的外币数额减少，表明外币升值、本币贬值

续表

要点	具体内容
意义	①某国货币升值时，该国商品在国外价格上升，而外国商品在本国价格下降；某国货币贬值时，该国商品在国外价格下降，而外国商品在本国价格上升。 ②货币升值不利于国内出口，提高外国商品在国内的竞争力

【例 17.1】在直接标价法下，一定单位的外国货币折成的本国货币数额增加，则说明(　　)。[南京大学 2015、2014 年研]

A. 外币币值上升，外汇汇率上升　　B. 外币币值下降，外汇汇率下降

C. 本币币值上升，外汇汇率上升　　D. 本币币值下降，外汇汇率下降

【解析】直接标价法是以若干单位的本国货币来表示一定单位的外国货币的标价方法。在直接标价法下，当一定单位的外国货币折算的本国货币的数额增大时，外汇汇率上升，说明外国货币币值上升，本国货币币值下降，称为外币升值或本币贬值。

【答案】A

【例 17.2】如果人民币的有效汇率指数从 120 上升到 128，那么(　　)。[中国人民大学 2017 年研]

A. 人民币相对于美元升值　　B. 人民币相对于美元贬值

C. 人民币相对于一篮子货币升值　　D. 人民币相对于一篮子货币贬值

【解析】有效汇率指数是选取一国的主要贸易伙伴国(地区)货币组成一个货币篮子，将各双边汇率加权平均计算得出的综合反映一国商品国际竞争力的指数。有效汇率指数上升代表本国货币相对价值的上升，下降表示本币贬值。

【答案】C

考点二：长期汇率(见表 17－2)　★★★

表 17－2　长期汇率

要点		具体内容
一价定律		在无摩擦的环境里，如果两个国家生产的商品是同质的，则在世界范围内该商品的价格应该相同
购买力平价理论	观点	任意两国货币之间的汇率使得一篮子商品和服务(无论在哪国生产)在两个国家的花费都相同。根据该理论，如果一国物价水平相对于另一国物价水平上升，则该国货币将会贬值
	不能充分解释汇率的原因	①PPP 不适用于所有商品，很多商品和劳务是不可贸易的，它们不能跨境交易。因此，即使这些商品的价格上涨并使一国物价水平相对于另一国上涨，也不会直接影响汇率。 ②相似商品通常不会是完全一样的。 ③贸易壁垒
影响长期汇率的因素	相对物价水平	从长期来看，一国价格水平上升将导致本币贬值；一国相对价格水平降低将导致本币升值
	贸易壁垒	关税和配额等贸易壁垒可能影响汇率。增加贸易壁垒在长期内会导致一国货币升值

续表

要点	具体内容	
影响长期汇率的因素	对国内与国外商品的偏好	对一国出口的需求增加导致其货币长期内升值；相反，对进口的需求增加会导致该国货币贬值
	生产能力	在长期内，一国生产能力相对于其他国家上升，本币将会升值；一国生产能力相对于其他国家下降，本币将会贬值

拓展：购买力平价分为绝对购买力平价和相对购买力平价。绝对购买力平价认为不同国家的物价水平用同一种货币计算时是相等的；而相对购买力平价从动态角度考察汇率的决定和变动，认为汇率变动取决于两国购买力的变动，或者理解为由两国通货膨胀的差异决定。

【例 17.3】如果当前中国的资产收益率高于美国的同期限资产收益率，中国的通胀率也高于美国，那么根据购买力平价和利率平价理论，长期看未来人民币相对美元会（　　）。[中国人民大学 2015 年研]

A. 升值　　B. 贬值　　C. 汇率不变　　D. 无法判断

【解析】购买力平价理论认为，不同货币之间的兑换率取决于其购买力之比，它有绝对购买力平价和相对购买力平价两种形式。相对购买力平价认为汇率的升值与贬值是由两国的通胀率的差异决定的，物价上升速度较快（物价指数相对基期提高较快）的国家，其货币会贬值。利率平价理论有抵补利率平价和非抵补利率平价两种形式。抵补利率平价认为，汇率的远期升（贴）水率等于两国利率之差。如果本国利率高于外国利率，则远期汇率必将升水，这意味着本币在远期将贬值；如果本国利率低于外国利率，则本币在远期将升值。非抵补利率平价认为，预期的汇率变动率等于两国货币利率之差。在非抵补利率平价成立时，如果本国利率高于外国利率，则意味着市场预期本币在未来将贬值。

【答案】B

【例 17.4】单纯从物价和货币购买力的关系看，物价指数上升 25%，则货币购买力（　　）。[中央财经大学 2015 年研]

A. 上升 20%　　B. 下降 20%　　C. 上升 25%　　D. 下降 25%

【解析】由于货币购买力是用价格反映的，价格越高，货币的购买力越低，二者之间呈反向关系，货币的购买力是价格的倒数，即物价指数的倒数。设初始物价指数为 1，上升 25% 后为 1.25，则购买力从 1 下降为 1/1.25，下降了 $1-1/1.25=20\%$。

【答案】B

【例 17.5】根据购买力平价理论，一国国内的通货膨胀将会导致该国货币对外的（　　）。[东北财经大学 2014 年研]

A. 升值　　B. 贬值　　C. 平价　　D. 不确定

【解析】一国国内的通货膨胀使该国货币的实际购买力下降，根据购买力平价理论，该国购买外国商品就需要以更多的货币兑换成外国货币，说明该国货币对外贬值。

【答案】B

考点三：短期汇率：供给－需求分析 ★

利用供求分析解释短期汇率的决定机制。将美国视作本国，在任何汇率水平上，美元资产的供给量不变，供给曲线 S 垂直。美元资产的需求量取决于美元资产的相对预期回报率。当美元资产的供给量等于需求量时，形成均衡汇率。

考点四：解释汇率的变动 ★★★★

1. 国内资产需求曲线的位移

(1)国内利率 i^D 的变动

如图17－1所示，国内利率水平 i^D 上升→国内资产的需求曲线 D 右移→本币升值；国内利率水平 i^D 下降→国内资产的需求曲线 D 左移→本币贬值。

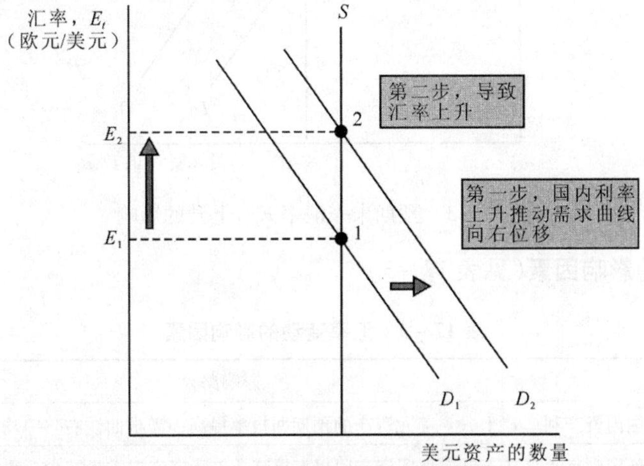

图17－1 国内利率 i^D 上升的影响

(2)外国利率 i^F 的变动

如图17－2所示，外国利率水平 i^F 上升→需求曲线 D 左移→本币贬值；外国利率水平 i^F 下降→需求曲线 D 右移→本币升值。

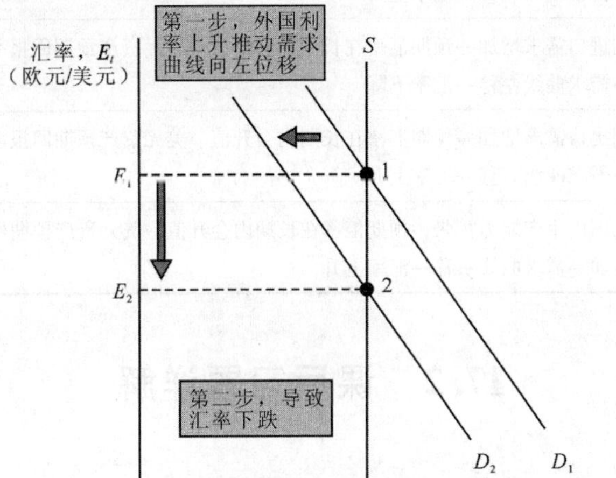

图17－2 外国利率 i^F 上升的影响

(3) 预期未来汇率 E^e_{t+1} 的变动

如图17－3所示，预期未来汇率 E^e_{t+1} 上升→需求曲线右移→本币升值；预期未来汇率 E^e_{t+1} 下降→需求曲线左移→本币贬值。

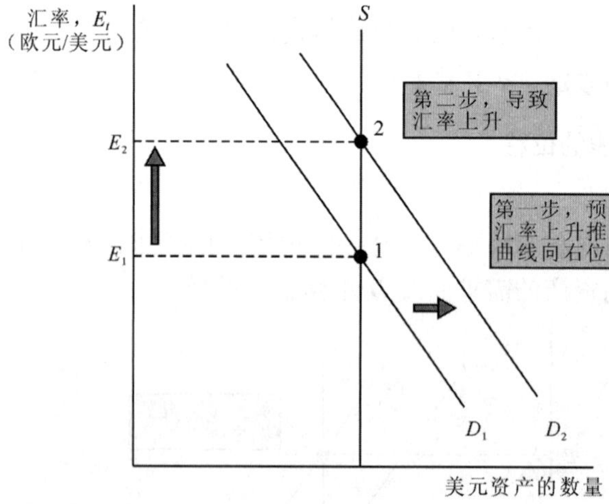

图17－3　预期未来汇率 E^e_{t+1} 上升的影响

2. 汇率变动的影响因素（见表17－3）

表17－3　汇率变动的影响因素

影响因素	影响路径
国内资产的利率 i^D	国内资产利率 i^D 上升→美元资产的预期回报率提高→需求曲线右移→均衡汇率上升
外国利率水平 i^F	外国利率水平 i^F 上升→外国资产回报率提高→美元资产需求量减少→需求曲线左移→汇率下降
预期国内相对物价	预期国内相对物价水平上升→美元价值未来会下降→美元资产预期回报率下降→美元资产需求量下降→需求曲线左移→汇率下降
预期贸易壁垒	预期贸易壁垒增加→美元价值在长期内上升→美元资产预期回报率提高→美元资产需求量增加→需求曲线右移→汇率上升
预期进口需求	预期进口需求增加→预期汇率在长期内会贬值→美元资产预期回报率下降→美元资产需求量减少→需求曲线左移→汇率下降
预期出口需求	预期出口需求增加→预期汇率在长期内会升值→美元资产预期回报率提高→美元资产需求量增加→需求曲线右移→汇率上升
预期国内生产能力	预期国内生产能力扩张→预期汇率在长期内会升值→美元资产预期回报率提高→美元资产需求量增加→需求曲线右移→汇率上升

17.2　课后习题详解

一、关键术语

1. 升值（appreciation）

答：升值是指由于外汇市场上供求关系的变化造成的本国货币对外汇价值的上升。在直接标价法下，升值表现为外币兑换本币数量减少，本国货币币值(或汇率)上浮，也称本币相对于外币升值；此时，外币货币币值(或汇率)下浮，也称外币相对于本币贬值。在间接标价法下，表现为本币兑换外币数量增加。作为两种货币的比价，汇率的上升或下降必然是一种货币的升值，同时也是另一种货币的贬值。

2. 远期交易(forward transactions)

答：在本章中，远期交易是指远期外汇交易，又称期汇交易，是指买卖双方成交后，并不立即办理交割，而是按照所签订的远期合同规定，在未来的约定日期办理交割的外汇交易。它可以通过远期合同、期货、期权等衍生金融工具来实现。远期交易与即期交易的主要区别在于起息日不同。凡起息日在两个营业日以后的外汇交易均属于期汇交易，有时也有长至 1 年，短至几天，远期交易所适用的汇率就是各种不同交割期限的远期汇率。

远期交易根据交割日是否固定，又可分为固定交割日的远期外汇买卖和选择交割日的远期外汇买卖。人们进行远期交易的目的主要是套期保值和投机。

3. 即期交易(spot transactions)

答：即期交易是"远期外汇交易"的对称，指在外汇买卖成交后的两个营业日内办理交割的外汇交易形式。其基本作用是：满足临时性的付款需要，实现货币购买力国际转移；通过即期交易调整多种外汇的头寸比例，保持外汇头寸平衡以避免经济波动的风险；利用即期交易与远期交易的配合，进行外汇投机，牟取投机利润。即期交易的方式可分为：汇出汇款、汇入汇款、出口收汇和进口付汇四种类型。

4. 资本流动性(capital mobility)

答：资本流动性是指资本在国与国之间、地区与地区之间流动的难易程度，而不是指资本的实际流动。如果一国或一地区对资本流动的限制很少，则其具有较好的资本流动性。在这种情况下，国外投资者购买该国资产和该国居民购买外国资产都比较容易。从理论上讲，很难直接衡量资本流动性的强弱程度。

5. 利息平价条件(interest parity condition)

答：利息平价条件是指使外汇市场均衡的一种条件，即用同种货币衡量的任何两种货币存款都具有相同的预期收益率。只有在预期收益率相同时，才不会存在一种货币存款的过度供给和另一种货币存款的过度需求的不均衡现象，整个外汇市场才能处于均衡状态。正如购买力平价条件是一价定律在商品市场上的拓展一样，利息平价条件是一价定律在资本市场上的拓展。

6. 关税(tariffs)

答：关税是由政府海关机构对进出口商品所征收的税。在现代经济中，一般国家基本上只征收进口关税，只有个别发展中国家还保留征收出口关税。征收关税的目的在于增加政府财政收入和保护本国生产。征收进口关税，在一定程度上会制约外国商品的进口，关税税率的调整会影响国内商品价格、生产和消费。一般认为，与自由贸易相比，关税的征收对于贸易小国的整体利益是有损失的，但贸易大国却可以从中获得净收益。其原因在于：贸易大国有左右国际市场价格的能力，通过关税制约，可以迫使出口国降低价格，实质是迫使出口国承担税负。第二次世界大战之后，利用关税保护国内产业发展的做法越来越不受欢迎。世界贸易组织的工作主旨在于使各贸易国都获得最大限度的便利，其虽不主张取消关税，但实际上是在减弱关税的作用。一些特殊形式的关税(如反补贴税、反倾销税等)仍被普遍认为要继续使用。各国政府都未放弃利用关税对本国经济实行保护的权力。

7. 贬值(depreciation)

答：贬值是指由于外汇市场上供求关系的变化造成的货币对外汇价格的下降。在直接标价法下，贬值表现为汇率变大，即外币兑换本币数量增加，本币相对于外币贬值，外币相对于本币升值；在间接标价法下，贬值表现为汇率减少，本币兑换外币数量减少。作为两种货币的比价，汇率的上升或下降必然是一种货币的升值，同时也是另一种货币的贬值。

8. 非贸易品(nontradable goods)

答：非贸易品是指不可以跨境交易的产品和服务，例如住房、土地以及本地服务(如餐饮、理发和高尔夫课程)，由于它们在国际市场上不进行交易，所以它们的价格变动不会直接影响一个国家的汇率。汇率主要由可贸易品(tradable goods)的价格决定，这些是能够在不同国家之间买卖的商品，如电子产品、汽车和大宗商品。当一个国家非贸易品价格上涨，导致整体生活成本上升，这会体现为消费者物价指数(CPI)的上涨，即通货膨胀。但是，因为这些价格上涨并不直接关联到国际市场的供需平衡，所以它们对汇率的影响是间接的。主要的传导机制可能是通过影响国内经济活动、利率和投资吸引力，从而最终可能改变市场对该国货币的需求。

9. 购买力平价理论(PPP)[theory of purchasing power parity(PPP)]

答：购买力平价理论是西方国家汇率理论中最具有影响力的一个理论，由瑞典经济学家卡塞尔(G·Cassel)提出。

购买力平价的出发点是每一种货币在本国都有购买商品和劳务的能力，不同货币购买力的比率就构成了相互间汇率的基础。尽管货币的购买力难以衡量，但由于货币购买力和价格水平呈相反的关系，可以用物价指数衡量汇率水平。这样，汇率就由两个国家的价格水平决定，价格水平的变化也会导致汇率的变动。通货膨胀率高的国家的货币会贬值，通货膨胀率低的国家的货币会升值。购买力平价有两种形式：①绝对购买力平价，指两个国家价格水平的比率。②相对购买力平价，指两个国家价格水平变动的比率。购买力平价理论的前提是一价定律，即同一商品在不同国家的价格是相同的。这种理论的成立还要有一些条件，如经济中的变化必须来自货币方面；价格水平与货币供应量变动成正比的货币数量论必须成立；国内相对价格结构比较稳定；经济中的实际因素如技术、人们的偏好不变从而使经济结构不发生变化等。这些条件在现实经济中当然难以完全成立，汇率在短期中更多的是受到价格水平变动之外的各种因素的影响，因而经常背离购买力平价。

经验表明，购买力平价理论在长期和通货膨胀很高的经济中才能成立，它在确定货币的均衡汇率和预测长期汇率的变动趋势中有一定作用，但其实际运用和结果受到一系列因素的限制和影响，如价格基期的选择、有关价格指数的选择、未来时期的价格指数的设计等。此外，购买力平价只是指出了价格水平对汇率的作用，没有揭示这种作用发生的详细过程及两者之间不可分割的相互作用关系，不能完美解释汇率决定的理论问题和现实经济中汇率变动的经验。正因为如此，经济学家们对这一理论的评价很不一致，20世纪70年代以来出现了很多新的汇率理论，对这一理论进行修正和发展。

10. 汇率(exchange rate)［中央民族大学2023年研］

答：汇率又称“汇价”“外汇牌价”或“外汇行市”，是两种货币的兑换比率，或者说是一国货币以另一国货币表示的价格。

折算两种货币比率时，首先要确定以哪一国家的货币作为标准，这称为汇率的标价方法。在外汇市场上，汇率有两种不同的标价方法，即直接标价法和间接标价法。

汇率还有许多不同的划分方法。按制定汇率的方法划分，汇率可分为基本汇率和套算汇率；从银行买卖外汇的角度考察，汇率可分为买入汇率和卖出汇率；从外汇交易的支付工具角度考察，汇率可分为电汇汇率、信汇汇率和票汇汇率；从外汇买卖的交割期限的角度考察，汇率可分为即期汇率和远期汇率；从汇率制度角度考察，汇率可分为固定汇率和浮动汇率。

11. 配额(quotas)

答：在本章中，配额是指进口配额，又称进口限额，是一国政府在一定时期(如1个季度、半年或1年)内，对某些商品的进口数量或金额加以直接的限制。在规定的期限内，配额以内的货物可以进口，超过配额不准进口，或者征收较高的关税或罚款。进口配额制，主要有以下两种：

①绝对配额。即在一定时期内，对某些商品的进口数量或金额规定一个最高数额，达到这个数额后，便不准进口。根据《关税及贸易总协定》(1994年)第11条规定，一般取消数量限制。绝对配额的实施遇到很大限制。

②关税配额。即对商品的进口绝对数额不加限制，而对在一定时期内，在规定的关税配额以内的进口商品，给予低税、减税或免税待遇，对超过配额的进口商品则征收较高的关税或附加税。

12. 外汇市场(foreign exchange market)

答：外汇市场指从事外汇买卖的交易场所，即各种不同货币彼此进行交换(本币与外币之间、外币与外币之间)的场所。它是金融市场的重要组成部分。可分为有形和无形市场。有形市场表现为像外汇交易所一样的固定场所；无形市场是通过电话、电报和电脑等设施构成的进行交易的通信网络。目前具有国际影响力的外汇市场主要有伦敦、纽约、东京、法兰克福、新加坡等地。外汇市场的参与者主要有以下四类：外汇银行、外汇经纪人、顾客和中央银行。

13. 实际汇率(real exchange rate)［上海大学2024年研］

答：实际汇率是指名义汇率用两国价格水平调整后的汇率，即国内商品与外国商品交换的比率。事实上，实际汇率就是本国商品相对于以本国货币计价的外国商品的价格，反映了本国商品的国际竞争力。实际汇率反映了某货币在相对意义上是否便宜。购买力平价理论预测实际汇率应当总等于1.0。

14. 远期汇率(forward exchange rate)

答：远期汇率亦称“期汇汇率”，是买卖双方事先约定的，在未来一定日期进行外汇交割的汇率。利率的差异和外汇市场供求状况的变化，都会导致远期汇率的变动。远期汇率与即期汇率的差价称为远期差价。外汇市场上通常把这种差价表示为“升水”“贴水”或“平价”。升水表示远期汇率比即期汇率高，贴水表示远期汇率低于即期汇率，平价表示远期汇率等于即期汇率。

15. 即期汇率(spot exchange rate)

答：即期汇率，也称现汇汇率，指的是交易双方达成外汇买卖协议后当日或两个营业日内进行交割时所采用的汇率，是现汇交易使用的汇率。即期汇率是由当场交货时货币的供求关系情况决定的，外汇市场汇率和官方外汇牌价没有特别注明“远期”字样的，都是即期汇率。

二、思考题

1. 假定你正在考虑出国度假，同时假定欧元对美元升值了15%。你去罗马和巴黎的意愿是更强了还是更弱了?

答：如果欧元升值，美国消费者更愿意去罗马度假。这是因为，欧元升值，美元贬值，去法国巴黎度假的价格上升，相对于去罗马度假而言，去巴黎的成本更贵。

2. “货币疲软(贬值)国家的经济状况总是更糟糕。”这种表述正确、错误还是不确定?解释你的答案。

答：错误。虽然某种货币贬值具有使购买外国商品或到国外旅行的费用增加等负面影响，但却有助于国内产业的发展。相对于外国商品，本国商品变得便宜，因而对本国商品的需求增加。国内商品销售和出口的增加带来了就业的增加，从而对本国经济带来正面影响。

3. 美元贬值时，美国的进出口会怎样变化?

答：美国的出口增加，进口减少。美元贬值使得美国国内商品更便宜，因此国内外消费者会购买更多美国生产的商品。同时，由于需要更多的美元购买外国商品，进口商品变得更加昂贵，国内消费者对进口产品的需求减少。

4. 如果日本物价水平相对于美国上涨了5%，根据购买力平价理论，以美元表示的日元价值会发生怎样的变动?

答：根据购买力平价理论，如果一国物价水平相对于另一国物价水平上升，则该国货币将会贬值。如果日本物价水平相对于美国上升5%，那么，以美元表示的日元价值将下跌5%。

5. 如果一国进口关税提高的同时，对该国出口的需求减少，该国货币在长期里将会升值还是贬值?

答：从长期来看，一国出口需求的下降会导致该国货币的贬值，但进口关税上升会使该国货币升值。因此，长期内，该国货币是升值还是贬值并不确定。

6. 如果美联储实施扩张性货币政策，货币供给会如何变化？这会如何影响美元资产的供给？

答：货币供给增加，但对美元资产的供给影响不大。由于美元货币是美元计价资产的一小部分，货币供给的变化相对较小，不会改变美元资产供给曲线。

7. 2009～2011 年间，澳大利亚和瑞士经济受全球金融危机的影响相对较小。与此同时，欧元区许多国家受到高失业和不可持续的政府高债务负担的沉重打击。这会如何影响欧元/瑞士法郎以及欧元/澳大利亚元的汇率？

答：这将减少对欧元资产的需求，导致欧元贬值以及瑞士法郎和澳大利亚元的升值，即欧元/瑞士法郎以及欧元/澳大利亚元的汇率将增大。

8. 在 20 世纪 70 年代中后期，日元相对于美元升值，尽管日本的通货膨胀率高于美国。如何用日本企业生产能力改善（相对于美国企业）来解释这一现象？

答：尽管日本的物价水平相对于美国上升，但日元仍然升值的原因在于，日本企业的生产能力相对于美国企业上升，使得日本产品在日元价值较高的情况仍能畅销。

9. 假定美国总统宣布，他将启动包括反通货膨胀新计划在内的一揽子新改革。假设公众相信这一方案，美元汇率将会怎样变化？

答：美元将会升值。因为该政策的宣布会使美国的预期通货膨胀下降，美元预期升值，美元资产的预期收益将会增加。结果美元的需求曲线将会右移，均衡汇率将会上升。

10. 如果印度政府出人意料地宣布，将在一年后提高外国商品的关税，今天的印度卢比价值会怎样变动？

答：印度卢比将会升值。宣布对外国商品征收高关税和实施更严格的配额制度会使印度卢比的未来汇率预期上升，对印度卢比的预期升值率提高。这意味着对印度卢比资产的需求将会增加，需求曲线右移，印度卢比的汇率将会上升。

11. 如果美国的名义利率升高，但实际利率下跌，预测美元汇率会怎样变动。

答：美元将贬值。名义利率上升而实际利率反而下降，表明通货膨胀的预期上升导致美元的贬值预期大于国内利率的上升幅度。结果，外币存款的预期收益率（RET^F）上升幅度大于本币存款的预期收益率（RET^D）。由于 RET^F 右移幅度大于 RET^D，故均衡汇率下降。

12. 如果美国汽车公司实现了一项技术突破，能够生产出每加仑汽油可以行驶 200 英里的汽车，美元汇率会怎样变化？

答：美元将会升值。美国生产力的提高使美元的预期汇率提高，因此也会提高任一汇率下美元资产的预期回报率。结果，美元资产需求曲线右移，均衡汇率提高。

13. 如果墨西哥人疯狂消费，成倍购买法国香水、日本电视、英国羊毛衫、瑞士手表和意大利瓶装酒等商品，墨西哥比索的价值将会怎样变化？

答：墨西哥比索将贬值。进口需求增加将降低对未来的汇率预期，从而导致外币的升值预期。外币存款预期收益率的上升使 RET^F 右移，均衡汇率下降。

14. 2008 年夏秋两季，随着全球金融危机开始蔓延，国际金融机构和主权财富基金显著增加了购买美国国债作为安全的避险投资。这对美元汇率会有何影响?

答：这将导致美元急剧升值。对美国国债的强劲需求，导致在此期间美元计价资产的需求上升，从而美元升值。

15. 2012 年 9 月，美联储公布了大规模资产购买计划(被称为 QE3)，目的是降低中期和长期利率。这对美元/欧元汇率会有什么影响?

答：美联储大规模购买资产的量化宽松政策应该会减少对美元计价资产的需求，并导致欧元升值(美元贬值)。

16. 2016 年 6 月 23 日英国投票决定脱离欧洲联盟。从 6 月 16 日到 23 日，英镑和美元之间的汇率从 1.41 美元/英镑升高到 1.48 美元/英镑。你觉得市场对公投结果的预期是怎样的?

答：脱欧公投将降低英国未来的出口，从而导致英镑长期贬值。英镑在投票前升值的事实表明，市场认为退出投票的可能性正在下降，从而导致英镑的长期价值高于此前的预期。

三、应用题

17. 一辆德国跑车售价 70000 欧元。如果汇率为 0.90 欧元/美元，这辆德国跑车在美国的美元价格是多少?

答：这辆跑车在美国的美元价格为：70000/0.90 = 77777.78(美元)。

18. 如果加拿大元对美元汇率为 1.28 加拿大元/美元，英镑对美元汇率为 0.62 英镑/美元，那么加拿大元对英镑汇率必然为多少?

答：加拿大元与英镑的汇率为：1.28/0.62 = 2.0645(加拿大元/英镑)。

19. 新西兰元对美元汇率为 1.36 新西兰元/美元，英镑对美元汇率为 0.62 英镑/美元。如果你发现英镑对新西兰元的交易价格为 0.49 英镑/新西兰元，你怎么做就可以赚取无风险利润?

答：第一步，将 1 美元兑换成 1.36 新西兰元；第二步，将 1.36 新西兰元兑换成 0.6664 英镑；第三步，将 0.6664 英镑兑换成 1.0748 美元。

这样 1 美元就赚取了 0.0748 美元的无风险利润。

20. 1999 年欧元的交易价格是 0.90 美元/欧元。如果欧元现在的交易价格为 1.16 美元/欧元，欧元价值变动的百分比是多少? 欧元升值了还是贬值了?

答：欧元价值变动百分比为(1.16 - 0.90)/0.90 = 28.89%，欧元升值了 28.89%。

21. 墨西哥比索的交易价格为 10 比索/美元，如果预期 1 年后美国和墨西哥的通货膨胀率分别为 2%和 23%，根据购买力平价理论，1 年后的预期汇率是多少?

答：1 年后的预期汇率为：10 × (1.23/1.02) = 12.059(比索/美元)。

22. 如果英国物价水平最近上升了 20%，美国物价水平下降了 5%，如果购买力平价成立，汇率变动幅度必须是多大? 假定当前汇率为 0.55 英镑/美元。

答：英国的物价水平相对于美国上升了 25%，那么购买同样的美国商品需要的英镑数就要增加 25%。汇率变动幅度为 25%，故汇率将变为 $1.25 \times 0.55 = 0.6875$（英镑/美元）。

对于第 23～25 题，借助美元外汇市场的供求图说明各题中因素变动的影响。

23. 如果欧洲的预期通货膨胀率下滑，从而利率下跌，美元汇率会如何变化？

答：美元将会贬值。欧洲预期通货膨胀率的下滑会使其利率下跌（下跌的幅度要小于预期通货膨胀率下滑的幅度），由于欧元预期升值幅度要比其利率下降的幅度大，这将会导致欧元资产的实际收益率上升。结果，美元资产的相对预期回报率将会下降，美元资产需求曲线左移，均衡汇率降低。如图 17－4 所示：

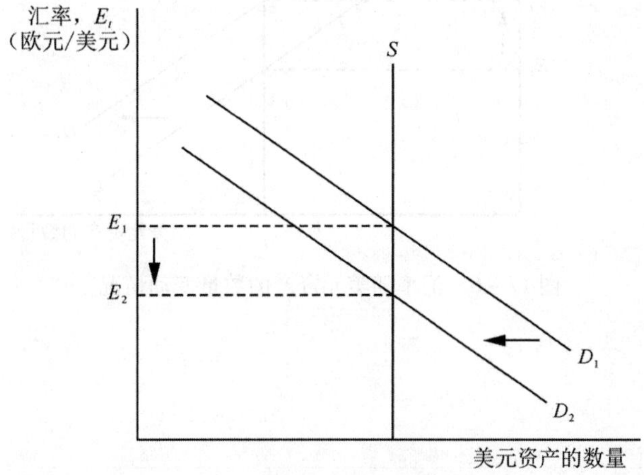

图 17－4　汇率随美元资产的数量变动情况

24. 如果欧洲中央银行决定实施紧缩的货币政策来对抗通货膨胀，美元价值会发生怎样的变化？

答：紧缩性的货币政策将使欧元利率上升，并使得欧元的未来价值增加，这两种因素都将使美元资产的预期回报率下降。美元的需求曲线将会向左移动，结果美元贬值。如图 17－5 所示：

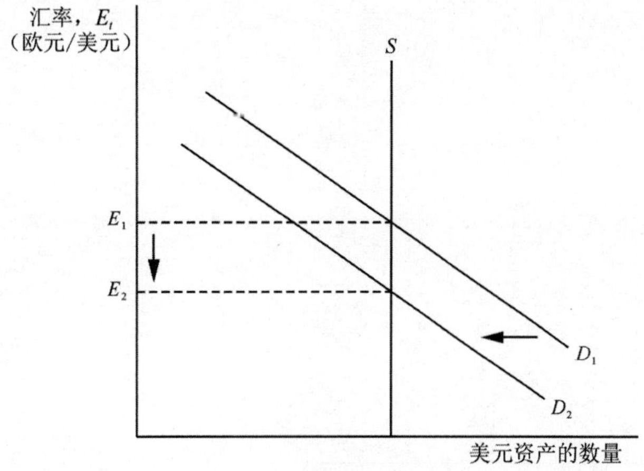

图 17－5　汇率随美元资产的数量变动情况

25. 如果法国工人罢工，加大了购买法国商品的难度，美元价值会发生怎样的变化？

答：在本题中，把法国视为本国。由于很难买到法国的产品，人们将会购买更多的外国产品，欧元将贬值。欧元的贬值预期降低了在任何汇率水平下欧元资产的预期回报率，因此欧元的需求下降，美元资产的需求曲线右移，美元升值。如图17－6所示：

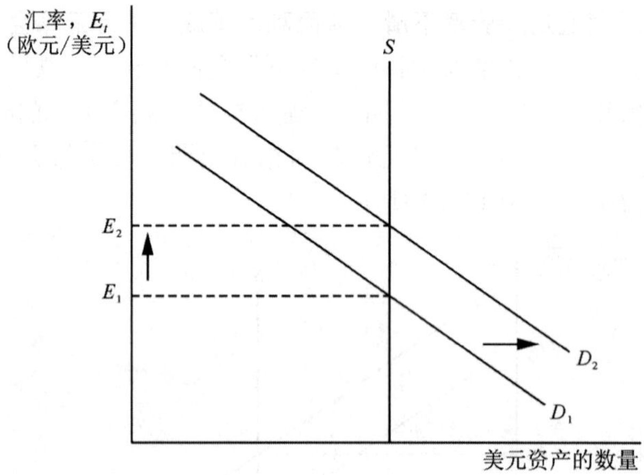

图17－6 汇率随美元资产的数量变动情况

第 18 章　国际金融体系

18.1　复习笔记

【知识框架(庖丁解牛)】

国际金融体系
- 外汇市场干预
- 国际收支
- 国际金融体系下的汇率制度
- 资本管制
- IMF 的职责和最后贷款人
- 国际因素和货币政策
- 汇率目标制

【考点难点归纳(厚积薄发)】

考点一：外汇市场干预(见表 18－1)　★★★

表 18－1　外汇市场干预

要点	具体内容	
含义	外汇市场干预指中央银行定期在国际金融市场上进行交易，买卖货币，以调节和控制汇率的行为	
作用	中央银行卖出外汇资产并买入本国货币→国际储备与基础货币等额减少； 中央银行卖出本国货币并买入外币资产→国际储备与基础货币等额增加	
类型	非冲销性干预	只在外汇市场上进行本币的买卖，进而影响基础货币
	冲销性干预	买卖本币的同时进行对冲性公开市场操作，使基础货币保持不变

【例 18.1】冲销式干预(Sterilized Intervention)与非冲销式干预(Unsterilized Intervention)［中央财经大学 2016、2010 年研；东北财经大学 2006 年研］

答：政府对外汇市场的干预按是否会引起货币供应量的变化可分为冲销式干预与非冲销式干预。冲销式干预是指政府在外汇市场上进行交易的同时，通过其他货币政策工具(主要是在国债市场上进行的公开市场业务)来抵消前者对货币供应量的影响，从而使货币供应量维持不变的外汇市场干预行为。为抵消外汇市场交易对货币供应量的影响而采取的政策措施被称为冲销措施。非冲销式干预则是指不存在相应冲销措施的外汇市场干预，这种干预会引起一国货币供应量的变动。

考点二：国际收支（见表 18－2） ★★

表 18－2　国际收支

<table>
<tr><th>要点</th><th colspan="3">具体内容</th></tr>
<tr><td>含义</td><td colspan="3">国际收支是反映一定时期内一国（或地区）同外国的全部经济往来的簿记系统</td></tr>
<tr><td rowspan="4">项目</td><td rowspan="2">经常账户</td><td>含义</td><td>①经常账户反映一国居民与非居民之间商品和服务的交易。
②经常账户顺差代表本国所持有的外国资产增加；经常账户逆差代表本国所持有的外国资产减少</td></tr>
<tr><td>商品和服务贸易收支</td><td>①贸易收支＝出口商品与服务总价值－进口商品与服务总价值。
②商品进口＞商品出口，出现贸易逆差；商品进口＜商品出口，出现贸易顺差</td></tr>
<tr><td rowspan="2">金融账户</td><td>含义</td><td>金融账户是反映资产的购买或出售的国际交易</td></tr>
<tr><td>金融账户余额</td><td>金融账户余额＝获得金融资产净值－发生债务净值</td></tr>
<tr><td>平衡公式</td><td colspan="3">金融账户余额＝｜经常账户赤字｜</td></tr>
</table>

【例 18.2】一般来说，一国国际收支出现巨额顺差会使其（　　）。［暨南大学 2011 年研］

A．货币疲软　　B．货币坚挺　　C．通货紧缩　　D．利率下跌

【解析】国际收支巨额顺差使本国货币坚挺，本币汇率升值。

【答案】B

【例 18.3】目前，世界各国普遍使用的国际收支概念是建立在（　　）基础上。［清华大学 2016 年研］

A．收支　　B．交易　　C．现金　　D．贸易

【解析】国际收支反映的内容以交易为基础，而不是像其字面所表现的那样以货币收支为基础。这些交易既包括涉及货币收支的对外往来，也包括未涉及货币收支的对外往来，未涉及货币收支的往来须折算成货币加以记录。

【答案】B

【例 18.4】经常账户中，最重要的项目是（　　）。［清华大学 2016 年研］

A．贸易收支　　B．劳务收支　　C．投资收益　　D．单方面转移

【解析】经常项目包括有形货物收支（贸易收支）、无形货物收支（即服务）、收入和经常转移收支，前两项构成经常项目收支的主体。贸易收支是经常账户下典型的最重要的部分，即贸易状况的变化是经常账户的主要影响因素。

【答案】A

【例 18.5】关于国际收支平衡表描述不正确的是（　　）。［清华大学 2016 年研］

A．是按复式簿记原理编制的　　B．每笔交易都有借方

C．借方总额与贷方总额一定相等　　D．借方总额与贷方总额并不相等

【解析】对国际收支平衡表中单个账户进行汇总，可能会产生贷方和借方数字不等的情况。若贷方大于借方，则差额称为这个项目的收支顺差（或盈余），用正号表示；若贷方小

于借方，则差额称为这个项目的收支逆差(或赤字)，用负号表示。但是，国际收支平衡表的最终差额恒等于零，这是由国际收支平衡表的复式记账法原则所决定的，有借必有贷，借贷必相等。

【答案】D

【例 18.6】对于国际收支，以下说法中正确的是(　　)。[对外经济贸易大学 2015 年研]

A. 国际收支是个存量的概念

B. 对未涉及货币收支的交易不予记录

C. 国际收支并非国际投资头寸变动的唯一原因

D. 它是本国居民与非居民之间货币交易的总和

【解析】国际收支是一个流量的概念，是在一定时期内一个国家或地区与其他国家或地区之间进行的全部经济交易的系统记录。它包括对外贸易状况和对外投资状况，是贸易和投资以及其他国际经济交往的总和。而且，它既包括用外汇收付的经济交易，也包括以实物、技术形式进行的经济交易，记录的是一个国家的居民和非居民之间所有的经济交易。

【答案】C

考点三：国际金融体系下的汇率制度(见表 18－3)　★★★

表 18－3　国际金融体系下的汇率制度

要点	具体内容	
基本类型	固定汇率制度	本国货币与其他国家货币(被称为“锚货币”)的汇率保持不变
	浮动汇率制度	本国货币与其他国家货币的汇率是波动的
金本位制度	①属于固定汇率制度，货币可按固定比率兑换成黄金。 ②金本位制度能够消除浮动汇率造成的不确定性，但是受限于黄金的开采	
布雷顿森林体系	①创建国际货币基金组织，制定维系固定汇率的规则，通过国际贷款促进国际贸易合作。 ②创建国际复兴开发银行(即世界银行)，为发展中国家提供长期贷款，推动基础设施建设等。 ③创立了关税及贸易总协定，即世界贸易组织的前身。 ④规定以美元作为最主要的国际储备货币，其他国家的货币与美元挂钩，美元与黄金挂钩	
固定汇率制度的运行机制	①本币被高估时，为了稳定固定汇率，中央银行要卖出外币买进本币，进而导致国际储备减少；本币被低估时，为了稳定固定汇率，中央银行要卖出本币买进外币，进而导致国际储备增多。 ②本币被高估且国际储备不足时，出现法定贬值，即汇率平价被重新设定在较低水平；本币被低估且国际储备过多时，出现法定升值，即汇率平价被重新设定在较高水平。 ③如果存在完全的资本流动性，国内资产的相对预期回报率保持稳定，冲销性外汇干预将失效	
投机性攻击	投机性攻击是指投机者大量抛售疲软货币或买进坚挺货币，使汇率剧烈变动，引发外汇危机	
政策的三难困境	一个国家、地区或货币联盟无法同时实施以下三类政策：①自由资本流动；②固定汇率制度；③独立货币政策。必须在三种政策中选择两种。	
货币联盟	含义	货币联盟是指一些国家采用共同货币，成员国之间采取固定汇率制度
	评价	有利于跨境交易，但是削弱成员国货币政策的独立性
有管理的浮动汇率制度	也称肮脏浮动，是指国家通过买卖外国资产干预外汇市场，进而影响汇率	

拓展：人民币汇率制度是以市场供求为基础、参考一篮子货币进行调节的、有管理的浮动汇率制度。

【例 18.7】美元与黄金挂钩，其他国家的货币与美元挂钩，这是(　　)的基本特点。[中国人民大学 2017 年研]

A. 金本位制　　B. 金银复本位制　　C. 牙买加体系　　D. 布雷顿森林体系

【解析】布雷顿森林体系的特点是双挂钩制度，即美元与黄金直接挂钩，各国货币和美元挂钩。参加基金组织的成员国的货币金平价应以黄金和美元来表示。

【答案】D

【例 18.8】自由铸造，自由兑换及黄金自由输出是(　　)本位制度的三大特点。[中国人民大学 2015 年研]

A. 金块　　B. 金币　　C. 金条　　D. 金汇兑本位

【解析】金币本位制度是金本位货币制度的最早形式，亦称为古典的或纯粹的金本位制。金币可以自由铸造，自由熔化，具有无限法偿能力。在该制度下，黄金可以自由输出或输入国境，并在输出入过程形成铸币物价流动机制，对汇率起到自动调节作用。

【答案】B

【例 18.9】在金本位下，外汇汇率的波动幅度受(　　)的限制。[中国人民大学 2015 年研]

A. 黄金储备状况　　B. 外汇储备状况　　C. 外汇政策　　D. 黄金输送点

【解析】汇率波动的最高界限是铸币平价加运金费用，即黄金输出点；汇率波动的最低界限是铸币平价减运金费用，即黄金输入点。黄金输出点和黄金输入点统称黄金输送点。在金本位下，黄金输入点和黄金输出点是汇率变动的界限，汇率在这一界限内围绕着铸币平价波动，波动的幅度比较小，基本上是稳定的。

【答案】D

【例 18.10】下列关于布雷顿森林体系的叙述，错误的是(　　)。[北京航空航天大学 2012 年研]

A. 确定美元与黄金的固定比价，实行自由兑换

B. 各国货币对美元实行可调整的固定汇率制

C. 建立了以国际货币基金组织和世界银行为代表的国际金融机构

D. 有助于缓解国际收支危机，至今仍在运行

【解析】布雷顿森林体系是第二次世界大战的战胜国于 1944 年在新罕布什尔州达成的协定中建立的，一直持续到 1971 年。布雷顿森林体系确定美元与黄金的固定比价，实行自由兑换，其他各国货币对美元实行可调整的固定汇率制。同时，《布雷顿森林协定》创立了国际货币基金组织和国际复兴开发银行及世界银行等国际金融组织。

【答案】D

【例 18.11】“三元悖论”中的三元不包括(　　)。[中国人民大学 2018 年研]

A. 货币政策独立性　　B. 汇率稳定性

C. 国际收支平衡　　D. 资本自由流动

【解析】克鲁格曼认为，一个国家的金融政策有三个基本目标：①本国货币政策的独立性；②汇率的稳定性；③资本自由流动。这三个目标是不可能同时实现的，称为"三元悖论"。

【答案】C

考点四：资本管制(见表 18－4)　★★★

表 18－4　资本管制

要点	优点	缺点
对资本流出的管制	防止由资金抽逃引发的金融动荡	①危机期间资金抽逃更容易，对资本流出的管制难以奏效。 ②实施管制会刺激资本外逃。 ③管制资本流出会引发腐败。 ④管制资本流出会阻碍经济效率的提高
对资本流入的管制	管制资本流入就限制了资本流出的风险	①妨碍生产性资本的进入。 ②管制会造成资源配置的低效率。 ③管制可能引发腐败

【例 18.12】关于资本外逃说法不正确的是(　　)。[复旦大学 2022 年研]

A. 资本外逃可以通过在国际贸易中高报进口，低报出口来进行

B. 本国政治前景的不确定性会加剧资本外逃

C. 国际收支平衡表中的错误和遗漏账户余额，能够反映资本外逃的情况

D. 本币币值被人为低估可能会引发资本外逃

【解析】资本外逃又称资本逃避，或资本转移，是指一种由于经济危机、政治动荡、战争等因素，导致本国资本迅速流到国外，从而规避可能发生的风险的现象。它是衡量一国经济增长稳定状况，反映一国金融体系潜在危机程度的一个重要指标。D 项，本币币值被人为高估可能会引发资本外逃。

【答案】D

考点五：IMF 的职责和最后贷款人(见表 18－5)　★★★

表 18－5　IMF 的职责和最后贷款人

要点	具体内容	
IMF 的职责	①向国际收支困难的成员国提供必要的临时性资金融通。 ②为成员国提供国际货币合作与协商的场所。 ③规定成员国在汇率政策、与经常项目有关的支付以及货币兑换方面需要遵守的行为准则，并予以监督	
IMF 充当最后贷款人的争论	好处	缓解金融波动，甚至避免危机爆发
	坏处	IMF 充当最后贷款人会导致政府道德风险问题的产生。 ①IMF 承担最后贷款的责任向政府提供必要的救助，这会鼓励政府不负责任。 ②政府利用 IMF 的资金保护银行储户和其他债权人，削弱人们监督银行机构的积极性，导致银行承担过多风险

考点六：国际因素和货币政策(见表 18－6) ★★★

表 18－6　国际因素和货币政策

要点	具体内容
外汇市场影响货币供给	①外汇干预与货币政策两者相互影响：干预外汇市场会导致基础货币变动，进而影响货币供给；放弃干预外汇，实施货币政策，又会影响进出口价格和贸易，导致失业率上升。 ②当一国货币是储备货币时，其货币政策较少受到外汇市场的影响，因此容易实行货币政策
国际收支因素	非储备国国际收支逆差→实行紧缩性货币政策，以增加货币储备→逆差改善后，实行扩张性货币政策→国际收支再次出现逆差→实行紧缩性货币政策。这样的政策循环会导致国内金融动荡
汇率因素	①本国币值下跌→实行紧缩型货币政策，减少货币供给→提高利率，进而提高币值； ②本国币值上升→实行扩张型货币政策，增加货币供给→降低利率，进而降低币值

考点七：汇率目标制(见表 18－7) ★★★

表 18－7　汇率目标制

<table>
<tr><th>要点</th><th colspan="3">具体内容</th></tr>
<tr><td>含义</td><td colspan="3">汇率目标制，又称钉住汇率，指一国将货币价值固定在另一国货币上，以保证本国物价稳定的汇率政策</td></tr>
<tr><td>优点</td><td colspan="3">①有助于管控通货膨胀；
②有利于缓解时间不一致性问题；
③汇率目标制更易被公众接纳</td></tr>
<tr><td>缺点</td><td colspan="3">①钉住国丧失货币政策独立性，会受到核心国突发事件的冲击；
②钉住国更易遭受投机者对货币的冲击；
③汇率信号丢失，削弱政策制定者对外负责的能力</td></tr>
<tr><td rowspan="2">不同国家的汇率目标制</td><td>工业化国家</td><td colspan="2">①实行汇率目标制代表放弃独立的货币政策。
②对于不能成功实施货币政策的国家，采取汇率目标制的收益更大。
③汇率目标制能够促进国内经济与邻国经济相融。
④汇率目标制发挥最大作用的前提：a. 货币当局和政治环境不利于有效实施货币政策；b. 存在重要的汇率目标制利益，且该利益和货币政策不相关</td></tr>
<tr><td>新兴市场国家</td><td colspan="2">①新兴市场国家的货币政策不够成熟，因此实行汇率目标制的损失较小。
②对于持续处于恶性通胀且货币当局软弱的国家，包括许多新兴市场国家，汇率目标制可能是稳定经济的最后方式，但要求汇率目标制足够透明，否则可能引发金融危机</td></tr>
<tr><td rowspan="2">延伸</td><td rowspan="2">货币局</td><td>含义</td><td>一国货币对某种外国货币的汇率固定不变，且政府承诺两种货币之间可以按此汇率无限制兑换</td></tr>
<tr><td>特点</td><td>①货币政策不受货币当局和政府控制，因此政府对固定汇率的承诺十分可靠。
②仅当将外币在中央银行兑为本币时才导致货币供给扩张。
③政府的承诺能快速降低通货膨胀，减少投机性冲击风险</td></tr>
</table>

续表

要点	具体内容		
延伸	美元化	含义	美元化是指采用较为稳定的货币(如美元)作为国家的货币
		优点	完全避免本国货币受到投机性冲击
		缺点	①不具有货币政策独立性; ②丧失货币当局创造货币的能力以及作为最后贷款人的职责; ③容易受到核心国突发事件的冲击; ④政府失去发行货币的收入

18.2　课后习题详解

一、关键术语

1. 锚货币(anchor currency)

答:锚货币是指在固定汇率制度下,其价值被其他货币的价值所盯住的货币。锚货币通常是一种强势货币,其他货币盯住锚货币主要是为了保证汇率的稳定。迄今为止,世界经历了两种类型的货币锚:①实物锚(黄金、白银等实物商品);②信用锚(美元、欧元等国际货币)。

2. 固定汇率制度(fixed exchange rate regime)

答:固定汇率制度是一国货币同他国货币的兑换比率保持长期基本不变,或波动极小的一种汇率制度。固定汇率制是由各国政府按本国货币与外国货币含金量之比,确定本国货币对外国货币的汇率,并把汇率的上下波动限定在一定幅度内。固定汇率制是在金本位制基础上发展起来的,是金本位制度下汇率制度的延续。19 世纪初到 20 世纪 30 年代的金本位制时期及第二次世界大战后到 70 年代初以美元为中心的国际货币体系,都实行固定汇率制。在金本位制时期,各国汇率以两种货币含金量,即铸币平价为决定基础,并在黄金输送点上下限之内波动。只要货币含金量不变,汇率也能保持不变。第二次世界大战后,随着布雷顿森林体系的建立,产生以美元为中心的固定汇率制度,各国货币围绕本国货币兑美元的固定官方比价波动,波动幅度为上下 1%,超过这个限度,各国中央银行应出面干预,美国则承担以 35 美元兑换 1 盎司黄金的义务。在固定汇率制下,各国货币的汇率因政府承担干预的责任而保持相对稳定。这种稳定在一定程度上对减少汇率风险,促进世界经济贸易的发展不能说没有意义。

20 世纪 60 年代后,美国受财政赤字及货币危机的冲击,国际收支持续逆差,经济增长缓慢,美元地位随之动摇,布雷顿森林体系难以维持,固定汇率制同样步履艰难。1973 年春,一些西方国家率先不再公布本国货币的金平价,同时宣布实行汇率浮动。从此,战后维持 28 年之久的固定汇率制度也基本告终。

3. 法定升值(revaluation)

答:法定升值是指政府通过提高货币含金量或明文宣布的方式,提高本国货币对外的汇价。当一国货币的汇率被低估,该国中央银行通过自主干预阻止货币升值会导致国际储备增加。中央银行通过将汇率平价重新确定在一个较高的水平上来减少国际储备的增加。例如二战后，西德马克和瑞士法郎都曾宣布法定升值。

4. 国际收支平衡表(balance of payments)［同济大学2024年研］

答：国际收支平衡表是一国记录其一定时期内各种对外往来所引起的全部国际经济交易的簿记系统。国际收支是流量的事后概念，其以交易为基础，而非以支付为基础。

由于一个国家的商品的进出口劳务收支和资本输出入都不可能完全相等，因此每个具体的借贷方难以做到收支相抵，总会出现差额，如贸易差额，经常项目差额等，统称为局部差额。各局部差额的合计构成国际收支的总差额。一个国家的外汇收入大于支出，有了盈余，称国际收支顺差；一个国家的外汇收入小于支出，有了亏空，称国际收支逆差。

国际收支主要包括以下几个项目：①经常账户，反映实际资源在国际间流动的经济行为的项目，它是国际收支中最基本、最重要的项目，主要包括货物、服务、收入和经常转移。②金融账户，反映国际交易中资产和负债所有权变更的所有权交易的账户，包括直接投资、证券投资、其他投资和储备资产。

5. 浮动汇率制度(floating exchange rate regime)

答：浮动汇率制度是指一国货币相对其他货币的价值可以自由浮动的货币制度。20世纪70年代后期美元危机进一步激化后，浮动汇率制正式开始被采用和普遍实行。浮动汇率制度根据国家是否干预外汇市场可分为自由浮动汇率制和管理浮动汇率制。

①自由浮动汇率制，又称不干预浮动汇率制度，是指货币当局对汇率上下浮动不采取任何干预措施，完全听任外汇市场的供求变化自由涨落的一种浮动汇率制度。与受官方管制的有管理的浮动汇率制或爬行钉住汇率制不同。

②管理浮动汇率制，又称干预浮动汇率制度，是指货币当局采取各种方式干预外汇市场，使汇率水平与货币当局的目标保持一致的一种浮动汇率制度。实际上，目前各主要工业国都干预汇率水平，绝对的自由浮动汇率是理论上的假设而已。

6. 铸币税(seignorage)

答：铸币税是指政府由于拥有货币铸造的垄断权而获得的净收入，也即一种货币发行收入。

从历史发展来看，在金属货币时代，货币产生于实体经济，购买力取决于所含金属的重量，即内在价值。货币与商品的交换，是一个等价交换的过程。在这一过程中，基本上不存在货币的发行收入。但当货币形式发展到不足值货币，特别是到了信用货币时代，货币发行脱离了实体经济的束缚，货币发行就成为一种特权，能为发行者带来发行收入。西方政府曾对私人银行发行现钞课税，作为允许他们拥有货币发行特权的交换，铸币税就出现了。中央银行建立后，垄断了货币发行权，货币的发行收入归属政府，这种收入也被称为“铸币税”。这时铸币税已不是一种真正的税种，只是将政府垄断货币发行收入具体化，使之可以进行实际的操作，在实践上实现货币发行收入归政府所有。

设铸币税为S，M_t是t期的货币发行量，M_{t+1}是$t+1$期的货币发行量，考虑到价格因素，$S=(M_{t+1}-M_t)/P_t$，P_t为t期的价格水平。从上述公式中反映出：货币发行收入与价格水平成反比，物价水平越低，中央银行同等数额货币发行的铸币税就越高；货币发行收入与新增货币发行量成正比，新增货币发行量越大，铸币税越高。

在国际金融中，铸币税是指一国因其货币为他国所持有而得到的净收益。如其他国家持有美元，则意味着美国可以用本国发行的没有内在价值的美元购买他国的商品和金融资产，也就是说美国无偿占有了他国资源。这是由于美元作为国际货币的地位而取得的特权。因此一国因货币输出赚取的物质利益也被称为"铸币税"。

7. 布雷顿森林体系(Bretton Woods System)

答：布雷顿森林体系是第二次世界大战后建立的国际货币制度。为了消除金本位制崩溃后国际货币的混乱局面，第二次世界大战尚未结束，英、美两国即着手设计新的国际货币秩序。1944 年 7 月，44 个同盟国家的代表在美国新罕布什尔州的布雷顿森林市商讨重建国际货币制度，通过了以美国"怀特方案"为基础的《国际货币基金协定》和《国际复兴开发银行协定》，总称《布雷顿森林协定》，从而形成了以美元为中心的国际货币体系，即布雷顿森林体系。根据会议协议条款所成立的国际货币基金组织是布雷顿森林货币体系运转赖以维持的基本机构。

布雷顿森林体系的主要内容有：

①建立一个永久性的国际金融机构——国际货币基金组织，以促进国际货币合作。

②规定了以美元作为最主要的国际储备货币，实行美元 - 黄金本位制。美元直接与黄金挂钩，其他国家的货币与美元挂钩。

③国际货币基金组织向国际收支逆差国提供短期资金融通，以协助其解决国际收支困难。

④废除外汇管制。

⑤制定了稀缺货币条款。但这一条款并没有真正实施过。

布雷顿森林体系是国际货币合作的产物，它消除了战前国际金融秩序的混乱状况，在一定时期内稳定了资本主义世界的货币汇率，营造了一个相对稳定的国际金融环境，促进了世界贸易和世界经济的增长。但是，布雷顿森林体系也存在一些缺陷：①信心和清偿力之间的矛盾，即存在所谓的"特里芬难题"。②布雷顿森林体系的可调整汇率制度难以按照实际情况经常调整。③在布雷顿森林体系下，各国为了维持对外收支平衡和稳定汇率，也不得不丧失国内经济目标。由于有这些缺陷，以美元为中心的布雷顿森林体系最终彻底瓦解。

8. 外汇干预(foreign exchange interventions)

答：外汇干预是指一国的货币当局介入外汇市场，以影响汇率的变动。从第二次世界大战结束到 1973 年期间，世界经济是在固定的美元汇率体系下运行的。各国的中央银行经常通过买卖外汇等干预措施，使汇率维持在国际协定的水平上。1973 年后，西方发达国家实行的是有管理的浮动汇率制。各国的中央银行为了缓和汇率的波动，也往往进行外汇干预。许多发展中国家为了维持某种形式的固定汇率制，也需要外汇干预。

9. 投机性攻击(speculative attack)

答：投机性攻击是指投机者利用投机资金制造各种资产(如外汇)价格的波动而获取利润，并给所在国的金融体系乃至整体经济运行造成严重的后果。例如，投机性攻击可以使投机者大规模抛售疲软的货币或者买入强劲的货币，从而导致汇率剧烈波动。投机性攻击及其引发的羊群效应，将不断加剧对本币的贬值预期，对一国的国际收支将产生不利影响。

10. 资本管制(capital controls)

答：资本管制是一种货币政策工具，是国家政府机关等权力机构用来掌控资本从国家资本账户等的流进和流出，以及定向投资金额从国家或货币中的进出。在当今贸易开放，以及可用于逃避管制的金融工具众多的现状下，资本管制的有效性被高度质疑，对资本流入、资本流出的管制可能导致腐败。

11. 金本位制度(gold standard)

答：金本位制在本章中特指国际金融学中的国际金本位制，是以黄金为国际货币的国际固定汇率制的一种。历史上第一个国际货币体系是国际金本位。国际金本位是在英国、拉丁货币联盟(含法国、比利时、意大利、瑞士)、荷兰、若干北欧国家及德国和美国实行国内金本位的基础上于19世纪80年代形成的。它盛行了约30年，于第一次世界大战爆发时崩溃。

国际金本位的特点是：①黄金充当国际货币，是国际货币制度的基础。金币可以自由输出和输入；②各国货币之间的汇率由它们各自的含金量比例决定。汇率的波动自动维持在由金平价和黄金运送费所决定的黄金输送点以内。因此，国际金本位制是严格的固定汇率制度。③国际金本位有自动调节国际收支的机制，即英国经济学家休谟所谓的“价格－铸币流动机制”。这种自动调节机制的实现依赖于金本位下的三个原则：一是各国货币当局维持本国货币的法定含金量，并随时可以兑换黄金；二是黄金可以自由输出入，各国货币当局应随时按官方比价无限制地买卖黄金和外汇；三是货币发行机构发行钞票必须有一定的黄金准备。此外，新古典学派又对金本位的自动调节过程做了一点补充，强调国际短期资本流动及收入变化加快了国际收支失衡的调节。

但是，国际金本位制也有缺点。从根本上讲，它过于“刚性”，这表现在：①国际间的清算和支付完全依赖于黄金的输出入；②货币数量的增长主要依赖黄金产量的增长。由于各资本主义国家发展的不平衡和经济实力的悬殊差异，较发达的国家通过贸易顺差的持续积累和其他特权，不断地积累黄金。结果，到1913年，英国、美国、法国、德国、俄国五个国家的黄金存量达到了世界黄金存量的2/3，使得其他国家国内的金本位制难以继续维持。另一方面，世界经济的发展要求世界货币的数量也相应增长，然而，世界黄金产量跟不上世界经济的增长，使世界金本位制的物质基础不断削弱。

12. 冲销性外汇干预(sterilized foreign exchange intervention)

答：冲销性外汇干预是指政府在外汇市场上进行交易的同时，通过其他货币政策工具(主要是在国债市场上进行的公开市场业务)来抵消前者对货币供应量的影响，从而使货币供应量维持不变的外汇市场干预行为。为抵消外汇市场交易对货币供应量的影响而采取的政策措施被称为冲销措施。

13. 货币局(currency board)

答：货币局是指在法律中明确规定本国货币与某一外国可兑换货币保持固定的兑换比

率，并且对本国货币的发行作特殊限制，以保证履行这一法定汇率的汇率制度。货币局制度通常要求货币发行必须以一定(通常是百分之百)的该外国货币作为准备金，并且要求在货币流通中始终满足这一准备金要求。由于在这种制度下，货币发行量的多少不再完全听任于货币当局的主观愿望或经济运行的实际状况，而是取决于可用作准备的外币数量的多少。货币当局失去了货币发行的主动权。因此这一制度中的货币当局被称为货币局，而不是中央银行。采用货币局制度的国家一般都为将外部均衡目标摆在突出重要地位的小型开放经济单位。

货币局制度是一种特殊的固定汇率制度。它与普通的固定汇率制的区别在于：①它对汇率水平作了严格的法律规定。这一法律规定是公开的，因此政府想改变汇率水平是极为困难的，必将损害货币局制的可信性。②最为重要的是它对储备货币的创造来源也作了严格的法律限制，货币局只有在拥有外国货币作为后备时才可以发行货币，这一规则也称为“后备规则(Backing Rule)”。③货币局制还隐含着一个重要特征，即它对货币局为财政赤字提供融资作了严格的限制。

货币局制的优点在于它的管理与操作简便，并且赋予了货币政策高度的可信性。但是，它的高度规则化同时也构成了它的主要缺点，这体现在名义汇率僵硬、货币局缺乏最后贷款人功能导致金融系统脆弱以及相当部分中央银行职能的丧失等方面。货币局制度使得一国货币当局丧失了一部分货币政策的主动权。

14. 不可能三角(impossible trinity)

答：不可能三角，即政策的三难境地，是指一国政府不可能同时实现以下三个政策目标：①资本的自由流动；②固定汇率制度；③独立的货币政策。一国政府只能同时采取其中的两项政策，可以用三角形的某一条边表示，选择这条边意味着选择这条边两端点的两项政策。

15. 经常账户(current account)

答：经常账户是指对实际资源在国际间的流动行为进行记录的项目，是国际收支平衡表中最基本、最重要的项目。它反映一个国家的经济实力及其在世界经济中的地位。根据《国际收支手册》第五版规定，经常账户主要包括货物、服务、收入和经常转移四项。其中，货物是贸易收支的标的，主要包括一般商品、用于加工的货物、货物修理、各种运输工具、在港口购买的货物和非货币黄金。由于进出口的货物是看得见、摸得着的有形物体，故称为“有形贸易收支”。在处理上，货物的进口，表示一国实物资源的增加和外汇资金的减少，在该国国际收支平衡表上列入借方；相应地，货物的出口在该国国际收支平衡表上列入贷方。一般来说，货物的进出口都使用离岸价(FOB)计价。服务和收入通常作为劳务收入的主要内容。由于服务与收入是无法触摸的，故称为“无形交易”。劳务收支包括的内容十分广泛，其中服务项目包括运输通信、保险、金融服务、旅游等，收入项目包括职工报酬，投资收入。其他如专利费用、广告费等，也包括在劳务收支的项目之中。经常转移被列为转移收支的一部分。经常项目在国际收支中占有重要地位，各国政府都希望本国的经常账户保持顺差。

16. 国际货币基金组织(International Monetary Fund，IMF)

答：国际货币基金组织是根据《国际货币基金协定》建立的国际金融机构。1945年12月正式成立，1947年3月开始活动，同年11月成为联合国的专门机构。成员国包括世界五大洲的大多数国家。中国是创始成员国之一，于1980年4月恢复合法代表席位。该组织的宗旨是：为各成员国在国际货币问题上进行磋商和协作提供机构，促进国际合作；促进国际贸易的扩大和各国经济均衡增长；促进各成员国汇率的稳定，防止竞争性货币贬值；为各成员国经常性交易建立一个多边支付和汇兑制度；在各成员国国际收支发生暂时不平衡时提供资金融通。基金来源于成员国缴纳的份额、借款和信托基金三部分。业务活动包括协调和监督各成员国的汇率稳定；为弥补国际储备不足，创造了特别提款权；为各成员国提供资金融通和培训、咨询服务。组织机构由理事会、执行董事会、总裁和业务机构组成。理事会是最高权力机构，执行董事会是负责处理日常业务的常设机构。总部设在美国华盛顿。

17. 产品和服务贸易收支(贸易收支)(trade balance)

答：贸易收支即商品进出口收支差额，是衡量一国实际资源的转让、实际经济发展水平和国际收支状况的重要依据。对许多国家来说，贸易收支在全部国际收支中占很大的比重，所以可以把贸易差额作为国际收支的近似代表。贸易收支差额分析可以综合反映一国的产业结构、产品质量和劳动生产率和状况，反映一国在国际市场上的竞争力，所以即使对于资本账户比重很大的国家(如美国)，都十分重视贸易收支差额分析。

18. 经常账户余额(current account balance)

答：经常账户余额包括货物、劳动、收入以及全部经常转移交易的差额，其反映了实际资源在一国与其他国家之间的转让净额。因为经常账户余额涵盖了一般认为只要发生就无法撤销的交易，所以其预测或衡量经济发展以及政策变化的效果要优于利用任意包括资本项目在内的差额来衡量，经常账户余额的完成情况也常被作为国际收支的目标。

19. 法定贬值(devaluation)

答：法定贬值是指一国政府宣布调低本国货币对外国货币的比价的政策行为。在信用货币流通条件下，货币贬值可区分为对内贬值和对外贬值。对内贬值通常是因为出现通货膨胀而导致货币购买力下降，对外贬值是指政府宣布调低本国货币对外国货币的比价。前者属于自行贬值，后者则是法定贬值。货币对外贬值旨在增强本国商品在国际上的竞争力，以扩大出口和减少进口。一般来说，货币对外贬值是由对内贬值造成的，但汇率的变动还受国际收支状况和对外贸易政策的影响。美元化是指一国居民在其资产中持有相当大部分的外币资产(主要是美元)。具体表现是在美国以外的其他国家，美元大量进入流通领域，具备货币的全部或部分职能，并具有逐步取代本国货币，成为该国经济活动的主要媒介的趋势。美元化是以美元代替本币来消除汇率风险，是一种主动性的货币替代。因为美元是世界货币，具有较强的稳定性和较高的内在价值，较之频频波动的本币更能抵御投机性冲击。

20. 国际储备(international reserves)

答: 国际储备又称自有储备，指一国政府持有的，可以随时用于平衡国际收支差额、进行对外支付和干预外汇市场的国际间可以接受的资产总和，必须具备三个特性：可得性、流动性、普遍接受性。国际储备是一国货币当局持有，而不是其他机构或经济实体持有的储备资产。国际储备由货币性黄金、外汇、在基金组织的储备头寸(普通提款权)、特别提款权四个部分组成。

国际储备的作用有：①从世界范围来考察。它起着国际商品流动和世界经济发展媒介的作用。②具体到每一国家来考察。国际储备能充作干预资产、平衡国际收支差额，同时是一国向外举债和偿债能力的保证。

从一个国家讲，国际储备主要来源于国际收支顺差、货币金融当局的国外借款、外汇市场干预(出售本币、购入外币)、基金组织分配的特别提款权、货币当局收购的黄金等。从世界的角度讲，国际储备主要来源于：黄金的产量减去非货币用金量；基金组织创设的特别提款权；储备货币发行国的货币输出。

21. 非冲销性外汇干预(unsterilized foreign exchange intervention)

答: 非冲销性外汇干预是指不存在相应冲销措施的外汇市场干预，中央银行买卖本国货币以对基础货币施加影响，这种干预会引起一国货币供应量的变动。关于外汇市场上非冲销性外汇干预的重要结论是：买入本国货币，出售外币资产的非冲销性干预，会使得国际储备减少、货币供给收缩和本国货币升值。

22. 美元化(dollarization)

答: 美元化是指一国居民在其资产中持有相当大部分的外币资产(主要是美元)。具体表现是在美国以外的其他国家，美元大量进入流通领域，具备货币的全部或部分职能，并具有逐步取代本国货币，成为该国经济活动的主要媒介的趋势。美元化是以美元代替本币来消除汇率风险，是一种主动性的货币替代。因为美元是世界货币，具有较强的稳定性和较高的内在价值，较之频频波动的本币更能抵御投机性冲击。

23. 有管理的浮动汇率制度(肮脏浮动)(managed float regime, dirty float)

答: 有管理的浮动汇率制度又称“肮脏浮动汇率制度”，是指一国货币当局按照本国经济利益的需要，在外汇市场通过买卖外国资产进行有目的的干预，试图影响汇率，以使市场汇率朝有利于自己的方向浮动。在有管理的浮动汇率(肮脏浮动)制度下，汇率在货币当局确定的区间内波动。

24. 新兴市场国家(emerging market countries)

答: 新兴市场国家是指最近才向世界其他国家开放商品、服务和资本流动的国家。例如“金砖国家”合作机制内的中国、巴西、俄罗斯、印度和南非，以及成长潜力仅次于“金砖国家”的“新钻十一国”等。对于新兴市场国家，其货币政策还不够成熟，制度环境也不够健全。

25. 世界银行(World Bank)

答: 世界银行(IBRD)是 1944 年 7 月布雷顿森林会议后与国际货币基金组织同时产生

的国际金融机构。其附属机构包括国际开发协会和国际金融公司，三者统称为世界银行集团。

世界银行的全称为国际复兴开发银行。根据《国际复兴开发银行协定》的规定，世界银行的宗旨是：运用银行本身资本或筹集的资金为成员国生产事业提供长期贷款与投资，促进各成员国生产资源开发；利用担保或参加私人贷款及其他私人投资方式，促进成员国之间的私人投资增加；用鼓励国际投资以开发成员国生产资源的办法，促进国际贸易的长期平衡发展，并维持国际收支平衡；帮助成员国发展生产力，提高其生活水平和改善劳动条件。

该协定同时规定，世界银行及其官员不得干预任何成员国的内政。其一切决定应只与经济有关，不受成员国的政治影响。

世界银行的主要业务活动是向发展中国家提供长期生产性贷款。贷款条件一般比国际金融市场上的贷款条件优惠。贷款的对象只限于成员国政府和由成员国政府担保的公私机构。其贷款期限较长，最长可达20～30年，还有5～10年的宽限期。世界银行贷款的种类主要有：具体项目贷款、部门贷款、结构调整贷款、技术援助贷款、紧急复兴贷款。从世界银行近些年的业务发展看，世界银行越来越强调稳定的宏观经济政策，健全的组织机构，活跃的私营部门和市场对经济发展的积极作用，因而结构调整贷款和部门调整贷款的比重开始增大。

此外，世界银行还积极从事对国际社会经济问题的调查研究，对成员国提供技术援助，担任国际联合贷款团的组织工作，协调与其他国际机构的关系等。

26. 汇率钉住(exchange rate peg)

答：汇率钉住又称汇率目标制，是一种有助于保持物价稳定的货币政策策略，是使用有力的名义锚来保证物价稳定。它的形式有两种：①将本国货币的价值固定于黄金等商品，近年来该种方式已经发展为将本国货币的价值同美国等通货膨胀率较低的大国(核心国)货币固定在一起；②采用爬行指标或钉住指标，即允许货币以一定的速率贬值，使得钉住国的通货膨胀率能够高于核心国。

27. 货币联盟[monetary (or currency) union]

答：货币联盟是固定汇率制度的变形，是指两个或两个以上的国家采用共同的货币，从而将成员国之间的货币汇率固定下来。最早的货币联盟之一是1787年13个美洲殖民地建立的美利坚合众国，它们放弃了本国货币，选择了美元。成立于1999年1月的欧洲货币联盟是最近的货币联盟，11个创始成员国采用了一种新的共同货币，即欧元。

28. 世界贸易组织(World Trade Organization, WTO)

答：世界贸易组织是一个独立于联合国的永久性国际组织，于1995年1月1日正式开始运作，负责管理世界经济和贸易秩序，总部设在瑞士日内瓦莱蒙湖畔。其前身是《布雷顿森林协定》设立的关税贸易总协定(GATT)。世贸组织与世界银行、国际货币基金组织一起，并称为当今世界经济体制的“三大支柱”。

WTO的宗旨是：促进经济和贸易发展，以提高生活水平、保证充分就业、保障实际收入和有效需求的增长；根据可持续发展的目标合理利用世界资源、扩大商品生产和服务；

达成互惠互利的协议，大幅度削减和取消关税及其他贸易壁垒并消除国际贸易中的歧视待遇。WTO 作为正式的国际贸易组织在法律上与联合国等国际组织处于平等地位。

WTO 的职责范围：除了关税及贸易总协定原有的组织实施多边贸易协议以及提供多边贸易谈判所和作为一个论坛之外，还负责定期审议其成员的贸易政策和统一处理成员之间产生的贸易争端，并负责加强同国际货币基金组织和世界银行的合作，以实现全球经济决策的一致性。WTO 协议的范围包括从农业到纺织品与服装，从服务业到政府采购，从原产地规则到知识产权等多项内容。

WTO 的运行：WTO 的最高决策权力机构是部长会议，至少每两年召开一次会议。下设总理事会和秘书处，负责世贸组织日常会议和工作。总理事会设有货物贸易、非货物贸易(服务贸易)、知识产权三个理事会和贸易与发展、预算两个委员会。总理事会还下设贸易政策核查机构，它监督各个委员会并负责起草国家政策评估报告。对美国、欧盟、日本、加拿大每两年起草一份政策评估报告，对最发达的 16 个国家每 4 年一次，对发展中国家每 6 年一次。上诉法庭负责对成员间发生的分歧进行仲裁。

29. 汇率目标制(exchange rate targeting)

答：汇率目标制也称为钉住汇率，是一种有助于保持物价稳定的货币政策策略，是使用有力的名义锚来保证物价稳定。它的形式有两种：①将本国货币的价值固定于黄金等商品，近年来该种方式已经发展为将本国货币的价值同美国等通货膨胀率较低的大国(核心国)货币固定在一起；②采用爬行指标或钉住指标，即允许货币以一定的速率贬值，使得钉住国的通货膨胀率能够高于核心国。

30. 净出口(net exports)

答：净出口又称贸易余额，是指商品进出口收支差额，其是衡量一国实际资源的转让、实际经济发展水平和国际收支状况的重要依据。对许多国家来说，贸易收支在全部国际收支中占很大的比重，所以可以把贸易差额作为国际收支的近似代表。贸易收支差额分析可以综合反映一国的产业结构、产品质量和劳动生产率的状况，反映一国在国际市场上的竞争力，所以即使是资本账户比重很大的国家(如美国)，都十分重视贸易收支差额分析。

31. 金融账户(financial account)

答：金融账户分为非储备性质的金融账户和储备资产两类。

非储备性质的金融账户记录的是影响一国对外资产和负债的所有权变动的所有交易。包括直接投资、证券投资、金融衍生工具以及其他投资这四类。直接投资包括外商来华投资和我国对外投资，是金融账户最重要的项目之一；证券投资是指一个国家的企业、个人、团体等对其他国家所发行的有价证券进行投资的行为。金融衍生工具又称金融衍生工具和雇员认股权，用于记录我国居民与非居民金融衍生工具和雇员认股权的交易情况；其他投资是指除直接投资、证券投资、金融衍生工具和储备资产以外居民与非居民之间的金融交易，主要包括进出口贸易融资、贷款、现金、存款、保险、养老金以及金融性租赁等项目。

储备资产(reserve assets)是指由中央银行持有(也有的是由财政部门持有)，并可随时直接使用的金融资产，包括货币黄金、特别提款权、在国际货币基金组织的储备头寸、外汇储备以及其他储备资产。

32. 政策选择三难(policy trilemma)

答：政策选择三难是指一国政府不可能同时实现以下三个政策目标：资本的自由流动、固定汇率制度和独立的货币政策。只能采取其中的两项政策，而放弃另一项政策。其更形象的名称是不可能三角，即可以用三角形的某一条边表示，选择这条边意味着选择这条边两端点的两项政策。

33. 金融账户余额(financial account balance)

答：金融账户余额是指一国拥有的金融资产净值和其承担债务的净值之差。金融账户余额能够衡量一国净资本流入的金额，当外国增加该国资产持有时，资本将流入该国；相反，当该国增加国外资产持有时，资本将流出该国。

金融账户余额与经常账户赤字的绝对值相等。该等式成立的原因在于，假如在经常账户上一国对外支出超出其所接收的，则需要向国外借入同等金额来实现这些开支。由于会计原则下资金运用一定等于资金来源，因此，经常账户赤字向经常发生的项目提供资金净运用，其金额一定等于资金来源，也即金融账户余额所体现的状况。

34. 储备货币(reserve currency)

答：储备货币一般有两种含义：①一国政府保有的用作国际储备资产的货币。它作为外汇储备的一部分，在国际贸易中用作报价、支付和清算的工具，并在外汇交易中作为干预货币、调节国际收支平衡的手段，以及确定货币平价的标准等。储备货币必须具备以下特征：a. 它要具有稳定的价值；b. 它必须是在世界贸易中起重要作用的国家的货币；c. 要有能够兑换该货币的活跃的外汇市场；d. 它必须是能够自由兑换的。一国货币有没有资格成为储备货币，取决于该国的国际经济地位，尤其是在国际贸易和国际金融中的地位。常用作储备货币的币种有美元、英镑、日元、瑞士法郎等。欧元诞生后，也用作储备货币。②货币当局资产负债表中负债方的一个重要项目。它主要包括中央银行发行的货币、对金融机构负债、非金融机构存款。

35. 资本流动性(capital mobility)

答：资本流动性是指资金在国家之间自由转移的程度。当存在完全资本流动性时，意味着人们可以毫无阻碍地将钱从一个国家的投资转移到另一个国家。就像水流没有阻碍一样，投资者能轻易地在不同国家之间买卖资产，比如股票、债券或者房地产，而不会遇到很多法律限制或高额成本。在这个情境下，如果政府试图通过买卖外汇(比如本币购买)来调整汇率(就是一国货币相对于另一国货币的价值)，但是同时采取措施(冲销操作)来抵消这种干预对国内货币供应量的影响，那么这些努力可能白费。因为，在资本完全流动的情况下，投资者会迅速反应，他们会基于预期回报率来转移资金，确保两边的回报率大致相同。这就像是水在寻找水平面一样，资金也会流向最有利可图的地方。

所以，如果汇率不是由市场自然决定的，而是被人为抬高或压低了，投资者会发现并利用这个机会，通过买卖资产来赚取差价，最终迫使汇率回归到市场认为合理的水平。这意味着，如果中央银行持续尝试维持一个不自然的汇率水平，并且不断地通过冲销操作来控制国内货币供应，它最终可能会耗尽自己的外汇储备，不得不让货币贬值到市场认可的价位。

二、思考题

1．如果联邦储备体系在外汇市场出售美元，但是实施对冲性公开市场操作以冲销干预，对国际储备、货币供给和汇率有什么影响？

答：联邦储备体系在外汇市场购买美元时需售出外国资产，这意味着国际储备下降。但是，实施对冲性公开市场操作意味着基础货币和货币供给保持不变。因此，美元资产的预期收益不变，所以美元资产需求曲线不变，汇率也保持不变。

2．如果联邦储备体系在外汇市场购买美元，但是不实施冲销性干预，对国际储备、货币供给和汇率有什么影响？

答：在外汇市场购买美元就要卖出外币资产，但同时并不实施冲销性干预，这意味着国际储备和基础货币的减少。货币供给的下降在降低未来价格水平的同时导致利率上升，RET^D右移，从而提高了未来的汇率预期，使得 RET^F左移，汇率上升。不过，长期内由于 RET^D曲线将恢复至原先的位置，因而会出现汇率超调。

3．下列各项内容会增加还是减少经常账户余额？

a．美国人从法国航空公司购买了一张机票。

b．日本人购买加利福尼亚柑橘。

c．向洪都拉斯提供 5000 万美元外国援助。

d．加州工人给在墨西哥的父母汇款。

e．美国一家会计公司向德国企业提供服务。

答：a．经常账户余额减小；b．经常账户余额增加；c．经常账户余额减小；d．经常账户余额减小；e．经常账户余额增加。

4．假定你去卡利(哥伦比亚)旅行，那里的汇率是 1 美元兑换 2900 哥伦比亚比索。走进麦当劳餐厅，你发现 1 个巨无霸汉堡需要 17400 哥伦比亚比索。假定在美国 1 个巨无霸汉堡售价 5 美元，你觉得以 PPP 衡量的哥伦比亚比索是被高估了还是被低估了？

答：由于汇率是 1 美元兑换 2900 哥伦比亚比索，因此如果一个巨无霸的价格和美国一样是 5 美元，那么它应该卖 14500 哥伦比亚比索。但是一个巨无霸的价格高于此价格，这说明当前哥伦比亚比索在 PPP 方面被高估了，因为在当前汇率下巨无霸的价格在哥伦比亚更高。

5．参考前一题。为了保持汇率水平不出现 PPP 高估或低估的情况，哥伦比亚中央银行必须实施哪种外汇市场干预？

答：为了解决 PPP 高估这一问题，哥伦比亚比索的汇率需要下调。哥伦比亚中央银行应该实施非冲销性外汇市场干预，此时将出售本国货币并购买外汇储备，以增加其银行体系的储备，降低国内利率。

6．货币对外贬值对进出口有什么影响？如果一国进口的大部分商品都包含在计算 CPI 所使用的产品和服务篮子里，你认为贬值对该国通货膨胀率有什么影响？

答：当一个国家的货币对外贬值时，固定汇率处于一个较低的水平，此时中央银行将不再以从前较高的汇率来兑换本国货币。这意味着持有相同数量外汇的外国人能够获取更多的本国货币单位，从而使该国的出口产品对外国人而言更便宜，进一步导致该国的出口增加。另一方面，该国进口产品的购买者现在需要更多的本国货币单位来购买相同数量的外汇，因此进口更加昂贵，进一步导致该国的进口下降。如果一国进口的大部分商品都包含在计算 CPI 所使用的商品和服务篮子里，那么通过 CPI 变化百分比来衡量的生活成本将在货币贬值后上升。

7. 在金本位制度下，如果英国的生产能力相对于美国提高，对两国货币供给有什么影响？为什么货币供给变动有助于维持英美两国之间的固定汇率？

答：英国相对于美国生产能力提高，这使英镑有相对于美元升值的倾向，英镑价值的上升会使美国人用美元兑换成黄金，运到英国去，再将这些黄金兑换成英镑。结果，英国持有的黄金(国际储备)增加，并由于基础货币增加而使货币供给上升。英国货币供给增加使汇率有降低到平价的趋势，这是因为英国货币供给增加使物价水平上升，这将导致英镑贬值。

8. 如果1美元可兑换成1/20盎司黄金，1瑞士法郎可兑换成1/40盎司黄金，美元和瑞士法郎的汇率是多少？

答：1美元可兑换成1/20盎司黄金，而1瑞士法郎可兑换成1/40盎司黄金，1美元所兑换的黄金是1瑞士法郎所能兑换的黄金的2倍，故1美元兑2瑞士法郎。

9. "在金本位制度下，不可能发生通货膨胀。"这种表述正确、错误还是不确定？解释你的答案。

答：错误。一战前，世界处于金本位制之下时发生过通货膨胀。一战前，加拿大克朗代克河流域和南非发现了黄金，导致了黄金供给量不断增加，这导致世界范围内货币供给的快速增长，价格水平急剧上涨，形成了世界范围内的通货膨胀。

10. 中国将人民币钉住美元有哪些缺点？

答：中国的汇率战略有以下3个缺点：

①多元化问题。中国拥有大量美国资产，包括收益较低的美国国债。

②导致人民币汇率较低，使得中国出口产品价格低廉，接连受到反倾销诉讼的制裁。

③人民币被低估，中央银行出售大量人民币，增加了国内的基础货币和货币供应，有可能给未来造成高通货膨胀率的压力。

11. 在布雷顿森林体系固定汇率制度期间，如果一国汇率平价被低估，该国中央银行将被迫采取何种干预？这会对该国的国际储备和货币供给产生什么影响？

答：这种情形如下图18-1所示，中央银行需要售出本国货币，买入外国资产，这样导致国际储备和基础货币增加。货币供给增加使国内利率下降，RET^D 曲线左移，均衡汇率保持在 E_{par}(点2)。

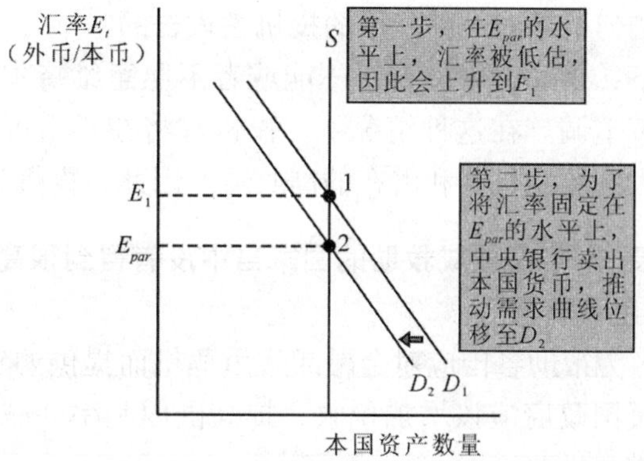

图 18－1　汇率被低估时的干预

12. 如果本币被高估，为什么正发生经济衰退的国家可能不想干预外汇市场？假定该国采取了某种固定汇率制度。

答：当一个国家实行固定汇率制时，它有义务干预外汇市场以维持固定汇率制度。但是经济衰退同货币高估相结合的情况下，问题难以解决。必要的非冲销性外汇市场干预意味着增加本国货币，减少银行系统的储备，进而提高国内利率。而国内利率的上升会对经济产生负面影响，降低信贷和耐用品支出。这就是实行固定汇率制的国家有时不愿干预外汇市场的原因。

13. “如果一国想阻止汇率变化，它必须在一定程度上放弃对货币供给的控制。”这种表述正确、错误还是不确定？解释你的答案。

答：正确。因为当汇率下降时，中央银行必须购买本币，投放外币，这就使其持有的国际储备和基础货币降低。类似地，当汇率上升时，中央银行必须卖出本币，购入外币，这就使其持有的国际储备和基础货币增加。因此，为保持汇率稳定而必需的中央银行干预就会影响到基础货币和货币供给量。即如果一国想阻止汇率变化，它必须在一定程度上放弃对货币供给的控制。

14. 为什么在完全浮动汇率制度下，外汇市场对货币供给没有直接影响？这是否意味着外汇市场对货币政策没有影响？

答：在完全浮动汇率制度下，由于央行不进行干预，外汇市场对货币供给不会产生直接的影响，因而国际储备的变动并不会对基础货币产生影响。不过，货币政策可能受到外汇市场的影响，因为货币当局希望通过改变货币供给和利率的方式来操纵汇率。

15. 为什么在德国统一后，汇率钉住导致 ERM 国家陷入了困境？

答：1990 年德国统一时，为了应对由统一以及重建民主德国所需的大规模财政扩张引起的通货膨胀压力，德国在 1991 年 2 月之前一直在提高长期利率，在 12 月之前一直在提高短期利率。这次汇率机制（ERM）核心国的突发事件直接被传递到 ERM 的其他国家，这些国家的货币钉住马克，它们的利率被迫跟着德国提高。利率提高会减慢这些国家的经济增长速度，导致失业率的升高。

16. 汇率目标制是如何引起对一种货币的投机性攻击的?

答: 在钉住汇率制下，当一国中央银行不能或者不愿意维持本国货币价值时，孤注一掷的投机者有时会赌汇率下调。在这种情况下，投机者将在货币可能贬值之前卖空该种货币，这会给他们带来巨大的盈利机会和潜在的高收益。因此，投机者纷纷参与攻击货币。

17. IMF 在很多接受 IMF 贷款或救助的国家当中没有得到很高的声誉。请解释为什么很多人对 IMF 发挥的作用不满意。

答: 一般而言，IMF 为帮助各国应对金融或货币危机而提供的贷款都伴随着各种条件。这些情况通常意味着受援国政府应该增加税收，提高国内利率并减少支出，从而使这些经济体面临的衰退更加严重。

此外，金融或货币危机所引起的经济衰退的复苏通常非常严峻，各国的社会凝聚力会受到严重影响。最终，实际人均 GDP 会再次开始增长，但这需要很长时间才能实现。

18. 长期债券市场如何帮助减少货币政策的时间不一致性问题？外汇市场也能发挥这一作用吗?

答: 长期债券市场有助于减少时间不一致性问题，因为政治家和中央银行会意识到，如果过度追求扩张性政策将导致通货膨胀预期高涨和利率上升，最终导致长期债券价格的急剧下跌。同样地，它们也会意识到过度的扩张性货币政策将导致货币价值的急剧下降。避免出现这类问题的要求将会对政策制定者和政治家产生有力的约束，因此，时间不一致性问题很少发生。

外汇市场也有助于减少时间不一致性问题。外汇作为一种资产，汇率就是外汇资产的价格。根据货币政策的传导机制理论，在开放经济条件下，一国的货币政策会引起利率变动，这会对国际资金流动产生影响，进而引起汇率变动，影响该国的进出口贸易水平和国内生产水平。货币当局在做出货币政策决策时会考虑到外汇市场的变动及后续影响，对其决策产生约束，因此可以减少时间不一致性问题的影响。

19. 汇率目标制作为货币政策战略有什么主要优点?

答: 首先，汇率目标制通过将国际贸易商品的通货膨胀率与货币被钉住国家的商品价格挂钩，从而直接调控通货膨胀。其次，它提供了一个货币政策的自动规则，有利于克服时间不一致性问题。再次，它具有简单、清晰明了的优点。

20. 在什么情况下汇率目标制可能是工业化国家明智的战略？对新兴市场国家呢?

答: 工业化国家在以下情况下实行汇率目标制可能是一个明智的战略：①国内货币和政治机构不利于良好的货币政策决策；②存在其他重大的和货币政策无关的汇率指标利益。

新兴市场国家在以下情况下实行汇率目标制可能是一个明智的战略：政治和货币机构特别软弱，遭受持续的恶性通货膨胀。

21. 比起单纯的汇率目标制货币政策，货币局和美元化的优缺点何在?

答: 在货币局制度下，本国货币百分之百地由外国货币(比如说美元)支持，而货币发行机构(不论是中央银行还是政府)确定对这种外国货币的固定汇率，并且随时应公众的要求，以这个汇率将本国货币兑换为外国货币。货币局制度的优点是央行不会再通过印刷货币来制造通货膨胀，因此相对于汇率目标制而言，它是一种更强有力的承诺。不足之处是它依然容易受到投机性攻击，进而导致货币供给的急剧萎缩。另外，货币局制度也会降低央行扮演最后贷款人角色的能力。

美元化是指采用一种稳定的货币，例如美元，作为一国的货币。它是固定汇率目标制的延伸，能提供比货币局更强的承诺。美元化的优点是完全避免了对本国货币进行投机性攻击的可能性(因为没有本国货币)。缺点是币值无法变动，同时丧失了货币政策的主动权，丧失了发行货币的收入。

三、应用题

22. 如果你在货币兑换柜台每美元可以得到 34.6 泰铢，但是一顿午餐在波士顿价值 25 美元，在曼谷的售价却为 948.25 泰铢，请计算泰铢的高估程度。

答：隐含汇率是 25 美元兑换 948.25 泰铢，也即 1 美元兑换 37.93 泰铢。以泰铢为国内货币，其汇率应为 $1/34.6=0.0289$，隐含汇率为 $1/37.93=0.02636$。因此泰铢的高估程度为$[(0.0289/0.02636)-1]\times100\%=9.64\%$。

23. 假定美联储购买了价值 100 万美元的外国资产。

a. 如果美联储用 100 万美元通货购买外国资产，利用 T 账户说明这一公开市场操作的影响。基础货币会发生什么变化?

b. 如果美联储卖出 100 万美元国库券来购买外国资产，利用 T 账户说明这一公开市场操作的影响。基础货币会发生什么变化?

答：a. 美联储的外币资产增加了 100 万美元，流通货币增加了 100 万美元。这导致基础货币增加 100 万美元。T 账户的变化如表 18－8 所示：

表 18－8 联邦储备体系

资 产		负 债	
外币资产(国际储备)	+100 万美元	流通中的现金	+100 万美元

b. 美联储的资产由于外币资产的增加而增加，但这被相同数额的国库券持有量减少所抵消。总体而言，美联储的资产不变，其负债和基础货币也不变。T 账户的变化如表 18－9 所示：

表 18－9 联邦储备体系

资 产		负 债	
外币资产(国际储备)	+100 万美元	流通中的现金	0
国库券	－100 万美元		

24. 假定墨西哥中央银行将比索钉住美元，承诺保持一个固定的比索/美元汇率。利用比索资产(外汇)市场供求图说明和解释，在美国经济冲击迫使美联储实施紧缩性货币政策的情况下，如何确保钉住汇率得以维持。你认为，在维持钉住汇率的情况下，这对中央银行解决国内问题的能力有什么影响?

答：由于美联储实施紧缩性货币政策，美国利率的增加将会增加对美元资产的需求，并减少对比索资产的需求，这将使美元升值，并使比索贬值。如图 18－2 所示，比索资产

的需求曲线将从 D_1 左移至 D_2。为了维持比索和美元之间的固定汇率，墨西哥中央银行必须通过出售外币资产和购买国内比索资产来提高国内利率。这导致对比索资产的需求增加回到 D_1。这表明了中央银行实施钉住汇率制的主要缺点之一是实施该政策的国家的国内货币政策取决于外国商业周期，这意味着国内货币政策不具有稳定性。在这种情况下，墨西哥被迫采用紧缩性货币政策，可能会对国内经济造成意想不到的影响。

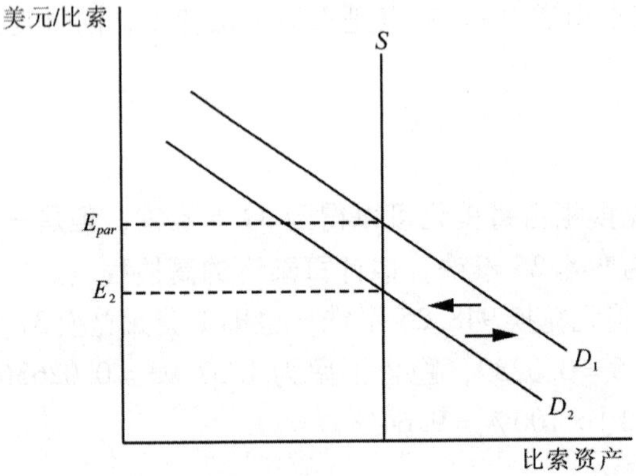

图 18－2

第6篇　货币理论

第19章　货币数量论、通货膨胀与货币需求

19.1　复习笔记

【知识框架(庖丁解牛)】

- 货币数量论、通货膨胀与货币需求
  - 货币数量论
    - 货币流通速度和交易方程式
    - 从交易方程式到货币数量论
    - 数量论与物价水平
    - 数量论与通货膨胀
  - 预算赤字与通货膨胀
  - 凯恩斯的货币需求理论
  - 货币需求的投资组合理论
  - 货币需求的实证分析

【考点难点归纳(厚积薄发)】

考点一：货币数量论　★★★★

货币数量论是一种用流通中的货币数量的变动来说明商品价格变动的货币理论，它认为在货币数量变动与物价及货币价值变动之间存在着一种因果关系，其核心思想是假定其他因素不变，商品价格水平涨落与货币数量成正比，货币价值的高低与货币数量的多少成反比。

1. 货币流通速度和交易方程式(见表19－1)

表19－1　货币流通速度和交易方程式

要点	具体内容
货币流通速度	①货币流通速度，即货币周转率，指一年中一单位货币被用来购买商品和服务的平均次数。 ②货币流通速度 V 可以更精确地定义为总支出($P\times Y$)除以货币数量 M： $V=(P\times Y)/M$ 其中，P 代表价格水平，Y 代表总产出(收入)，($P\times Y$)表示经济体的名义总收入，M 代表货币总量(货币供给)

续表

要点	具体内容
交易方程式	①交易方程式为：$M \times V = P \times Y$ ②该式说明了货币数量乘以货币流通速度必然等于名义总收入的恒定关系。一般而言，货币流通速度和商品交易量在短期内保持稳定，因此可以得到结论：短期内流通中货币供给的增加必然引起物价水平的上涨
货币需求	①货币需求是指经济主体（如居民、企业和单位等）在特定利率下能够且愿意以货币形式（现金或存款）持有的金融资产的数量。交易方程式被改写成：$M = PY/V$ ②当货币市场均衡时，货币供给等于货币需求（即 $M = M^d$），用常数 k 替换 $1/V$，交易方程式被改写成： $M^d = k \times PY$ 上式表明，货币需求仅与既定货币流通速度下的名义收入有关，与利率无关

【例19.1】$M = kPY$ 是属于（　　）的理论。［对外经济贸易大学2015年研］

A. 现金交易说　　B. 现金余额说　　C. 可贷资金说　　D. 流动性偏好说

【解析】传统的货币数量论包括现金交易数量说（费雪方程式）及现金余额数量说（剑桥方程式）。其中，现金余额数量说的公式为：$M = kPY$（剑桥方程式）。式中，M 为名义货币需求，k 为以货币形态保有的财富占名义总收入的比例，P 为一般物价水平，Y 为一定时期内按不变价格计算的实际产出。

【答案】B

2. 从交易方程式到货币数量论

费雪认为短期内货币流通速度稳定，交易方程式便转化为货币数量论：$P \times Y = M \times \overline{V}$，并且该理论认为名义收入或支出仅与货币数量的变动有关，且为正比例关系。

【例19.2】货币数量论认为，物价水平变动的唯一原因是货币数量的变动，原因是（　　）。［中山大学2014年研］

A. 在短期内，流通速度与实际总产出被假定为常量

B. 在短期内，流通速度被假定为常量

C. 物价水平的变动十分缓慢

D. 货币供给在长期内是常量

【解析】根据货币数量论的交易方程式：$MV = PT$。由于经济体中的制度和技术特征只有在较长时间里才会对流通速度产生影响，所以在短期，货币流通速度 V 是稳定的。由于整个经济体的总产出 T 总是维持在充分就业水平上，故在短期内可以认为 T 是稳定的。当 V 和 T 都是常量，物价水平变动的唯一原因就是货币数量的变动。

【答案】A

3. 数量论与物价水平

古典经济学者认为工资和价格具有完全弹性，因此总产出总是维持在充分就业水平上，在短期内稳定不变。根据货币数量论，当货币流通速度和总产出固定不变时，物价水平与

货币数量成正比例关系，货币数量的变动会引起物价水平的比例变动。

4. 数量论与通货膨胀

将交易方程式改写为：$\pi = \%\Delta P = \%\Delta M + \%\Delta V - \%\Delta Y$

假定货币流通速度是常量，进一步得到：$\pi = \%\Delta M - \%\Delta Y$

通货膨胀的数量论表明通货膨胀率等于货币供给的增长率与总产出的增长率之差。

考点二：预算赤字与通货膨胀 ★★

1. 政府的预算约束（见表 19－2）

表 19－2　政府的预算约束

要点	具体内容
政府支付来源	政府增加收入有三种选择：征税、发行政府债券和货币创造
政府预算约束	①表达式：$DEF = G - T = \Delta MB + \Delta B$ 其中，DEF 为政府预算赤字，G 为政府支出，T 为税收收入，ΔMB 为基础货币变化量，ΔB 为公众持有的政府债券变化量。 ②上式说明，政府通过增加公众持有的政府债券来增加收入不会对基础货币和货币供给量产生影响；如果政府通过增发通货来增加收入，那么基础货币和货币供给都会增加
债务货币化	债务货币化，又被称为财政赤字货币化，或者通俗地叫作"直升机撒钱"，简单说就是央行通过印刷（发行）货币方式为政府债务提供融资。债务货币化会导致基础货币和货币供给量的增加，长时间的财政赤字货币化会导致持续的通货膨胀

拓展： 财政赤字货币化（债务货币化）不直接等同于通货膨胀。如果是由于政府对生产建设的早期投资过大而出现赤字，在一定生产和投资周期中有可靠的收入增长，且赤字的数量不大或持续时间很短，那么，即使用增发货币来弥补财政赤字，一般在货币滞后效应的 6～24 个月以内，也不一定导致通货膨胀；因出现暂时性的财政赤字而增发的货币只会引起物价水平的一次性上升，而不会助长通货膨胀。

2. 恶性通货膨胀

恶性通货膨胀又称"超速通货膨胀"，指物价水平加速上升且完全失控，货币急剧贬值的经济现象。P·卡甘曾把恶性通货膨胀定义为一般物价水准每月上涨率超过 50% 的一种状况。

考点三：凯恩斯的货币需求理论 ★★★★★

1. 货币需求的三个动机（见表 19－3）

表 19－3　货币需求的三个动机

动机	具体内容
交易动机	交易动机是指人们持有一定数量货币的目的是日常交易。认为日常交易的货币需求与人们的收入成正比。支付技术的进步可能会使货币需求相对于收入有所减少
预防动机	预防动机是指人们为了应付意外事件而持有的一定数量货币。预防性货币需求与收入正相关
投机动机	投机动机是指人们持有货币是为了在证券市场上进行投机。投机动机的存在使得货币需求与利率水平呈反方向变化

【例 19.3】凯恩斯的货币需求理论认为(　　)。[中央财经大学 2017 年研]

A. 商品价格取决于商品价值和黄金的价值

B. 货币需求仅指作为交易媒介的流通中货币的需求

C. 交易动机的货币需求与收入水平存在正相关关系

D. 货币需求具有稳定性的特点

【解析】凯恩斯的货币需求理论认为，人们之所以需要持有货币，是因为存在流动性偏好这种普遍的心理倾向，而人们偏好货币的流动性是出于交易动机、预防动机和投机动机。其中，由交易动机和预防动机引起的货币需求与收入水平存在稳定的关系，是收入的递增函数；投机性货币需求主要受利率影响，是利率的递减函数。

【答案】C

【例 19.4】公司持有一定数量的现金不包括下列哪个动机？(　　)[中山大学 2017 年研]

A. 交易动机　　B. 盈利动机　　C. 投机动机　　D. 预防动机

【解析】根据凯恩斯的流动性偏好理论，构成货币需求有三种动机：①交易动机。企业持有货币的交易动机是为了度过从成本支出到收入获得这一段时间。②预防动机。企业持有货币的预防动机是为了应付不时之需，或者准备用于事先没有料到的进货机会。③投机动机。企业持有货币的投机动机是为了通过利率影响投资。

【答案】B

【例 19.5】在凯恩斯看来，投机性货币需求增减的关键在于微观主体对现存利率水平的估价。(　　)[中央财经大学 2015 年研]

【解析】凯恩斯认为，人们持有货币除了满足交易需求和应付意外支出外，还有一个重要动机，即是为了保存价值或财富。凯恩斯把用于保存财富的资产分为货币和债券两大类，而人们对现存利率水平的估价就成为人们在货币和债券两种资产间进行选择的关键。

【答案】√

2. 流动性偏好函数

流动性偏好函数是综合交易动机、预防动机和投机动机，区分了名义数量和实际数量的货币需求方程。流动性偏好函数表明实际货币需求余额是名义利率和实际收入的函数，并且实际货币需求余额与名义利率负相关，与实际收入正相关，函数形式如下：

$$\frac{M^d}{P} = L(\underset{-}{i}, \underset{+}{Y})$$

后来，经研究发现，利率在对货币需求的影响因素中占据重要的位置，交易动机和预防动机的货币需求也与利率负相关。

3. 凯恩斯货币需求理论对流通速度可变的解释

根据流动性偏好方程式可得货币流通速度为：$V = PY/M = Y/L(i, Y)$。

货币需求与利率负相关。当 i 上升时，$L(i, Y)$ 下降，从而货币流通速度加快。利率上升使得人们在既定收入水平上持有较少的真实货币余额，因此，货币的周转率上升。

如果利率剧烈波动，货币流通速度相应也会剧烈波动。流动性偏好理论表明利率上升将加快货币流通速度。当经济处于上升期，利率有上升的趋势，在这个过程中货币流通速度也将加快，二者都是顺周期性的。

考点四：货币需求的投资组合理论 ★★★

货币需求的投资组合理论将货币作为资产组合中的一部分，研究人们愿意持有货币资产的规模。

1. 投资组合理论与凯恩斯流动性偏好理论(见表 19－4)

表 19－4　投资组合理论与凯恩斯流动性偏好理论

要点	影响因素
投资组合理论——资产的需求	财富(正比)
	相对于其他资产的预期回报率(正比)
	相对流动性(正比)
	相对于其他资产的风险(反比)
凯恩斯流动性偏好函数——实际货币余额需求	收入(正比)
	名义利率(反比)

2. 其他影响货币需求的因素(见表 19－5)

货币需求的投资组合理论认为，还有除收入和名义利率以外的因素会对货币需求产生影响。

表 19－5　其他影响货币需求的因素

因素	具体内容
财富	投资者财富增加，用于购买资产的资源增多，货币需求上升。然而，当收入保持不变时，财富增加对货币需求的影响非常小
风险	风险的衡量是相对于其他资产而言的。如果其他资产风险上升，相对地使货币风险降低，货币的需求随之增加；货币市场风险上升则会减少货币需求
其他资产的流动性	替代性资产的流动性增强，相对地使货币流动性减弱，货币的需求将会减少

3. 小结

凯恩斯理论和货币需求的投资组合理论认为有以下因素会对货币需求产生影响：利率、收入、支付技术、财富、其他资产的风险、通货膨胀风险和其他资产的流动性。这些因素对货币需求的影响如表 19－6 所示。

表 19－6　决定货币需求的因素

变量	变量的变动	货币需求的反应	理由
利率	↑	↓	货币的机会成本增加
收入	↑	↑	交易的价值增加
支付技术	↑	↓	交易中所需的货币减少
财富	↑	↑	更多的资源可以投入在货币上

续表

变量	变量的变动	货币需求的反应	理由
其他资产的风险	↑	↑	货币相对风险降低，更受欢迎
通货膨胀风险	↑	↓	货币相对风险上升，更不受欢迎
其他资产的流动性	↑	↓	货币相对流动性减弱，更不受欢迎

注：这里仅反映了因素上升（↑）的情况，下降的情况与表相反。

考点五：货币需求的实证分析 ★★

1. 利率和货币需求

如果利率与货币需求无相关关系，则货币流通速度将可能是一个常量。但如果利率影响货币需求时，货币流通速度将不可预测。当名义利率大于零时，货币需求对利率敏感；当名义利率接近于零下限，货币需求对利率非常敏感，此时货币供给变化将对利率没有影响，此时的情形被称为"流动性陷阱"。

【例19.6】当人们预期利率上升时，货币需求会大量增加，甚至形成流动性陷阱。（　　）［对外经济贸易大学2015年研］

【解析】"流动性陷阱"假说是指当一定时期的利率水平降低到不能再低时，人们就会产生利率上升从而债券价格下跌的预期，货币需求弹性就会变得无限大，即无论增加多少货币，都会被人们储存起来。此时，如果中央银行增加货币供应，将全部被货币需求所吸收，从而对市场利率不起作用。因此，"流动性陷阱"的前提是利率已经达到最低水平，而不是单纯的人们预期利率上升。

【答案】×

2. 货币需求的稳定性

1973年之前，货币需求函数的稳定性是一个公认的事实。1973年后，金融的快速创新与发展改变了货币所包含的内容，使得货币需求函数表现出极大的不稳定性，这降低了货币政策实施过程中对货币供给的重视。

19.2 课后习题详解

一、关键术语

1. 货币需求（demand for money）

答：货币需求是指一定时期内，社会各部门对其既有的收入或财富能够而且愿意以货币形式持有的数量。一般分为三种：交易性货币需求、预防性货币需求和投机性货币需求。交易性货币需求反映货币交易职能，预防性和投机性货币需求则把货币看成一种资产。决定货币需求量的主要因素有利率、收入、支付技术、财富、其他资产的风险、通货膨胀风险和其他资产的流动性等。

2. 通胀对冲（inflation hedges）

答：通胀对冲是指通货膨胀率波动时受到的影响比货币小的资产。在通货膨胀加剧的情况下，货币的实际回报率（名义回报率减去预期通货膨胀率）高度波动。货币实际回报率的波动性增加会减少货币需求，人们会转向被称为通胀对冲的替代性资产。常见的通胀对冲资产包括通货膨胀保值证券（TIPS）、黄金和不动产等。

3. 支付技术（payment technology）

答：支付技术是指可以影响交易方式从而影响货币需求的技术。例如，信用卡的出现使得消费者不必持有货币就可以完成非常小的小额交易。投资者经纪账户使得电子支付更为便利，货币需求相应减少。凯恩斯认为货币需求的交易部分与收入成比例，随着支付技术的进步，货币需求相对于收入可能会有所减少。传统的支付方式主要有现金、票据以及传统的信用卡等。随着计算机技术的发展，通过电子数据存储和传递的形式在计算机网络系统上实现资金流通和支付的电子支付方式也得到快速发展。

4. 劣势资产（dominated assets）

答：劣势资产又称主导资产，是指包括通货和支票存款在内的，投资者愿意持有的被认定是安全且回报率更高的其他资产。投资者在其投资组合中只会持有少量货币，在风险和流动性相当的前提下，投资者更加偏好货币市场共同基金等生息资产。

5. 流动性偏好理论（liquidity preference theory）

答：流动性偏好理论是一种描述实际货币余额的供给与需求如何决定利率的理论。它是由英国著名经济学家约翰·梅纳德·凯恩斯于 1936 年在《就业、利息和货币通论》中提出。该理论假设货币供给和价格水平 P 保持固定，实际货币余额供给固定。实际货币余额需求取决于利率，即持有货币的机会成本。

人们在得到货币收入后，通常面临两种选择：消费和储蓄之间的选择和储蓄形式的选择。凯恩斯认为交易动机、预防动机和投机动机是人们愿意持有现金的三种原因。流动性偏好与利率呈反方向变动。在利率高的时候，流动性偏好降低；反之，在利率低的时候，流动性偏好上升。流动性偏好的高低由持有货币而得到的效用与放弃货币而得到的利益两者之间权衡决定。当利率很高时，较高的机会成本使得人们只会持有较少的货币。反之，当利率很低时，因为机会成本也低，人们会持有较多的货币。图 19－1 描绘了实际货币余额的供给与需求，根据流动性偏好理论，利率会调整到使实际货币余额供给与需求相等的水平。

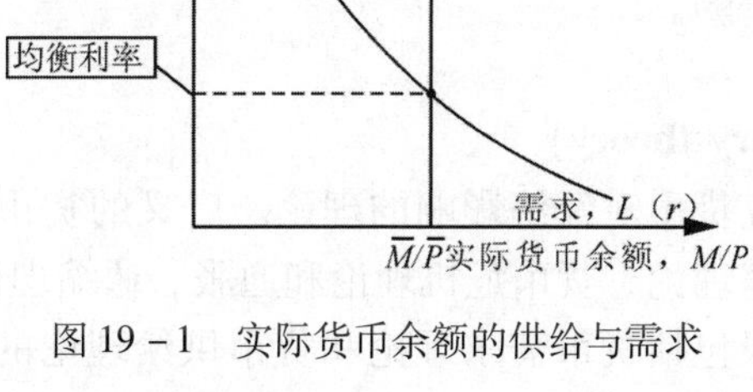

图 19－1 实际货币余额的供给与需求

6．印钞（printing money）

答：印钞是一种政府筹资的方式，又称作财政赤字货币化。政府为弥补政府支出而发行债券，如果这些债券最终没有被公众所持有，而是由中央银行购买，会导致高能货币和货币供给增加。由于实际没有印制新的货币，因此称之为"政府印钞"并不完全准确。但在这个过程中，高能货币（基础货币）的确被创造出来，因为中央银行实施公开市场购买时，基础货币随之扩张，这种情况就相当于将更多的货币投入流通。

7．交易方程式（equation of exchange）

答：交易方程式是用来说明货币数量乘以货币流通速度必然等于名义总收入的恒定关系的方程。它的表示形式为：$M\times V=P\times Y$，式中，M为流通中的货币数量，V为货币的流通速度，P为一般物价水平，Y为社会总产出。交易方程式直观地表示了流通中的货币数量与一般物价水平之间的关系，即短期内货币流通速度和商品交易量保持稳定，流通中货币供给的增加必然引起物价水平的上涨。

8．流动性陷阱（liquidity trap）［对外经济贸易大学2024年研；上海外国语大学2023年研］

答：流动性陷阱是凯恩斯提出的一种假说，指当一定时期的利率水平降低到不能再低时，货币需求弹性就会变得无限大，无论增加多少货币供给，货币都会被人们储存起来。发生流动性陷阱时，再宽松的货币政策也无法改变市场利率，货币政策失效。

9．货币数量论（quantity theory of money）

答：货币数量论是关于名义总收入只取决于货币数量变动的理论，以费雪交易方程式$MV=PY$（其中P为价格，Y为实际产出，故PY为名义总收入，M为货币数量，V为货币流通速度）为依据，假定短期内货币流通速度不变，交易方程式便转化为货币数量论：$P\times Y=M\times\bar{V}$。这种理论最早由16世纪法国经济学家波丹提出，美国经济学家弗里德曼的现代货币数量论是该理论的进一步发展。这一理论的基本思想是：货币的价值（即货币的购买力）和物价水平都由货币数量决定。货币的价值与货币数量呈反方向变动，物价水平与货币数量同方向变动。

10．政府预算约束（government budget constraint）

答：政府预算约束指政府在不考虑增税的前提下，以货币融资（增发货币）和债务融资（发行债券）两种融资方式来弥补财政赤字的限度。政府预算约束就是：$DEF=G-T=\Delta MB+\Delta B$。

在预算赤字和货币增长之间可能有两种联系：①在短期中，扩张性财政政策引起的赤字增加将趋向于提高名义利率和实际利率。如果中央银行的目标是控制利率，它可能会增加货币供给维持利率不变。②在长期中，政府会谨慎地选择通过增加货币存量作为获得收入的一种手段。

11．货币理论（monetary theory）

答：货币理论是指研究货币对经济影响的理论。广义的货币理论不仅包括货币供求理论，还包括利率理论、汇率理论、货币危机理论和通胀、通缩理论等。

本书中的货币理论是只包括货币需求理论和货币供给理论的狭义范畴。货币需求理论是研究货币需求的动机、构成和数量的理论，包括古典货币数量论、凯恩斯流动性偏好理论和弗里德曼现代货币数量论等。货币供给理论则是关于货币供给量的形成机制、运行机制和调控机制的理论，主要研究货币的涵盖范围、货币的供给方式、影响货币供给量的因素以及货币管理当局对货币供给量的控制等。

12. 实际货币余额(real money balances)

答：实际货币余额是指按不变价格计量的货币余额的数量。它扣除了通货膨胀或通货紧缩对名义货币数量的影响，这时货币的价值体现为其能真实购买物品和服务的数量。实际货币余额等于名义货币量除以价格水平。假定货币总量为 10000 元，价格指数为 100%，即从前期到本期价格总水平不变，则实际货币余额就是名义货币余额。如果价格总水平为 120%，则实际货币余额为 10000/1.2 = 8333(元)。

13. 恶性通货膨胀(hyperinflations)［中山大学 2023 年研］

答：恶性通货膨胀，又称"超速通货膨胀"，是指一般物价水平加速上升且完全失控，货币急剧贬值的经济现象。P·卡甘曾把恶性通货膨胀定义为一般物价水平每月上涨率超过 50% 的一种状况。该种通货膨胀对整个社会经济所产生的影响是灾难性的，它会导致货币制度瓦解，资源配置恶化，整个国民经济趋于崩溃。

14. 债务货币化(monetizing the debt)

答：债务货币化是指政府为了弥补财政预算赤字而发行债券，同时中央银行通过发行货币来购买政府债券的经济现象。债务货币化会导致基础货币增加，进而通过货币乘数作用使经济中的货币供应总量成倍增加，使得总需求曲线向右位移，物价水平随之升高。如果预算赤字是暂时性的，下一期中政府不必继续印钞，总需求曲线不会继续向右位移，而物价水平也不会再提高。因此，暂时性的预算赤字引起的货币供应量的一次性增加，只会导致物价水平短期内的抬升，过后将恢复正常水平，并不会导致通货膨胀。只有政府的预算赤字长期存在，并且政府采取政府印钞而不是向公众发行债券的方式来弥补赤字，才可能导致持续性的通货膨胀。

15. 货币流通速度(velocity of money)

答：货币流通速度即货币周转率，指一年中一单位货币被用来购买商品和服务的平均次数。货币流通速度是决定商品流通过程中所需货币量的重要因素之一，提高货币流通速度能在一定程度上弥补流通中货币数量的不足。货币流通速度 V 可以更精确地定义为总支出$(P \times Y)$除以货币数量 M：$V = (P \times Y)/M$。

二、思考题

1. 你认为在经济周期过程里，货币流通速度通常是如何变化的？

答：在经济衰退期间，由于名义 GDP 下降，政府倾向选择扩张性的货币政策刺激经济。货币供给增加，但总产出短期内无明显增加，货币流通速度通常会下降。在经济扩张期间，名义 GDP 上升，货币供给增长缓慢，通常导致货币流通速度增加。

2. 如果货币流通速度和总产出都相当稳定(如古典经济学家所相信的)，那么当货币供给从1万亿美元增加到4万亿美元时，物价水平会出现什么变化?

答: 根据交易方程式，$MV = PY$，在货币周转率(V)和总产出(Y)都保持不变的情况下，价格水平和货币供给成正比关系，货币供给的变化，将会引起价格水平的同比例变化。因此，当货币供给从1万亿美元增加到4万亿美元时，货币供给变为原来的4倍，则价格水平也变成原来的4倍。

3. 如果国会立法认为信用卡非法，这将对货币流通速度产生什么影响? 解释你的答案。

答: 货币流通速度将下降。因为国会立法认为信用卡非法，这将需要更多的货币供应量(M将增大)来实现同等水平的交易(PY)，根据交易方程式可得: $V = PY/M$，因此，货币的流通速度将下降。

4. "如果名义GDP提高，货币流通速度必然加快。"这种表述正确、错误还是不确定? 解释你的答案。

答: 错误。货币流通速度等于名义GDP除以货币供应量。如果名义GDP提高，但货币供应量增长更快，那么货币流通速度就会下降。对货币流通速度的影响方向需要考虑二者的相对变化速度，而非只考虑绝对增减情况。

5. 为什么中央银行高度关注持续的、长期的预算赤字?

答: 持续的、长期的预算赤字可能会导致政策制定者在将来偿还政府债务时使债务货币化，导致基础货币的大幅度增加，形成较高的通货膨胀率。即使中央银行无意推行债务货币化，但市场上的经济主体普遍会持有中央银行刚性兜底的预期，预期的自我实现会使得货币政策制定者难以将通货膨胀保持在一个较低的稳定水平。

6. "持续的预算赤字总是导致更高的通货膨胀。"这种表述正确、错误还是不确定? 解释你的答案。

答: 不确定。只要一个国家(如美国)可以进入债券市场，债券持有人愿意接受和持有国债，通货膨胀率就不会上升。因为这个国家可以通过借债来履行财政义务，但这基于政府违约风险较低，有良好的信用背书。

一旦债券持有人认为债务水平过高，预算赤字难以持续，他们可能决定不再持有债券，这可能会迫使政府为了履行财政义务而使债务货币化，从而导致较高的通货膨胀率。

7. 明知道债务货币化会导致更高的通货膨胀，为什么中央银行还是会这样做?

答: 在财政政策、货币政策和汇率政策达到约束的限度时，债务货币化可能是弥补政府支出最后的宏观经济政策工具，它能够对经济产生广泛的影响，所以中央银行还是会采取这个政策。

8. 假定有两家中央银行，一家保持着物价稳定和低通胀历史，另一家则有高通胀历史以及糟糕的通胀管理。其他条件相同，如果两个国家将同样水平的政府预算赤字货币化，两国通货膨胀可能如何变化?

答：政府预算赤字货币化即货币的财政发行，并不直接等同于通货膨胀。对保持着物价稳定和通胀管理较好的中央银行而言，财政赤字货币化可以有效解决短期性的财政赤字问题，可能只会引起物价水平的一次性上升，不一定导致通货膨胀。对于高通胀历史以及糟糕的通胀管理的中央银行而言，由于财政赤字货币化导致基础货币和货币供给量增加，会使经济面临更大的通胀压力，通胀现象持续恶化。

9. 一些支付技术要求相应的基础设施(例如，信用卡要求商家安装刷卡机)。在大多数发展中国家的历史上，这些基础设施要么不存在，要么非常昂贵。其他条件相同，你认为相对于富裕国家，发展中国家货币需求的交易部分是更多还是更少？

答：由于新的支付技术需要昂贵的基础设施来支持，这意味着相对于富裕国家，发展中国家将更多地使用现金。因此，相对于富裕国家，发展中国家的交易性货币需求更多。

10. 根据凯恩斯实际货币余额需求的流动性偏好理论，持有货币有哪三种动机？基于这三种动机，他认为哪些变量决定了货币需求？

答：持有货币的三个动机是：交易性动机、预防性动机和投机性动机。基于这三种动机，凯恩斯认为货币需求与收入正相关，与名义利率负相关。

11. 在很多国家，人们持有货币作为缓冲，应对一系列通常不能被保险市场所覆盖的潜在场景(例如，银行业危机，自然灾害，健康问题，失业，等等)所产生的意外需求。解释这种行为对货币需求预防部分的影响。

答：人们持有货币的动机除了完成当期交易外，还有用来预防非预期事件的需求。凯恩斯认为人们愿意持有的预防性货币数量也与收入成比例。一系列潜在的、通常不能被保险市场所覆盖的场景增加了人们关于未来的不确定性，预防性动机增强，这一部分的货币需求提升。

12. 凯恩斯认为货币流通速度将发生大幅波动，因而不能被视为常量，为什么他的投机性货币需求分析对这一观点而言很重要？

答：投机性的货币需求意味着货币需求和货币流通速度都受到利率的影响。如果利率大幅波动，则货币流通速度也将大幅波动。人们对于正常利率水平预期的变化也会造成货币需求和货币流通速度的波动。因此，凯恩斯的投机性货币需求分析认为货币的流通速度不再是一个常数，货币流通速度有可能会发生大幅波动。

13. 根据货币需求的投资组合理论，哪四个因素决定了货币需求？这些因素如何变化会增加货币需求？

答：根据货币需求的投资组合理论，决定货币需求的四个因素是：利率、财富、替代资产的风险和其他资产的流动性。利率下降，持有货币的机会成本降低，货币需求增加；更高的财富规模导致更高的货币需求；替代资产的风险增加，相对地使货币风险降低，货币需求增加；其他资产的流动性降低，相对地使货币流动性增强，货币需求增加。

14. 根据货币需求的投资组合理论，解释下列事件会如何影响货币需求。

a. 经济出现了周期性紧缩。

b. 经纪人手续费下降，降低了债券交易成本。

c. 股票市场崩盘。(提示：既考虑市场暴跌后股票价格波动性上升，也考虑股东财富减少。)

答：a. 经济出现了周期性紧缩，会导致替代性资产风险的增加、替代性资产的流动性的下降以及利率的下降，这些都将导致货币需求增加。在经济紧缩时期，财富减少可能对货币需求会产生适度的负面影响。

b. 债券交易的成本下降使债券市场更具流动性，增加了对债券的需求，货币需求相应减少。

c. 股票市场崩盘会加大股票价格的波动性，从而增加了股票的风险，货币需求增加。股东财富会减少，可能对货币需求产生轻微的负面影响，但总体而言货币需求将增加。

15. 假定某国在相当长一段时间里都具有稳定的低通货膨胀率，但之后通货膨胀突然上扬，过去10年的通货膨胀水平相对较高且难以预测。根据货币需求的投资组合理论，说明新出现的通货膨胀环境会如何影响货币需求。如果政府决定发行通货膨胀保值证券，会出现何种情况?

答：新出现的通货膨胀环境可能会使货币需求下降。与其他资产相比，持有货币风险较高，因此人们更愿意持有较稳定的资产，减少货币持有量。此外，较高水平且不可预测的通货膨胀率将导致非常高的利率，进一步减少货币需求。

如果政府发行通货膨胀保值证券，风险较低且能冲抵通货膨胀带来的贬值，货币需求将进一步下降。

16. 考虑货币需求的投资组合理论。你认为在恶性通货膨胀(例如，月通货膨胀率超过50%)时期，货币需求会受到怎样的影响?

答：货币需求减少。类似于上述问题15，只是通货膨胀更加严重。与其他资产相比，恶性通货膨胀条件下，货币的风险更高，因此人们更愿意持有较稳定的资产，减少货币持有量。此外，恶性通货膨胀将导致非常高的利率，这将使得货币需求进一步锐减。

17. 货币需求的投资组合理论和凯恩斯理论都认为，随着货币的相对预期回报率下降，货币需求将减少。为什么投资组合理论认为货币需求受利率变动的影响? 为什么凯恩斯认为货币需求受利率变动的影响?

答：投资组合理论将货币看作资产的一种，利率则是持有货币所付出的机会成本。利率上升导致持有货币的成本增加，货币的预期收益率下降，因此，在投资组合理论中，当利率上升时，货币需求下降。

在凯恩斯看来，人们的货币需求来源于交易动机、预防动机和投机动机。其中，投机动机指人们持有货币是为了在证券市场上进行投机。投机动机的存在使得当利率上升时，持有货币的预期收益率相对较低，从而降低了货币需求。

18. 为什么凯恩斯的货币需求观点认为货币流通速度是不可预测的呢?

答：在凯恩斯看来，货币流通速度是不可预测的，因为利率的大幅波动将影响货币需求，从而影响货币流通速度。此外，假如人们对正常利率水平的预期发生变化，货币需求也将随之变动。凯恩斯认为这些预期的走势无法预测，故货币需求和货币流通速度也是不能预测的。

19. 用来评估货币需求函数稳定性的实证证据是什么？关于货币需求的稳定性，这些证据说明了什么？该结论如何影响货币政策决策？

答：货币需求与其决定变量之间稳定的协整关系是用来评估货币需求函数稳定性的实证证据。如果货币流通速度是可预测的，并且是稳定的，那么货币需求函数也是稳定的，反之亦然。直到 20 世纪 70 年代初，货币需求函数都是稳定的，但之后，金融创新使货币流通速度相对不可预测，导致了更不稳定的货币需求函数。因此，美联储转而采用利率而非货币供给作为其主要货币政策指标。

20. 假定某国 40 年来 M2 和名义 GDP 的轨迹说明这两个变量紧密相关。特别是，它们之间比率（名义 GDP/M2）的轨迹非常稳定，且易于预测。根据这一实证证据，你是否建议该国货币当局在进行货币政策操作时重点关注货币供给而非制定利率？解释你的答案。

答：这种稳定的关系意味着 M2 货币供给的速度非常稳定，这一关系的稳定性和可预测性使得关于货币政策的预期稳定一致，货币需求也相对稳定。在这种情况下，经济波动和收入变动主要由货币供给决定。因此该国的货币当局在货币政策实施时应当重点关注货币供给，应采取“单一规则”的货币政策而非“相机抉择”。

三、应用题

21. 假定货币供给 *M* 每年增长 10%，名义 GDP 即 *PY* 每年增长 20%。数据如下表所示（单位：十亿美元）：

	2021 年	2022 年	2023 年
M	100	110	121
PY	1000	1200	1440

计算每年的货币流通速度。货币流通速度按什么比率增长？

答：根据交易方程式：$MV = PY$，可得，货币流通速度为：$V = PY/M$。

利用表中的数据，可得 2021 年的货币流通速度为 $1000 \div 100 = 10$；

2022 年的货币流通速度为 $1200 \div 110 \approx 11$；

2023 年的货币流通速度为 $1440 \div 121 \approx 12$。

因此，货币流通速度的增长率每年约为 10%。

22. 当货币流通速度保持为常量 5，货币供给从 2000 亿美元增加至 3000 亿美元时，计算名义 GDP 发生的变化。

答：根据交易方程式 $MV = PY$ 可得：

当 $V = 5$，$M = 2000$ 亿美元时，名义 GDP $= MV = 10000$ 亿美元 $= 1$ 万亿美元；

当 $V = 5$，$M = 3000$ 亿美元时，名义 GDP $= MV = 15000$ 亿美元 $= 1.5$ 万亿美元；

所以，名义 GDP 会从 1 万亿美元增加到 1.5 万亿美元。

23. 如果货币供给增长20%，但货币流通速度下降30%，名义GDP将发生什么变化？

答：根据交易方程式：$MV=PY$ 可得：$\Delta M\%+\Delta V\%\approx\Delta(PY)\%$。所以，当货币供给增长率按20%的速度增长且货币流通速度下降30%时，$\Delta M\%=20\%$，$\Delta V\%=-30\%$，$\Delta(PY)\%=-10\%$。因此，名义GDP大约下降了10%。

24. 如果货币流通速度5和总产出1万亿美元保持不变，若货币供给从4000亿美元减少到3000亿美元，物价水平会出现什么变化？

答：物价水平将会从2下降到1.5。根据交易方程式可得：$P=MV/Y$，货币流通速度和总产出保持不变，分别为5和10000亿美元，则当货币供给从4000亿美元减少到3000亿美元时，价格水平将会从2（$=5\times4000/10000$）下降为1.5（$=5\times3000/10000$）。

25. 假定流动性偏好函数如下所示：

$$L(i,\ Y)=Y/8-1000i$$

利用货币需求方程式，以及下表中的数据，计算每个阶段的货币流通速度。

	阶段一	阶段二	阶段三	阶段四	阶段五	阶段六	阶段七
Y（十亿）	12000	12500	12250	12500	12800	13000	13200
利率	0.05	0.07	0.03	0.05	0.07	0.04	0.06

答：货币流通速度 $V=Y/L(i,\ Y)$，每个阶段的货币流通速度如表19－7所示：

表19－7 货币流通速度表

	阶段一	阶段二	阶段三	阶段四	阶段五	阶段六	阶段七
Y（十亿）	12000	12500	12250	12500	12800	13000	13200
利率	0.05	0.07	0.03	0.05	0.07	0.04	0.06
$L(i,\ Y)$	1450	1492.5	1501.25	1512.5	1530	1585	1590
货币流通速度	8.28	8.38	8.16	8.26	8.37	8.20	8.30

第 20 章 *IS* 曲线

20.1 复习笔记

【知识框架(庖丁解牛)】

- *IS* 曲线
  - 计划支出与总需求
  - 总需求的组成部分
    - 消费支出和消费函数
    - 计划投资支出与投资函数
    - 净出口
    - 政府购买和税收
  - 产品市场均衡
  - 理解 *IS* 曲线
  - 推动 *IS* 曲线位移的因素
    - 政府购买
    - 税收变动
    - 自主性支出的变动
    - 金融摩擦的变动

【考点难点归纳(厚积薄发)】

考点一：计划支出与总需求 ★★(见表 20 - 1)

表 20 - 1 计划支出与总需求

要点	具体内容	
计划支出	计划支出是指家庭、企业、政府以及外国人想要购买本国生产的商品和服务所产生的支出	
实际支出	实际支出是指家庭、企业、政府以及外国人实际购买本国生产的商品和服务所产生的支出	
总需求	含义	凯恩斯认为总需求与计划支出相等
	构成要素	①消费支出 C(包括对用于消费的商品和服务的总支出)； ②计划投资支出 I(包括企业对新的实物资产及新住宅的支出)； ③政府购买 G(包括政府部门对特定商品和服务的所有支出)； ④净出口 NX(外国对本国商品和服务的需求，等于出口总量与进口总量之差)； 因此，社会总需求 $Y^{ad}=C+I+G+NX$
凯恩斯的供给需求分析	重要假设	假设价格水平是固定不变的，因此变量的名义值与实际值相等
	结论	经济中的均衡意味着总供给与总需求相等，生产者恰好能卖出所有产出，因而产量不变

考点二：总需求的组成部分 ★★★★★

1. 消费支出和消费函数（见表20－2）

表20－2 消费支出和消费函数

要点	具体内容
消费支出	消费支出与可支配收入（用 Y_D 表示）有着密切的关系。在数值上，可支配收入（Y_D）等于总收入减去税款缴纳（$Y-T$）
消费函数	$C=\overline{C}+mpc\times Y_D=\overline{C}+mpc\times(Y-T)$ 其中，$\overline{C}$ 代表自主性消费支出，是与模型无关的外生变量，与消费者对未来收入和家庭财富的乐观程度有关，并与二者正相关。mpc 代表边际消费倾向，代表增加一单位可支配收入引起的消费支出的变动，即消费增量与收入增量的比率

2. 计划投资支出与投资函数（见表20－3）

表20－3 计划投资支出与投资函数

要点		具体内容
计划投资支出	含义	计划投资支出是指用于购置新的机器、厂房等实物资本的投资支出
	分类	①固定投资，是指以货币形式表现的、企业在一定时期内建造和购置固定资产的工作量以及与此有关的费用变化情况，它总是有计划的。 ②存货投资，是指存货可变现净值的变化，存货是指企业在日常活动中持有以备出售的产成品或商品、处在生产过程中的在产品、在生产过程或提供劳务过程中耗用的材料和物料等。存货投资经常有一部分是非计划性的
	影响因素	①实际利率。凯恩斯认为，实际的投资利率相对水平是决定计划投资支出的关键要素，计划投资支出与实际利率水平呈负相关关系。 ②企业预期。凯恩斯认为，企业预期是决定计划投资支出的又一关键要素。当企业对未来预期乐观时，将会增加支出。计划投资中有一部分是无法用模型变量解释的自主性投资支出
投资函数		①$I=\bar{I}-dr_i$ 其中，$\bar{I}$ 代表自主性投资，这部分投资支出是外生变量，无法用模型变量来解释；d 反映了投资支出对实际利率（r_i）变化的敏感程度。 ②实际利率反映了由中央银行控制的、安全的短期债务工具的利率 r 的同时，还反映了金融摩擦（用 $\bar{f}$ 表示）。金融摩擦是指由于信息不对称问题阻碍金融市场有效发挥作用，贷款人很难确定借款人的信誉度，进而使贷款利差提高，这种额外的借款成本将提高投资的实际利率，可以写为：$r_i=r+\bar{f}$，将该式代入投资函数，得：$I=\bar{I}-d(r+\bar{f})$。公式表明投资支出与企业预期（即自主性投资支出）正相关，与实际利率（经金融摩擦调整后）负相关

3. 净出口（见表20－4）

表20－4 净出口

要点	具体内容
构成要素	①自主性净出口。同自主性投资相似，自主性净出口也被视作外生变量。 ②受实际利率变化影响的净出口。实际利率通过汇率影响净出口的规模。一国实际利率的上升会导致该国净出口的下降。当一国实际利率上升时，该国的资产相对回报率上升，货币升值，导致出口下降，进口增加，最终使得净出口下降
函数形式	$NX=\overline{NX}-xr$ 其中，x 反映了净出口对实际利率的敏感程度，函数表明了净出口受自主性净出口、净出口的利率敏感系数和利率这三个因素影响

【例20.1】净出口是指（　　）［暨南大学2011年研］

A. 出口减进口　　B. 进口减出口

C. 出口加转移支付　　D. 出口减进口加转移支付

【解析】净出口，即一国出口总额与进口总额之差，是总需求的一个重要组成部分。

【答案】A

【例20.2】下列哪项会减少中国净出口？（　　）［清华大学2015年研］

A. 一个中国艺术教授利用暑假参观欧洲博物馆

B. 美国学生纷纷去观看中国拍摄的电影

C. 你购买了一辆他国产奔驰

D. 日本大学生在学生书店买了一个中国制造的玩具熊

【解析】净出口＝出口－进口。C项，购买他国产奔驰，使进口增加，净出口减少。

【答案】C

4. 政府购买和税收（见表20－5）

表20－5 政府购买和税收

要点	具体内容
政府购买	①政府购买是指各级政府购买商品和劳务的支出，它是政府支出的一部分。 ②一般假定政府购买是外生的，可以得到：$G=\overline{G}$
税收	①税收是指国家依法向企业和个人等课税对象征收的款项或实物。 ②可支配收入等于个人收入减去税收，可支配收入能影响消费支出，因而当收入水平不变，税收增加会减少消费支出。 ③一般为了使模型简化，假定政府税收也是外生的，即：$T=\overline{T}$

考点三：产品市场均衡 ★★★★

凯恩斯认为产品市场均衡的条件是经济体中的总产出与总需求（即计划支出）相等，此时产出总量等于计划支出总量。因此，生产者能将所有产品销售出去，非计划的存货投资为零，生产水平将不会改变。产品市场均衡的推导如表20－6所示。

表20－6　产品市场均衡

要点	具体内容
产品市场均衡条件的推导	①运用总需求函数公式来说明总产出是如何决定的，均衡条件可以写为：$Y=C+I+G+NX$。 ②现在将消费、投资、净出口和政府购买函数代入均衡条件中，得到： $Y=\bar{C}+mpc\times(Y-\bar{T})+\bar{I}-d(r+\bar{f})+\bar{G}+\overline{NX}-xr$ 整理可得 $Y=[\bar{C}+\bar{I}-d\bar{f}+\bar{G}+\overline{NX}-mpc\times\bar{T}]\times\frac{1}{1-mpc}-\frac{d+x}{1-mpc}\times r$
*IS*曲线的推导	*IS*曲线反映了总产出与实际利率的关系，其由两部分组成，第一部分是曲线位移的有关信息，第二部分是沿着曲线移动的信息

考点四：理解*IS*曲线　★★

*IS*曲线是所有满足产品市场上均衡的收入与利率的组合点的轨迹，由于利率的上升会引起投资支出的减少，从而减少总支出，最终导致均衡的收入水平下降，所以*IS*曲线是向下倾斜的；又因为*IS*曲线的数学表达式为$I(R)=S(Y)$，它的斜率为负，这表明*IS*曲线一般是一条向右下方倾斜的曲线。

*IS*曲线上的点表明产品市场的均衡。在*IS*曲线右方说明供给过剩，这将增加非计划的存货投资，进而导致总产出下降，如此反复直到达到均衡状态，即在*IS*曲线上。在*IS*曲线左方说明需求过剩，供给过少会减少存货投资，进而提高总产出，直到经济达到均衡状态。

考点五：推动*IS*曲线位移的因素　★★★★★

*IS*曲线是商品市场均衡时所有实际利率和均衡产出的组合。当自主性因素（外生变量）发生变动时，*IS*曲线就会位移，具体内容见表20－7。

表20－7　推动*IS*曲线位移的因素

因素	影响途径
政府购买	政府购买将直接增加总需求，进而提高产出水平，使得*IS*曲线右移；反之左移
税收变动	税收增加类似于投资或消费减少，税收减少类似于投资或消费增加。因此，税收增加会使*IS*曲线左移，税收减少会使*IS*曲线右移，移动量为税收乘数与税收变动量之积
自主性支出的变动	自发性支出增加，导致*IS*曲线在纵轴上的截距变大，从而*IS*曲线右移。其经济学含义是：即使利率r不变，国民收入Y也会增加。 ①自主性消费。自主性消费增加将会使得*IS*曲线右移，反之左移。 ②自主性投资支出。自主性投资支出增加将会使得*IS*曲线右移，反之左移。 ③自主性净出口。自主性净出口增加将会使得*IS*曲线右移，反之左移
金融摩擦的变动	金融摩擦加剧将会提高实际利率，使得总产出下降，从而推动*IS*曲线左移，反之右移

拓展：在分析*IS*曲线位移情况时，可以将影响其位移的变量分为外生变量与内生变量。当外生变量发生变动时，*IS*曲线就会位移，当仅仅只是内生变量（实际利率与均衡产出）发生变动时，*IS*曲线不会发生位移，只会导致均衡点在曲线上的移动。

20.2 课后习题详解

一、关键术语

1. 总需求(aggregate demand)

答：总需求是指一国在一定的支付能力条件下，全社会对生产出来供最终消费和使用的商品和劳务的需求总和。总需求通常由四个部分构成，即消费总支出、投资总支出、政府总支出和净出口总额。因此，总需求 = 消费 + 投资 + 政府购买支出 + 净出口。总需求可以通过物量标准和价值量标准来衡量。物量反映为实体经济领域中的总需求，价值量反映为货币经济领域中的总需求。价值量反映的总需求大于物量反映的总需求的部分，称为“虚拟经济成分”或“泡沫经济成分”。总需求概念的提出，目的是为政府的宏观需求管理政策服务。

2. 消费函数(consumption function)

答：消费函数是描述消费与诸种影响因素之间的关系的函数。宏观经济中，消费支出受各种因素影响，如国民收入水平、物价水平、利率、收入分配、个人偏好、社会风尚等等。经济学家一般认为，在影响消费的各种因素中，收入是影响消费最重要、稳定的因素，即消费是收入的函数。根据凯恩斯的收入决定理论，收入是消费的主要决定因素，利率不重要，因而消费函数的表达式为 $C = C_0 + cY$，$C_0 > 0$，$0 < c < 1$，其中 c 即是边际消费倾向(mpc)。消费函数理论最先由凯恩斯提出，并成为《就业、利息和货币通论》的基石之一。

3. *IS* 曲线(IS curve)

答：*IS* 曲线是指将满足产品市场均衡条件的收入和利率的各种组合点连接起来而形成的曲线。它是反映产品市场均衡状态的一幅简单图像。它表示的是在任何一个给定的利率水平上都有与之对应的国民收入水平，在这样的水平上，投资恰好等于储蓄。在两部门经济中，*IS* 曲线的数学表达式为 $I(r) = S(y)$。由于利率上升引起计划投资减少，计划投资减少又引起收入减少，所以 *IS* 曲线一般是一条向右下方倾斜的曲线。

一般来说，在产品市场上，位于 *IS* 曲线右边的收入和利率的组合，都是投资小于储蓄的非均衡组合，即商品市场上存在着过剩的供给；位于 *IS* 曲线左边的收入和利率的组合，都是投资大于储蓄的非均衡组合，即商品市场上存在着过度需求。只有位于 *IS* 曲线上的收入和利率的组合，才是投资等于储蓄的均衡组合。

4. “动物精神”(animal spirits)

答：“动物精神”一词源自凯恩斯，是指影响计划投资支出的不稳定的、外生的因素。凯恩斯的基本出发点是，投资行为不能用理论或理性选择去解释，因为经济前景根本难以捉摸。因此他提出投资的冲动要靠“动物精神”，即靠自然本能的驱动。

5. 可支配收入(disposable income)

答：可支配收入是反映居民家庭全部现金收入中能用于安排家庭日常生活的那部分收入，即用家庭中得到的全部现金收入减去个人所得税、减去记账补贴及家庭从事副业生产支出的费用。可支配收入一般指个人可支配收入。个人收入不能全归个人支配，因为还要缴纳个人所得税，因此，税后的个人收入才是个人可支配收入，即人们可随意用来消费和储蓄的收入。个人可支配收入等于个人收入扣除向政府缴纳的所得税、遗产税和赠予税、不动产税、人头税、汽车使用税以及交给政府的非商业性费用等以后的余额。个人可支配收入被认为是消费开支的最重要的决定性因素，常被用来衡量一国的生活水平。

6. 边际消费倾向(marginal propensity to consume)

答：边际消费倾向是相对于平均消费倾向而言的，它是指每增加一单位收入所引起的消费的变化。可以用以下式子表示：$mpc = \Delta C/\Delta Y$。ΔC 表示增加的消费，ΔY 代表增加的收入。一般而言，边际消费倾向在 0 和 1 之间波动。在西方经济学中，任何增加的收入无非两个用途：消费和储蓄。所以，边际消费倾向与边际储蓄倾向之和必定为 1。边际消费倾向是递减的，当人们收入增加时，消费也会随之增加，但增加的幅度却不断下降。即：随着收入的上升，在增加的单位收入中，消费所占的比重越来越小，储蓄所占的比重却越来越大。

边际消费倾向递减规律的意义：

①凯恩斯把边际消费倾向递减看成是经济危机的根源之一。由于收入增加时增加的消费所占比例逐步减少，故经济扩张会带来消费需求不足，从而形成生产过剩的经济危机。

②一些西方学者利用该规律为资本主义制度辩护。他们认为，既然收入增加时增加的消费所占比例减少，表明高收入的资本家会比工人拿出更大比例的收入用于储蓄。他们的结论是，分配有利于资本家是合理的，可以促进资本循环，促进经济发展。

③一些西方学者认为，边际消费倾向递减体现出经济制度的稳定性功能。经济衰退时人们收入水平较低，在增加的收入中将较大的比例用于消费。经济繁荣时人们收入水平较高，在增加的收入中将较小的比例用于消费。这样，该规律在衰退时有利于扩大总需求，在繁荣时有利于缩小总需求，具有使经济自动趋向稳定的作用。

7. 自主性消费支出(autonomous consumer expenditure)

答：自主性消费支出是指一个人或一个社会的消费中，与收入水平的变化无关的消费部分。为了维持最基本或最急需的消费需要，一个人或一个社会即使在收入水平为零时，也必须通过变卖或抵押财产，或者通过对外借贷的方式，来保持一定的消费水平。

8. 汇率(exchange rate)

答：汇率亦称“外汇行市或汇价”，是指一国货币兑换另一国货币的比率，是以一种货币表示的另一种货币的价格。由于世界各国货币的名称不同，币值不一，所以一国货币对其他国家的货币要规定一个兑换率，即汇率。

汇率是国际贸易中最重要的调节杠杆。因为一个国家生产的商品都是按本国货币来计算成本的，要拿到国际市场上去竞争，其商品成本一定会与汇率相关。汇率的高低也就直接影响该商品在国际市场上的成本和价格，直接影响商品的国际竞争力。

9. 外生变量(exogenous)

答：外生变量是指其数值在所设定的经济系统的模型之外来决定的变量。外生变量又可分为政策变量和非政策变量。政策变量又称“可控外生变量”，是指可由决策者控制的外生变量；非政策变量又称“非可控外生变量”，是指决策者难以控制或不能控制的外生变量。

10. 净出口(net exports)

答：净出口(*NX*)是指进出口的差额，代表国外对于国内商品的支出净额，它等于出口总量减去进口总量。用 X 表示出口，用 M 表示进口，则 $(X-M)$ 就是净出口。进口应从本国总购买中减去，因为进口表示收入流到国外，同时也不是用于购买本国产品的支出；出口则应加进本国总购买量之中，因为出口表示收入从外国流入，是用于购买本国产品的支出。因此，净出口应计入总支出，它可能是正值，也可能是负值。

11. 自主性投资(autonomous investment)

答：自主性投资又称“内发投资”，是指不是由国民收入的增加，而是由新技术发明、新土地开发、人口增加等因素导致的投资。自主性投资的增长不是被动地依赖于国民收入的增长。它不是由于国民收入及其中的消费增加造成的，因而此类投资与国民收入的增长无关。

12. 金融摩擦(financial frictions)

答：金融摩擦是指由阻碍金融市场有效发挥作用的壁垒所引致的额外的借款成本。金融摩擦使得贷款人很难确定借款人的信誉度。在实际利率水平一定时，金融摩擦加剧使得均衡产出水平下降，从而推动 *IS* 曲线向左位移。反之，金融摩擦缓解将会使得总需求和均衡产出水平上升，从而推动 *IS* 曲线向右位移。

13. 计划支出(planned expenditure)

答：计划支出是指家庭、企业、政府以及外国人想要购买本国生产的商品和服务所产生的支出。相反，实际支出是指这些经济主体实际购买商品和服务支出的数量，与经济体所生产的产出总量相等。凯恩斯认为总需求与计划支出相等。

14. 自主性净出口(autonomous net exports)

答：自主性净出口是指不依赖于国民收入或国内生产总值变化的外国部门净出口。即国民收入的变化不会引起自主性净出口的变化。自主性净出口被认为是外国部门独立收入的净出口。自主性净出口由净出口曲线的截距衡量。自主性净出口的选择改进了取决于收入的净出口。

15. 固定投资(fixed investment)

答：固定投资是指国民经济核算中对新资本品的支出，包括企业固定投资和居民固定投资。企业固定投资是指工商企业用于设备、建筑物等方面的支出，居民固定投资是居民购买住宅的支出。在投资的构成要素中，固定投资比存货投资大得多。

16. 计划投资支出(planned investment spending)

答：计划投资支出是指在既定时期内企业用于维持或增加经济中资本存量的产量流。计划投资支出通过增加资本存量提高经济的未来生产能力。计划投资支出是构成宏观经济总需求的重要组成部分。具体而言，计划投资支出包括固定投资和存货投资，固定投资指工商企业计划用于购买设备、建筑物等方面的投资，存货投资指工商企业用于增加原料、零部件和成品等持有量上的支出。影响计划投资支出的因素主要有：利率水平和对未来经济前景的预期。

17. 自主性支出(autonomous spending)

答：自主性支出，即与产出和实际利率等模型中的变量无关的外生性支出，包括自主性消费支出、自主性投资支出和自主性净出口。在利率水平一定时，自主性支出增加直接使得总需求和均衡产出水平上升，推动*IS*曲线向右位移。反之，自主性支出减少将会推动IS曲线向左位移。

18. 政府购买(government purchases)

答：政府购买是指政府机构统一采购供政府自用而非用于商业转售和销售的货物与服务的活动。政府购买是国内总需求的重要组成部分。政府购买增加可以直接导致总需求增加，也会导致均衡产出水平上升，从而推动*IS*曲线向右位移。反之，则会使总需求减少，从而推动*IS*曲线左移。

19. 消费支出(consumption expenditure)

答：消费支出是指国内居民对包括国外产品在内的最终产品的支出，也就是居民用于满足日常生活消费需要的全部支出。它是支出中的重要组成部分。消费支出分为三类：①耐用品消费，即长期存在的消费物品，如汽车、电视等，但不包括属于投资的住宅；②非耐用品消费，即短期持续的物品，如食品、衣服等；③服务，如教育、健康护理等。

20. 存货投资(inventory investment)

答：存货投资是指产量超过实际销售量时发生的存货积累，以及为保持生产连续性而准备的各种原材料等。存货投资分为合意的存货投资和非合意的存货投资。为确保生产顺利进行所持有的最低限度的原材料，为保证产品供应的连续性而持有的合适的产品，都属于合意的存货投资的范畴。合意的存货水平与存货-销售比率、产品生产速度、订货的快慢以及利率水平成反比，与销售水平和社会需求的不确定性成正比。如果实际存货超过了合意存货，超过的部分便被称为非合意存货。存货投资往往无法预料，它在产量和不确定的销售量之间起缓冲的作用。存货投资水平的变动与经济周期有关，二战以来的历次经济衰退被认为是公司存货普遍减少的结果。

二、思考题

1. "当股票市场上升时，投资支出就增加。"这种表述正确、错误还是不确定？解释你的答案。

答：错误。从宏观经济意义上来看，股票不直接增加投资。因为股票的买卖表示现有资产的转让，不直接创造新的投资。但股票市场的增长很可能与投资的增加相一致，因为较高的股市价格通常发生在经济增长较快的时期，这可能导致公司增加自主投资。

2. 存货还没有被卖给最终使用者，为什么存货投资被当作总支出的组成部分？

答：因为未售出存货是已经生产的货物，所以在会计意义上它们能够使产出增加，从而增加总需求。但由于尚未卖给最终使用者，它们在销售之前都会被计入库存。

3. “既然存货持有需要成本，企业的计划存货投资就应当等于零，企业应当只通过非计划的存货积累获得存货。”这种表述正确、错误还是不确定？解释你的答案。

答：错误。虽然存货的持有成本较高，但许多公司在其货物需求增量不可预测的情况下，倾向于拥有额外的存货，因为这使得企业能够更好地满足客户的需求。因此，企业可能拥有计划的存货投资。

4. 2007～2009 年金融危机期间及之后，尽管实际利率显著降低，计划投资仍然大幅下降。哪些与计划投资函数相关的因素可以解释这种现象？

答：在金融危机期间，金融摩擦剧增，提高了投资的实际成本。此外，由于未来经济增长前景和利润状况急剧下降，企业的自主投资剧减。所以即使实际利率显著降低，这两个因素的存在都降低了计划投资。

5. 如果家庭和企业相信未来会出现经济衰退，这将必然导致经济衰退吗？或者，这将对产出有什么影响吗？

答：根据凯恩斯的“动物精神”，家庭和企业的这些观点很可能造成经济衰退。如果信念足够强大，就会大大减少自主消费和计划投资，致使均衡产出大幅下降，导致衰退。

6. 为什么实际利率升高导致净出口减少，实际利率下降导致净出口增加？

答：当实际利率上升时，对国内资产的需求增加，导致本币升值。进口货物在国内价格更加便宜，出口货物对外国人来说变得更昂贵，从而使得净出口减少。这表明了实际利率和净出口之间呈反比关系。

7. 房价下降或股票市场价格降低会如何影响 *IS* 曲线？

答：房价下降或股票市场价格降低会减少投资，*IS* 曲线向左移动。

8. 如果企业突然对投资的盈利性更加乐观，从而增加了 1000 亿美元计划投资支出，但同时消费者却更加悲观而减少了 1000 亿美元自主性消费支出，总产出水平将会如何变化？

答：总产出水平不变。计划投资支出增加的 1000 亿美元，完全被自主消费支出减少的 1000 亿美元所抵消，自主支出和总产出保持不变。

9. 如果自主性消费支出增加的同时，税收也等额增加，总产出将上升还是下降？

答：上升。一方面，由于边际消费倾向小于 1，税收增加导致的支出下降总是小于税收的变化。另一方面，消费支出会随着自主性消费支出的增加而逐渐上升。所以，如果税收和自主性消费支出等额增加，自主性消费支出必然会增加，总产出上升。

10. 如果实际利率变动对计划投资支出和净出口没有影响，这说明 *IS* 曲线的斜率是怎样的？

答：因为利率变动时，计划投资支出和净出口保持不变，因此均衡产出水平保持不变，这意味着 *IS* 曲线是垂直的。

11. 存货通常在衰退开始时提高，到衰退快结束时开始下降。这说明经济周期中计划

支出和总产出之间是怎样的关系?

答:总需求也就是经济中所需求的总产出量,与计划支出是相同的。

12. 为什么企业会在非计划存货投资大于零时削减产量?如果它们不削减产量,会对它们的利润有何种影响?为什么?

答:当非计划存货投资大于零时,公司将削减生产,因为此时生产大于销售。如果继续按照当前的产量生产下去,利润将会大大减少,因为非意愿存货将不断增加,而非意愿存货既积压资金,又需支付很高的保管费用。

13. "当计划投资支出低于(实际)总投资时,企业将增加生产。"这种表述正确、错误还是不确定?解释你的答案。

答:错误。当实际投资大于计划投资时,企业库存正在增加,导致计划外库存投资增加。为了使库存达到理想水平,企业将会减少生产。

14. 在以下几种情况下,确定 *IS* 曲线是向右位移、向左位移、保持不变还是位移方向不确定。

a. 实际利率上升。

b. 边际消费倾向下降。

c. 金融摩擦加剧。

d. 自主性消费减少。

e. 税收和政府支出等额减少。

f. 净出口对实际利率变动的敏感性减弱。

g. 政府向企业研发项目提供税收激励。

答:a. 实际利率上升是沿着 *IS* 曲线的变动,因此 *IS* 曲线保持不变。

b. 在任何给定利率下,边际消费倾向下降会导致均衡产出的减少,*IS* 曲线向左移动。

c. 在任何给定利率下,金融摩擦加剧会导致均衡产出下降,*IS* 曲线向左移动。

d. 在任何给定利率下,自主性消费减少会导致均衡产出下降,*IS* 曲线向左移动。

e. 在任何给定利率下,税收和政府支出等额减少会导致均衡产出下降,*IS* 曲线向左移动。

f. 在任何给定利率下,净出口对实际利率变化的敏感性减弱会导致均衡产出增加,*IS* 曲线向右移动。

g. 在任何给定的利率下,政府向企业的研发项目提供税收激励会导致均衡产出增加,*IS* 曲线向右移动。

15. "金融摩擦对经济来说不成为问题,因为它们不影响由中央银行控制的安全政策利率。"这种表述正确、错误还是不确定?解释你的答案。

答:错误。金融摩擦是指由于信息不对称问题阻碍金融市场有效发挥作用,贷款人很难确定借款人的信誉度,进而使贷款利差提高,这种额外的借款成本将提高投资的实际利率。在实际利率水平一定时,金融摩擦加剧使得均衡产出水平下降,从而推动 *IS* 曲线向左位移,影响均衡利率,对经济有一定影响。

16. 当美联储降低政策利率时，（如果有影响的话）会如何影响 IS 曲线？简要解释你的答案。

答：IS 曲线保持不变。实际利率的变化代表均衡点沿给定 IS 曲线的移动，曲线位置并不发生改变。

17. 假定你在媒体上看到，对未来更强劲经济增长的预测已经引起了美元走强和股票价格上升。

a. 强势美元对 IS 曲线有何影响？

b. 股票价格上升对 IS 曲线有何影响？

c. 综合考虑这两个事件对 IS 曲线有何影响。

答：a. 强势美元将导致美国出口减少、进口增加，从而减少净出口。这将使每个利率水平下的总产出减少，IS 曲线向左移动。

b. 通常股票价格的上涨会对自主性投资产生积极影响，因为投资者对经济前景更有信心。自主性投资增加，使得 IS 曲线向右移动。

c. 由于这两个事件对 IS 曲线造成了完全相反的影响，所以其效果很难衡量。根据位移的相对大小，最终 IS 曲线可能向左移动，可能向右移动，也可能不移动。

三、应用题

18. 在下表中，如果自主性消费 =300，税收 =200，*mpc* =0.9，计算下表中各个收入水平所对应的消费函数值。

收入 Y	可支配收入 Y_D	消费 C
0		
100		
200		
300		
400		
500		
600		

答：各个收入水平所对应的消费函数值如表 20－8 所示。

表 20－8　各个收入水平所对应的消费函数值

收入 Y	可支配收入 Y_D	消费 C
0	－200	120
100	－100	210
200	0	300
300	100	390
400	200	480
500	300	570
600	400	660

19. 假定自主性消费为1.625万亿美元，可支配收入为11.5万亿美元。如果可支配收入增加1000美元导致消费支出增加750美元，计算消费支出。

答：边际消费倾向 $mpc = 750/1000 = 0.75$。则消费支出 $C = 1.625 + 0.75 \times 11.5 = 10.25$（万亿美元）。

20. 假定2022年12月31日，戴尔公司仓库里有2万台计算机准备交付经销商（每台计算机价值500美元）。到2023年12月31日，戴尔公司有2.5万台计算机准备交付经销商（每台计算机价值450美元）。

a. 计算戴尔公司2022年12月31日的存货。

b. 计算戴尔公司2023年的存货投资。

c. 在经济衰退的早期阶段，存货支出会出现怎样的情况？

答：a. 戴尔公司在2022年12月31日的存货是其仓库中2万台计算机的市场价值。因此，戴尔公司在2022年12月31日的存货为：$2 \times 500 = 1000$（万美元）。

b. 戴尔公司2023年的存货投资是2022年间存货水平的变化。2023年12月31日，戴尔公司的存货是：$2.5 \times 450 = 1125$（万美元）。因此，戴尔公司2023年的存货投资为：$1125 - 1000 = 125$（万美元）。

c. 在经济衰退的早期阶段，只要家庭收入开始下降，企业就会意识到他们的销售额将会下降。导致他们的订单减少，存货的数量增加（因为他们可能事前已经决定了该时期的生产水平）。库存支出在一段时间内为正的，但是企业将迅速减产，并且试图在增加产量之前售出库存产品。

21. 如果消费函数是 $C = 100 + 0.75Y_D$，$I = 200$，政府支出 = 200，净出口为零，均衡产出水平是多少？如果政府支出增加100，总产出将发生什么变化？

答：由

$$\begin{cases} Y = C + I + G \\ C = 100 + 0.75Y_D \\ I = 200 \\ G = 200 \end{cases}$$

解得均衡的产出水平为 $Y = 2000$。如果政府支出增加了100，则均衡产出将增加400，为2400。

22. 假设边际消费倾向为0.75，为使产出增加1万亿美元，政府支出需要增加多少？为使产出增加1万亿美元，税收需要减少多少？

答：政府支出乘数为：$1/(1 - mpc) = 4$，所以为使产出增加1万亿美元，政府支出需要增加2500亿美元。

税收乘数为：$-mpc/(1 - mpc) = -3$，所以为使产出增加1万亿美元，税收需要减少3333.3亿美元。

23. 如果税收与政府支出等量增加，推导出一个表达式来说明对均衡产出水平的影响。

答：政府支出变化对均衡产出的影响为：$\Delta Y_G = \Delta G/(1 - mpc)$。

税收变化对均衡产出的影响为：$\Delta Y_T = -\Delta T \times mpc/(1-mpc)$。

如果税收与政府支出等量增加，即 $\Delta G = \Delta T$，对均衡产出的净效应为：$\Delta Y = \Delta Y_G + \Delta Y_T = \Delta G/(1-mpc) - \Delta T \times mpc/(1-mpc) = \Delta G[1/(1-mpc) - mpc/(1-mpc)] = \Delta G$

因此，如果税收与政府支出等量增加，均衡产出与税收或政府支出等额增加。

24. 考虑经济有如下数据：

$\overline{C}$ =3.25 万亿美元

$\overline{I}$ =1.3 万亿美元

$\overline{G}$ =3.5 万亿美元

$\overline{T}$ =3.0 万亿美元

$\overline{NX}$ = −1.0 万亿美元

$\overline{f}=1$

$mpc=0.75$

$d=0.3$

$x=0.1$

a. 推导消费函数、投资函数、净出口函数的简化表达式。

b. 推导 *IS* 曲线的表达式。

c. 如果实际利率 $r=2$，均衡产出水平是多少？如果实际利率 $r=5$，均衡产出水平是多少？

d. 根据 c 的答案，绘制 *IS* 曲线。

e. 如果政府购买增加到 4.2 万亿美元，当 $r=2$ 时，均衡产出水平会如何变化？当 $r=5$ 时，均衡产出水平会如何变化？在 d 中绘制的曲线图上反映出政府购买增加的影响。

答： a. 消费函数为：$C=3.25+0.75(Y-3)=1+0.75Y$。投资函数为：$I=1.3-0.3(r+1)=1-0.3r$。净出口函数为：$NX=-1-0.1r$。

b. 通过总产出 = 总需求，得到 *IS* 曲线的表达式为：$Y=1+0.75Y+1-0.3r-1-0.1r+3.5$，化简可得：$Y=18-1.6r$。

c. 当 $r=2$ 时，均衡产出 $Y=18-1.6\times2=14.8$（万亿美元）。当 $r=5$ 时，均衡产出 $Y=18-1.6\times5=10$（万亿美元）。

d. *IS* 曲线如图 20－1 所示：

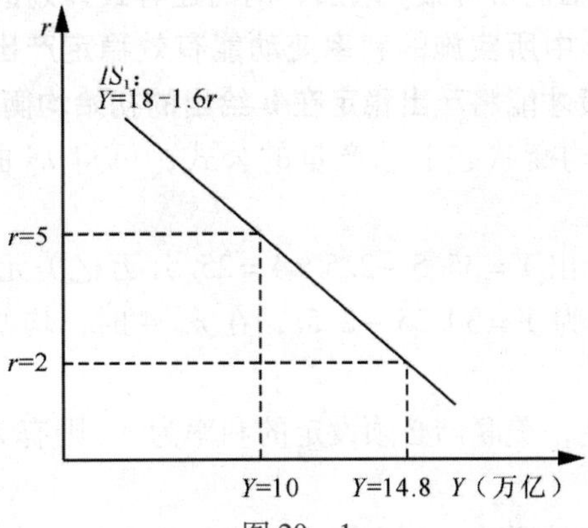

图 20－1

e. 政府购买支出增加0.7万亿美元，将使任何给定利率水平下的均衡产出增加0.7/(1－0.75)＝2.8(万亿美元)。因此，*IS* 曲线将水平向右移动2.8万亿美元。如图20－2所示：

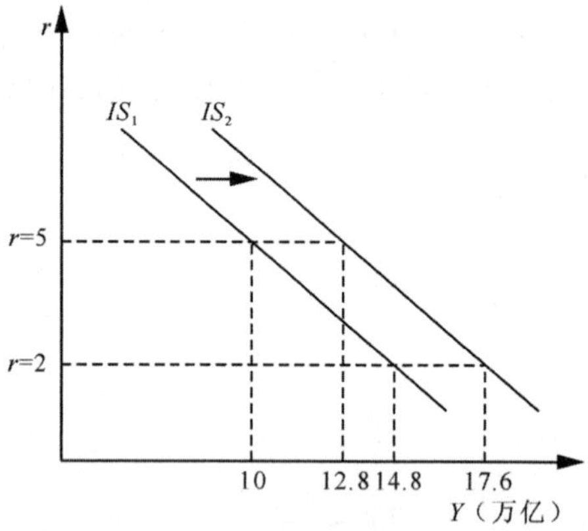

图20－2

25. 考虑经济有如下数据：

$\bar{C}$＝4万亿美元

$\bar{I}$＝1.5万亿美元

$\bar{G}$＝3.0万亿美元

$\bar{T}$＝3.0万亿美元

$\overline{NX}$＝1.0万亿美元

$\bar{f}$＝0

mpc＝0.8

d＝0.35

x＝0.15

a. 推导 *IS* 曲线的表达式。

b. 假定美联储控制利率，并将利率设定在 r＝4上，均衡产出水平是多少？

c. 假定发生了金融危机，$\bar{f}$ 增加到 $\bar{f}$＝3。均衡产出将怎样变化？如果美联储能够制定利率，那么为保持产出不变，利率应当设置在什么水平上？

d. 假定如c所述，金融危机导致 $\bar{f}$ 增加，同时还导致计划的自主性投资减少到 $\bar{I}$＝1.1万亿美元，那么美联储在c中所实施的利率变动能有效稳定产出吗？如果不能，还要实施哪些额外的货币或财政政策才能将产出稳定在b给出的初始均衡产出水平上？

答：a. 根据商品市场均衡状态下总产量的公式，可得 *IS* 曲线的表达式为：$Y=35.5-2.5r$。

b. 当 $r=4$ 时，均衡产出 $Y=35.5-2.5\times4=25.5$(万亿美元)。

c. *IS* 曲线表达式现在为 $Y=30.25-2.5r$，在 $r=4$ 时，均衡产出为 $Y=20.25$(万亿美元)。

为了保持产出水平不变，美联储必须设定的利率为 r，则有 $25.5=30.25-2.5r$，解得：$r=1.9$。

即为抵消金融摩擦增加的影响，利率要由4降低到1.9。

d. 金融摩擦的增加和自主性投资支出的减少使得 *IS* 曲线表达式现在为 $Y=28.25-2.5r$。

在当前利率 $r=1.9$ 时，产出是 $Y=28.25-2.5\times1.9=23.5$(万亿美元)，这小于危机前的产出水平，即 c 中调整利率的政策不能稳定产出。

为了保持产出为25.5万亿美元不变，利率 r 的设定应该满足 $25.5=28.25-2.5r$，解得：$r=1.1$。

或者，财政决策者可以在利率保持在1.9的状况下，将政府支出增加0.4万亿美元，或将税收减少0.5万亿美元。

这三项政策都可将产出保持在25.5万亿美元的水平。

第 21 章　货币政策与总需求曲线

21.1　复习笔记

【知识框架(庖丁解牛)】

- 货币政策与总需求曲线
  - 联邦基金利率与货币政策
  - 货币政策曲线
    - 曲线方程
    - 泰勒原则
    - 曲线的位移
    - 沿着曲线的移动
  - 总需求曲线
    - 数学推导
    - 推动曲线位移的因素

【考点难点归纳(厚积薄发)】

考点一：联邦基金利率与货币政策(见表 21－1)　★★

表 21－1　联邦基金利率与货币政策

要点	具体内容
含义	联邦基金利率是同业拆借利率，是银行间进行借贷的资金成本
影响因素	准备金数量的变动会影响联邦基金利率。当银行体系中存在大量的超额准备金供给时，银行间市场中可贷资金增多，借贷资金成本降低，因而联邦基金利率下降，反之成立
美联储的操作方式	①由于价格黏性，货币政策的调整并不会对通货膨胀率和预期通货膨胀率立即产生影响。 ②联邦基金利率是名义利率，美联储调整联邦基金利率会使实际利率同方向变化

考点二：货币政策曲线(见表 21－2)　★★★

表 21－2　货币政策曲线

要点	具体内容
曲线方程	①表达式为：$r=\bar{r}+\lambda\pi$。 ②$\bar{r}$ 代表中央银行设置实际利率的自主性(外生性)部分，它与模型中的其他变量都无关。λ 代表实际利率对通货膨胀率的反应程度，即敏感性。 ③货币政策曲线反映的是中央银行设置的实际利率与通货膨胀率之间的关系

续表

要点		具体内容
泰勒原则	含义	泰勒原则指中央银行提高名义利率的幅度要超过预期通货膨胀率的增幅，才能在通货膨胀率上升时保持实际利率的上升
	作用机制	①如果允许实际利率下降，就会出现通货膨胀率加速的情况： $\pi\uparrow\Rightarrow r\downarrow\Rightarrow Y\uparrow\Rightarrow\pi\uparrow\Rightarrow r\downarrow\Rightarrow Y\uparrow\Rightarrow\pi\uparrow$ ②中央银行必须让名义利率与通货膨胀率同步上涨，才能阻止实际利率下跌
	作用效果	最终使得货币政策曲线向上倾斜
曲线的位移	特征	泰勒原则驱动下的货币政策调整反映的是沿着货币政策曲线的变动，被称为利率的自动调整
	图示	①自主性紧缩货币政策通过提高实际利率，推动货币政策曲线从 MP_1 向上位移至 MP_2。 ②自主性宽松货币政策通过下调实际利率，推动货币政策曲线从 MP_1 向下位移至 MP_3，如图 21－1 所示
沿着曲线的移动	特征	沿着货币政策曲线的移动可以看作是中央银行面对通货膨胀率变动时的正常反应，也称内生性反应

注意：①泰勒原则与泰勒规则有所不同，前者明确说明了货币政策如何对经济状况作出响应，而后者没有此类说明。②流动性偏好理论从另一个角度也解释了泰勒原则的应用，作用机制表示为：$\pi\uparrow\Rightarrow P\uparrow\Rightarrow M^d$曲线右移$\Rightarrow i\uparrow\Rightarrow r\uparrow$。

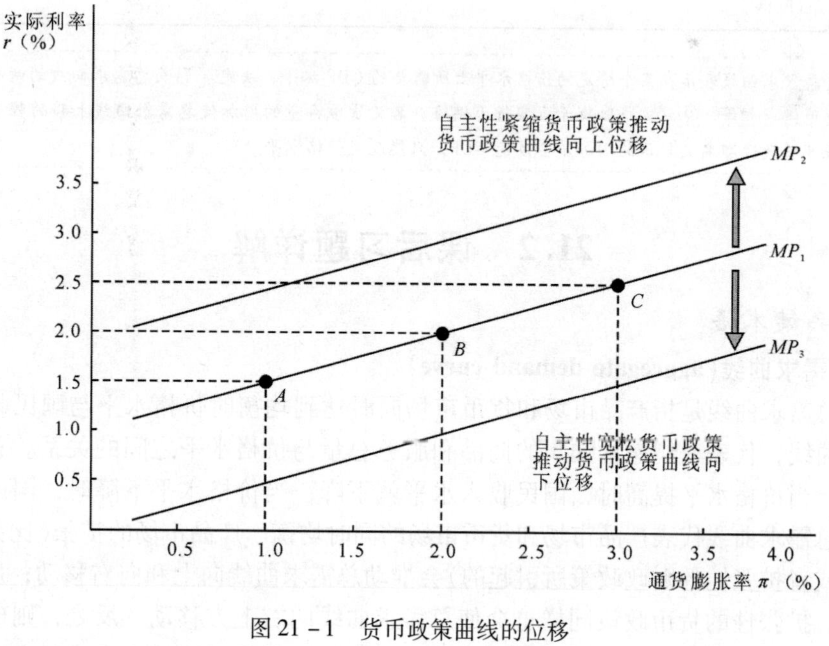

图 21－1　货币政策曲线的位移

【例 21.1】扩张性货币政策通常会导致（　　）。［清华大学 2015 年研］

A. 产出增加和利率下降　　B. 产出不变和利率下降

C. 通货膨胀和利率上升　　D. 通货紧缩和利率上升

【解析】当社会尚未达到充分就业状态时，扩张性货币政策通过增加货币供应量刺激社会总需求，使闲置的生产要素得到利用，利率下降，总产出增加，而物价水平并不上升。当社会达到充分就业状态时，扩大货币供应并不能刺激经济增长，只会使物价上升，引发通货膨胀。

【答案】A

考点三：总需求曲线(见表21－3)　★★★

表21－3　总需求曲线

要点	具体内容
含义	总需求曲线是指在一系列价格总水平下经济社会均衡的总支出水平
数学推导	①IS 曲线表达式为： $Y=[\bar{C}+\bar{I}-d\bar{f}+\bar{G}+\overline{NX}-mpc\times\bar{T}]\times\frac{1}{1-mpc}-\frac{d+x}{1-mpc}\times r$ ②用货币政策曲线的数学表达式 $r=\bar{r}+\lambda\pi$ 替换 r，得到 AD 曲线表达式为： $Y=[\bar{C}+\bar{I}-d\bar{f}+\bar{G}+\overline{NX}-mpc\times\bar{T}]\times\frac{1}{1-mpc}-\frac{d+x}{1-mpc}\times(\bar{r}+\lambda\pi)$
推动曲线位移的因素	①IS 曲线的位移。任何推动 IS 曲线位移的因素都会推动总需求曲线同向位移。 ②MP 曲线的位移。自主性紧缩货币政策通过上调任一通货膨胀率水平对应的实际利率，总需求曲线将会向左位移。相反，自主性宽松货币政策下调任一通货膨胀率水平对应的实际利率，总需求曲线将会向右位移

拓展：①总需求曲线表示在某个给定的价格水平上所需要的GDP水平，决定、影响总需求曲线的两个经济原理是收支平衡和货币供求相等。②总需求取决于真实货币供给。名义货币存量的增加使总需求曲线上移的程度恰好与名义货币增加的程度一致，即名义货币的增加不会改变GDP，只能改变价格水平。

21.2　课后习题详解

一、关键术语

1. 总需求曲线(aggregate demand curve)

答：总需求曲线是指产品市场和货币市场同时达到均衡时价格水平与国民收入之间依存关系的曲线，代表人们愿意购买的商品和服务总量与价格水平之间的关系。总需求曲线向下倾斜，当价格水平提高时，国民收入水平就下降；当价格水平下降时，国民收入水平就上升。总需求曲线代表产品市场和货币市场的同时均衡。产品市场的扩张(比如由消费信贷的增加或者扩张性的财政政策所引起的)会推动总需求曲线向上和向右移动；反之，向左下方移动。扩张性的货币政策同样也会使总需求曲线向右上方移动；反之，则向左下方移动。消费者与投资者的信心也影响总需求曲线：当信心增强时，总需求曲线向右移动；当信心减弱时，总需求曲线向左移动。

2. 自主性紧缩货币政策(autonomous tightening of monetary policy)

答：自主性紧缩货币政策是指美联储通过提高实际利率，实施"紧缩的"货币政策，导致货币政策曲线向上位移的自主调整的货币政策。中央银行实施自主性紧缩货币政策的原因有很多。例如，它可能是希望达到某一低且稳定的通货膨胀率，也可能是为了改善经济状况等。自主性的货币政策会导致货币政策曲线的位移，进而改善经济状况和通货膨胀率。

3. 货币政策(MP)曲线(monetary policy (MP) curve)

答：货币政策曲线是指中央银行设置的实际利率与通货膨胀率之间的关系曲线。货币政策曲线的方程式为：

$$r=\bar{r}+\lambda\pi$$

其中，$\bar{r}$代表中央银行设置实际利率的自主性(外生性)部分，它与模型中的其他变量都无关。λ代表实际利率对通货膨胀率的反应程度，即敏感性。

4. 自主性宽松货币政策(autonomous easing of monetary policy)

答：自主性宽松货币政策是指美联储通过降低实际利率，实施"宽松的"货币政策，导致货币政策曲线向下位移的自主调整的货币政策。

自主性宽松货币政策通过下调实际利率，可以推动货币政策曲线向下位移利率调整的相应百分点，导致经济扩张和通货膨胀率上升。如果经济步入衰退，货币政策制定者可能会调低某一通货膨胀率水平对应的实际利率，使得货币政策曲线向下位移，进而使总需求曲线向右位移。

5. 泰勒原理(Taylor principle)

答：泰勒原理是指中央银行的短期利率工具依经济状态而进行调整的方法。泰勒原理认为，中央银行提高名义利率的幅度要超过预期通货膨胀率的增幅，才能在通货膨胀率上升时保持实际利率的上升。当通货膨胀率上涨时，如果不加干扰，根据公式：实际利率=名义利率-通货膨胀率，则实际利率将出现下降的情况，从而推动总产出增长、通货膨胀加剧，进一步推动实际利率下降，又将导致总产出增加。上述事实可以用以下链条表示：

$$\pi\uparrow\Rightarrow r\downarrow\Rightarrow Y\uparrow\Rightarrow\pi\uparrow\Rightarrow r\downarrow\Rightarrow Y\uparrow\Rightarrow\pi\uparrow$$

此时，通货膨胀率持续上涨将使经济陷入困境。因此，出于稳定通货膨胀的目的，中央银行倾向于遵循泰勒原理，提高实际利率，最终使得货币政策曲线向上倾斜。

二、思考题

1. 当通货膨胀率上升时，联邦基金利率如何变化？在实际操作中，美联储如何调整联邦基金利率？

答：联邦基金利率上升。根据泰勒规则，联邦基金利率指标=通货膨胀率+均衡的实际联邦基金利率+(1/2)×通货膨胀缺口+(1/2)×产出缺口，通货膨胀缺口的系数为正，通货膨胀率的变化会使得联邦基金利率的变动幅度是它的1.5倍，因此联邦基金利率上升。

联邦基金利率是名义利率，根据费雪方程式，美联储调整联邦基金利率会使实际利率同方向变化。为了应对通货膨胀率，美联储将上调联邦基金利率，使实际利率同方向上升，抑制通货膨胀率上升。

为了应对更高的通货膨胀，美联储会在公开市场上出售债券，消除银行中存在的过高流动性，这将导致更高的联邦基金利率。

2. 美联储控制实际利率的能力背后隐含的关键性假设是什么？

答：美联储可以控制的是名义联邦基金利率，但影响经济活动的因素是实际利率。美联储拥有控制实际利率能力的关键性假定是：在短期内价格的变动是缓慢的，即价格是黏性的，货币政策的调整并不会对通货膨胀率和预期通货膨胀率立即产生影响，因此名义利率的变化意味着实际利率的相似变化。

3. 为什么货币政策曲线必然是向上倾斜的？

答：向上倾斜的货币政策曲线意味着，当通货膨胀率增加时，实际利率上升，这是必然的。否则，通货膨胀率的上升将导致实际利率的下降，产出增加，使得通货膨胀率进一步提高，实际利率进一步下降，通货膨胀率越来越高。换句话说，*MP* 曲线必须向上倾斜，以防止发生恶性通货膨胀。

4. 如果 $\lambda=0$，意味着名义利率和通货膨胀率之间有何联系？

答：货币政策曲线的方程式为：$r=\bar{r}+\lambda\pi$。其中，λ 代表实际利率对通货膨胀率的反应程度。

当 $\lambda=0$ 时，表示即使通货膨胀率发生变化，实际利率也将保持不变。这意味着，随着通货膨胀率的增加，名义利率将与通货膨胀率等额增加，使实际利率保持不变。

5. 美联储的自主性紧缩货币政策或自主性宽松货币政策如何影响货币政策曲线？

答：货币政策曲线的方程式为：$r=\bar{r}+\lambda\pi$。其中，$\bar{r}$ 代表中央银行设置实际利率的自主性(外生性)部分。

自主性紧缩货币政策导致 $\bar{r}$ 变大，*MP* 曲线向上移动；自主性宽松货币政策导致 $\bar{r}$ 减少，*MP* 曲线向下移动。

6. 自主性紧缩货币政策和自主性宽松货币政策与由通货膨胀率变化引起的实际利率调整有何不同？

答：自主性紧缩货币政策和自主性宽松货币政策是中央银行的自主性货币政策，中央银行通过调整任一通货膨胀率水平对应的实际利率，此时将推动货币政策曲线的位移。通货膨胀率变化引起的实际利率调整可以看作是中央银行面对通货膨胀率变动时的正常反应，也称内生性反应，表现为沿着货币政策曲线的移动。

如果当前通货膨胀率不变，预期未来通货膨胀率发生变化，经济活动预计减弱或经济金融市场的未来前景出现一些其他变化，可能会出现自主性紧缩货币政策和自主性宽松货币政策。这保证了货币政策的独立性，表明货币政策与当前的通货膨胀率无关。

7. 假定新的美联储主席得到任命，他(或她)的货币政策方法论可以概括为如下表述："我只关注提高就业。通货膨胀已经在相当长一段时间里非常低了；我的当务之急就是放松

货币政策以促进就业。"你认为货币政策曲线会受到什么影响?

答：在这种情况下，会出现自主性宽松货币政策，*MP* 曲线将下移。此外，如果美联储开始较少关注通货膨胀，这将相当于减少了 λ，使 *MP* 曲线的斜率减小。

8. "2007 年底，即使通货膨胀还在上升，美联储依然调低了联邦基金利率。这一举动违反了泰勒原理。"这一表述正确、错误还是不确定? 解释你的答案。

答：错误。即使目前的通货膨胀相对较高，但美联储对通货膨胀的厌恶(以参数 λ 为特征)没有变化，依然为正。由于经济活动的前景不佳，美联储通过自主性宽松货币政策来降低联邦基金利率。

9. 什么因素影响总需求曲线的斜率?

答：由本章的公式：

$$Y = [\bar{C} + \bar{I} - d\bar{f} + \bar{G} + \overline{NX} - mpc \times \bar{T}] \times \frac{1}{1 - mpc} - \frac{d + x}{1 - mpc} \times (\bar{r} + \lambda\pi)$$

可知：总需求曲线的(逆)斜率由 $-\lambda(d+x)/(1-mpc)$ 给出。因此，λ、d、x 或 mpc 的增加都会减小总需求曲线的斜率。

10. "λ 比较高时，自主性货币政策对于调整产出更有效。"这一表述正确、错误还是不确定? 解释你的答案。

答：错误。根据货币政策曲线的方程式 $r = \bar{r} + \lambda\pi$，由于 λ 是独立于货币政策的自主组成部分 $\bar{r}$ 的，因此无论 λ 的值是多少，$\bar{r}$ 的任何变化都会影响实际利率。因此，对于给定的 *IS* 曲线，自主性货币政策的任何变化都将对产出产生相同的影响，与 λ 的值无关。

11. 如果净出口对于实际利率变动不敏感，那么货币政策在影响产出方面是更有效还是更无效?

答：货币政策在影响产出方面更无效。因为除了影响投资活动以外，利率变化可以通过影响贸易活动，如使净出口增长，对产出产生影响。一旦净出口对实际利率变动不敏感，表明利率变化不会影响净出口，通过货币政策调控产出方面就会更无效。

12. 如果资产价格泡沫开始形成，假定中央银行对此做出反应，有可能如何反应? 这会对货币政策曲线产生什么影响?

答：资产价格泡沫出现时，中央银行会采取紧缩性货币政策，即通过减少流通中的货币量来为经济"降温"。为了抑制通货膨胀，中央银行将通过出售政府债券、提高再贴现率和提高联邦基金利率的做法，提高实际利率，这会推动货币政策曲线从向上位移。

13. 在以下几种情况下，描述 *IS*、*MP*、*AD* 曲线将如何受到影响(如果有影响的话)。

a. 金融摩擦缓解。

b. 税收增加以及自主性宽松货币政策。

c. 当期通货膨胀率上升。

d. 自主性消费减少。

e. 企业对于未来经济前景更为乐观。

f. 新任美联储主席开始更多关注对抗通货膨胀。

答： a. *IS* 曲线向右移动，*MP* 曲线不移动，*AD* 曲线向右移动。

b. 税收的增加将使 *IS* 曲线向左移，自主性宽松货币政策使经济体沿着 *IS* 曲线移动。税收变化不影响 *MP* 曲线，但自主性宽松货币政策使 *MP* 曲线下移。自主性宽松货币政策使得 *AD* 曲线向右移动，而税收增加将使 *AD* 曲线向左移动。在不知道税收和自主性宽松货币政策效应的相对变化的情况下，不能确定二者对 *AD* 曲线的净效应。

c. 当期通货膨胀率上升表示沿着 *MP* 曲线的运动，这提高了实际利率。由于更高的通货膨胀将导致实际利率的增加，表示沿着 *IS* 曲线向下的运动(但不改变 *IS* 曲线)。通货膨胀率的增加表示沿着 *AD* 曲线的移动，产出减少，但 *AD* 曲线不移动。

d. 自主性消费的减少使 *IS* 曲线向左移动，*MP* 曲线不移动，*AD* 曲线向左移动。

e. 企业对于未来经济前景更为乐观，导致自主性投资增加，*IS* 曲线向右移，*MP* 曲线不移动，*AD* 曲线向右移动。

f. 美联储主席开始更多地关注对抗通货膨胀，λ 的增加不影响 *IS* 曲线，*MP* 曲线变得更陡峭，*AD* 曲线变得更平坦。

14. 美国净出口增加对总需求曲线有何影响？净出口增加是否对货币政策曲线有影响？解释你的答案。

答： 美国净出口的增加将会使得在每个实际利率水平下计划支出都将增加，直接影响 *IS* 曲线。假设商品市场处于均衡状态，总产出增加，*IS* 曲线右移。

货币政策曲线不变，因为货币政策曲线表示货币当局根据当前通货膨胀率在短期内设定既定实际利率的意愿，而净出口不是货币政策曲线的决定因素。

货币政策曲线不变和 *IS* 曲线右移，导致总需求曲线向右移动，这表示在每个通货膨胀率水平下总产出都会增加。

15. 为什么当"动物精神"变化时，总需求曲线会发生位移？

答： 凯恩斯将影响自主性支出波动的因素命名为"动物精神"，因为它会受到乐观或悲观的情绪波动的影响。"动物精神"变化时，自主性消费支出和计划性投资支出也会发生变化，导致总需求曲线发生位移，即在任何给定的实际利率和通货膨胀率下，总产出会发生变化。

16. 如果在增加政府支出的同时，实施自主性紧缩货币政策，总需求曲线的位置会如何变化？

答： 不确定。因为增加政府支出将使 *AD* 曲线向右移，而自主性紧缩货币政策将使 *AD* 曲线向左移。二者变化程度不确定，故而总需求曲线的位置变化也无法确定。

17. 如果金融摩擦加剧，将如何影响信贷利差？中央银行可能如何回应？为什么？

答： 金融摩擦将会增大信贷利差。金融摩擦表示市场中存在的信息不对称问题，金融摩擦加剧会增加信用风险。信贷利差代表用于补偿信用风险而增加的收益率，信贷利差增加意味着存款利率相对降低，贷款利率相对上升。

中央银行可能会调整货币政策，通过调整基准利率，加强对市场利率的引导和规范，减小由于金融摩擦带来的利差造成经济活动的低效率。

18. "如果 $\bar{f}$ 上升，美联储可以在金融摩擦加剧时通过同等降低实际利率来保持产出不变。"这一表述正确、错误还是不确定？解释你的答案。

答：错误。如果美联储同等改变实际利率使其恰好等于 $\bar{f}$ 的变化，这将抵消金融摩擦对投资的不利影响。然而，实际利率的下降将增加净出口，使总产出增加。因此，为了抵消金融摩擦上升的影响，美联储对实际利率的调整应该稍微小于 $\bar{f}$ 的改变量，以保持产出不变。

三、应用题

19. 假定货币政策曲线由 $r=1.0+0.5\pi$ 给定。

a. 当通货膨胀率为 2%、3%、4%时，计算实际利率。

b. 绘制 *MP* 曲线图，并在其中标注 a 中各点。

c. 现在假定货币政策曲线由 $r=2.5+0.75\pi$ 给定。新的货币政策曲线代表了自主性紧缩货币政策还是自主性宽松货币政策？

d. 当通货膨胀率为 2%、3%、4%时，计算实际利率，并绘制新的 *MP* 曲线图，指出与 *b* 相比发生了怎样的位移。

答：a. 当通货膨胀率为 2%、3%、4%时，将其代入货币政策曲线中可以得出，实际利率分别为 2%、2.5%、3%。

b. 如图 21－2 中 MP_1 所示。

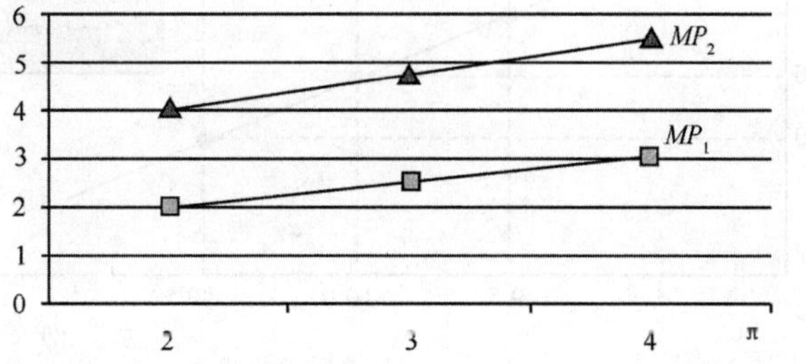

图 21－2

c. 因 $\bar{r}$ 增加了，新的货币政策曲线反映的是自主性紧缩货币政策。

d. 当通货膨胀率为 2%、3%和 4%时，实际利率为 4%、4.75%和 5.5%。*MP* 曲线如图 21－2 中 MP_2 所示。

20. 在坐标图上，利用 *IS* 曲线和 *MP* 曲线推导 *AD* 曲线。

答：见图 21－3。

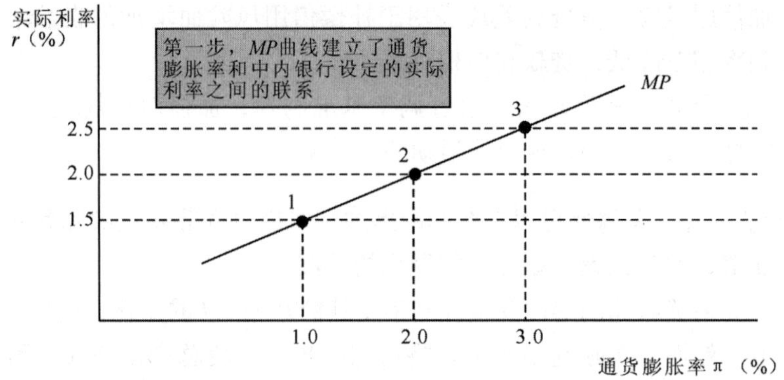

（a）*MP*曲线

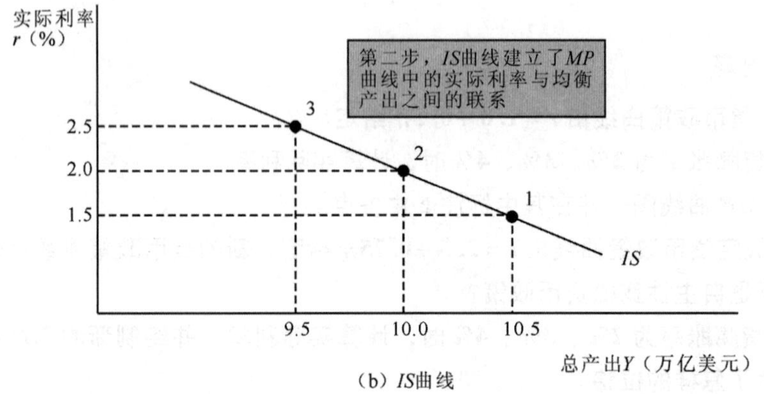

（b）*IS*曲线

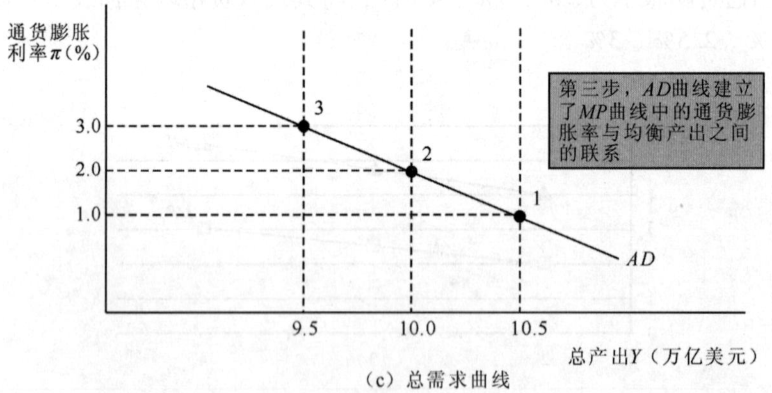

（c）总需求曲线

图21－3　推导*AD*曲线

21. 假定货币政策曲线由 $r = 1.5 + 0.75\pi$ 给定，*IS* 曲线由 $Y = 13 - r$ 给定。

a. 计算总需求曲线的表达式。

b. 当通货膨胀率为2%、3%、4%时，计算实际利率和总产出。

c. 绘制 *IS*、*MP*、*AD* 曲线图，并在图中对应标注 b 中各点。

答：a. 将货币政策曲线和 *IS* 曲线联立求解，得出总需求曲线的表达式为：$Y = 11.5 - 0.75\pi$。

b. 当通货膨胀率为 2%、3% 和 4% 时，实际利率分别为 3%、3.75% 和 4.5%。总产出分别为 10、9.25 和 8.5。

c. 如图 21－4 所示：

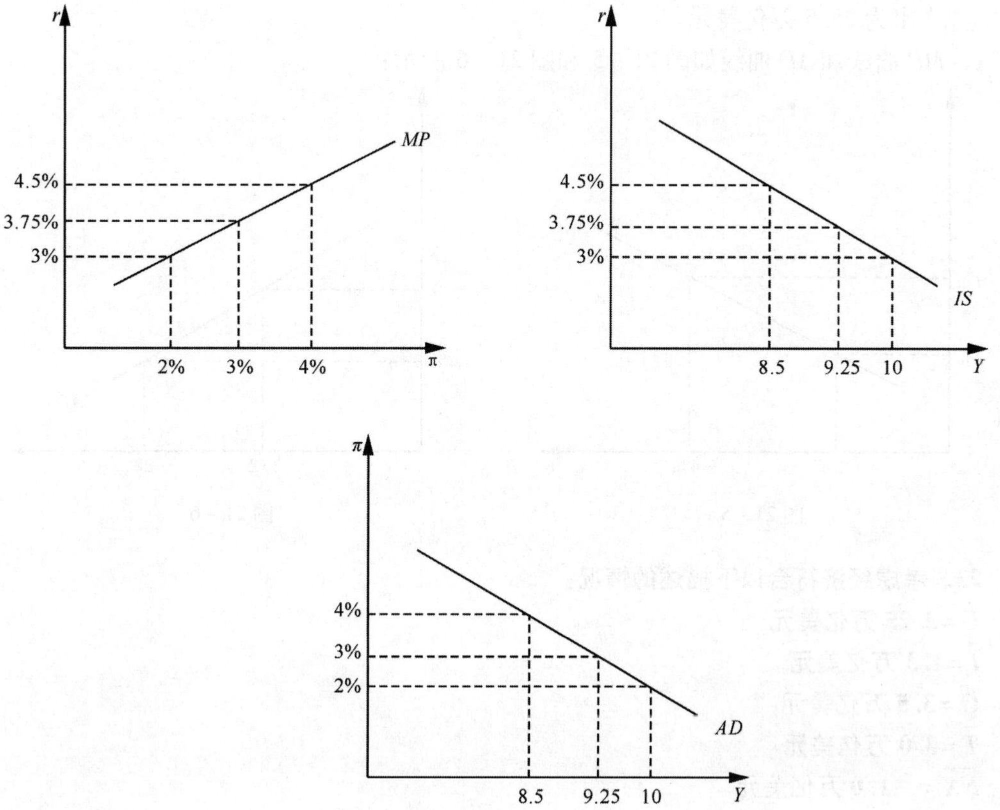

图 21－4

22. 考虑经济符合以下描述的情况：

$\bar{C}=4$ **万亿美元**

$\bar{I}=1.5$ **万亿美元**

$\bar{G}=3.0$ **万亿美元**

$\bar{T}=3.0$ **万亿美元**

$\overline{NX}=1.0$ **万亿美元**

$\bar{f}=0$

$mpc=0.8$

$d=0.35$

$x=0.15$

$\lambda=0.5$

$\bar{r}=2$

a. 推导 *MP* 曲线和 *AD* 曲线的表达式。

b. 当 $\pi=2$ 和 $\pi=4$ 时，计算实际利率和总产出。

c. 绘制 *MP* 曲线和 *AD* 曲线图，并标注 b 中各点。

答：a. *MP* 曲线表达式为：$r=2+0.5\pi$。*AD* 曲线表达式为：$Y=30.5-1.25\pi$。

b. 当 $\pi=2$ 时，实际利率为 3%，总产出为 28 万亿美元；当 $\pi=4$ 时，实际利率为 4%，总产出为 25.5 万亿美元。

c. *MP* 曲线和 *AD* 曲线如图 21－5 和图 21－6 所示：

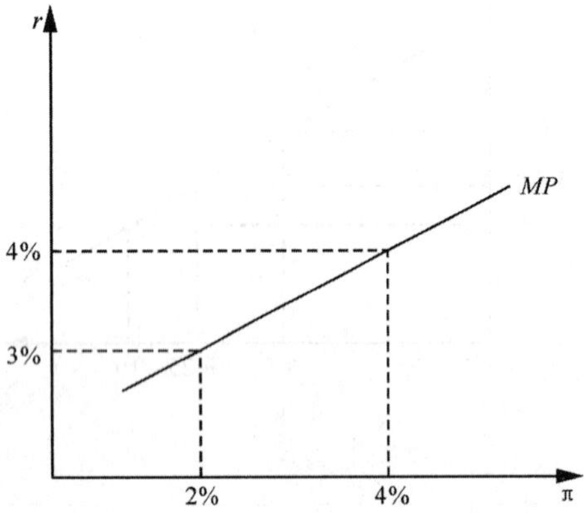

图 21－5

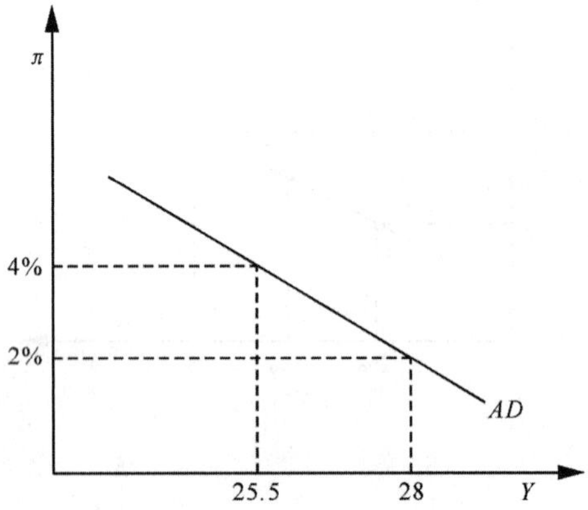

图 21－6

23. 考虑经济符合以下描述的情况：

$\bar{C}=3.25$ 万亿美元

$\bar{I}=1.3$ 万亿美元

$\bar{G}=3.5$ 万亿美元

$\bar{T}=3.0$ 万亿美元

$\overline{NX}=-1.0$ 万亿美元

$\bar{f}=1$

$mpc=0.75$

$d=0.3$

$x=0.1$

$\lambda=1$

$\bar{r}=1$

a. 推导 *MP* 曲线和 *AD* 曲线的表达式。

b. 假定 $\pi=1$，计算实际利率、均衡产出水平、消费、计划投资和净出口。

c. 假定美联储将 $\bar{r}$ 提高到 $\bar{r}=2$。计算新水平 $\bar{r}$ 下的实际利率、均衡产出水平、消费、计划投资和净出口。

d. 如果 c 中产出、消费、计划投资和净出口都下降，为什么美联储还要提高 $\bar{r}$?

答：a. *MP* 曲线表达式为：$r=1+\pi$。*AD* 曲线表达式为：$Y=16.4-1.6\pi$。

b. $\pi=1$ 时，实际利率 $r=2$，均衡产出水平 $Y=14.8$（万亿美元），消费 $C=12.1$（万亿美元），计划投资 $I=0.4$（万亿美元），净出口 $NX=-1.2$（万亿美元）。

c. 实际利率 $r=3$；均衡产出水平 $Y=13.2$（万亿美元）；消费 $C=10.9$（万亿美元）；计划投资 $I=0.1$（万亿美元）；净出口 $NX=-1.3$（万亿美元）。

d. 美联储提高 $\bar{r}$，可能是其认为未来的经济增长态势较强或者通货膨胀将来会上升。

24. 考虑第23题所描述的经济。

a. 推导 *MP* 曲线和 *AD* 曲线的表达式。

b. 假定 $\pi=2$，实际利率和均衡产出水平是多少？

c. 假定政府支出增加到4万亿美元。均衡产出会如何变化？

d. 如果美联储希望保持产出水平不变，货币政策应当如何调整？

答：a. *MP* 曲线表达式为：$r=1+\pi$；*AD* 曲线表达式为：$Y=16.4-1.6\pi$。

b. 实际利率 $r=3$；均衡产出 $Y=13.2$(万亿美元)。

c. 政府支出的增加量为0.5万亿美元时，均衡产出将会增加2万亿美元，即均衡产出现在为 $Y=15.2$(万亿美元)。

d. 为了保持均衡产出水平在13.2万亿美元不变，根据 *AD* 曲线的表达式，美联储必须提高实际利率使 $r=4.25$。

25. 假定货币政策曲线由 $r=2+\pi$ 给定，*IS* 曲线由 $Y=20-2r$ 给定。

a. 推导 *AD* 曲线的表达式，绘制 *AD* 曲线图，并标注 π 分别为0、4、8的各点。

b. 假定 λ 上升至 $\lambda=2$。推导新的 *AD* 曲线表达式，并在a的坐标图中绘制新的 *AD* 曲线。

c. b的答案说明中央银行对通货膨胀的厌恶与 *AD* 曲线斜率之间有什么关系？

答：a. *AD* 曲线表达式为：$Y=16-2\pi$，当 π 分别为0、4、8时，均衡产出分别为16、8、0。*AD* 曲线如图21-7中 AD_1 所示。

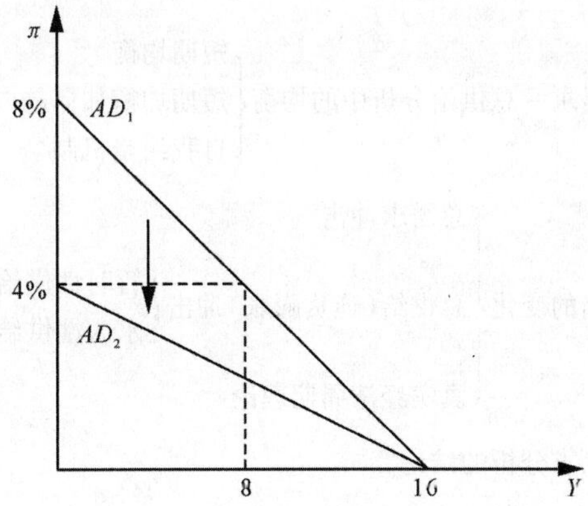

图21-7

b. 当 λ 上升至 $\lambda=2$ 时，新的 *AD* 曲线表达式为 $Y=16-4\pi$，新的 *AD* 曲线如图21-7中 AD_2 所示。

c. λ 上升说明实际利率对通货膨胀的敏感性上升，即中央银行更加厌恶通货膨胀上升，*AD* 曲线变得更加平缓。

第 22 章　总需求 - 总供给分析

22.1　复习笔记

【知识框架(庖丁解牛)】

- 总需求 - 总供给分析
  - 经济周期和通货膨胀
  - 总需求
    - 组成要素
      - 消费支出
      - 计划投资支出
      - 政府支出
      - 净出口
    - 推导机制
    - 总需求曲线位移的影响因素
  - 总供给
    - 曲线类型
      - 短期总供给曲线
      - 长期总供给曲线
    - 价格黏性
  - 总需求 - 总供给分析中的均衡
    - 短期均衡
    - 短期均衡如何趋向长期均衡
    - 自我纠错机制
  - 均衡的变化
    - 总需求冲击
    - 总供给(通货膨胀)冲击
      - 暂时性供给冲击
      - 永久性供给冲击
    - 真实经济周期理论
  - 总供求分析的结论

【考点难点归纳(厚积薄发)】

考点一：经济周期和通货膨胀　★

经济周期是指经济活动中产出、就业等关键指标随时间波动的现象，这些波动形成了经济增长与衰退的交替。实际 GDP(国内生产总值，剔除价格变动影响)是衡量经济活动规模的主要指标。衰退期特征是实际 GDP 下降和高失业率，而扩张期则相反，表现为经济活动和就业增加。

潜在产出是经济体在资源充分利用(即充分就业)情况下所能达到的最大产出水平。产出缺口衡量实际 GDP 与潜在 GDP 之间的差距，用来反映经济相对于其长期增长趋势的偏离程度。正值表示经济过热(实际产出高于潜在产出)，负值则意味着经济衰退(实际产出低于潜在产出)。

通货膨胀关注货币购买力的下降速度，即物价普遍上涨的现象。稳定的低通货膨胀环境对于经济是有益的，因为它减少了价格频繁变动带来的交易成本，并增加了经济决策的确定性，从而提升整体经济效率。

总需求 – 总供给($AD-AS$)模型是用来解释经济周期波动和通货膨胀动态的核心工具。它分析了商品和服务的总体需求量与供应量如何相互作用，进而影响价格水平和产出。

经济周期的起伏和通货膨胀水平直接关联到就业、企业盈利、个人福祉乃至整个社会的经济稳定性。通过总需求 – 总供给分析，经济学家能更好地理解这些宏观经济现象，为政策制定提供依据，以促进经济增长、稳定物价和提高生活质量。

考点二：总需求(见表 22 – 1)　★★★

表 22 – 1　总需求

要点	具体内容
组成要素	公式：$Y^{ad}=C+I+G+NX$ ①消费支出 C(代表对商品和服务的消费需求)； ②计划投资支出 I(代表厂商对新的机器设备、厂房以及其他生产投入的计划支出，还包括对新住宅的计划支出)； ③政府支出 G(指各级政府用于商品和服务的支出)； ④净出口 NX(代表国外对于国内商品的支出净额，它等于出口总量减去进口总量)
推导机制	$\pi\uparrow\Rightarrow r\uparrow\Rightarrow I\downarrow\Rightarrow Y^{ad}\downarrow$
总需求曲线位移的影响因素	①自主性货币政策。自主性货币政策将会改变实际利率中的自主性部分($\bar{r}$)，最终影响投资支出及总需求水平。 ②政府购买。政府购买的增加将直接提高对总需求的支出水平，总需求曲线向右位移。 ③税收。税收增加导致可支配收入减少，进而削减消费支出和降低总需求，总需求曲线向左位移。 ④自主性净出口。自主性净出口增加可以直接增加总需求，导致总需求水平上升，总需求曲线向右位移。 ⑤自主性消费支出。自主性消费支出增加时，导致消费支出增加，总需求曲线向右位移。 ⑥自主性投资。自主性投资支出增加时，企业支出增加，导致总需求水平上升，总需求曲线向右位移。 ⑦金融摩擦。金融摩擦的加剧，导致借款的实际成本上升，进而导致总需求水平下降，总需求曲线向左位移

拓展： 总需求曲线向右下倾斜是三个不同效应作用的结果：庇古效应、凯恩斯利率效应、蒙代尔 – 弗莱明汇率效应。庇古效应指物价水平 P 的下跌将刺激经济和创造财富效应，进而创造充分就业。凯恩斯利率效应指物价水平 P 下降会使实际货币供应量增加，导致利率下降，投资增加，进而总产出增加。蒙代尔 – 弗莱明汇率效应指物价水平 P 下降，出口会增加，进口下降，导致净出口增加，进而总支出水平上升。

【例 22. 1】 关于本国货币贬值对总需求可能的影响，不正确的是(　　)。[复旦大学 2021 年研]

A. 本币贬值增加了外国对本国产品的需求，促进本国总需求上升

B. 本币贬值具有收入再分配效应，有利于出口行业的收入增加，在出口行业边际消费倾向较低的情况下，可能会紧缩总需求

C. 本币贬值使本国货币购买外币资产的能力下降，如果以国际货币计算，本国居民的财富下降，通过财富效应导致总需求的萎缩

D. 本币贬值后，偿还相同数额的外债需要付出更少的本国货币，当外债还本付息额较大时，贬值会引起国内总需求上升

【解析】本币贬值后，偿还相同数额的外债需要付出更多的本国货币。当外债还本付息额较大时，贬值会引起国内总需求下降。

【答案】D

考点三：总供给(见表 22－2) ★★★

表 22－2　总供给

要点			具体内容
含义			总供给曲线是表示总供给量与通货膨胀率之间关系的曲线
类型	短期总供给曲线	推导依据	基于引起通货膨胀率发生变化的三个因素：预期通货膨胀率、产出缺口和通货膨胀(供给)冲击
		曲线方程	$\pi = \pi^e + \gamma(Y - Y^P) + \rho$ 其中，π 为通货膨胀率，π^e 为预期通货膨胀率，$Y - Y^P$ 为产出缺口，γ 为通货膨胀对产出缺口的敏感性，ρ 为通货膨胀冲击
		曲线形状	向上倾斜
		影响因素	①预期通货膨胀率。预期通货膨胀率上升推动短期总供给曲线向左上方位移。相反，预期通货膨胀率下降会推动短期总供给曲线向右下方位移。 ②产出缺口。当总产出高于其潜在水平时，短期总供给曲线向左上方位移。相反，当总产出低于其潜在水平时，短期总供给曲线向右下方位移。 ③通货膨胀冲击。不利的供给冲击导致短期总供给曲线向左上方位移，有利的供给冲击导致短期总供给曲线向右下方位移
	长期总供给曲线	推导依据	①在长期中，经济体的产出量由经济中的资本量、充分就业状态下的劳动供给量和可获得的技术决定。 ②市场存在非零的自然失业率，对应的总产出水平为自然产出率
		曲线形状	长期总供给曲线(*LRAS*)是穿过自然产出率水平(也称潜在产出，以 Y^P 表示)的垂直线
		影响因素	当经济体中的资本总量增加、经济体中劳动力供给量增加、可用科学技术进步、自然失业率水平降低时，长期总供给曲线向右位移。上述变量相反方向的变化会推动长期总供给曲线(*LRAS*)向左位移
价格黏性			①短期内工资和价格是具有黏性的，通货膨胀率调整的速度会比较缓慢。 ②工资和价格的弹性越大，意味着 γ 的绝对值比较大，通货膨胀率调整的速度就越快。 ③如果工资和价格具有完全弹性，那么短期总供给曲线与长期总供给曲线一样变成垂直的

拓展： 总供给曲线表明了价格与产量的相结合，即在某种价格水平时整个社会的厂商所愿意供给的产品总量。所有厂商所愿意供给的产品总量取决于它们在提供这些产品时所得到的价格，以及它们在生产这些产品时所必须支付的劳动与其他生产要素的费用。因此，总供给曲线反映了要素市场（特别是劳动市场）与产品市场的状态。

考点四：总需求－总供给分析中的均衡（见表22－3）★★★

表22－3　总需求－总供给分析中的均衡

要点	具体内容	
短期均衡	如图22－1所示，短期总需求曲线AD与短期总供给曲线AS相交于点E，因此，点E代表着短期的均衡状态，均衡的总产出水平为Y^*，均衡的通货膨胀率为π^*	
短期均衡如何趋向长期均衡	①如果产出不等于其潜在水平（$Y^* \neq Y^P$），短期均衡点就会随时间不断移动。 ②短期均衡产出的初始水平高于潜在产出时，如图22－2(a)所示，点1对应的均衡总产出水平Y_1大于自然产出率水平Y^P，劳动力市场上存在供不应求的状况，这会推动工资水平的提高，提高了通货膨胀预期，导致总供给曲线向上移动，直至均衡产出水平等于自然产出率水平，点3就代表着长期均衡状态。 ③短期均衡产出的初始水平低于潜在产出时，如图22－2(b)所示，初始的均衡状态处于点1，点1对应的均衡总产出水平小于自然产出率水平Y^P，在劳动力市场上存在供过于求的状况。这会使工资水平下降，降低了预期通货膨胀率，并导致总供给曲线向右移动，直至到达长期均衡点3	
自我纠错机制	含义	自我纠错机制是指总产出水平最终总要回到自然产出率水平
	观点	①许多经济学家（尤其是凯恩斯学派）认为工资和价格具有黏性，所以自我纠错机制发挥作用时是缓慢的。持有此类观点的经济学家支持借助政府的积极干预来实现充分就业。 ②其他一些经济学家（特别是货币主义者）认为工资水平具有足够的弹性，价格水平的调整过程也非常快。由于这些经济学家不赞成在失业率较高时借助政府的积极干预来实现充分就业，因此被称为"非积极干预主义者"

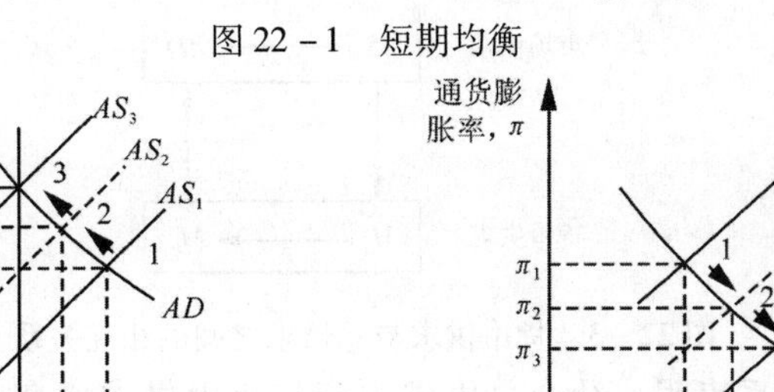

图22－1　短期均衡

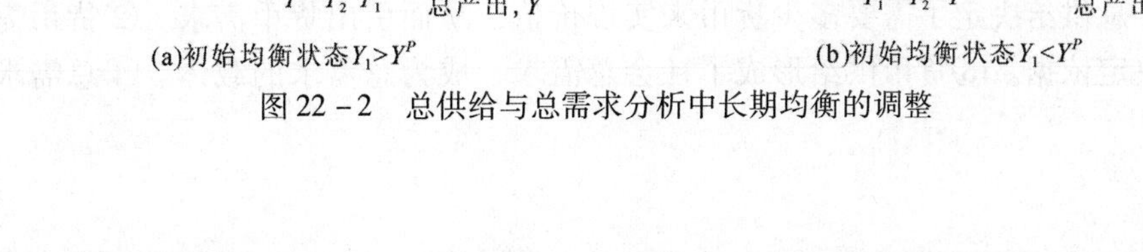

图22－2　总供给与总需求分析中长期均衡的调整

【例22.2】货币供求与社会总供求。[兰州大学2014年研]

答: (1)货币供求

货币供求是用来说明货币供给与货币需求之间的关系。货币均衡是指货币供给满足货币需求，即 $M_s=M_d$，货币非均衡是指货币供给超过或者满足不了货币需求，即 $M_s \neq M_d$。

(2)社会总供求

总供给是一国在一定时期内提供的全部供最终消费的商品和劳务的总和即 AS，它包括两个方面，即消费品供应和生产品供应。总需求是一国在一定的支付能力条件下全社会对生产出来供最终消费和使用的商品和劳务的需求总和即 AD，它包括两个方面：一是消费支出；二是投资支出。总供求均衡的条件是：消费支出 + 投资支出 = 消费品供应 + 生产品供应。

(3)货币供求与社会总供求的关联

从形式上看，货币均衡是货币领域内因货币供给与货币需求相互平衡而导致的一种货币流通状态，但其实质则是社会总供求均衡的一种反映。

总供给是一国在一定时期内提供的全部供最终消费的商品和劳务的总和。货币不仅是社会再生产可持续进行的条件，也是总供给实现的媒介。经济体系中需要的货币量，取决于有多少实际资源需要通过货币实现其流转并完成包括生产、交换、分配和消费这些相互联系的再生产流程，即货币化程度。这是总供给决定货币需求的基本理论出发点。

总需求是一国在一定的支付能力条件下全社会对生产出来供最终消费和使用的商品和劳务的需求总和。任何需求都是以一定的货币量作为载体的，故总需求取决于货币的总供给。总需求指的是有效需求，即有支付能力的需求，如果没有货币供给，有效需求就无从产生。因此，货币供给决定并制约总需求。货币供给增加，总需求增大，反之则减少。货币供给的变动不仅会通过影响利率来影响投资，还可以通过信贷可得性和股票市场价格来影响投资，对消费和净出口也有着重要的影响。货币供应量的变化在保持国民经济持续、稳定发展和总供求均衡中起重要作用。如果货币供给过多，就会造成消费需求和投资需求的膨胀，从而导致通货膨胀；如果货币供给不足，则消费需求和投资需求就不能实现，致使经济萎缩。

货币均衡与总供求均衡不过是一个问题的两个方面。以 AS 代表总供给，AD 代表总需求，M_d代表货币需求，M_s代表货币供给，箭头表示主导性的作用，货币供求与总供求之间的相互关系如图22－3所示。

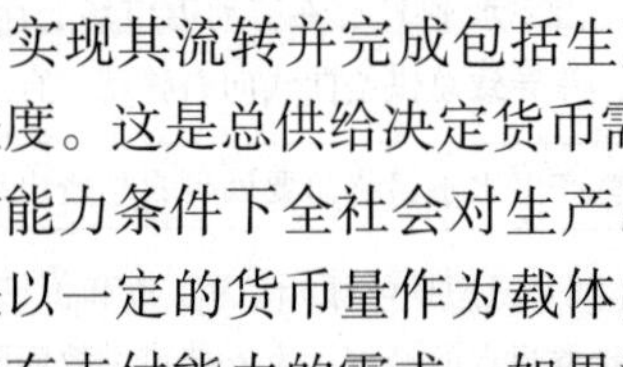

图22－3 货币供求与总供求之间的相互关系

图中的四边联动关系表明，社会总供求均衡与货币供求均衡密切相关：①总供给决定货币需求，总供给决定了需要多少货币来实现价值，从而引出货币需求。②货币需求是货币供给的决定依据。③货币供给形成了社会总需求，成为总需求的载体。④总需求对总供给有决定性的影响。因此，货币均衡的两个基本标志就是商品市场上的物价稳定和金融市场上的利率稳定。但是，图中所示的只是一种主导性的关系，在现实中货币供求与总供求四个因素之间的关系都是相互作用的。

考点五：均衡的变化(见表 22-4) ★★★

表 22-4 均衡的变化

要点	具体内容	
总需求冲击	含义	总需求冲击是指引起总需求曲线位移的冲击
	原因	①自主性宽松货币政策($\bar{r}\downarrow$，降低了给定通货膨胀率下的实际利率)。 ②政府购买增加($\bar{G}\uparrow$)。 ③税收减少($\bar{T}\downarrow$)。 ④自主性净出口增加($\overline{NX}\uparrow$)。 ⑤自主性消费支出增加($\bar{C}\uparrow$)。 ⑥自主性投资增加($\bar{I}\uparrow$)。 ⑦金融摩擦缓解($\bar{f}\downarrow$)
总供给(通货膨胀)冲击	暂时性供给冲击	①暂时性负面供给冲击推动短期总供给曲线向左上方位移，起初会提高通货膨胀率和并降低总产出水平。但是在长期内，产出水平和通货膨胀率都不会发生变化。 ②暂时性正面供给冲击推动短期总供给曲线向右下方位移，起初会降低通货膨胀率和提高产出水平。但是在长期内，产出水平和通货膨胀率都不会发生变化(假定总需求曲线位置不变)
	永久性供给冲击	①永久性负面供给冲击最初会导致产出减少和通货膨胀率上升，然而，在长期内，持续性负面供给冲击会降低潜在产出水平，导致产出永久性降低和通货膨胀率永久性升高。 ②永久性正面供给冲击无论在短期还是在长期内，都会导致通货膨胀率下降和产出水平上升
真实经济周期理论	①实际的总供给冲击会对短期内的自然产出率水平产生影响。 ②大多数经济周期波动都是源于自然产出率水平的波动，因此政府旨在消除高失业而进行积极干预经济的活动是没有必要的	

考点六：总供求分析的结论 ★★★

总供求分析的核心结论简述如下：

(1)自我纠正机制

经济体具备自我调整能力，使其能在经历波动后逐渐回归到潜在产出水平和自然失业率附近。

(2)总需求变动影响

短期内，总需求曲线因货币政策、政府政策、国际市场变化等因素的变动会影响产出缺口和通胀水平，但长期来看，这些变动对产出无实质影响，仅初期通胀反应可能不同于长期均衡状态下的通胀水平。

(3)供给冲击效应

供给方面的冲击(如资源价格变动、自然灾害)会在短期内影响产出和通胀，但长期中，若总需求保持稳定，这些影响将消散。

在具体案例分析中，无论是 2007 ~ 2009 年的大衰退还是 2020 年开始的新冠衰退，均体现了总供求分析的这些原理：

大衰退中，初期由商品价格上涨引发的供给冲击和随后的金融危机带来的需求冲击共同作用，导致经济衰退。后续阶段，金融危机深化进一步拉低了总需求，虽然同时供给面因商品价格下跌有所改善，但总体仍导致产出显著下滑和短暂通缩。

新冠衰退则是一个特殊案例，疫情直接引发了供给端的限制(如封锁措施)，同时引发巨大的需求侧反应(消费和投资减少)，两者合力导致经济活动骤减和失业率激增。此外，外部因素如国际油价下跌也在一定程度上影响了通胀路径。

综上所述，无论是在理论框架内还是通过具体历史事件的分析，总供求分析强调了经济体内在的动态平衡过程，即短期的外生冲击虽然能显著影响经济表现，但长期而言，经济系统倾向于向其潜在增长路径和物价稳定状态恢复。

22.2　课后习题详解

一、关键术语

1. AD/AS 曲线图(AD/AS diagram)

答： AD/AS 曲线图即总需求/总供给曲线图，是宏观经济分析中的基本工具，用于说明一个经济体的价格水平与总产出之间的关系。这个模型帮助我们理解经济如何达到短期和长期的平衡状态，以及各种政策或外部冲击如何影响经济。

2. 总需求曲线(aggregate demand curve)

答： 总需求曲线是指人们愿意购买的商品和服务总量与价格水平之间的关系曲线，是商品市场和货币市场同时达到均衡时价格水平与国民收入之间依存关系的曲线。总需求曲线向下倾斜，当价格水平提高时，国民收入水平就下降；当价格水平下降时，国民收入水平就上升。总需求曲线代表商品市场和货币市场的同时均衡。商品市场的扩张(比如说，由消费信贷的增加或者扩张性的财政政策所引起)会向上和向右移动总需求曲线。扩张性的货币政策同样也会使总需求曲线向右上方移动；反之，则向左下方移动。消费者与投资者的信心也会影响总需求曲线：当信心增强时，*AD* 曲线向右移动；当信心减弱时，*AD* 曲线向左移动。

3. 总产出(aggregate output)

答： 总产出是指一个国家或经济体在特定时期内生产的所有最终商品和服务的市场价值。这个概念是用来衡量经济活动总量的重要指标。当提到“最终”商品和服务时，指的是直接供消费者使用或消费的产品，而不包括用于生产其他商品的中间投入品。总产出通过实际 GDP 来量化，它考虑了商品和服务的数量，并且剔除了价格变动的影响(即使用不变价格计算)，以便更准确地反映生产的实物量变化。

在经济分析中，总产出的增长表明经济扩张和生产活动的增加，而总产出的减少则反映了经济衰退和生产活动的收缩。这种波动构成了经济周期的核心部分，与就业、收入水平、投资活动等众多经济指标密切相关。

4. 总产出指数(aggregate output index)

答：总产出指数是一个用来衡量经济体实际总产出与潜在产出之间相对位置的指标。它通过将实际 GDP 数值除以潜在 GDP 数值并乘以 100 来计算得出，公式可表示为：

$$总产出指数 = 总产出/潜在产出 \times 100$$

这个指数将潜在 GDP 设定为基准值 100，使得实际 GDP 的表现可以直观地与潜在水平比较。如果总产出指数等于 100，意味着实际产出等于潜在产出，经济运行在充分就业水平，产出缺口为零。若指数大于 100，则表明实际产出超过了潜在产出，经济可能过热，存在正的产出缺口；相反，若指数小于 100，则实际产出未达到潜在产出，经济存在负的产出缺口，可能有资源闲置。

5. 总需求量(aggregate quantity demanded)

答：总需求量是指在特定的物价水平和时间内，整个经济体中所有参与者(包括家庭、企业、政府以及国外)愿意并且能够购买的商品和服务的总量。它反映了经济的整体需求侧状况，是宏观经济分析的关键部分。总需求量由四大部分构成，可以用公式概括为：

$$Y^{ad} = C(消费支出) + I(计划投资支出) + G(政府支出) + NX(净出口)$$

6. 扩张(expansion)

答：扩张是指经济体中的总体经济活动增加或加速增长的时期。通常表现为实际 GDP (调整物价因素后的总产出)上升，就业机会增多，个人收入增加，企业投资和消费者支出通常也会更加活跃。扩张是经济繁荣或“好时期”，标志着相比之前的经济低谷或衰退期，经济各方面都在朝着积极方向发展。在此阶段，商业环境改善，市场信心增强，经济增长达到或超过其潜在水平。与衰退相对，扩张期间经济图景呈现出更为乐观的趋势。

7. 繁荣(boom)

答：繁荣是经济周期中的一个阶段，指的是经济体经历一段时间的快速增长，其中实际 GDP 显著增加，就业率上升，生产活动增强，企业投资扩大，消费者信心高涨，收入水平提高，市场交易活跃。在这个阶段，经济整体呈现出积极向上的态势，大多数经济指标都会表现出积极的变化，标志着经济在不断地扩张和壮大。简而言之，繁荣意味着经济活动非常活跃且充满活力。

8. 经济周期(business cycles)

答：经济周期是指经济体中总体经济活动水平呈现出的规律性波动现象。这种波动表现为经济增长与衰退的交替过程，就像海浪有起有落一样。在经济周期中，实际 GDP(国内生产总值，考虑了通胀因素，反映真实生产水平)是衡量经济冷热的一个关键指标，它随着周期波动而上升或下降。

当经济处于扩张或繁荣阶段时，实际 GDP 增长，生产增加，就业机会增多，人们收入提高，消费和投资活动活跃，整体经济环境乐观。相反，在衰退期，实际 GDP 减少，企业生产缩减，失业率上升，消费者购买力下降，投资减少，经济氛围趋于悲观。

衰退和扩张是经济周期的两个主要阶段，它们之间的转换标志着经济从一个状态过渡到另一个状态。衰退通常被定义为连续几个季度的实际GDP负增长，而扩张则是GDP正增长的时期。经济周期内的这些变化不仅影响国家的整体经济健康，还直接关系到企业和个人的福祉。

9. 消费支出(consumer expenditure)

答：消费支出是指消费者用于满足家庭日常生活消费需要的全部支出。包括食品、衣着、家庭设备用品及服务、医疗保健、交通和通信、娱乐教育文化服务、居住、杂项商品和服务等八大类。经济体制不同，居民的消费支出结构、各种消费支出的排列顺序不同，这也导致持币行为的差异。

10. 成本推进型冲击(cost-push shocks)

答：成本推进型冲击是指工人要求的工资增长幅度超过产出增长率，推动成本升高和通货膨胀。这种冲击可能来自错误的通货膨胀预期，也可能来自具有垄断力量的工会为改变收入分配格局所做的努力。商品的出厂价提高迫使零售价提高，而出厂价提高的主要原因是工资成本(包括奖金在内)加大；工资成本加大源于企业职工的个人收入最大化行为；企业职工追求个人收入最大化的愿望之所以能变成现实，原因在于企业管理者与职工个人利益方面的同构性。

11. 需求冲击(demand shocks)

答：需求冲击是指经济体中影响到产品和劳务需求的事件。减税、货币供应量的增加、政府购买的增加或者对外出口需求的增加都是正的需求冲击。

需求冲击通常会使总产出与利率和通胀率产生同向变动。例如，政府购买的大幅度增加将会刺激经济并提高GDP。它还会提高利率，因为这增加了政府对借贷资金的需求，就如同企业加大对新项目的融资需求促使利率提高一样。最后，如果此时对产品和劳务的需求已经相当于或者超过了整个经济的总生产能力，就会使通货膨胀率上升。

12. 净出口(net export)

答：净出口(NX)是指进出口的差额，代表国外对于国内商品的支出净额，它等于出口总量减去进口总量。用X表示出口，用M表示进口，则(X－M)就是净出口。进口应从本国总购买中减去，因为进口表示收入流到国外，同时也不是用于购买本国产品的支出；出口则应加进本国总购买量之中，因为出口表示收入从外国流入，是用于购买本国产品的支出。因此，净出口应计入总支出，它可能是正值，也可能是负值。

13. 政府购买(government purchases)

答：政府购买是指政府机构统一采购供政府自用而非用于商业转售和销售的货物与服务的活动。政府购买是国内总需求的重要组成部分。政府购买大致有两种：①从居民那里购买劳务；②从企业或公司购买商品。

注意，各种转移支付不能包括在政府购买项目之内，因为它不是政府为了购买目前的商品和劳务而支出的款项。

14. 通货膨胀冲击(inflation shocks)

答：通货膨胀冲击是指存在着对经济体所生产的商品和服务的供给的冲击，又称为供给冲击，即与经济体的饱和程度或者预期通货膨胀率无关的通货膨胀的位移。限制供给量、需求量增加、进口价格上涨或者成本推进型冲击都会导致通货膨胀冲击，成本推进型冲击是指工人要求的工资增长幅度超过了产出增长率所导致的成本增加和通货膨胀。

15. 宏观经济均衡(macro-economic equilibrium)

答：宏观经济均衡是指一个经济体中所有市场同时达到平衡状态的情况。在这个状态下，经济中的总产出(GDP)既没有过剩也没有短缺，即经济生产的产品总量恰好满足市场上的总需求量。这在图形上表现为总需求曲线(AD 曲线)和总供给曲线(AS 曲线)的交点。短期均衡关注的是价格黏性条件下的平衡状态，总产出和价格水平会根据短期供给和需求的变化而波动。长期均衡则是在所有因素都能自由调整后的稳定状态，体现了经济的最大生产能力，价格水平回归其自然水平，产出达到充分就业水平。这两种均衡状态的分析有助于理解经济如何响应诸如政策变动、技术进步、资源发现或国际经济环境变化等外部冲击，并为政府制定政策提供理论基础。

16. 自然产出率(natural rate level of output)

答：自然产出率是指对应着自然失业率的产出水平，即宏观经济实现充分就业(此时失业率为自然失业率水平)时的产出水平。在短期内，经济的产出水平可能会高于或低于自然率水平，但是，在长期内，经济将恢复到自然率水平。

17. 自然失业率(natural rate of unemployment)

答：自然失业率是指经济在长期中趋近的失业率，是充分就业时仍然保持的失业水平，又称“有保证的失业率”“正常失业率”“充分就业失业率”等，它是经济围绕其波动的平均失业率。

自然失业率是在没有货币因素干扰的情况下，让劳动市场和商品市场自发供求力量起作用时，总供给和总需求处于均衡状态时的失业率。“没有货币因素干扰”是指失业率的高低与通货膨胀率的高低之间不存在替代关系。自然失业率取决于经济中的结构性和摩擦性的因素，主要包括劳动市场的组织状况、人口组成、失业者寻找工作的能力愿望、现有工作的类型、经济结构的变动、新加入劳动者队伍的人数等。

任何把失业降低到自然失业率以下的企图都将造成加速的通货膨胀。任何时候都存在着与实际工资率结构相适应的自然失业率。自然失业率是弗里德曼对菲利普斯曲线发展的一种观点，他将长期的均衡失业率称为“自然失业率”，它可以和任何通货膨胀水平相对应，且不受其影响。

18. 自我纠错机制(self-correcting mechanism)

答：自我纠错机制是指无论初始位置如何，总产出水平最终总要回到产出的自然率水平的特点。对于货币政策制定者来说，最重要的是了解自我纠错机制多长时间才能发挥作用。

许多经济学家(尤其是凯恩斯学派)认为，自我纠错机制发挥作用是缓慢的。因为工资和价格具有黏性，总供给曲线移动是缓慢的，要使经济恢复到自然失业率水平需要一定的时间。因此，持有此类观点的经济学家支持借助政府的积极干预来实现充分就业。

其他一些经济学家（特别是货币主义者）认为工资水平具有足够的弹性，价格水平的调整过程也非常快。因此，总供给曲线移向长期均衡位置的时间很少，经济也就能很快达到产出的自然率水平和自然失业率。由于这些经济学家不赞成在失业率较高时借助政府的积极干预来实现充分就业，因此被称为“非积极干预主义者”。

19．产出缺口（output gap）

答：产出缺口是指总产出与潜在产出的百分比差距（$Y-Y^P$）。当产出超过其潜在水平时，产出缺口较大，工人可能要求更高的工资，企业就会顺势抬高价格，进而推高通货膨胀率。相反，如果产出缺口为负，工人对工资上涨幅度的要求可能会有所降低，企业需要降价才能卖出商品，通货膨胀率就会降低。

20．计划投资支出（planned investment spending）

答：计划投资支出是指在既定时期内用于维持或增加经济中资本存量的支出。投资支出通过增加资本存量提高经济的未来生产能力。计划投资是构成宏观经济总需求的重要组成部分，具体而言，计划投资包括厂商对新的机器设备、厂房以及其他生产投入的计划支出，还包括对新住宅的计划支出。

21．潜在 GDP（potential GDP）

答：潜在 GDP 也称为潜在产出，是指与自然失业率对应的总产出水平，也称自然产出率水平，是长期内在任一物价水平下经济体能够稳定下来的水平。现实产出高于潜在产出，说明经济偏热，联邦基金利率应从基准利率相应调高，以抑制过热；反之，则应从基准利率相应调减，以促成可能的潜在产出得以实现。

22．潜在产出（potential output）

答：潜在产出也称为潜在 GDP，是指与自然失业率对应的总产出水平，也称自然产出率水平，是长期内在任一物价水平下经济体能够稳定下来的水平。现实产出高于潜在产出，说明经济偏热，联邦基金利率应从基准利率相应调高，以抑制过热；反之，则应从基准利率相应调减，以促成可能的潜在产出得以实现。

23．衰退（recession）

答：衰退是指经济体中总体经济活动出现减少或收缩的时期。通常表现为实际 GDP（调整了物价变动后的产品和服务年总价值）的下降，伴随有就业率的降低和其他经济指标的恶化。衰退期间，企业和消费者支出减少，投资活动放缓，可能还会出现失业率上升和消费能力下降的情况。

24．滞胀（stagflation）［北京师范大学 2023 年研］

答：滞胀是指经济停滞与通货膨胀的组合，即通货膨胀率升高而总产出下降的情况。滞胀又称为萧条膨胀或膨胀衰退，指经济生活中生产停滞、失业增加和物价水平居高不下同时存在的现象，它是通货膨胀长期发展的结果。

长期以来，资本主义国家经济一般表现为：物价上涨时期经济繁荣、失业率较低或下降，而经济衰退或萧条时期的特点则是物价下跌。西方经济学家据此认为，失业和通货膨胀不可能同方向发生。但是，自20世纪60年代末、70年代初以来，西方各主要资本主义国家出现了经济停滞或衰退、大量失业和严重通货膨胀以及物价持续上涨同时发生的情况。西方经济学家把这种经济现象称为滞胀。以弗里德曼为代表的货币主义者直接批判凯恩斯主义的通货膨胀政策，认为滞胀是长期实施通货膨胀政策的必然结果，以增加有效需求的办法来刺激经济，实质上是过度发行货币，经济中的自然失业率是无法通过货币发行来消除的。

25. 黏性的(sticky)

答：黏性的意味着工资和价格不会迅速随市场条件变化而调整。工资黏性是指即使劳动力市场供需状况变化，工人的工资也不会立即上涨或下降。同样，价格黏性是指企业不会因为成本或需求的小幅变动就立即改变商品售价。这种现象使得经济体在应对冲击(比如需求突然增加或减少)时，不能快速通过工资和价格的调整来达到新的平衡状态。因此，在短期内，经济可能会经历失业增加或通货膨胀，因为市场还没能完全适应这些变化。

26. 供给冲击(supply shocks)

答：供给冲击是指一国生产活动所需的某项或某几项重要投入品的成本迅速上升而引起总供给曲线上移，由此拉动一般物价水平上升，进而导致通货膨胀和均衡产出水平下降的现象。供给冲击也可称为通货膨胀冲击，即与经济体的饱和程度或者预期通货膨胀率无关的通货膨胀的位移。通货膨胀冲击发生的原因还可能是进口价格上涨或者成本推进型冲击，包括作为加工原料的农产品价格的上升、燃料价格的上升、工资水平的突然上升、核心技术和关键部件的价格上升等。

为了缓解总供给冲击所造成的不利影响，一方面需要为整个生产体系建立尽可能广泛的投入品来源的渠道，防止市场渠道单一所导致的较大冲击；另一方面需要提高整体生产活动的弹性或灵活性，以便在某项投入品成本迅速上升时，生产中能够减少该项投入品的使用而不致影响经济增长。

27. 失业率(unemployment rate)

答：失业率是指在劳动力市场中，当前正在积极寻找工作但尚未找到合适职位的工人所占的百分比。这个指标反映了经济体中未被利用的劳动资源比例，是衡量经济健康状况的重要指标之一。在经济周期的不同阶段，失业率会随之波动：经济扩张或繁荣时期，企业生产增加，对劳动力需求上升，从而雇佣更多工人，导致失业率下降；相反，在经济衰退或萧条时期，产出减少，企业可能裁员或减少招聘，使得失业人口增加，失业率因而上升。失业率是观察经济活动冷热和劳动力市场需求状况的一个窗口。

28. 总供给曲线(aggregate supply curve)

答：总供给曲线是指在以商品和服务的总产出水平为横轴、以价格总水平为纵轴的坐标图上，表示一国经济的总供给量与市场价格总水平之间变化关系的曲线。在任一给定的价格总水平上，社会上都存在一个商品和服务的意愿总产出量与之相对应。总供给量与价格总水平成正比，即当价格总水平上升时，生产者愿意生产出来的总供给量亦上升；当价格总水平下降时，生产者愿意生产出来的总供给量亦下降。因此，在一般情况下，或在短期和中期内，总供给曲线表现为一条由左下方向右上方倾斜的曲线，也就是说，总供给曲线的斜率为正。一般认为，从较长的时期考察时，总供给曲线是趋于垂直的，即总供给量的变化与价格总水平几乎无关。因为从长期看，总供给量是由潜在产出水平决定的，并不受价格总水平的影响。

二、思考题

1. 解释为何总需求曲线向下倾斜而短期总供给曲线向上倾斜。

答：总需求曲线是反映总产出 Y 和通货膨胀率 π 之间关系的曲线。当通货膨胀率上升时($\pi\uparrow$)，货币当局为防止恶性通货膨胀会提高实际利率($r\uparrow$)。实际利率代表着企业购置新的物质资本的融资成本，因此，当实际利率上升时，企业购置资本的融资成本上升，投资盈利性降低，计划投资支出将会减少($I\downarrow$)，进而导致总需求水平下降($Y^{ad}\downarrow$)。所以通货膨胀率与总需求水平存在反向变动的关系。综上所述，总需求曲线是向下倾斜的。

总供给曲线是表示总供给量与通货膨胀率之间关系的曲线。短期总供给曲线向上倾斜，是因为当通货膨胀率上升时，经济体商品和服务的总产出超过短期的潜在产出水平，而通货膨胀率下降时总产出低于潜在产出。而在长期中，经济体的产出量由经济中的资本量、充分就业状态下的劳动供给量和可获得的技术决定，长期总供给曲线是穿过自然产出率水平的垂直线。

2. 指出能够推动总需求曲线向右位移的三个因素，以及能够推动总需求曲线向左位移的另外三个因素。

答：自主性紧缩货币政策、税收和金融摩擦的增加会导致总需求曲线向左移动。政府购买、自主性净出口、自主性消费支出以及自主性投资的增加将会导致总需求曲线向右移动。

3. “从2012年至2018年的美元升值对美国总需求具有负向影响。”这种表述正确、错误还是不确定？解释你的答案。

答：正确。美元升值导致美国出口商品更加昂贵，同时使得美国进口商品更加便宜，从而导致净出口减少。根据总需求和总供给分析，总需求曲线向左下方移动。此外，如果美国企业需要大量出口商品，则出口商品价格的上涨将会使得短期总供给曲线向右上方移动。

4. 世界上许多国家都正经历着人口老龄化，而且大部分人口处于退休或快要退休的状态。这对一国长期总供给曲线会有什么影响？这将对总产出造成什么后果？

答：一国劳动力紧缩会使该国长期总供给曲线向左下方移动，最终导致总产出下降。

5. 如果劳动力逐步提高生产能力，会如何影响长期总供给曲线？

答：随着劳动生产率的提高，长期总供给曲线向右移动。这是因为在劳动力、资本和其他资源的现有水平下，更高的劳动生产率可以带来更多的产出，表明潜在产出的增加，故而长期总供给曲线会向右平移。

6. 为什么中央银行如此重视通货膨胀预期?

答: 当通货膨胀预期上升时，短期总供给曲线将向上移动，导致短期内实际通货膨胀率上升，并促使其他一些通货膨胀效应的产生，如负面价格冲击。这说明了当通货膨胀预期从较低水平变得不稳定时的危害，因为在这种情况下中央银行稳定通货膨胀的难度更高，特别是当暂时的通货膨胀冲击导致了更高的通货膨胀预期时，难度系数就会更大。

7. "如果价格和工资具有完全弹性，那么 $\lambda=0$，总需求变动对产出的影响更小。"这种表述正确、错误还是不确定? 解释你的答案。

答: 错误。随着价格和工资变得更具有弹性，λ(通货膨胀对产出缺口的敏感性)变大，短期总供给曲线更陡。(在完全弹性的极端情况下，λ 接近无穷。)因此，对于给定的总需求冲击，随着短期总供给曲线斜率的增大，对产出的影响减小。

8. 什么因素推动短期总供给曲线位移? 这些因素中有推动长期总供给曲线位移的吗? 为什么?

答: 预期通货膨胀率、产出缺口和通货膨胀冲击将会推动短期总供给曲线发生位移。这些因素都不会改变长期总供给曲线，因为价格和工资的弹性确保了长期内经济处于潜在产出水平。潜在产出与实际或预期的通货膨胀率无关，而取决于可用于生产商品和服务的资本、劳动力和技术。然而，潜在产出的变化会使长期总供给曲线和短期总供给曲线均发生变化，因为它改变了任何实际产出水平下的产出缺口。

9. 如果巨额的预算赤字使公众认为未来通货膨胀将更高，那么当预算赤字增加时，短期总供给曲线有可能会发生什么变化?

答: 短期总供给曲线将会向左上方移动。因为工人认为未来通货膨胀将更高时，他们将要求提高工资，从而使生产成本增加，企业将会减少对工人的需求，从而导致失业和减产，总供给相应减少。因此，短期总供给曲线将向左上方移动。

10. 在美国，金融危机过后，劳动力流动性显著降低。如果可能的话，这会如何影响自然失业率?

答: 如果一个经济体中的劳动力流动性下降，工人和企业就更难找到对方，就业机会匹配过程可能需要更长的时间，而对于那些没有转移到其他就业机会充足的地区的人来说，这也可能导致结构性失业率上升。因此，自然失业率将上升。

11. 在总产出低于自然产出率时，如果总需求曲线保持不变，通货膨胀率随时间推移会如何变化? 为什么?

答: 通货膨胀下降。当产出小于潜在产出时，失业率高于自然失业率，劳动力市场疲软导致工资增长较慢。正如菲利普斯曲线所示，这使得企业提高价格的速度较慢，从而降低了通货膨胀率。因此，在随后的时间段内，预期通货膨胀率较低，短期总供给曲线下降。在这一过程中，通货膨胀率和预期通货膨胀率下降，短期总供给曲线向下移动，直到产出增加到自然产出率为止，使得产出缺口为零，经济达到长期均衡。

12. 假定公众相信最近公布的反通货膨胀计划将会有效，从而降低了对未来通货膨胀的预期。短期里总产出和通货膨胀率将发生什么变化？

答：公众降低通货膨胀预期具体表现在短期内工人不会对工资存在上调要求，因此短期总供给曲线将向右下方位移。由于工资是企业生产过程中重要的生产成本，总体通货膨胀率也会随之下降。进一步，产出会逐步增加，直到经济达到长期均衡。

13. 如果失业率高于自然失业率，假定其他因素保持不变，这对通货膨胀和产出将产生什么影响？

答：当失业率高于自然失业率，劳动力市场出现疲软，产出低于潜在产出。这会导致短期总供给曲线向下移动，从而随着时间的推移，导致通货膨胀率降低，产出增加，直到经济达到长期均衡。

14. 减税对通货膨胀和产出的长、短期影响是什么？

答：在短期内，通货膨胀率和产出都会上升。减税将导致总需求曲线右移。劳动力市场紧缩，提高了预期通货膨胀率，并使短期总供给曲线上移。当这种情况发生时，经济会走向一个新的长期均衡，产出回到潜在产出水平，通货膨胀率上升。

15. 如果滞胀不好(高通货膨胀和高失业)，是否一定意味着低通货膨胀和低失业就是好的？

答：不一定。一方面，低通货膨胀意味着物价相对稳定，低失业意味着劳动者安居乐业、社会秩序稳定，在一定意义上表明国家处于稳定发展状态。但是，通货膨胀是一个复杂的经济现象，关于通货膨胀的促进论主张通货膨胀具有正向的产出效应，可以促进社会总投资，有利于产业结构的调整，而过低的通货膨胀率不利于经济增长。

16. 20世纪80年代早期美联储为什么推行内在衰退性的经济政策？

答：20世纪80年代早期美联储的政策不是故意引起经济衰退的，这些政策是为了将通货膨胀(和预期通货膨胀)重新定位在持续较低的水平。鉴于美联储当时在打击通货膨胀方面几乎没有可信度，实现这一目标的唯一途径是采取高度紧缩性政策来降低通货膨胀率，总需求急剧下降则是这一政策的副作用。

17. 从什么角度看，沃尔克反通货膨胀的政策是成功的？从什么角度看，这一政策的实施是失败的？

答：沃尔克反通货膨胀的政策被认为是成功的，是因为美国在20世纪70年代经历了几乎十年的高水平且不稳定的通货膨胀后，联邦储备委员会主席保罗·沃尔克终于能够将通货膨胀降至一个较低的稳定水平。

不幸的是，保持稳定而长期的低通货膨胀的政策需要大量的紧缩政策。这些政策导致20世纪80年代初的两次经济衰退，失业率在高峰期高于12%。因此，虽然沃尔克的政策成功抑制了19世纪70年代以来的高水平通货膨胀，但是这些政策并不是没有成本的。

三、应用题

18. 假定总统请求国会通过一项鼓励对新技术研发投资的法案。假设该政策会为美国

经济带来正向生产率变化，利用总供求分析预测对通货膨胀和产出的影响。作图说明这些影响。

答：这一政策对生产率的积极影响会导致长期总供给曲线向右移动，潜在产出水平上升，从而导致产出缺口下降，短期总供给曲线下降。最终，导致均衡产出上升和均衡利率下降。详见图 22－4。

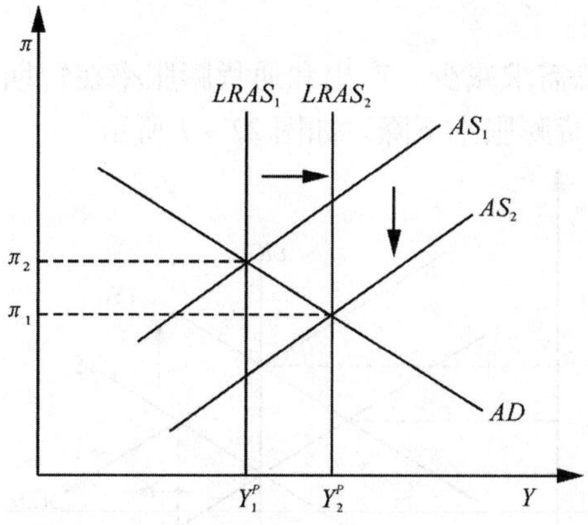

图 22－4

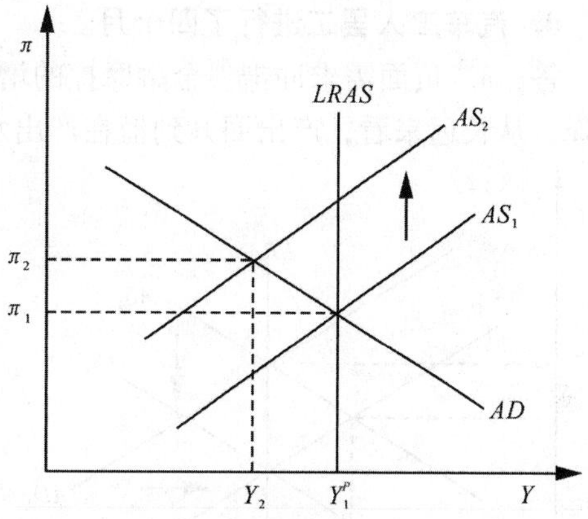

图 22－5

19. 国会收到了要求推出国内销售税的议案。预测这项税收对总供给曲线和总需求曲线产生的影响，说明其对产出和通货膨胀的影响。利用总供求图证明这些影响。

答：国家销售税会提高生产成本，使得货物成本升高，短期总供给曲线将向左移动。短期总供给曲线与总需求曲线的交点处，通货膨胀率较高、总产出水平较低。所以总产出将下降，通货膨胀率将上升。如图 22－5 所示。

20. 假定在产出减少和失业率上升时通货膨胀率保持相对稳定。利用总供求图说明为什么这样的情景是可能的。

答：为了使失业率上升和通货膨胀率保持相对稳定，总供给曲线和总需求曲线都必须向左移动。如果它们向左水平移动幅度相同，结果使得通货膨胀率保持不变，但是产出下降，短期内失业率上升，如图 22－6 所示。

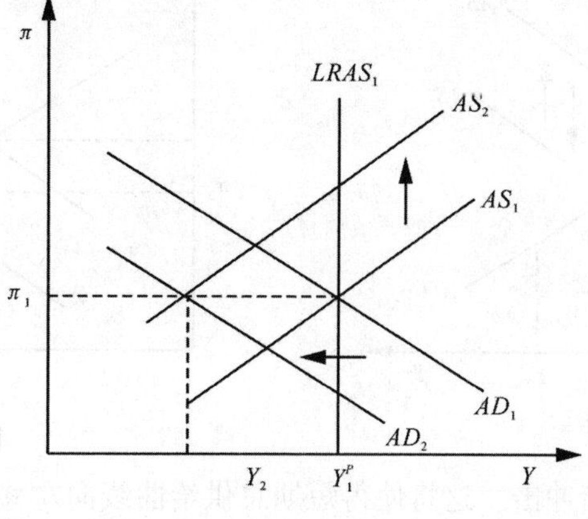

图 22－6

21. 将下列事件按照供给冲击和需求冲击分类。作图说明对通货膨胀和产出的长、短期影响。

a. 金融摩擦加剧。

b. 家庭和企业对经济变得更加乐观。

c. 有利的天气创造了中西部小麦和玉米的丰收纪录。

d. 汽车工人罢工进行了四个月。

答： a. 负面需求冲击。金融摩擦的增加，使总需求减少。产出和通货膨胀率在短期内下降；从长远来看，产出回升到潜在产出水平，通货膨胀率下降。如图 22－7 所示。

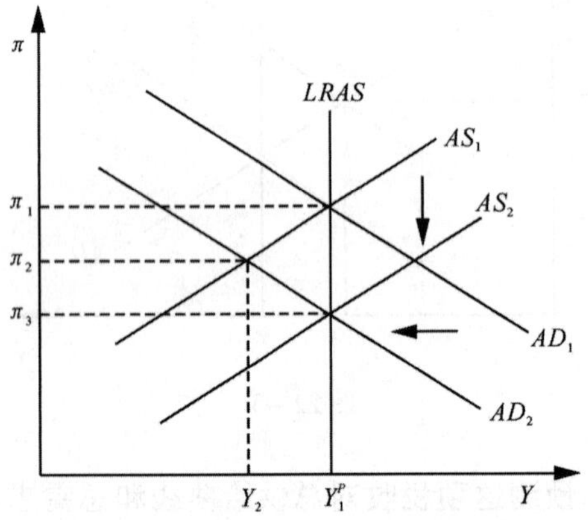

图 22－7

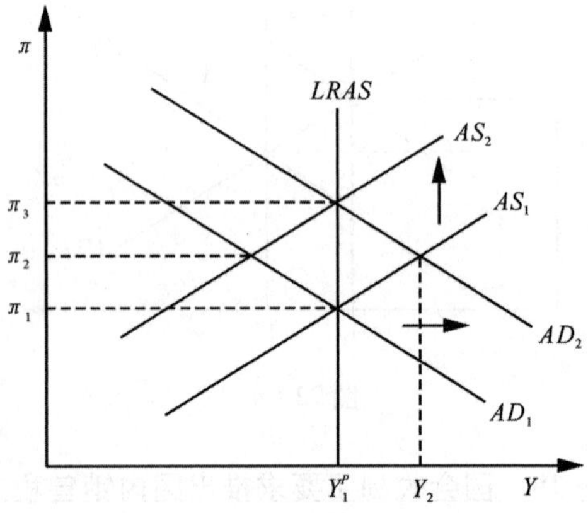

图 22－8

b. 正面需求冲击。这增加了自主性消费和投资，增加总需求，总需求曲线向右移动。短期内的产出和通货膨胀率上升；从长远来看，产出回落至潜在产出水平，通货膨胀率上升。如图 22－8 所示。

c. (暂时性)正面供给冲击。这将使得短期总供给曲线向右移动。短期内产出增加、通货膨胀率下降；从长远来看，产出回落至潜在产出水平，通货膨胀率也回到原来的水平。如图 22－9 所示。

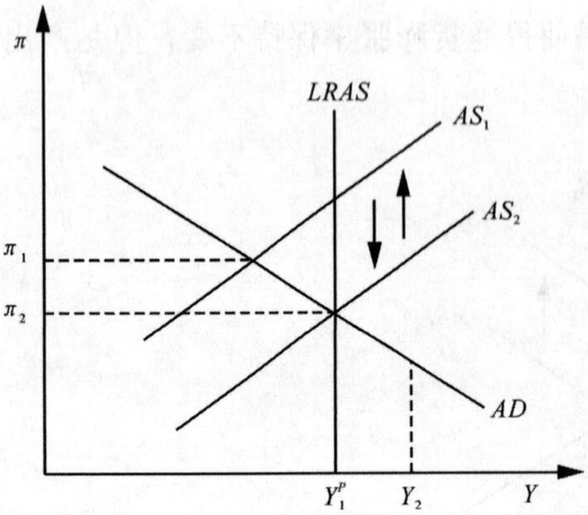

图 22－9

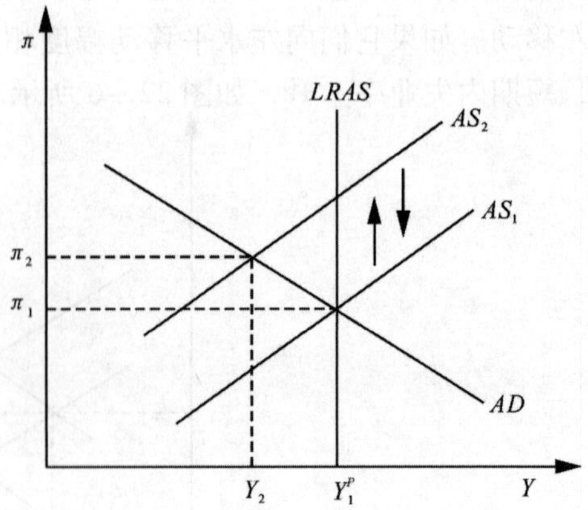

图 22－10

d. (暂时性)负面供给冲击。这将使得短期总供给曲线向左移动。短期内产量下降，通货膨胀率上升；从长远来看，产出回到潜在产出水平，通货膨胀率下降到原来的水平。如

图 22 – 10 所示。

22．2017 年期间，一些美联储官员讨论是否要提高利率，以应对预期通货膨胀的潜在上升。如果公众预期未来通货膨胀率上升，这对短期总供给曲线会产生什么影响？用总供求图说明你的答案。

答： 如果公众预期未来通货膨胀率上升，短期总供给曲线向上（向左）移动（如图 22 – 11 所示）。这将导致产出水平下降和通货膨胀水平进一步上升。为了稳定通货膨胀率，美联储官员可能会考虑提高利率水平，但提高利率水平可能会导致经济衰退，所以在实际中，货币政策操作更像一门艺术而非科学。

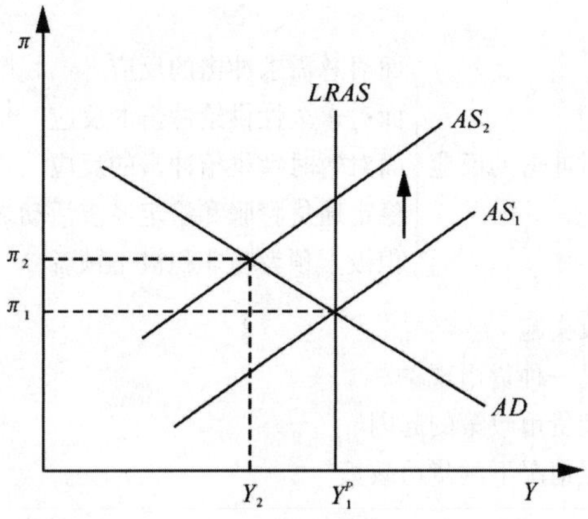

图 22 – 11

第23章　货币政策理论

23.1　复习笔记

【知识框架(庖丁解牛)】

- 货币政策理论
  - 货币政策对冲击的反应
    - 面对总需求冲击的反应
    - 面对永久性供给冲击的反应
    - 面对暂时性供给冲击的反应
    - 稳定通货膨胀和稳定经济活动之间的关系
    - 积极干预者与非积极干预者
  - 时滞与政策实施
  - 通货膨胀是一种货币现象
  - 通货膨胀型货币政策的起因
  - 零利率下限情况下的货币政策

【考点难点归纳(厚积薄发)】

考点一：货币政策对冲击的反应　★★★★

1. 面对总需求冲击的反应

假设经济体初始总需求 - 总供给曲线交于均衡状态(潜在产出 Y^P，目标通货膨胀率 π^T)。在遭遇负面总需求冲击时，如果中央银行不调整货币政策，那么消费者支出减少，企业投资水平下降，使得总需求曲线左移，均衡产出和通货膨胀率水平均低于目标值。在面对总需求冲击时，政策制定者的反应及所导致的结果如表23 - 1所示。

表23 - 1　面对总需求冲击的反应

反应	所导致的结果
无政策反应	由于通货膨胀率下降和产出低于潜在水平，预期通货膨胀率会下降，短期总供给曲线会向右下方位移，直至产出回到其潜在水平，通货膨胀率来到了一个较低的水平，但在此之前，总产出在一段时间内仍会低于其潜在水平
短期内稳定经济活动和通货膨胀的政策	①为了在短期内消除产出缺口和通货膨胀缺口，中央银行实施自主性宽松货币政策，降低实际利率水平，从而刺激投资支出，使对应的总需求增加，推动 AD 曲线向右位移。 ②在遭遇总需求冲击时，着眼于稳定通货膨胀和着眼于稳定经济活动的货币政策所导致的经济结果是完全一致的，这两个目标之间没有冲突

2. 面对永久性供给冲击的反应

如图23－1所示，经济初始均衡点位于点1，此时潜在产出为Y_1^p，目标通货膨胀率为π^T。随着经济遭受到永久性负面供给冲击，总供给曲线向上移动，潜在产出水平降低到Y_3^p。

货币当局对永久性供给冲击采取不同政策反应也会导致不同的经济结果，具体情形见表23－2。

表23－2 面对永久性供给冲击的反应

反应	所导致的结果
无政策反应	如图23－1所示，经济初始均衡点位于点1如果货币当局不对政策进行调整，经济就会来到点2，通货膨胀率上升，产出下降但依然高于潜在产出Y_3^p，短期总供给曲线持续向左上方移动，直至到达AS_3，经济来到点3。此时产出缺口消失，但通货膨胀率升高为π_3
稳定通货膨胀的政策	①如图23－2所示，货币政策当局可以实施自主性紧缩货币政策，推动总需求曲线向左位移至AD_3，经济来到点3，产出缺口为零，通货膨胀率保持在其指标水平π^T，实现了通胀稳定。 ②当遭遇永久性供给冲击时，政策制定者不需要在稳定通货膨胀和稳定经济活动这两个目标之间进行权衡取舍

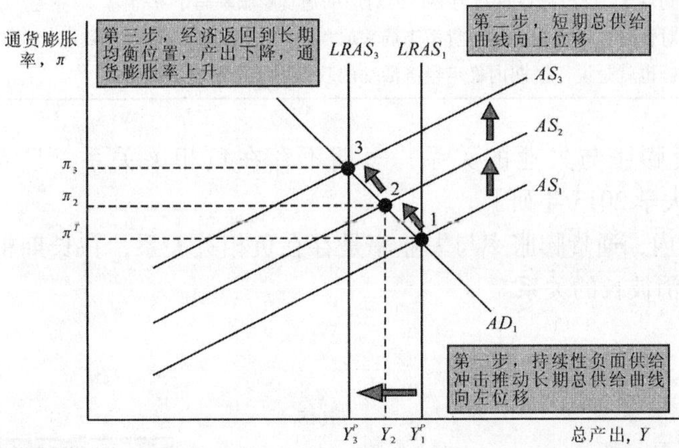

图23－1 永久性供给冲击：无政策反应

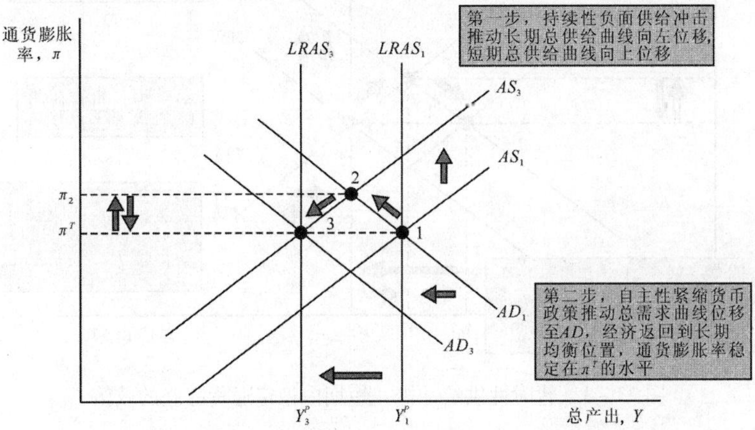

图23－2 永久性供给冲击：稳定通货膨胀的政策

3. 面对暂时性供给冲击的反应

当遭遇暂时性的供给冲击时，长期总供给曲线保持不变，此时政策制定者需要在短期内稳定通货膨胀和稳定经济活动两个目标之间做出权衡取舍。货币当局对暂时性供给冲击采取的政策反应及所导致的经济结果见表 23－3。

表 23－3　面对暂时性供给冲击的反应

反应	所导致的结果
无政策反应	暂时性负面供给冲击使得短期总供给曲线左移，失业率上升，均衡总产出低于潜在产出。在一个较长的时期内，最终短期总供给曲线会返回最初位置，通货膨胀和经济活动都会趋于稳定
短期内稳定通货膨胀的政策	①如图 23－3 所示，货币当局实施自主性紧缩货币政策，推动总需求曲线向左位移至 AD_3，经济来到点 3，即对应的通货膨胀率为 π^T，对应的产出水平低于潜在产出。 ②在遭遇暂时性供给冲击时，货币当局采取稳定通货膨胀的政策会使得总产出在短期内更大幅度地偏离其潜在水平，只有通过一个较长时期，产出才会返回其潜在水平 Y^P。也就是说，短期内稳定通货膨胀的政策不能稳定经济活动
短期内稳定经济活动的政策	①如图 23－4 所示，货币当局可以选择实施自主性宽松货币政策，推动总需求曲线向右位移至 AD_3，经济来到点 3，产出缺口重新为零，但对应的通货膨胀率高于 π^T。 ②当面对暂时性供给冲击时，货币当局采取稳定经济活动的政策会导致通货膨胀更大幅度地偏离其指标水平，也就是说，短期内稳定经济活动的政策不能稳定通货膨胀

【例 23.1】通货膨胀与失业的关系，短期不存在负相关关系，只有长期中才存在。（　　）［西南财经大学 2013 年研］

【解析】在短期内，通货膨胀率与失业率是存在负相关关系，在长期中失业率和通货膨胀率之间不存在此消彼长的关系。

【答案】×

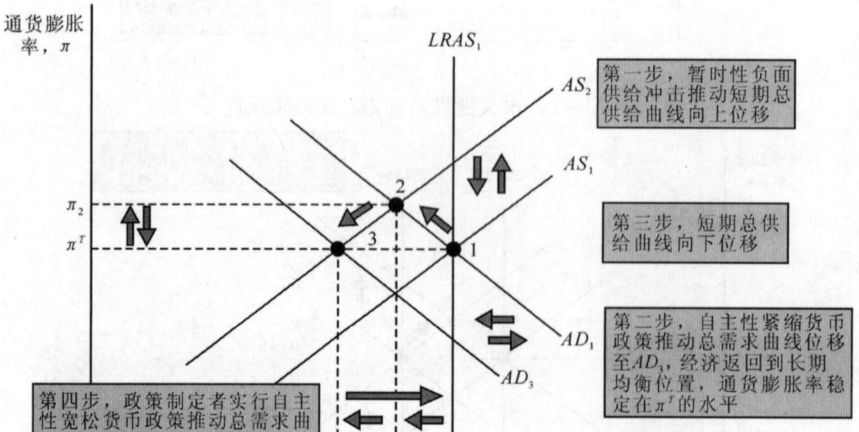

图 23－3　暂时性供给冲击：短期内稳定通货膨胀的政策

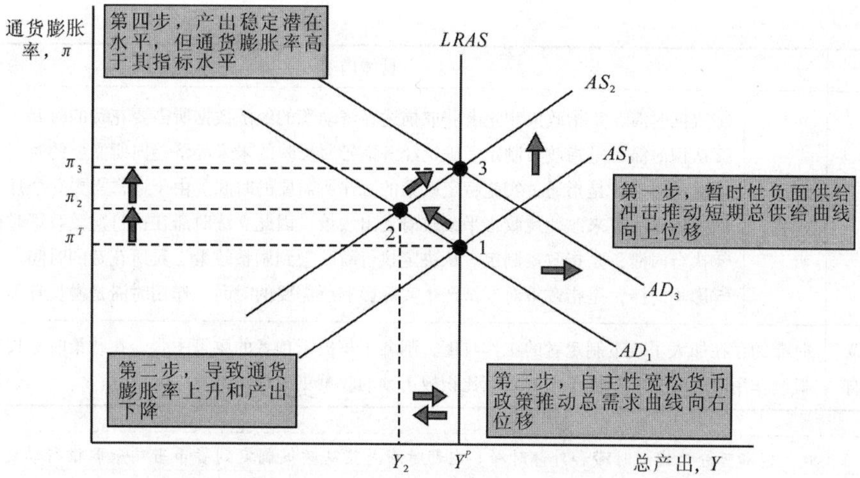

图 23－4　暂时性供给冲击：短期内稳定经济活动的政策

4. 稳定通货膨胀和稳定经济活动之间的关系

如果经济所遭遇的是总需求冲击或永久性总供给冲击，那么即使在短期内，稳定通货膨胀的政策也可以实现稳定经济活动的目的，政策制定者不需要在稳定通货膨胀和稳定经济活动这两个目标之间进行权衡取舍。

如果经济遭遇的是暂时性总供给冲击，那么中央银行必须在短期就稳定通货膨胀和稳定经济活动两个稳定目标之间做出选择。

5. 积极干预者与非积极干预者(见表 23－4)

表 23－4　积极干预者与非积极干预者

类型	观点	政策主张
积极干预者	由于工资和物价具有黏性，所以通过工资和物价水平调整来实现的自我纠错机制作用非常缓慢，所以经济要经过很长时间才能达到长期状态	政策制定者应当实施增加总需求和消除高失业的积极的经济政策
非积极干预者	工资和物价具有很强的弹性，自我纠错机制可以很快发挥作用，经济会迅速返回到充分就业水平	非积极干预者主张政府消除失业的政策举动是没有必要的

考点二：时滞与政策实施(见表 23－5)　★★★★★

表 23－5　时滞与政策实施

要点	具体内容	
时滞	含义	货币政策时滞是指从货币政策制定到最终影响各经济变量、实现政策目标所经过的时间，也就是货币政策传导过程所需要的时间。如果政策制定者可以在短期内迅速推动总需求曲线移动，那么积极干预者的政策主张就可以在短时间内达到充分就业。然而，由于时滞的存在使得总需求曲线不能立即实现位移

续表

要点	具体内容	
时滞	分类	①数据时滞，是指政策制定者获取描述经济动态的经济数据所需要花费的时间。 ②认识时滞，是指政策制定者确定经济信号所反映的未来经济趋向所需要的时间。 ③立法时滞，是指通过实施特定政策的法律所需要的时间。由于通常需要6个月至1年的时间来通过法案来改变税收水平或政府支出政策，因此立法时滞在执行财政政策时很常见。 ④执行时滞，是指政策制定者从决定执行新政策到调整政策工具所花费的时间。 ⑤影响时滞，是指政策对经济产生实际影响所需要的时间。作用时滞是漫长且不确定的
时滞对政策实施的影响	时滞的存在加大了政策制定者的工作难度，削弱了积极干预者的政策主张。在政策时滞长于自我纠错机制作用时间时，非积极干预的政策比积极干预的政策更为理想	

拓展：货币政策时滞可分为内部时滞和外部时滞。内部时滞是指从政策制定到货币当局采取该行动之间的一段时间，其长短取决于货币当局对经济形势发展的预见能力、制定政策的效率和行动的决心。外部时滞是指货币当局采取行动到收入发生变动的时滞分布。外部时滞的存在，是由于货币存量增加和利率下降都不会立即提高收入。

考点三：通货膨胀是一种货币现象（见表23－6）★★

表23－6　通货膨胀是一种货币现象

要点	具体内容
理论基础	总需求－总供给分析认为货币政策制定者在长期内，可以通过实施自主性货币政策来推动总需求曲线的移动，从而实现任何通货膨胀率的指标。如图23－5所示，如果中央银行认为通货膨胀率指标比较低，可以实施自主性宽松货币政策，使总需求曲线右移，由于均衡产出高于潜在产出，短期总供给曲线左移，直至产出缺口重新为零，并达到目标通货膨胀水平
结论	①在长期内，货币当局可以通过调整自主性货币政策，实现任一通货膨胀目标。 ②潜在产出即长期总产出与货币政策相互独立

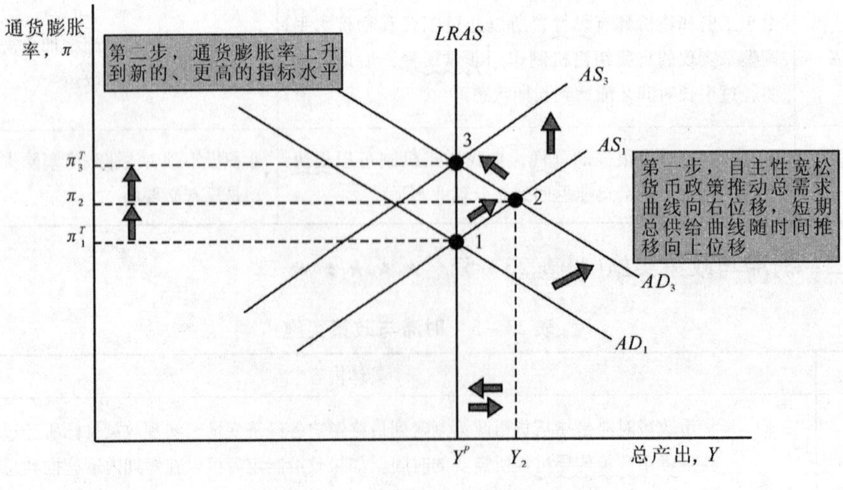

图23－5　通货膨胀率指标的上升

考点四：通货膨胀型货币政策的起因

低失业率是大部分政府最为主要的目标，但在实现低失业率的过程中可能造成高通货膨胀。政府为提高就业率而采取的积极性货币政策可能会造成成本推进型和需求拉动型两种类型的通货膨胀，其产生原因及传导路径如表23－7所示。

表23－7　通货膨胀型货币政策

类型	成因	传导路径
成本推进型通货膨胀	①暂时性负面供给冲击； ②工人要求的工资增长幅度超过了产出增长率	①如图23－6所示，成本推进型的冲击（相当于暂时性负面供给冲击）使得短期总供给曲线向左上方位移至 AS_2，经济来到点2′。 ②为了降低失业率并保证产出缺口为零，政策制定者会推动总需求曲线位移至 AD_2，经济在点2处迅速恢复到潜在产出水平，通货膨胀率为 π_2。 ③短期总供给曲线继续向左上方位移，政策制定者持续增加总需求，通货膨胀率水平持续升高，从而产生成本推进型通货膨胀
需求拉动型通货膨胀	政策制定者错误地低估了自然失业率水平（充分就业时的失业率水平），导致设定的失业率目标过低，就可能会造成过度扩张的货币政策，进而引发通货膨胀	①如图23－7所示，过低的失业率目标使得经济低于潜在产出水平，导致政策制定者采取扩张性政策以增加总需求，推动总需求曲线从 AD_1 持续右移。 ②由于在 Y^T 的水平上的失业率低于自然率水平，因此工资水平将会升高，短期总供给曲线持续上移。从而造成通货膨胀率的持续上升，即需求拉动型通货膨胀
两者的区分	①由于现实中无法准确衡量自然失业率水平，而且需求拉动型通货膨胀可以引起成本推进型通货膨胀，这进一步模糊了这两种类型的通货膨胀之间的区别。 ②扩张性的货币政策和财政政策也会造成两种类型的通货膨胀，因此我们不能基于通货膨胀的根源来区分通货膨胀的类型	

拓展：造成通货膨胀的直接原因是国家财政赤字的增加。政府为了挽救经济危机或弥补庞大的财政赤字，不顾商品流通的实际需要，滥发货币。他们之所以要利用这种办法来弥补财政赤字，是因为这种办法比起增加税收、增发国债等办法富于隐蔽性，并且简便易行。

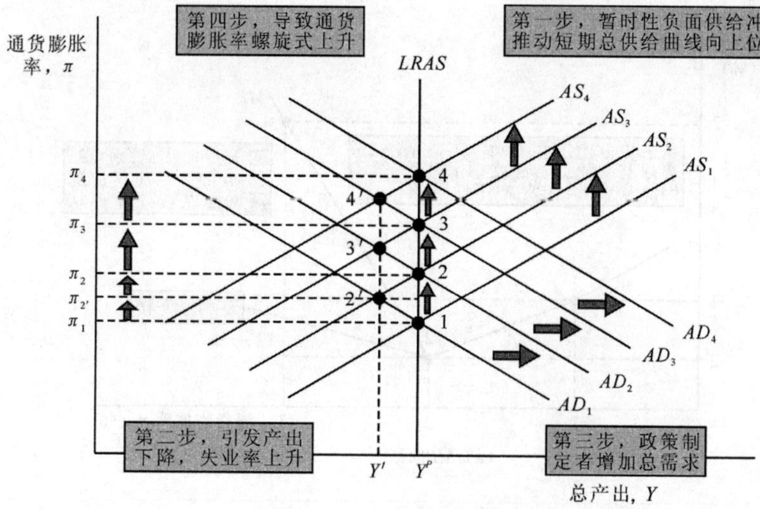

图23－6　成本推进型通货膨胀

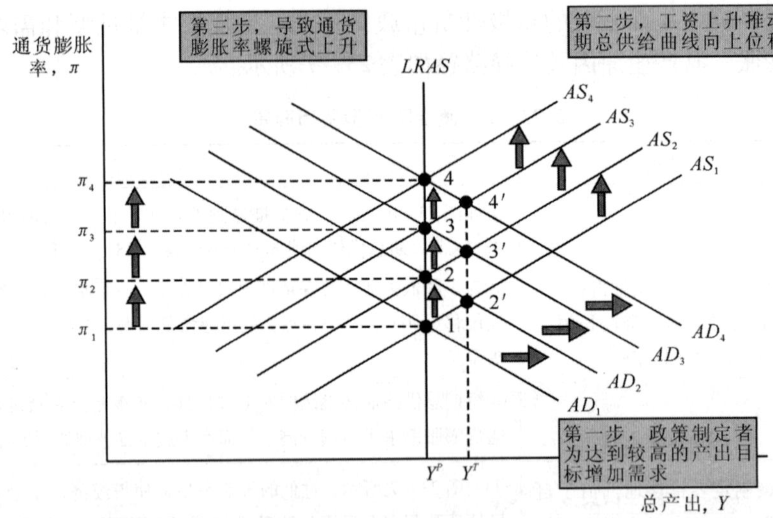

图 23－7　需求拉动型通货膨胀

考点五：零利率下限情况下的货币政策（见表 23－8）★★

表 23－8　零利率下限情况下的货币政策

要点	具体内容
推导零利率下限情况下的总需求曲线	在图 23－8(a)中，MP 曲线上从点 2 到点 3 之间的部分是通常情况下的向上倾斜的，但是随着政策利率达到零下限，通货膨胀率和预期通货膨胀率的下降导致实际利率上升，因此点 1 和点 2 之间的部分是向下倾斜的。这使得(b)中的总需求曲线呈现出折弯的形状
零利率下限情况下自我纠错机制消失	如果经济所面对的冲击为严重的负面冲击，并且面临零利率下限的约束时，通货膨胀率的降低导致实际利率上升，产出进一步降低，带动通货膨胀率进一步下降，最终使得产出和通货膨胀螺旋式下降，此时自我纠错机制将不再发挥作用

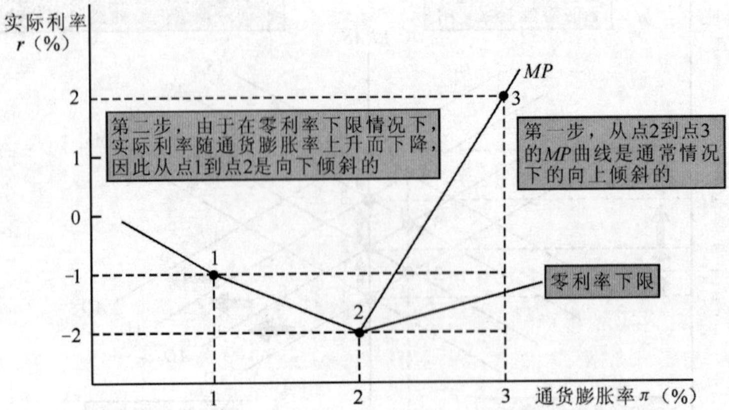

（a）MP曲线

图 23－8　零利率下限情况下总需求曲线的推导

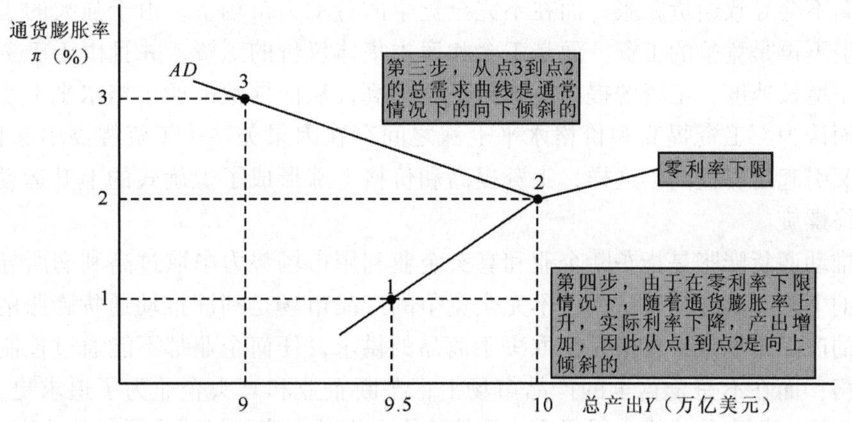

（b）总需求曲线

图 23－8 零利率下限情况下总需求曲线的推导

23.2 课后习题详解

一、关键术语

1. 积极干预者(activists)

答：积极干预者是指主张政府应当实施增加总需求和消除高失业的积极的经济政策的学者。积极干预者认为由于工资和物价具有黏性，所以通过工资和物价水平调整来实现的自我纠错机制作用非常缓慢，即经济要经过很长时间才能达到长期状态。因此，积极干预者主张政府实施积极的经济政策来提高总需求、降低失业率。

2. 影响时滞(effectiveness lag)

答：影响时滞是指政策对经济产生实际影响所需要的一段时间。影响时滞是漫长且不确定的，即影响时滞的具体长度存在着很大的不确定性。时滞加大了政策制定者的工作难度，削弱了积极干预者的政策主张。因此在政策时滞长于自我纠错机制作用时间的情况下，非积极干预的政策比积极干预的货币政策更为理想。

3. 立法时滞(legislative lag)

答：立法时滞是指通过实施特定政策的法律所需要的时间。由于通常需要6个月至1年的时间来通过改变税收水平或政府支出的政策，因此立法时滞在执行财政政策非常常见。而大多数货币政策(例如降低利率)不会有立法时滞。

4. 成本推进型通货膨胀(cost-push inflation)

答：成本推进型通货膨胀是指在没有超额需求的情况下，由于供给方面成本的提高所引起的一般价格水平持续和显著地上涨，又称为成本通货膨胀或供给通货膨胀。可以分为工资推动通货膨胀及利润推动通货膨胀(这里的利润通常为垄断利润)两种。

工资推动通货膨胀是指由不完全竞争的劳动市场造成的过高工资所导致的一般价格水平的持续上涨。据西方学者解释，在完全竞争的劳动市场上，工资完全取决于劳动的供求，工资的提高不会导致通货膨胀；而在不完全竞争的劳动力市场上，由于强大的工会组织的存在，工资不再是竞争的工资，而是工会和雇主集体议价的工资，并且由于工资的增长率超过生产率增长速度，工资的提高就导致成本提高，从而导致一般价格水平上涨。西方经济学者进而认为，工资提高和价格水平上涨之间存在因果关系：工资提高引起价格上涨，价格上涨又引起工资提高。这样，工资提高和价格上涨形成了螺旋式的上升运动，即所谓工资－价格螺旋。

利润推动通货膨胀是指垄断企业和寡头企业利用市场势力牟取过高利润所导致的一般价格水平的上涨。西方学者认为，不完全竞争的产品市场是利润推动通货膨胀的前提。在完全竞争的产品市场上，价格完全取决于商品的供求，任何企业都不能通过控制产量来改变市场价格；而在不完全竞争的产品市场上，垄断企业和寡头企业为了追求更大的利润，可以操纵价格，把产品价格定得很高，致使价格上涨的速度超过成本增长的速度。

5. 执行时滞(implementation lag)

答：执行时滞是指政策制定者从决定执行新政策到调整政策工具所花费的时间。由于实施新的财政政策(如改变政府部门的支出习惯、改变征收税款所用的税目表)需要花费很多的时间，因此执行时滞在执行财政政策时非常重要。

6. 非积极干预者(nonactivists)

答：非积极干预者是指认为政府消除失业的政策举动是没有必要的学者。他们认为工资和物价具有很强的弹性，经济自我纠错机制可以很快发挥作用，短期总供给曲线会很快向下位移，推动经济迅速返回到充分就业水平。因此，非积极干预者认为政府消除失业的政策举动是没有必要的。

7. 数据时滞(data lag)

答：数据时滞是指政府政策制定者获取描述经济动态的数据的时间。例如，通常在每个季度之后的一段时间才能得到有关国内生产总值的精确数据。数据时滞会影响后续对经济现象的认识与处理，故而货币政策或财政政策的制定与实施也会滞后。

8. 通货膨胀缺口(inflation gap)

答：通货膨胀缺口是指实际总需求水平大于充分就业时的国民收入水平所形成的缺口，或者指在充分就业经济中投资超过储蓄的差额，即社会总需求超过社会总供给的差额。在存在通货膨胀缺口的情况下，社会对商品和劳务的需求的价值超过在充分就业条件下所能够生产的价值。

9. 认识时滞(recognition lag)

答：认识时滞是指市场经济发展本身需要进行必要的调整，与政府决策官员意识到这种调整的必要性之间产生的时间差距。这种时滞通常可能长达数月之久。缩短此类时滞的主要办法是搞好宏观经济预测，如不断提高经济计量模型分析的质量。

10. 需求拉动型通货膨胀(demand-pull inflation)

答：需求拉动型通货膨胀，又称超额需求通货膨胀，是指社会总需求超过社会总供给所引起的一般价格水平的持续显著上涨。供给表现为市场上的商品和服务，而需求则表现为用于购买和支付的货币，因此这种通货膨胀又称为“过多的货币追求过少的商品”。凯恩斯学派的需求拉上说认为货币变动对物价的影响是间接的，影响物价的因素除货币量外，还有成本和就业量等多种因素。货币数量的增加是否具有通货膨胀性，要视经济体系是否达到充分就业而定。如图23－9所示。

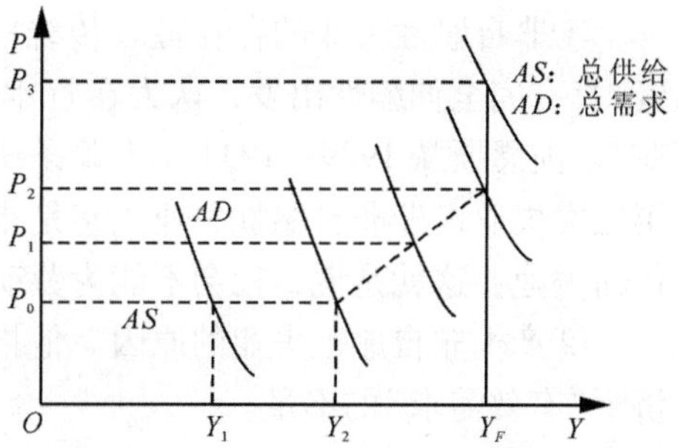

图23－9 需求拉动型通货膨胀

该图说明：①当社会存在大量闲置资源和失业时（Y_2点之前），总供给增加的能力很强，此时总需求的增加可以带来产出的上升而物价并不上涨。②在Y_2点和充分就业分界点Y_F之间，总需求的增加将会带来产出和物价水平的同时上升，凯恩斯称之为“半通货膨胀”。③当达到充分就业后，由于各种资源已充分利用，供给无弹性，有效需求增加仅使成本随有效需求同比例上涨，此种情况，可称为“真正的通货膨胀”。

但事实上，通货膨胀既可以是在实现充分就业后，由总需求绝对增长引起，也可以是实现充分就业之前，由总需求较总供给在数量与速度上的相对增长引起。所以，后来的凯恩斯主义者修正指出，在实现充分就业之前，只要总需求的增长大于总供给的增长，从而物价的上升幅度不能为增加的总供给所吸收，便会出现物价水平的绝对上升，产生通货膨胀。

11. 通货膨胀目标（inflation target）

答：通货膨胀目标是指中央银行采用通货膨胀目标作为货币政策目标，以达到稳定物价的目的，且为达到通货膨胀目标负有的责任。它包括几方面的因素：①公开发布中期通货膨胀率目标数据；②将物价稳定作为主要和长期的货币政策指标，当作一种制度性承诺，并且承诺实现通货膨胀目标；③信息综合理论，即在货币政策的决策中用到许多变量（不仅限于货币总量）；④就货币政策决策者的计划和目标与普通公众和市场进行交流与沟通，从而提高透明度；⑤提高中央银行达到通货膨胀目标所负有的责任。目前实行该方针的国家是新西兰、加拿大、英国等。

12. 神作之合（divine coincidence）

答：神作之合是指在总需求冲击的情况下，不需要在物价稳定和经济活动稳定这两个目标之间进行权衡，实现价格稳定的政策也能稳定经济活动。即着眼于稳定通货膨胀和着眼于稳定经济活动的货币政策反应是完全一致的，稳定通货膨胀和稳定经济活动这两个目标之间没有冲突。

13. 凯恩斯主义者（Keynesians）

答：凯恩斯主义者是指由英国经济学家凯恩斯及其追随者所创立的宏观经济学理论学派及其追随者。凯恩斯于1936年发表的代表作《就业、利息和货币通论》打破了此前100余年间在经济学界一直占统治地位的古典均衡理论，故学术界称之为“凯恩斯革命”。凯恩斯理论包含丰富的内容，其基础或核心是就业理论。他用就业理论全面分析和解释了经济周期，所以其理论也称为“凯恩斯周期理论”。凯恩斯学派理论的基本内容是：

①非自愿性失业的存在性。传统的古典均衡理论从供给自行创造需求、价格(包括工资)具有完全伸缩性出发，认为在资本主义市场经济下只存在“摩擦性失业”和“自愿性失业”。凯恩斯从1929~1933年大萧条所显示的现实出发，指出资本主义市场经济下存在着第三类失业，即非自愿性失业，它是指劳动者在愿意接受现行工资的条件下，因找不到工作而失业。这就是说，社会不能为劳动者提供充分的就业机会。

②产生非自愿性失业的原因。他指出，产生非自愿性失业的原因在于资本主义市场经济下“有效需求”的不足。

③投资量不足的原因。决定投资的因素有两个，一是利率，二是资本边际效率，以后者为主。资本边际效率，是指投资于新资产所预期的未来利润率。资本边际效率有以下几个特点：a. 它与预期有关。凯恩斯指出，这一点非常重要，由此资本边际效率才会有急剧变动，经济周期才会产生。b. 资本边际效率作为对未来利润率的一种心理预期，与“信心”或“信任状态”密切相关。

④对投资未来利润率下降的疑虑一经产生，传播便非常迅速。这种预期是一种无法控制、无法管理的市场心理状态。

凯恩斯学派认为，在自由放任的市场经济下，除非投资市场心理有彻底改变，否则没有办法避免就业量的剧烈变动。然而，没有理由预料会有这种彻底改变。因此，不能把决定投资量的职责放在私人手中。要达到充分就业状态，唯一的办法就是把投资这件事情交由社会去处理。让国家的权威与私人的策动力量互相合作，这样既可医治失业，又可保留效率与自由。他强调，在悲观情绪弥漫的情况下，降低利率、刺激投资的纯货币政策对扩大投资和避免失业是无能为力的，而应采取相机抉择的财政政策。即当经济周期处于衰退阶段时，政府可采取扩张性财政政策，降低税收，增加预算支出，以刺激私人投资需求和消费需求，扩大就业；当经济周期处于繁荣阶段时，政府可采取紧缩性财政政策，提高税收，降低预算支出，以抑制通货膨胀。

二、思考题

1. 当我们提到通货膨胀缺口为负时，这意味着什么？

答：通货膨胀缺口指实际总需求水平大于充分就业时的国民收入水平所形成的缺口，或者指在充分就业经济中投资超过储蓄的差额，即社会总需求超过社会总供给的差额。当通货膨胀缺口为负时，这意味着当前的通货膨胀率小于目标通货膨胀率，社会总供给超过总需求。

2. “如果自主性支出减少，中央银行应当降低通货膨胀目标以稳定通货膨胀。”这种表述正确、错误还是不确定？解释你的答案。

答：错误。如果中央银行奉行稳定的政策原则，它可以通过自主缓冲政策同时稳定通货膨胀和产出。如果它降低通货膨胀目标，这会暂时稳定通货膨胀，但是产出仍低于潜在产出水平。此外，随着经济从衰退中恢复，通货膨胀率自然会由于自我纠错机制而开始下降。因此，为了使经济能够回到潜在产出水平，中央银行需要不断调整其通货膨胀目标。对通货膨胀目标的不断调整不仅效率不高，还可能向公众传达混合信号，使公众不理解央行的政策造成其他损失。

3. 对于下列每种冲击，说明货币政策制定者会如何应对(或者无政策反应)以稳定经济活动。假定经济最初位于长期均衡位置。

a. 消费者减少自主性消费。

b. 金融摩擦缓解。

c. 政府支出增加。

d. 税收增加。

e. 本币升值。

答：a. 自主性消费减少会降低总需求，因此货币政策制定者将采取自主性宽松货币政策以稳定经济活动。

b. 金融摩擦的缓解增加了总需求，因此货币政策制定者将采取自主性紧缩货币政策以稳定经济活动。

c. 政府支出的增加，使总需求增加，因此货币政策制定者将采取自主性紧缩货币政策以稳定经济活动。

d. 增加税收会减少总需求，因此货币政策制定者将采取自主性宽松货币政策以稳定经济活动。

e. 本币升值导致出口下降、进口增加，从而减少净出口和总需求，因此货币政策制定者将采取自主性宽松货币政策以稳定经济活动。

4. 全球金融危机期间，美联储在无法进一步降低利率的情况下，如何才能抵消金融摩擦的显著加剧？美联储的计划是否奏效？

答：在危机期间，美联储将联邦基金利率降低到零，以抵消总体需求下降，然而这不足以稳定总需求和产出。因此，美联储采取非常规货币政策，来抵消金融摩擦显著加剧的影响。包括提供流动性和购买资产，在联邦基金利率达到零下限的情况下，这有助于降低中长期利率，并提高总需求。然而由于危机的严重性，这些政策不足以充分稳定经济活动和将产出稳定至潜在产出水平。

5. 为什么神作之合简化了政策制定者的工作？

答：当实现价格稳定的政策也能稳定经济活动时，就存在着神作之合。在这种情况下，决策者的工作更加容易，因为政策目标之间没有冲突，他们不必在不同目标之间进行选择，也就是说，鱼和熊掌可兼得。

当经济受到总需求冲击或持续性供给冲击困扰，而不是面临暂时性供给冲击时，神作之合就会发生。当面临前两种冲击时，政策制定者可以通过颁布政策来稳定通货膨胀和经济活动，从而改变经济的总需求曲线，回到长期均衡的潜在产出水平。

然而，在暂时性供给冲击的情况下，为实现通货膨胀稳定的政策将使经济进一步偏离潜在产出水平，而旨在使经济活动稳定在潜在产出水平的政策将导致通货膨胀率进一步高于通货膨胀率指标。

6. 为什么负向供给冲击使政策制定者陷于两难境地？

答：暂时性负向供给冲击使通货膨胀率和失业率都上升。为了降低失业率，必须实行扩张性政策，这进一步加剧了通货膨胀。另一方面，为了降低通货膨胀率需要采取紧缩性政策，这将进一步提高失业率。因此，在负向供给冲击下，稳定政策需要在实现通货膨胀稳定目标和实现经济活动稳定目标之间进行权衡取舍。

7. 假定三个经济体都遭遇了同样的负向供给冲击。A国通货膨胀开始时上升且产出下降，之后通货膨胀进一步上升且产出提高。B国通货膨胀开始时上升且产出下降，之后通货膨胀和产出双双下降。C国通货膨胀开始时上升且产出下降，之后通货膨胀下降而产出最终提高。每个国家采取了什么类型的稳定化政策？

答：在A国，通胀持续上升，产出先降后升，政策制定者应当选择稳定产出的政策。在B国，产出持续下降，通胀先升后降，决策者应当选择稳定通货膨胀的政策。在C国，通胀先升后降，产出先降后升，政策制定者应当无政策反应，即采取自主性货币政策。

8. "面对正向供给冲击时，政策制定者永远不会采取稳定产出的政策。"这种表述正确、错误还是不确定？解释你的答案。

答：不确定。暂时性正向供给冲击具有增加产出和降低通货膨胀率的双重效应，因此在某种意义上，决策者通过无政策反应来获得两种指标的最佳效果。然而，如果供给冲击足够强，导致通货膨胀率的降低和(或)产量的增加足够大，使得通货膨胀率的不确定性增加，形成一种不稳定的状态。在这种情况下，在短期内实行稳定通货膨胀率的政策(这也会导致短期内产出比采取自主性货币政策增加得更多)，直到供给冲击消失，可能更符合决策者的最佳利益。

9. 企业需要很长时间才能使新的厂房和设备投入运转，这一事实说明了什么政策问题？

答：这表明货币政策在实行过程中有时滞问题。货币政策的变化会影响利率，影响新厂房和设备的投资成本。由于新厂房和设备购买及投入使用可能需要数月时间，货币政策的利率效应出现滞后。

10. 在美国，近年来很多观察家对"华盛顿特区政治僵局"提出过批评，并称国会是"不作为国会"。这里描述的是哪类政策时滞？

答：这是指财政政策的立法时滞。立法时滞是指通过实施特定政策的法律所需要的时间。大多数货币政策(例如降低利率)不会有立法时滞。然而，在执行财政政策时，立法时滞十分普遍，因为通常需要6个月至1年的时间来通过改变税收水平和政府支出的政策。

11. 稳定化政策更有可能通过货币政策还是财政政策来实施？为什么？

答：稳定化政策更有可能通过货币政策来实施。货币政策主要是中央银行为实现既定的目标运用各种工具调节货币供应量。实施财政政策需要改变税收和政府支出，与货币政策相比，这些改变的审议和颁布需要花费更多的时间。

12. "如果数据时滞和认识时滞可以缓解，积极干预政策或许会让经济受益更多。"这种表述正确、错误还是不确定？解释你的答案。

答：正确。如果数据时滞和认识时滞可以缓解，那么对于积极干预的政策的反对就不会那么严重。例如，为了应对总需求冲击，若数据时滞和认识时滞可以缓解，那么总需求曲线可以更快地移动到潜在产出，导致通货膨胀率和产出的变化较小，使得积极干预的政策更可取。

13. 如果经济的自我纠错机制作用非常缓慢，政府是否一定要实施相机抉择政策来解决失业问题？为什么？

答：不一定，因为消除失业的积极政策可能导致需求拉动型和成本推动型通货膨胀。此外，积极的政策可能导致工人提高工资的概率增大，使得失业率进一步升高。尽管经济的自我纠错机制作用很慢，但对通胀的影响不大，而实施相机抉择政策可能导致通胀和失业的双重后果。

14. 20 世纪 70 年代初，生产率意外下降导致大多数经济学家以为潜在产出大于其实际水平。在这种情况下政策决策者有可能如何反应？你认为结果会怎样？

答：在这种情况下，政策制定者可能会采取过度扩张的经济政策，试图将实际产出提高到高于潜在产出水平，并将失业率降低到自然失业率水平以下。结果是，随着经济开始生产远远超出可持续生产水平，通货膨胀将大幅上升。

15. 20 世纪 60 年代和 70 年代的美国，通货膨胀显著增长。但这两个年代的失业表现非常不同。为什么？

答：尽管通货膨胀在这两个年代中都显著增长，但增长的来源是不同的，导致了对失业的不同影响。在 20 世纪 60 年代的情况下，由于高度扩张性的财政和货币政策使得总需求曲线大幅右移，许多通胀压力来自需求拉动型通胀政策，这有助于将失业率降至较低水平。另一方面，在 20 世纪 70 年代，大多数通胀来自成本推动，如不利的价格冲击、生产率下降和通胀预期的急剧上升，这导致短期总供给曲线大幅上升，并引发螺旋式的通胀和更高的失业率。

16. 相对陡峭和相对平缓的短期总供给曲线，哪条曲线会支持非积极干预政策主张？为什么？

答：当短期总供给曲线更陡峭时，工资和价格通常更具有弹性(即产出的变化将会导致通货膨胀率的较大变化)，这种情况更有利于非积极干预者的政策主张。因为当短期总供给曲线更陡峭时，总需求曲线的变化使得产出和失业的变化较小。或者人们可能认为，在价格和工资弹性较小(短期总供给曲线更平坦)的情况下，需要积极的货币或财政政策来影响产出。

17. "因为政府的政策制定者认为通货膨胀是不受欢迎的，因此他们的政策不可能是通货膨胀的来源。"这种表述正确、错误还是不确定？解释你的答案。

答：错误。即使政策制定者不希望通货膨胀发生，但是如果他们追求高就业目标或选择高预算赤字时，政府决策者会忽略通货膨胀的影响，集中解决就业率等问题。例如当政府实施宽松的货币政策时，会使得总需求曲线右移，产出增加，但可能会引起通货膨胀。

18. 货币当局如何能够以它们所希望的任何通货膨胀率为目标？

答：货币政策制定者可以通过实施自主性宽松货币政策(以达到较高的通货膨胀率)或

自主性紧缩货币政策(以达到较低的通货膨胀率)简单地将任何通货膨胀率定为目标。尽管从长远来看，它们可以控制通货膨胀率，但根据古典经济学框架下的古典二分法和货币中性理论，他们无法控制长期的实际利率或潜在产出。

19. 当自然失业率实际为5%时，如果政策制定者错误地认为自然失业率为7%，并追求稳定化政策，将会发生什么?

答：如果决策者认为自然失业率为7%，而实际上是5%，那么一旦失业率开始下降到7%以下，他们很可能采取紧缩性政策，以避免潜在的需求拉动型通货膨胀问题。实际上，这类似于政策制定者在面临真正的经济衰退时紧缩经济。这些政策的结果导致通货膨胀率持续下降，进而导致通货紧缩和严重的经济衰退。

20. 需求拉动型通货膨胀如何能够引发成本推进型通货膨胀?

答：当通货膨胀因需求原因而增加时，预期未来会有更高的通货膨胀，这将会促使工人要求更高的工资(大于劳动生产率的增长)。这导致了总供给曲线向上移动，并产生成本推动型通货膨胀。

21. 政策利率达到略低于零的最底限如何引起总需求曲线向上倾斜?

答：通常情况下，*MP* 曲线是向下倾斜的，在零利率下限情况下，实际利率随通货膨胀率上升而下降，从而导致随着通货膨胀率的上升，实际利率下降，产出增加。因此，零利率下限条件下总需求曲线向上倾斜。详见图23－10。

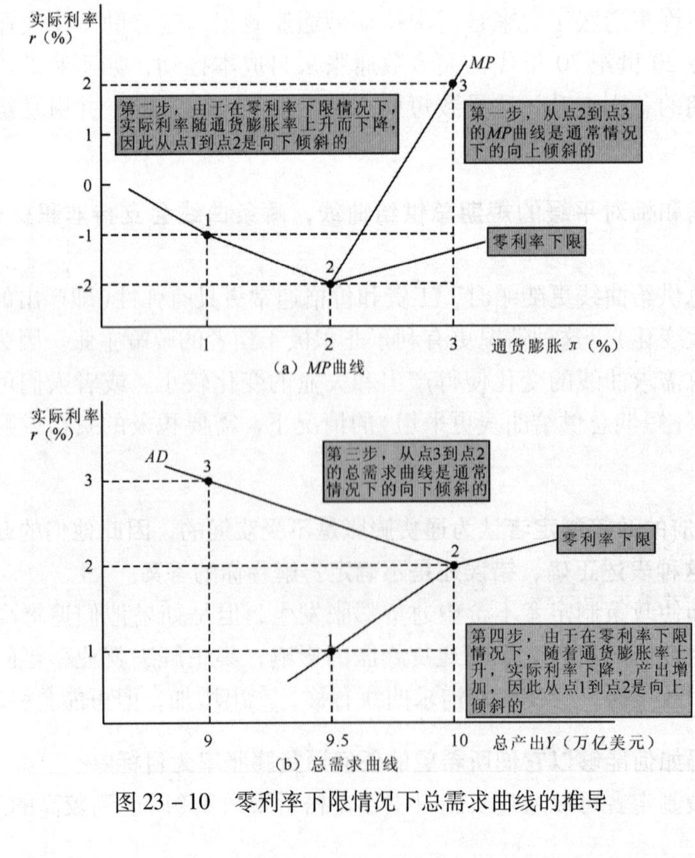

图23－10　零利率下限情况下总需求曲线的推导

22. 为什么当政策利率达到有效下限时，自我纠错机制失效？

答：当经济遭到严重的负面冲击时，总供给曲线向左移动，导致产出减少和通货膨胀率下降，从而使得经济更加萧条，总供给曲线进一步向下位移，最终使得产出和通货膨胀进入螺旋式下降的循环。详见图 23－11。

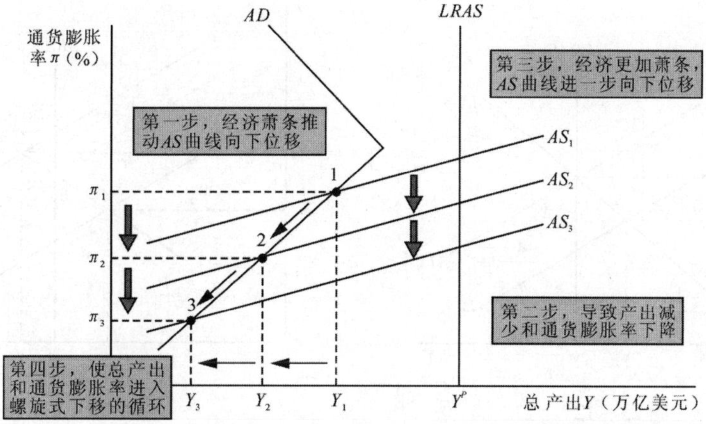

图 23－11　有效下限情况下自我纠正机制失效

23. 当经济达到有效下限时，非常规货币政策以何种方式影响投资的实际利率？如何影响信贷利差？

答：中央银行可以通过多种方式降低零下限投资的实际利率。第一种方式是通过向主要信贷市场提供流动性，央行可以直接减少金融摩擦，从而在任何给定的安全政策利率下降低投资的实际利率。在这种情况下，随着金融摩擦的减少，信用利差会直接减少。第二种方式是购买私人资产，通过减少特定资产类别的金融摩擦，从而降低这些市场(例如抵押贷款支持证券和房地产市场)投资的实际利率。这样做的结果是在任何给定的安全政策利率下降低投资的实际利率。在这种情况下，随着金融摩擦的减少，信用利差会直接减少。第三种方式是购买长期政府证券，在任何给定的金融摩擦水平下，这都会直接降低长期实际利率，这会导致投资的实际利率下降，但不会(至少直接)影响金融摩擦或信用利差。最后，通过前瞻指引，利用有关未来政策路径的信息可以降低长期实际利率，从而降低投资的实际利率。

三、应用题

24. 假定现任政府决定减少政府支出，以缩小当前政府预算赤字。

a. 利用总供求图说明这一决定对经济的短期影响。描述对通货膨胀和产出的影响。

b. 如果美联储决定稳定通货膨胀率，对实际利率、通货膨胀率和总产出指数将产生什么影响？

答：a. 根据总供求分析，政府支出的减少导致总需求曲线向左移动，因为总支出在每个通货膨胀率水平下都会下降。因此，与短期总供给曲线的新交点代表了比以前更低的通货膨胀率和产出水平。如图 23－12 所示，在这一点上，产出低于潜在产出，通货膨胀率低于指标值。

b. 如果美联储决定使用货币政策工具来稳定通货膨胀率，它将会使每个通货膨胀率水平下的实际利率降低，从而使得 MP 曲线向下移动。这一变化使 AD 曲线向右移，经济恢复到长期均衡，通货膨胀率恢复到指标值，产出回到潜在产出状态。这种政策的唯一长期影响是影响了实际利率，与以前相比，现在设定的利率水平更低。

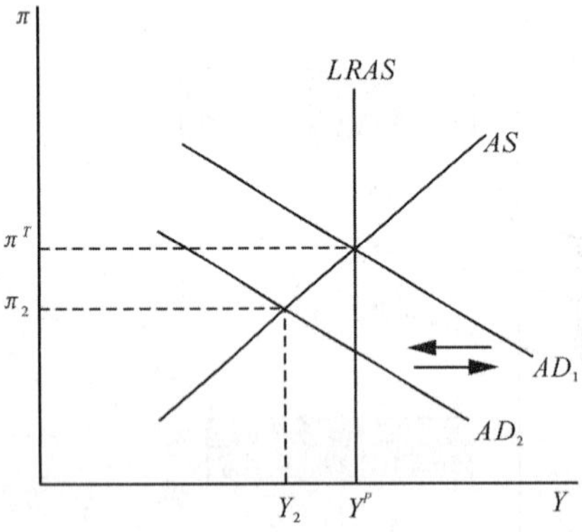

图 23－12

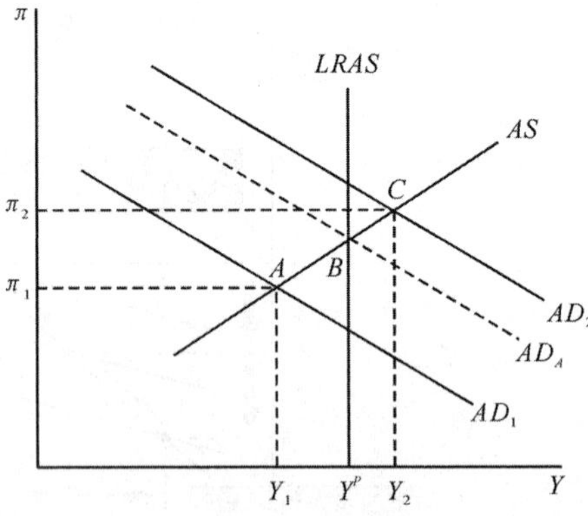

图 23－13

25. 利用总供求图说明政策时滞是如何造成产出和通货膨胀的不利波动的。

答：假设经济目前处于图 23－13 中 A 点所示的经济衰退状态，政策制定者希望稳定产量。根据目前关于经济状况的假设，决策者可能制定一项政策预计将总需求曲线移动到 AD_A 并稳定经济。然而，由于政策时滞，在政策变化实际生效之前可能需要一段时间。如果经济开始复苏，需求开始独立于政策效应而扩大，那么一旦政策实际生效，它会将总需求扩展到潜在产出之上，如图 23－13 中点 C 所示。在这种情况下，产出超过潜在产出水平，通货膨胀率高于预期，预期通货膨胀率上调，这可能导致通货膨胀率进一步上升。此外，一旦经济处于 C 点，政策制定者可能会尝试纠正超过潜在产出的部分，导致总需求下降至 AD_A 之下，并导致通货膨胀率和产出的进一步波动。

26. 随着货币政策制定者日益关注通货膨胀稳定，总需求曲线的形状变得更加平坦。当经济遭遇负向供给冲击时，总需求曲线形状的这一变化如何有助于稳定通货膨胀？利用总供求图说明。

答：如图 23－14 所示，当总需求曲线变得更平坦时，对于给定的负面供给冲击，这意味着通货膨胀率的变化减小，而产出的变化加大。因此，随着总需求曲线变得更平坦，通货膨胀更加稳定，但产出效果更加明显。

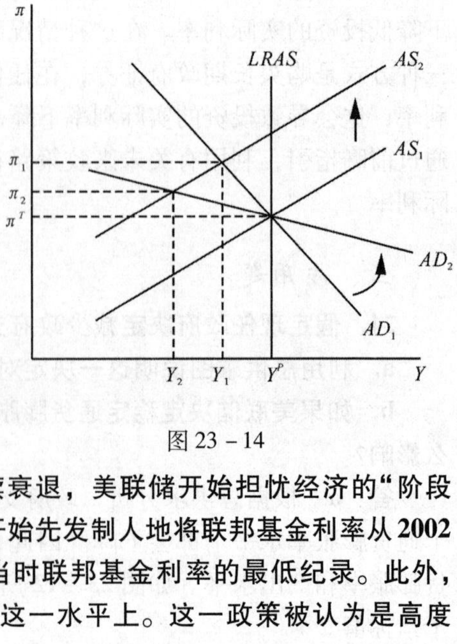

图 23－14

27. 2003 年，随着美国经济似乎终于退出了持续衰退，美联储开始担忧经济的“阶段性疲软”，特别是通货紧缩的可能性。因此，美联储开始先发制人地将联邦基金利率从 2002 年底的 1.75%降至 2003 年中期的 1%，从而创下了当时联邦基金利率的最低纪录。此外，美联储承诺在相当长的时期里将联邦基金利率保持在这一水平上。这一政策被认为是高度

扩张性的，而且在有些人看来具有通货膨胀潜在性并且是不必要的。

a. 即使经济并没有实际进入衰退，害怕有效下限如何能证明该政策是正确的?

b. 利用 *MP* 曲线和总供求图说明这些政策的影响。务必要给出 2003 年的初始状态，以及对通货紧缩威胁的政策影响。

答：a. 在零利率的情况下，总需求曲线产生折弯的情况。在遭受到经济的负面冲击时，即便经济没有实际进入衰退，但短期的总需求曲线向左移动，总产出低于潜在产出水平，接着，短期的总供给曲线不断下降。此时，自我纠错机制不再发挥作用，如果政策制定者不采取任何行动，产出不会自动回到其潜在水平，经济陷入了紧缩式的螺旋，通货膨胀率和产出持续下降。

美联储承诺将联邦基金利率保持在 1% 的水平上，这一政策是一种非常规货币政策——预期管理，中央银行承诺在较长时间段内保持政策利率的低水平，这种前瞻性指引是降低长短期利差，进而降低金融脆弱性 $\bar{f}$ 和投资的实际利率的另外一种途径。

b. 美联储承诺在可以预见的时期内将联邦基金利率保持在 1% 的水平上，降低了公众的对未来短期利率的预期值，从而拉动了长期利率的下降。结果是金融脆弱性 $\bar{f}$ 和投资的实际利率的下降，从而推动总需求曲线向右位移，带动产出水平和通货膨胀率上升。如图 23－15 所示。

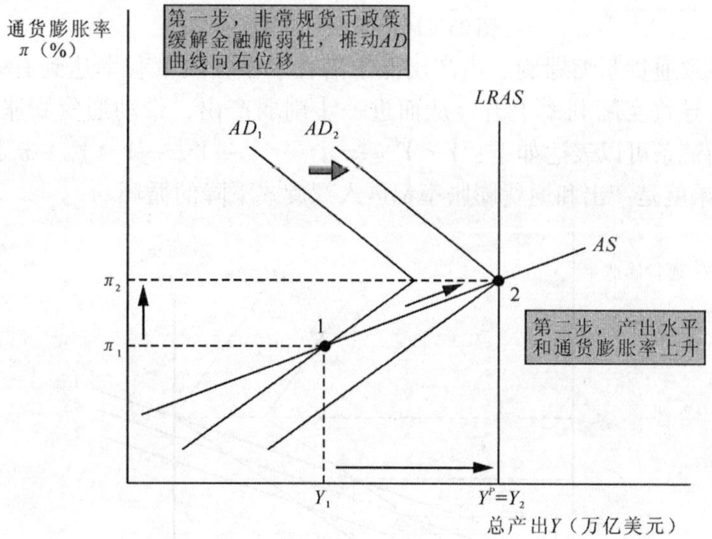

图 23－15

28. 假定 $\bar{f}$ 取决于两个因素：金融恐慌和资产购买。

a. 利用 *MP* 曲线和总供求图说明严重的金融恐慌如何将经济拖入有效下限境地并使其陷入动荡的通货紧缩螺旋。

b. 利用 *MP* 曲线和总供求图说明大规模资产购买如何能够对冲 a 所描述的金融恐慌影响。

答：a. 金融恐慌将经济拖入有效下限。

投资的实际利率由中央银行设定的短期实际利率 r 和金融脆弱性 $\bar{f}$ 两部分组成。这种联系用数学公式表达如下：$r_i = r + \bar{f}$。

金融恐慌将导致流动性短缺，从而导致金融脆弱性显著加剧，在央行设定的短期实际利率 r 不变时，投资的实际利率 $r_i(r_i = r + \bar{f})$ 加大，推动图 23－16 中的总需求曲线向左位移至 AD_2，经济移动到它与总供给曲线的交点 1，此时政策利率触发有效下限，产出低于潜在水平，$Y_1 < Y^P$。均衡产出的下降进一步加剧了金融脆弱性，进一步提高了投资的实际利率，从而使得总需求曲线进一步向左移动。

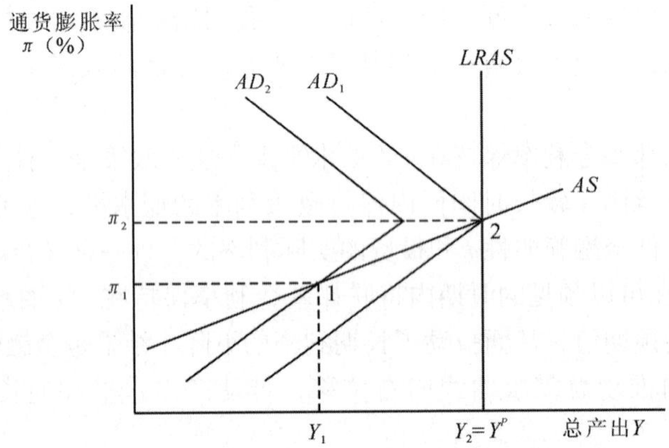

图 23－16　金融恐慌的反应

金融恐慌导致通货紧缩螺旋。当产出低于潜在水平，政策利率达到有效下限时，通货膨胀率的下降会导致实际利率上升，从而进一步削弱产出，带动通货膨胀率进一步下降。这一系列事件的链条可以表达如下：$Y < Y^P \rightarrow \pi\downarrow \rightarrow r\uparrow \rightarrow Y\downarrow \rightarrow Y \ll Y^P \rightarrow \pi\downarrow \rightarrow r\uparrow \rightarrow Y\downarrow \rightarrow Y \ll Y^P$。最终结果就是产出和通货膨胀率都进入螺旋式下降的循环。

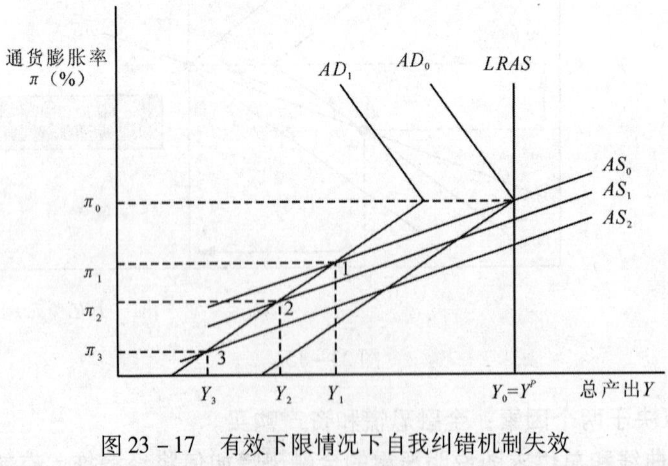

图 23－17　有效下限情况下自我纠错机制失效

如图 23－17 所示，在最初的均衡位置上点 1，$Y_1 < Y^P$。由于经济不够活跃，因此短期总供给曲线就会下降到 AS_1，经济移动到 AS_1 与 AD_1 曲线交点 2，此时通货膨胀率和产出分别下降为 π_2 和 Y_2。由于相对于 Y^P，Y_2 比 Y_1 更低，因此短期总供给曲线会继续向下位移至 AS_2，经济移动到点 3，通货膨胀率和产出分别进一步降低至 π_3 和 Y_3。经济陷入了通货紧缩螺旋，通货膨胀率和产出持续下降。

b. 当央行购买资产时，它的资产负债表必然会随之扩张，从而大幅增加了经济中的流动性，降低了 $\bar{f}$，进而导致任一通货膨胀率对应的投资的实际利率下降，推动总需求曲线位移至 AD_2(如图 23 - 18 所示)。经济移动到点 2，产出水平和通货膨胀率分别上升到 Y_2 和 π_2。

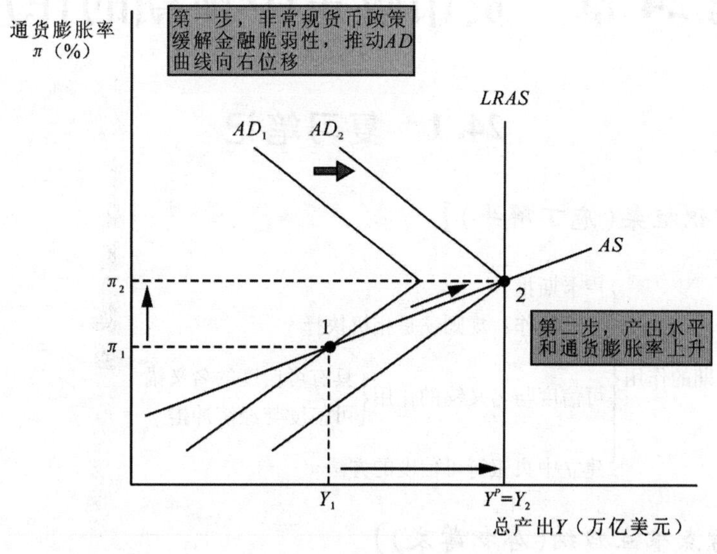

图 23 - 18　资产购买的反应

通货膨胀率的上升推动着供给曲线向上位移至 AS_2，经济来到点 2，此时产出水平和通货膨胀率分别上升到 Y_2 和 π_2。

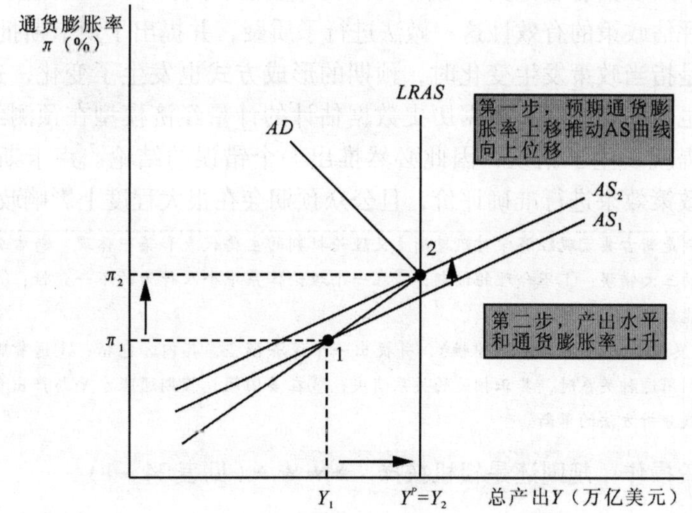

图 23 - 19　预期通货膨胀率上升的反应

第24章　货币政策中预期的作用

24.1　复习笔记

【知识框架(庖丁解牛)】

- 货币政策中预期的作用
  - 卢卡斯批判
  - 政策操作：规则还是相机抉择
  - 可信度与名义锚的作用
    - 具有可信度的名义锚
    - 可信度与经济冲击
  - 建立中央银行可信度的方法

【考点难点归纳(厚积薄发)】

考点一：卢卡斯批判　★★★

罗伯特·卢卡斯在其著名论文《政策评价的计量经济学方法：一个批判》中对用传统的计量经济模型来评估政策的有效性这一做法进行了质疑，并提出了卢卡斯批判。

卢卡斯批判是指当政策发生变化时，预期的形成方式也发生了变化，这样经济模型中变量之间的关系也会随之改变；根据历史数据估计的计量经济模型在预测经济变化所带来的效果时，其前提就发生了错误，因此必然推出一个错误的结论。卢卡斯批判的含义为：传统模型无法对政策效果进行准确评价，且公众预期会在很大程度上影响政策效果。

拓展： 卢卡斯批判是新古典宏观经济学对凯恩斯主义理论批判的主要代表和集中体现。新古典宏观经济学指出了凯恩斯主义经济理论的三大错误：①不合理的预期；②在一个理论体系中个人行为的不一致性；③以国内生产总值作为评价政策的标准不能反映人们的福利状况。

卢卡斯于1972年发表文章《预期与货币中性》，并提出一个经济模型，其内容包括：①通货膨胀与产出短期正相关；②当决策者试图利用这种关系时，其正相关的关系消失；③在多国间，长期通胀水平与产出负相关。此模型引发了宏观经济理论与实践分析方法的革新。

考点二：政策操作：规则还是相机抉择　★★★★(见表24－1)

表24－1　政策操作：规则还是相机抉择

要点	具体内容	
相机抉择和时间不一致性问题	含义	①相机抉择的货币政策也称为权衡性货币政策，是指中央银行根据对当前的宏观经济形势的判断，制定与执行权衡性的货币政策措施来实现货币政策的既定目标。 ②时间不一致是指在事前中央银行承诺的最优货币措施，到了它实施时发现不再是最优的，从而改变政策措施来实现政策目标。因此，一般为了在短期内刺激经济，政策制定者对政策操作的宽松程度会超出企业和个人的预期

续表

要点	具体内容	
相机抉择和时间不一致性问题	缺点	工资和价格水平反映了工人和企业对未来政策变化情况的预期，所以扩张性政策并非最优的选择。政策制定者如果想要稳定通货膨胀水平，就要放弃相机抉择政策，采取规则
规则	含义	规则是指具有约束力的计划，规定了在失业率和通货膨胀率数据发生变化时的政策反应
规则	类型	①非积极干预主义政策。货币主义者指出货币会导致总需求波动，且这是唯一原因，因此如果政策积极地对失业率的变化做出反应，那么货币政策的时滞效应会增加经济波动和通货膨胀率波动，因此，他们主张不对经济状况做出“反应”，即非积极干预主义的政策。米尔顿·弗里德曼和他的追随者们主张采取单一货币增长率规则，其他货币主义者则主张根据货币流通速度对货币供给增长率进行相应的调整。 ②积极干预者的政策规则。积极干预者的政策支持者认为货币政策应对产出和通货膨胀率水平做出反应，典型代表是泰勒规则，它认为美联储在确定联邦基金利率目标时应当同时将产出缺口和通货膨胀缺口考虑在内
支持规则的理由		①避免时间不一致性问题。在政策规则的约束下，政策制定者只能按照固定的计划行事，从而避免了时间不一致性问题，有利于实现长期目标。 ②政治家和政策制定者所制定的决策并不可信。政治家有动机去实施帮助自己赢得选举的政策，因此该政策的重点往往是短期内增加就业，而忽略了更高的通货膨胀
支持相机抉择的理由		①规则过于死板，无法照顾到每一种可能性； ②个人判断很难写入政策规则中； ③政策规则的模型可能存在缺陷； ④政策规则难以适应经济中的结构性变化
有约束的相机抉择		有约束的相机抉择，虽然给政策制定者带来了概念框架和内在约束，但是并没有完全取消其灵活性。该政策将规则和相机抉择结合起来，承诺名义锚是其发挥作用的一种重要方式

【例 24.1】弗里德曼认为货币需求函数的特点是(　　)。[中央财经大学 2015 年研]

A. 不稳定　　B. 不确定　　C. 相对稳定　　D. 稳定

【解析】对于货币需求，弗里德曼最具概括性的论断是：由于恒久性收入的波动幅度比现期收入小得多，且货币流通速度也相对稳定，因而，货币需求也是比较稳定的。认为货币流动速度的稳定和货币需求对利率的不敏感，是弗里德曼的货币需求理论与凯恩斯的货币需求理论之间的主要差异。

【答案】C

【例 24.2】相机抉择[上海外国语大学 2023 年研；武汉大学 2016 年研]

答：相机抉择是政府进行需求管理时根据市场情况和各项调节措施的特点，机动灵活地采取一种或几种措施，使财政政策和货币政策相互搭配。根据宏观财政政策和宏观货币政策在决策速度、作用速度、预测的可靠程度和中立程度这四方面的差异，相机抉择一般具有三种搭配方式：①松的财政政策与松的货币政策相搭配；②紧的财政政策与紧的货币政策搭配；③松的财政政策与紧的货币政策搭配或紧的财政政策与松的货币政策搭配。实行相机抉择的目的在于既保持总需求，又不引起较高的通货膨胀率。一般要求逆向行事，经济衰退时实行扩张政策，经济过热时实行紧缩政策。这是凯恩斯学派的政策主张。

考点三：可信度与名义锚的作用 ★★★★★

1. 具有可信度的名义锚（见表24－2）

表24－2 具有可信度的名义锚

要点	具体内容
名义锚	名义锚是指政策制定者用来锁定物价水平的名义变量。如果名义锚的承诺得到公众信任（有可信度），则会给经济带来正面影响
可信任名义锚的好处	①具有可信度的名义锚具有行为规则的特征，可以向相机抉择政策提供预期的约束，进而克服相机规则的时间不一致性问题。 ②具有可信度的名义锚能够稳定通货膨胀预期，减少通货膨胀率的波动，从而稳定物价和总产出

2. 可信度与经济冲击（见表24－3）

表24－3 可信度与经济冲击

冲击	经济变化	政策可信度高	政策可信度不高	结论
正面需求冲击	如图24－1所示，总需求曲线从AD_1向右位移至AD_2，经济从点1移动至点2	公众的预期通货膨胀率保持不变，短期总供给曲线不变，并且随着时间的推移，总需求曲线会回到初始位置，通货膨胀率也会降低到其目标水平	公众预期通货膨胀率上升，短期总供给曲线从AS_1向左上方位移至AS_3，经济移动到点3，通货膨胀率进一步上升达到π_3	当经济受到正面需求冲击时，具备可信度的货币政策可以在短期内稳定通货膨胀率
负面需求冲击	如图24－2所示，总需求曲线从AD_1向左位移至AD_2，经济移动到点2	公众的预期通货膨胀率保持不变，短期总供给曲线不变，中央银行实施宽松性的货币政策，总需求曲线会回到初始位置，经济回到点1	公众预期通货膨胀升高，短期总供给曲线向左上方位移至AS_3，中央银行实施宽松的货币政策，经济移动到点3，此时出现了产出缺口	当经济遭遇负面需求冲击，具备可信度的货币政策可以在短期内稳定经济活动
负面总供给冲击	如图24－3所示，短期总供给曲线上移至AS_2，经济来到点2	通货膨胀率上升和产出下降的幅度都很小	预期通货膨胀率会大幅上升，短期总供给曲线持续向左上方位移至AS_3。经济来到点3，通货膨胀率上升和产出下降的幅度都很大	当经济遭遇负面供给冲击时，具有可信度的货币政策在短期内可以使得通货膨胀率和产出具有较小的变动幅度
反通货膨胀政策	如图24－4所示，总需求曲线从AD_1向左位移至AD_4	公众预期通货膨胀率下降，短期总供给曲线向下位移至AS_3，经济来到点3，产出下降幅度较小，预期通货膨胀率下降幅度较大。经济最终来到点4，以产出小幅下降的代价实现了通货膨胀率的迅速下降	短期总供给曲线不变，经济来到点2。产出和通货膨胀率都降低	在追求通货膨胀目标时，中央银行的可信度越高，通货膨胀下降的速度就越快，对产出造成的损失就越小

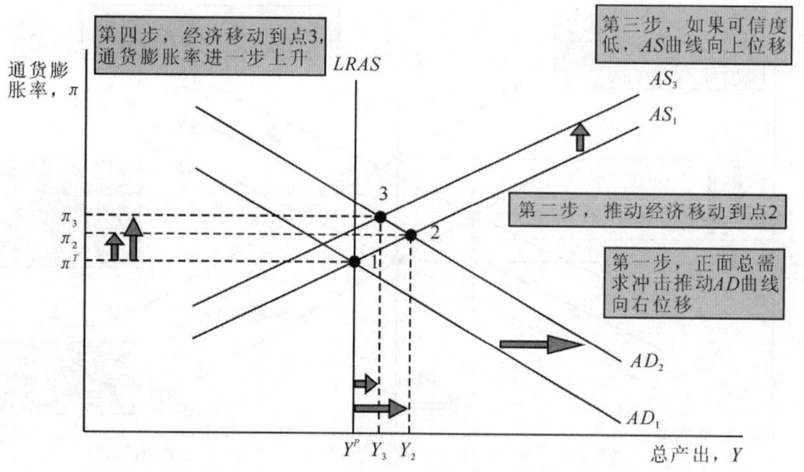

图 24－1 可信度与正面总需求冲击

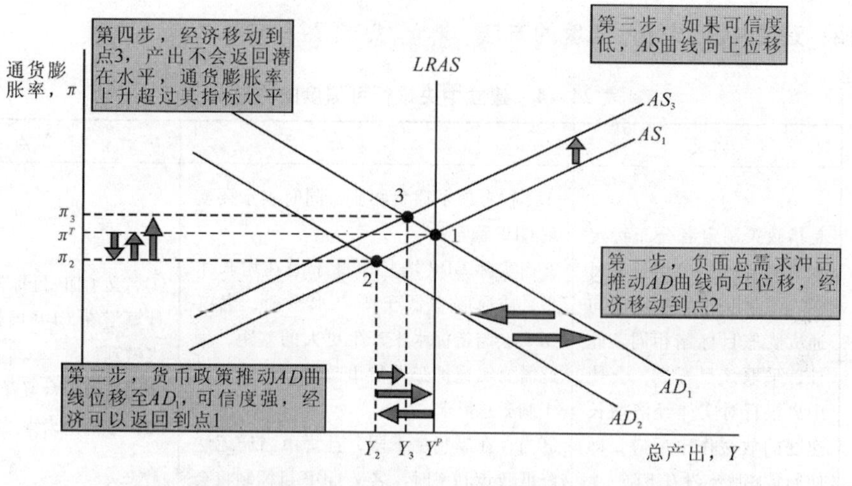

图 24－2 可信度与负面总需求冲击

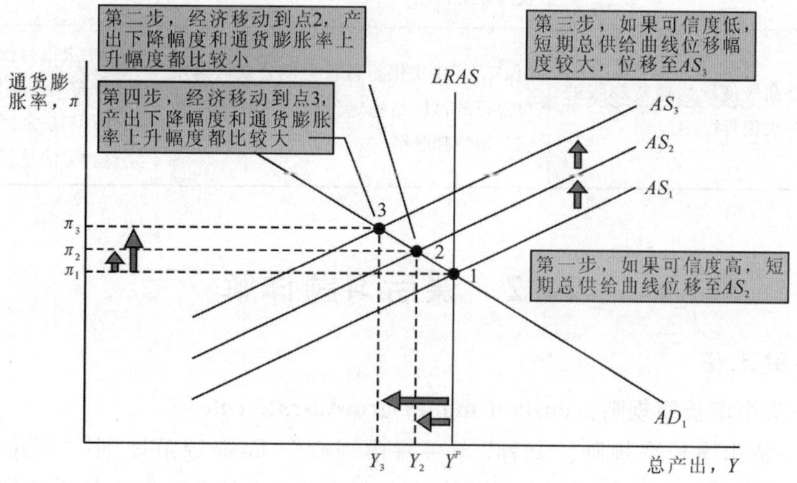

图 24－3 可信度与总供给冲击

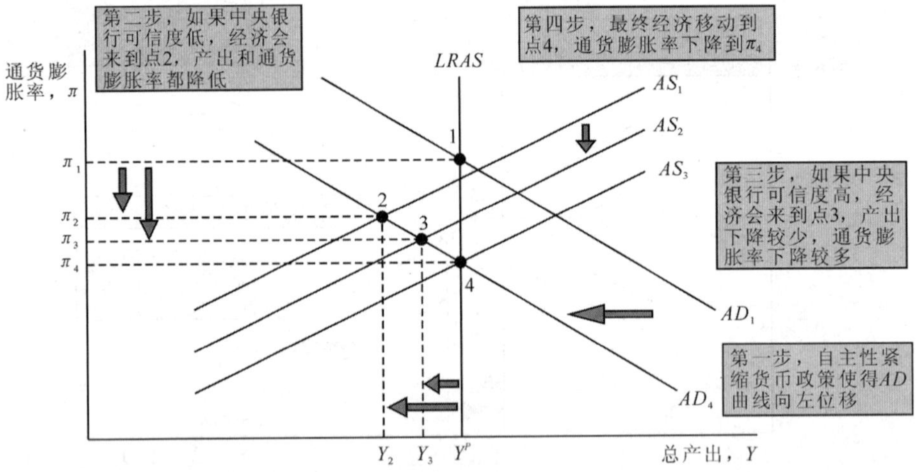

图 24－4　可信度与反通货膨胀政策

考点四：建立中央银行可信度的方法　★★（见表 24－4）

表 24－4　建立中央银行可信度的方法

方法	含义	优点	缺点
名义 GDP 目标制	是指政策制定者公布特定水平的名义 GDP 增长率目标。该制度的某些特征与通货膨胀目标制相同。此外，采取该目标制，会使中央银行对实体经济增长速度的放缓作出反应，即使通货膨胀率没有下降	①不仅考虑了通货膨胀，同时表示要实现 GDP 稳定； ②当实际 GDP 增长率低于潜在增长水平，或通胀率低于既定水平时，名义 GDP 会与指标水平产生更大的差距，因此需要实施扩张性货币政策，从而有助于刺激总需求； ③当存在零利率下限，且货币当局无法降低政策利率时，名义 GDP 目标制将会发挥显著作用	①名义 GDP 目标制需要准确计算潜在 GDP 增长率，这很难做到； ②无法向公众解释，所以公众无法理解中央银行的目标
任命“保守派”中央银行行长	任命极度厌恶通货膨胀的中央银行行长	“保守派”中央银行行长会使公众认为中央银行的目标是稳定预期通货膨胀率和实际通货膨胀率	由于中央银行行长对通货膨胀的“保守”态度是否符合公众偏好是不确定的，因此并不确定这种方法是否能持续有效

24.2　课后习题详解

一、关键术语

1. 单一货币增长率规则（constant-money-growth-rate rule）

答：单一货币增长率规则，又称“单一货币规则”“固定货币规则”“货币政策简单规则”，是指货币当局把货币供应量的增长率稳定在一个确定的数值上的货币政策。这是以弗里德曼为代表的美国货币主义学派极力提倡的货币政策。货币主义认为，货币供应量与经济增长之间存在着稳定的联系，人们的货币需求与实际收入之间存在着稳定的函数关系。因此，货币供应量的增长必须和实际经济增长保持一致，实际经济增长在一定时期内保持稳定，货币供应量的增长率也应当保持稳定。弗里德曼提出，按平均实际国民收入增长率规定并公开宣布一个长期不变的货币增长率，是货币政策唯一的最佳选择。

也有一些学者对单一规则提出修正：①应规定货币增长率的目标幅度，而非单一数值指标；②随时测算货币流通速度，据此调整目标值；③建立货币供应量增长率与实际收入增长率之间的非线性模型，以取得比线性关系更好的效果。

货币主义学派反对凯恩斯主义以相机抉择的反周期财政政策调控经济，而突出强调货币政策的重要作用，认为通货膨胀和经济变动是货币因素造成的，必须运用货币政策来消除。货币政策的落脚点不在于控制银行信贷利率，而是直接控制货币供应量的增长率。货币主义学派认为市场经济本身是稳定的，不需要政府干预，只要维持固定的货币增长率，就会消除通货膨胀和经济的不稳定性。

2. 相机抉择(discretion)

答：相机抉择货币政策又称权衡性货币政策，是指政策制定者不对未来的行动做出任何承诺，而是根据当时的情况采取他们相信是正确的政策决策。例如，在失业率较高的情况下，相机抉择政策是指降低失业率的政策。相机抉择政策的反对者则认为，如果政府不采取相机抉择政策来降低失业率，经济情况反而会有所改善。

3. 名义 GDP 目标制(nominal GDP targeting)

答：名义 GDP 目标制是指政策制定者公布特定水平的名义 GDP 增长率目标的制度。由于名义 GDP 增长率指标与通货膨胀率指标值是具有密切关系的，因此名义 GDP 目标制也具有通货膨胀目标制的某些特征。此外，采取这种方法意味着即使通货膨胀率没有下降，中央银行也须对实体经济增长放缓做出相应的反应。

4. 有约束的相机抉择(constrained discretion)

答：有约束的相机抉择是指赋予政策制定者概念框架和内在约束，但并没有取消其所有的灵活性的政策。规则和相机抉择都存在着缺陷，因此直接简单地把规则和相机抉择分开，可能无法把握政策制定者所面临的现实，而有约束的相机抉择将规则和相机抉择的优点有机结合在一起，可以更好地发挥作用。承诺一个名义锚是其发挥作用的一种重要方式。

5. 宏观经济计量模型(macroeconometric model)

答：宏观经济计量模型是在宏观水平上把握和反映经济运动的全面特征，研究宏观经济主要指标之间的相互依存关系，描述国民经济和社会再生产各环节之间的联系，并可以用以进行宏观经济的结构分析、政策评价、决策研究和发展预测。模型中的公式是运用统计工具估计得出的，用于预测经济活动和评估政策的潜在效应。这些模型实质上就是描述许多经济变量之间统计联系的一系列公式。经济学家将数据代入这些模型，就可以得到预测结果。

6. 政治经济周期(political business cycle)

答：政治经济周期是指政策周期性波动对经济波动的影响。在大选之前，政府实行扩张性的经济政策，以“适度”的通胀率为代价来降低失业率；当选之后，政府则采取紧缩性的经济政策来降低通胀率，导致失业率上升。这样，宏观经济运行就会呈现出明显的通胀偏差周期。

政治性商业周期的产生有三个基本条件：①凯恩斯国民收入决定理论为政策制定者提供了刺激经济的工具；②选民喜欢高经济增长，低失业以及低通货膨胀的时期；③政治家喜欢连选连任。

7. 可信度(credibility)

答：可信度是指政府的政策承诺得到了公众的信任。承诺名义锚是有约束的相机抉择发挥作用的一种重要方式。名义锚是指政策制定者用来锁定物价水平的名义变量。如果对名义锚的承诺具有可信度，即得到了公众的信任，那么就会对经济稳定发挥重要作用：

①具有可信度的名义锚具有行为规则的特征，可以向相机抉择政策提供预期的约束，进而克服了相机规则的时间不一致性问题；

②具有可信度的名义锚有助于稳定通货膨胀预期，降低通货膨胀率的波动，从而实现物价稳定和总产出稳定。

8. 货币主义者(monetarists)

答：货币主义者是于20世纪50～60年代在美国出现的一个经济学流派及其追随者，亦称货币学派，其创始人为美国芝加哥大学教授弗里德曼。在20世纪70年代初，“滞胀”的出现使凯恩斯主义陷入了窘境。货币主义公开反对凯恩斯主义，提出“单一规则”的货币政策，企图抑制通货膨胀，促进经济增长。

货币主义者认为引起名义国民收入发生变化的主要原因在于货币当局决定的货币供应量的变化。假如货币供应量的变化会引起货币流通速度的反方向变化，那么，货币供应量的变化对于物价和产量会产生什么影响将是不确定的、无法预测的。弗里德曼突出强调货币需求函数是稳定的函数，应该尽可能降低货币流通速度发生变化的可能性及其对产量和物价可能产生的影响，以便在货币供应量与名义国民收入之间建立起一种确定的可以做出理论预测的因果关系。在短期内，货币供应量的变化主要影响产量，部分影响物价；但在长期内，产出量完全是由非货币因素(如劳动和资本的数量，资源和技术状况等)决定的，货币供应只决定物价水平。弗里德曼强烈反对国家干预经济，主张实行一种“单一规则”的货币政策。这就是把货币存量作为唯一的政策工具，由政府公开宣布一个在长期内固定不变的货币增长率，这个增长率应该是在保证物价水平稳定不变的条件下，与预计的实际国民收入在长期内会有的平均增长率相一致。

9. 规则(rules)

答：规则是指具有约束力的计划，其规定了在失业率和通货膨胀数据发生变化时的政策反应。米尔顿·弗里德曼和他的追随者们主张采取单一货币增长率规则，即无论是何种经济状况，政策制定者都应当保持货币供给增长率不变。其他货币主义者则认为货币流通速度在短期内通常很不稳定，因此应当根据货币流通速度对货币供给增长率进行相应的调整。规则有利于避免时间不一致性问题和政治经济周期问题。

二、思考题

1. 卢卡斯批判认为我们目前对经济运行方式的理解存在着什么局限性？

答：卢卡斯批评认为政策制定者关于给定政策影响的先验判断通常是错误的，因为政策制定者很难准确地考虑到人们对政策变化的反应。这表明我们对经济如何运行的理解是有限的，因为当前的研究不能完全解释和准确地模拟个人行为，因此政策制定者不得不依靠有缺陷的模型来估计政策对经济的影响。

2. “卢卡斯批判本身对相机抉择的稳定化政策能否有用提出了质疑。”这种表述正确、错误还是不确定？解释你的答案。

答：正确。因为卢卡斯批判表明政策对通货膨胀和产出的影响应取决于公众对该项政策的预期。在卢卡斯看来，政策可以帮助实现政策制定者所需要达到的目标是受很多条件限制的，如果政府认为公众对于政策预期无关紧要，那么这一政策的效果就越不确定，因此使得制定一项能带来预期效果的稳定政策难上加难。

3. 假定基于历史数据的经济计量模型预测美联储提高联邦基金利率会导致国内投资小幅下降。假定美联储正在考虑提高联邦基金利率目标以对抗通货膨胀，以及营造低通货膨胀环境从而鼓励投资和经济增长。

a. 如果人们将联邦基金利率目标上调解读为美联储将长期保持低通货膨胀的信号，讨论经济计量模型预测的含义。

b. 对该模型的卢卡斯批判会是什么？

答：a. 根据理性预期理论，个人可能将联邦基金利率指标的这种增长解释为美联储将承诺抑制通货膨胀的信号。联邦基金利率的增加决定了短期内实际利率的上升，并导致更高的融资成本。虽然这可能减少投资，但是公众有可能认识到美联储的意图，预期到低通货膨胀经济环境将刺激投资，进而决定增加投资。

b. 卢卡斯批评将指出这样的事实，即国内投资在利率上升后下降的模型可能是通过过去的数据构建的。但是该模型没有考虑到公众可能很快修改他们的预期，并可能改变他们对经济变量(如利率)变化的反应方式。

4. 如果公众认为美联储可能会实施将短期利率永久性地提高至5%的政策，但美联储没有批准这一政策调整，长期利率会怎样变化？解释你的答案。

答：长期利率将会下降。因为根据利率的期限结构理论，长期利率与预期的平均短期利率水平相关。当公众预期美联储将永久性地提高短期利率时，他们将提高对未来短期利率的预期，则长期利率水平将提高。当美联储没有批准这一政策调整时，公众将会意识到他们预期的错误，从而下调其对短期利率的预期。结果美联储没有采取进一步行动使得长期利率下降。

5. 在何种意义上，更高的中央银行独立性可能恶化时间不一致性问题？

答：中央银行独立性越强，他们实行稳定通货膨胀政策的正式问责就越少。从这个意义上来说，中央银行将更容易表现出渴望实行低通货膨胀政策的愿望，而实际上则是采取更加扩张性的政策来降低失业率和增加产出，从而恶化时间不一致性问题。

然而，中央银行独立性增强，时间不一致性问题也可以通过更大的透明度和沟通力度来减轻。透明度和沟通的增强意味着公众被虚假信息愚弄的可能性降低，因此中央银行不能实行增高通货膨胀的政策来在短期内增加产出和降低失业。

6. 支持和反对政策规则的理由分别是什么?

答: 政策规则的支持者认为，这些规则能够解决时间不一致性问题，有助于决策者实现良好的长期经济效果。它们还可以防止过去严重的政策错误重复出现，并且可以避免每次选举前采取扩张性的财政和货币政策，而当选之后实行紧缩性政策的政治经济周期。

政策规则的反对者认为：第一，规则过于僵化，当政策制定者应对不可预见的问题时缺乏灵活性；第二，在政策制定过程中不允许加入任何判断；第三，它们可能基于不正确的经济模型；第四，如果经济遭遇结构性变化，它们会导致不好的经济结果。

7. 如果公众认为将会实施通货膨胀型政策的新一届政府出人意料地在选举中获胜，预测产出和通货膨胀水平会有怎样的变化，即使在这届政府走马上任之前。

答: 由于大选所引起的通货膨胀预期的上升将会导致物价水平上涨，短期总供给曲线向上移动，这将会导致实际通货膨胀率的上升和产出水平的下降。为了控制通胀，政府官员往往会推行紧缩性政策，这会造成经济衰退。而这种操作带来的直接后果是经济的不稳定发展。

8. 许多经济学家都担心巨额预算赤字会导致将来出现通货膨胀型货币政策。预算赤字对当前通货膨胀率会有影响吗?

答: 会。如果公众预期预算赤字可能导致通货膨胀性货币政策，并且货币政策的预期将对短期总供给曲线产生影响，那么巨额的预算赤字会导致更高的通货膨胀预期，从而使得短期总供给曲线向上移动。结果就是通货膨胀率的上升。具体说来:

理性预期的前提下，公众认为按照以往的习惯，政府巨额的预算赤字很大一部分将通过扩张的货币政策来弥补，即公众认为政府会采取通货膨胀型货币政策。在这种情况下，因为通货膨胀预期升高，所以大额财政赤字将使总供给曲线左移的幅度更大。最终使经济达到一个新的均衡点，在该点，价格水平的上涨幅度(通货膨胀率)更大。因此，在理性预期下，预算赤字对当前的通货膨胀率也存在影响。

9. 在一些国家，由总统选择中央银行行长。同样，总统可以解雇中央银行行长，也可在任何时候撤换中央银行行长。解释这样的情况对货币政策操作有何含义。你认为中央银行会遵循货币政策规则，还是会实施相机抉择政策?

答: 当总统有权提名或撤换中央银行的行长时，中央银行会选择相机抉择的货币政策。因为始终遵守货币政策规则，有时会对经济造成一些不利影响。如果总统可以对中央银行行长施加压力，那么最有可能实行的货币政策将是相机决定的，并且符合总统或其政党的要求。实际上，这在 20 世纪 70 年代和 80 年代许多南美国家都发生过。毫不奇怪，这些国家中的大多数国家都无法实现长期目标，比如在此期间的物价稳定。此外，货币政策(和财政政策)的频繁变化将会导致产出波动和低增长。虽然大多数中央银行仍然受到来自政客的压力，但是人们普遍认为，中央银行具有一定的独立性是必要的。

10. 均衡的联邦基金实际利率意外变动如何成为反对使用泰勒规则来实施货币政策的理由?

答: 对使用泰勒规则的反对理由是,一旦实施,经济结构性变化往往需要定期更新规则以反映适当的政策结果。然而,在这种情况下,如果均衡实际联邦基金利率发生变化而政策制定者不知道它发生了变化,不确定变化的幅度或方向,或者认识到变化但只是没有更新政策规则,则很可能相对于应有的水平,货币政策要么过于紧缩,要么过于宽松。因此,决策者最好使用自由裁量权,而不是仅仅依靠机械规则,这样可以更灵活地解释经济中这些类型的频繁和意外的结构性变化。

11. 有约束的相机抉择与相机抉择货币政策有何差异?这些政策的结果有何不同?

答: 有约束的相机抉择货币政策是一种更透明和更有纪律的相机抉择。决策者的一般目标和战术是预先承诺的,这允许在政策行动(如纯粹的相机抉择)方面有一定的灵活性,但只要它们致力于总体目标和策略的实现,就能在某种程度上限制政策制定者采取过度扩张性政策的能力。

二者在效果上的差异是:在有约束的相机抉择货币政策之下,由于承诺和透明度的存在,能够在不放弃应对实体经济变化的灵活性的前提下,提高政策制定者的信誉,通货膨胀率和预期通货膨胀率可能低于纯粹的相机抉择货币政策下的结果。

12. 一般而言,可信度(或者缺乏可信度)如何影响总供给曲线?

答: 一般来说,当中央银行缺乏可信度时,公众不相信中央银行会采取能够导致低水平且稳定的通货膨胀的政策。因此,预期通货膨胀率会更高,导致短期总供给曲线上升,使得实际通货膨胀率上升和产出下降,显然比不上中央银行具有充分可信度时带来的经济效果。

13. 日本政府和中央银行近来致力于通过政策永久性地提高通货膨胀以使通货膨胀脱离持续的低水平,但通货膨胀继续停留在零附近。如何用中央银行的可信度来解释这种低通胀的持续性?

答: 通常情况下,扩张性财政或货币政策(尤其是同时实施时)应该会导致更高的通胀,从而将通胀预期提高到永久更高的水平。不过,就日本而言,由于通胀多年来一直接近于零,这也将通胀预期锚定在了接近零的水平。更具体地说,它在日本市场参与者和公众中创造了 种心态,即就算央行或政府采取行动,也不大可能成功推高通胀。由于央行提高通胀的努力缺乏可信度,这反映在长期的低通胀预期和低实际通胀上。

14. 作为全球金融危机政策反应的一部分,2008 年 12 月美联储将联邦基金利率目标调低至几乎为零,并在 2008~2014 年间将基础货币扩大了 4 倍,货币政策的宽松程度十分可观。然而,基于问卷调查计算出来的 5 年和 10 年通货膨胀预期在此期间的大部分时间里依然很低。请对联邦储备体系对抗通货膨胀的可信度进行点评。

答: 这明显表明美联储的可信度较高,这种可信度可能是在过去二十年中获得的。虽然美联储从未明确指出通货膨胀指标,但许多人认为美联储官员在这段时间内有一个通货膨胀率指标。即使没有公布,这个指标被假定是高于零的,并且年通货膨胀率大约为 1.5%

到2.5%（意见存在差异）。美联储没有宣布通货膨胀率目标，因此也不需要为没达到通货膨胀目标而负责。但很明显，公众认为美联储已经并一直致力于将通货膨胀率保持在低而稳定的水平。最后，更令人印象深刻的是，由于美联储对美国金融体系的救市行动，基础货币显著增加，但并未导致高水平的通货膨胀预期。

15. “实施反通货膨胀政策的政策制定者越可信，政策就将越成功。”这种表述正确、错误还是不确定？解释你的答案。

答：如果关于政策的预期会影响工资和价格的制定过程的话，则这句话是正确的。根据新古典和新凯恩斯等经济模型，关于政策的预期和工资与价格调整是相关的，可信的反通胀政策，相对于不可信的反通胀政策而言，将用更低的产出损失来迅速地降低通货膨胀。

16. 为什么20世纪70年代石油价格冲击对经济的影响不同于2007年石油价格冲击？

答：如图24－5所示，20世纪70年代的石油价格冲击导致通货膨胀率和失业率显著高

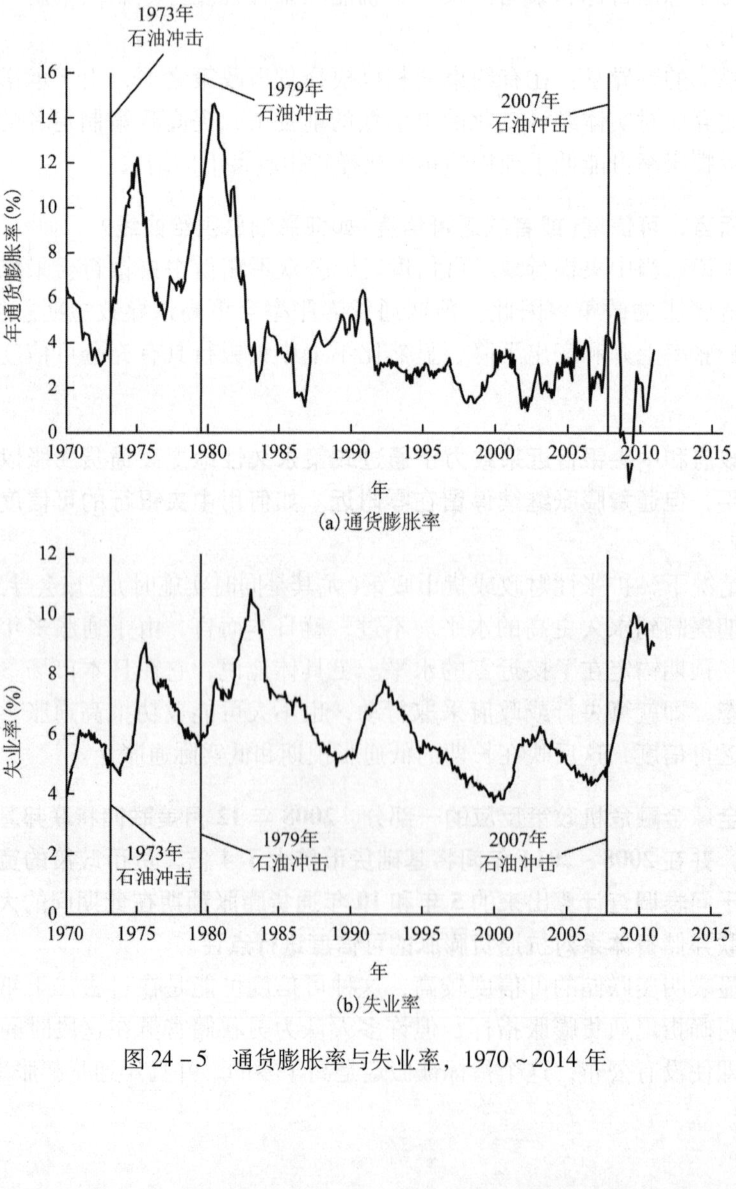

图24－5　通货膨胀率与失业率，1970～2014年

于 2007 年开始影响经济的石油价格冲击，这两个阶段的主要区别在于政策可信度的作用。在 20 世纪 70 年代，美联储保持低通货膨胀率的承诺的可信度不高，所以石油价格冲击使总体供给曲线向上移动，这不仅是由于冲击本身，还由于美联储可信度较差导致的预期通货膨胀率的上升。相比之下，美联储在过去几十年保持低而稳定的通货膨胀的承诺提升了美联储的可信度。这使得预期通货膨胀率没有因 2007 年的冲击而大幅上涨，因此对实际通货膨胀和失业的影响程度小于 20 世纪 70 年代。

17. 实施通货膨胀目标制的中央银行通常会公布通货膨胀目标以及相应的时间区间。此外，中央银行官员要对其行为负责（例如，如果无法达成目标，他们可能会被解职），而他们成功与否也是公开信息。解释为什么透明度是通货膨胀目标制的基本要素。

答：关于通货膨胀率目标和中央银行官员的潜在惩罚的公告，对于通货膨胀目标制至关重要。对于公众来说，检查目标是否达到是非常重要的。当中央银行官员知道公众可以很容易地监督他们的表现，他们就会有一个额外的为了他们的声誉而尽一切力量实现他们的目标的激励。即使他们的声誉对他们来说不重要，他们也有动力去完成他们的工作，因为他们可能会被别人解雇。当中央银行官员和广大公众知道“游戏规则”时，货币政策的可信度可能会更高。

总之，透明度可能是任何特定类型货币政策成功执行的有利因素。这是美国联邦储备局早前认可的，即使美联储不实施通货膨胀目标制（或任何具有明确名义锚的货币政策），早前它也承认有必要就联邦基金利率目标的决定与公众进行沟通。

18. 近年来，中央银行大大提高了与市场参与者和公众的沟通程度，而且与此同时，其中许多国家的平均通货膨胀有所下降且变动更小。这是巧合，还是存在关联？请解释。

答：总的来说，这不是巧合。随着沟通的增加，中央银行的透明度增加，自由支配货币政策所固有的时间不一致问题减少。通胀预期和可信度在更大范围内与央行的政策更加紧密地联系在一起。因此，人们认为，随着透明度的提高，问责制和可信度将会提高。

19. 通货膨胀目标制的目的是什么？这一货币政策战略是如何实现其目的的？

答：通货膨胀目标制有两个基本目的：控制通货膨胀、提高货币政策制定者稳定价格的承诺的可信性。这些目标是通过以下方面来实现的：①宣布通货膨胀的数字指标；②承诺将价格稳定作为货币政策的主要长期目标；③增加与公众和金融市场参与者关于货币政策制定的目标和过程的沟通；④使政策制定者对已确定的通货膨胀指标负责。

20. 在稳定通货膨胀方面记录不佳的中央银行，建立汇率目标如何能够为其带来可信度？

答：使本国货币与另一国货币相联系是一个通货膨胀记录不佳的国家建立信誉的简单方法，这是因为一个正式的汇率目标制为货币政策制定者提供了一个简单明确的规则，这也是相对来说比较容易监督的。因此，对汇率目标的承诺通过限制相机抉择政策，显著减少了时间不一致性问题。此外，对于一个具有低且稳定的通货膨胀并有着良好通货膨胀记录的国家而言，承诺遵循汇率目标制意味着只要它保持对目标汇率的承诺，国内经济将会进入一个低通胀的环境。

21. “保守派”中央银行行长具备哪些特征？

答：“保守派”中央银行行长是由哈佛大学的肯尼斯·罗格夫命名的，是指政府任命的保守的中央银行行长是极度厌恶通货膨胀的。换句话说，一个保守的中央银行行长将强烈反对通货膨胀政策，并承诺保持低而稳定的通货膨胀水平。

三、应用题

22. 假定中央银行实施的是单一货币增长率规则，且经济遭遇了严重衰退。借助总供求图说明这对经济可能产生的影响。如果中央银行继续秉承货币增长规则，这种情况对中央银行的可信度会有什么影响？如果经济下滑时中央银行放弃货币增长规则，这种情况对中央银行的可信度会有什么影响？

答：严重的经济下滑将导致总需求曲线大幅度下移，如图24－6所示，总需求曲线由AD_1移动到AD_2。中央银行实施单一货币增长率规则，这将导致对总需求的有限扩张效应，使总需求回移到AD_3。然而，这不足以充分稳定产出，衰退仍将持续。由于未能稳定产出，中央银行可能被公众视为不履行其职责。

但如果中央银行放弃单一货币增长率规则，实行一个更自由的政策制定框架，足以扩大总需求，以将经济推回到潜在产出水平（AD_1）。但是这意味着放弃了能够保持高信誉和低预期通货膨胀率的政策规则，将会降低中央银行的信誉，使预期通货膨胀率升高。

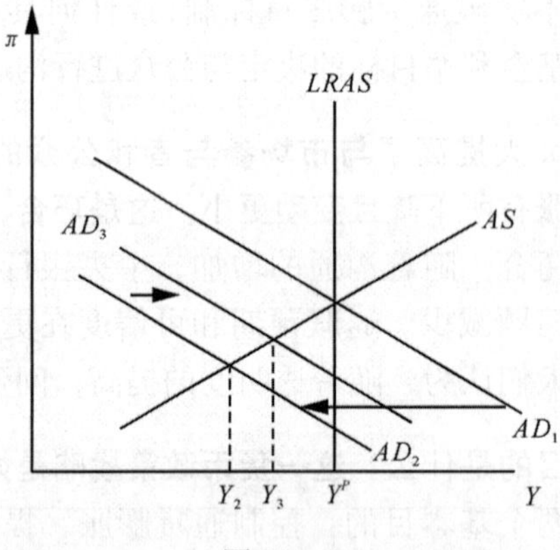

图24－6

23. 假定A国中央银行可信度非常高，而B国中央银行可信度非常差。政策公布后，两国中央银行的可信度会如何影响总供给曲线的调整速度？该结果如何影响产出稳定性？借助总供求图说明。

答：在A国，公众更相信中央银行关于未来政策变化的公告，从而根据未来政策的变化，调整自己的通货膨胀预期。所以与中央银行可信度较差的国家B相比，A国的总供给将更快地调整到政策公告所希望达到的水平。如果中央银行都宣布实施自主性紧缩政策以降低通货膨胀率，那么A国的总供给曲线将下降得更为迅速。信誉较差的B国可能不得不首先采取减少总需求的政策，在降低总需求的政策实施后，公众才会调整预期，以此来实现与A国相同的较低的长期通货膨胀率。这意味着A国的产出将更稳定，且调整过程更快。如图24－7所示。

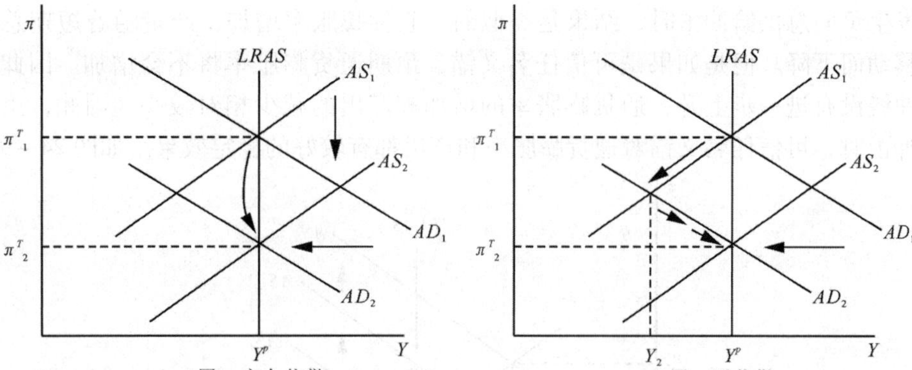

A国：完全信誉　　　　B国：无信誉

图 24 - 7

24. 假定两国有相同的总需求曲线和潜在产出水平，且两国的 γ 也相同。假设 2022 年两国遭遇了相同的负向供给冲击。下表列举了两国的通货膨胀数值，从中你能看出两国中央银行的可信度如何？解释你的答案。

年份	A 国	B 国
2021	3.0%	3.0%
2022	3.8%	5.5%
2023	3.5%	5.0%
2024	3.2%	4.3%
2025	3.0%	3.8%

答： 由于总需求曲线、潜在产出水平、参数和价格冲击在两个国家是相同的，所以可以解释两国之间通货膨胀差异的唯一因素是预期通货膨胀率。B 国的通货膨胀率上升幅度较大，并且持续时间比 A 国要长。这反映了 B 国的通货膨胀预期上升，意味着 B 国中央银行在维持低而稳定的通货膨胀方面可信度较低，使得面对负面供给冲击时，家庭和企业提高了通货膨胀预期。

25. 当经济面临正向总需求冲击时，可信任名义锚如何有助于改善经济结果？当经济面临负向总供给冲击时，可信任名义锚又是如何发挥作用的？借助总供求图说明。

答： 正向总需求冲击使得总需求曲线向右移动，导致通货膨胀率和产出上升。在不可信任名义锚的情况下，通货膨胀率的增加将导致预期通货膨胀率上升，短期总供给曲线向上移动，导致通货膨胀率进一步上升至 π_3。然而，在可信任名义锚的情况下，预期通货膨胀率不会改变，所以短期总供给曲线没有上升。因此，凭借可信的名义锚，通胀在需求震荡之后比较稳定。如图 24 - 8 所示。

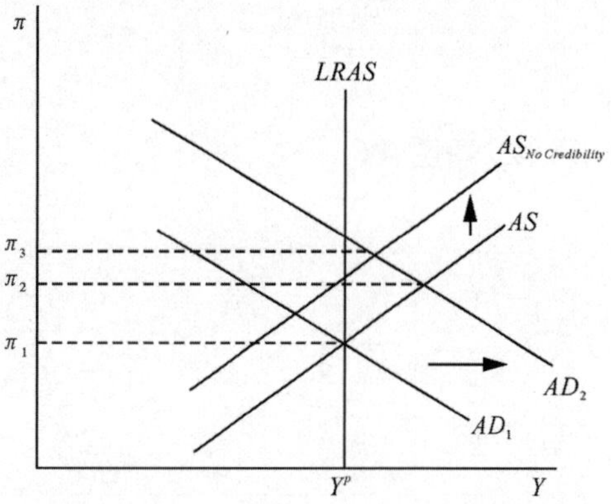

图 24 - 8

当发生负向总供给冲击时，结果是类似的。通货膨胀率增加，产量随着短期总供给曲线向上移动而下降。但是如果是可信任名义锚，预期通货膨胀率将不会增加。因此，短期总供给曲线没有进一步上升，通货膨胀率的增加和产出的减少相对较小。因此，当发生负向供给冲击时，可信任名义锚对通货膨胀率和产出都有较好的稳定效果。如图24－9所示。

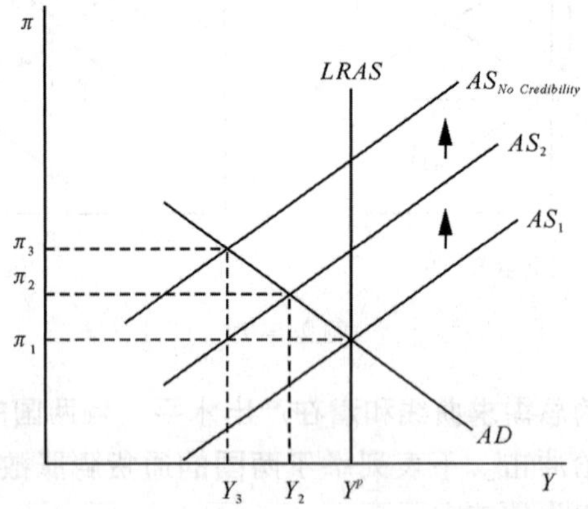

图24－9

第 25 章　货币政策传导机制

25.1　复习笔记

【知识框架(庖丁解牛)】

- 货币政策传导机制
  - 货币政策的传导机制
    - 传统的利率渠道
    - 其他资产价格渠道
    - 信贷渠道观点
    - 为什么信贷渠道可能很重要
  - 货币政策启示

【考点难点归纳(厚积薄发)】

考点一：货币政策的传导机制　★★★★★

货币政策传导机制是指货币政策影响总需求和经济活动的途径。

1. 传统的利率渠道

货币供给 M 的增减影响利率 r，利率 r 的变化通过影响筹资成本使投资 I 以乘数方式增减，最终影响总支出 E 和总收入 Y。

以宽松的货币政策为例，宽松的货币政策表现为货币供给的增加，导致实际利率水平下降，降低筹资成本进而引起投资支出增加，最终导致总需求水平上升。传导机制可表示为：

$$M\uparrow\rightarrow r\downarrow\rightarrow I\uparrow\rightarrow E\uparrow\rightarrow Y^{ad}\uparrow$$

在这个传导机制中发挥主要作用的是利率：首先影响利率的升降，然后才使投资乃至总支出发生变化。凯恩斯强调在利率传导机制中，主要环节是实际利率水平而不是名义利率水平。货币供给量的调整通过影响实际利率水平而对消费支出和计划投资产生影响，即使名义利率水平下降为零，宽松的货币政策依然可对经济起刺激作用。

2. 其他资产价格渠道(见表 25－1)

表 25－1　其他资产价格渠道

途径	原理	传导机制
汇率对于净出口影响	若国内实际利率水平降低，将降低本币的吸引力，从而本币贬值，本国商品价格竞争力提升，导致净出口增加，总需求也随之增加	$r\downarrow\rightarrow E\downarrow\rightarrow NX\uparrow\rightarrow Y^{ad}\uparrow$

续表

途径	原理	传导机制
托宾 q 理论	托宾把 q 定义为企业的市场价值与资本的重置成本之比。如果 q 值高，意味着企业的市场价值高于资本的重置成本，厂商将愿意增加投资支出，追加资本存量，故 q 值是决定新投资的主要因素。 国内债券的实际利率下降，股票作为债券的替代品吸引力提升，故股票需求增加，股价升高，托宾 q 值变大，投资支出增加	$r\downarrow\rightarrow P_S\uparrow\rightarrow q\uparrow\rightarrow I\uparrow\rightarrow Y^{ad}\uparrow$
财富效应	消费者的金融财富是其可利用的资源中的重要组成部分，主要由普通股股票构成。 若国内债券实际利率下降，将导致股票价格升高，消费者金融财富升值，即消费者的总资源量增加，消费将带动总需求随之增加	$r\downarrow\rightarrow P_S\uparrow\rightarrow W\uparrow\rightarrow C\uparrow\rightarrow Y^{ad}\uparrow$

【例 25.1】根据托宾的 q 理论，企业在下列哪一情况下会增加投资？（　　）［南京大学 2012 年研］

A. 企业资产的市场价值超过企业资产的重置价值

B. 企业资产的重置价值超过企业资产的市场价值

C. 企业资产的市场价值超过企业金融资产的面值

D. 企业金融资产的市场价值超过企业资产的面值

【解析】托宾 q 理论中的 q 表示企业的市场价值与其资产的重置成本之比。托宾认为，当 $q>1$ 时，即当资本的市场价值大于其重置成本时，购买新生产的资本产品更有利，这会增加投资的需求；反之，会减少投资的需求。

【答案】A

3. 信贷渠道观点（见表 25－2）

表 25－2　信贷渠道观点

途径	原理	传导机制
银行贷款渠道	中央银行能够通过货币政策操作影响准备金从而影响银行的贷款供给，最终对总支出产生影响。 扩张性货币政策将提高银行的准备金和存款数额，增加银行的可贷资金，进而便利借款人的资金筹集，提高投资与总需求水平	银行准备金↑→银行存款↑→银行贷款↑→$I\uparrow\rightarrow Y^{ad}\uparrow$
资产负债表渠道	扩张性的货币政策导致股票价格升高，提高企业净值，进而减少逆向选择和道德风险问题，刺激企业投资支出的增加，总需求水平随之增加	$r\downarrow\rightarrow P_S\uparrow$→企业净值↑→逆向选择/道德风险↓→贷款↑→$I\uparrow\rightarrow Y^{ad}\uparrow$
现金流渠道	扩张性的货币政策降低名义利率水平，导致现金流增加，企业资产的流动性提高，资产负债表得到改善，从而减少了逆向选择和道德风险，进而使得贷款总量增加，总需求水平也随之增加	$i\downarrow$→企业的现金流↑→逆向选择/道德风险↓→贷款↑→$I\uparrow\rightarrow Y^{ad}\uparrow$

续表

途径	原理	传导机制
预料之外的价格水平渠道	由于债务总是以固定的名义利率计息的，因此非预期的价格水平上升会减少企业的实际负债，但是不会对企业的资产价值产生影响，因此企业净值增加，降低逆向选择和道德风险问题，进一步使得计划投资增加和总产出水平提高	$i\downarrow\to\pi\uparrow\to$意料之外的 $P\uparrow\to$企业实际净值$\uparrow\to$逆向选择/道德风险$\downarrow\to$贷款$\uparrow\to I\uparrow\to Y^{ad}\uparrow$
家庭流动性的渠道	当消费者拥有的金融资产的规模大于其债务规模时，股票价格升高使得金融资产的价值随之升高，家庭资产负债状况得到改善，就会增加对耐用品和房产的支出，导致耐用品和房产的价格和支出也随之升高	$r\downarrow\to P_S\uparrow\to$消费者金融资产的价值$\uparrow\to$遭遇财务困境的可能性$\downarrow\to$对耐用消费品和住宅的支出$\uparrow\to Y^{ad}\uparrow$

拓展：信贷传导机制理论强调信贷传导的独立性，不能由利率传导、货币数量传导的分析所代替，侧重于对紧缩效应的分析。

【例 25.2】简述货币政策的信贷传导机制。［中央民族大学 2024 年研；中南财经政法大学 2016 年研；中央财经大学 2010 年研］

答：信贷传导机制理论强调信贷传导有其独立性，不能由利率传导、货币数量传导的分析所代替，需专门考察。这方面的分析主要侧重于紧缩效应。

（1）对银行传导机制的研究

银行信贷传导机制理论，首先明确的是银行贷款不能全然由其他融资形式，如资本市场的有价证券发行所替代。特定类型的借款人，如小企业和普通消费者，它们的融资需求只能通过银行贷款来满足。如果中央银行能够通过货币政策操作影响贷款的供给，那么，就能通过影响银行贷款的增减变化影响总支出。

假设中央银行决定实施紧缩性的货币政策，售出债券，商业银行可用的准备金 R 相应减少，存款货币 D 的创造相应减少，其他条件不变，银行贷款 L 的供给也不得不同时削减。结果，致使那些依赖银行贷款融资的特定借款人必须削减投资 I 和消费，于是总支出 Y 下降。过程可以描述如下：

公开市场的紧缩操作→R 减少→D 减少→L 减少→I 减少→Y 减少

全过程的特点是不必通过利率机制。

商业银行的行为绝不仅仅体现利率的支配作用。比如，在经济顺畅发展之际，银行不太顾虑贷款违约的风险而过分扩大贷款；经济趋冷时则会过分收缩贷款。如果判断货币当局有紧缩的意向，它们会先行紧缩贷款。要是货币当局采取直接限制商业银行贷款扩张幅度的措施，商业银行有可能不仅不利用允许的扩张幅度，而且会立即自行紧缩。这就是说，商业银行所提供的信用数量并不一定受中央银行行为的制约，有时候会主动地改变其信用规模。商业银行自我控制贷款供给的行为称为信贷配给。

（2）对资产负债表渠道的研究

20 世纪 90 年代，有经济学家从货币供给变动对借款人资产负债状况的影响角度来分析信用传导机制。他们认为，货币供给量的减少和利率的上升，将影响借款人的资产状况，特别是现金流的状况。利率的上升直接导致利息等费用支出的增加，会减少净现金流；同时又间接影响销售收入下降，也会减少净现金流。同时，利率的上升将导致股价的下跌，从而恶化其资产状况，并且也使借款担保品的价值缩小。由于这种情况，使贷款的逆向选择和道德风险问题趋于严重，并促使银行减少贷款投放。一部分资产状况恶化和资信状况不佳的借款人不仅不易获得银行贷款，也难以从金融市场直接融资。结果则会导致投资与产出的下降，其传导机制如下所示：

$$M \to r \to P_E \to NCF \to H \to L \to I \to Y$$

式中，P_E为股票价格；NCF为净现金流；H为逆向选择和道德风险；其他符号同上。

4. 为什么信贷渠道可能很重要

①过往实证分析表明，对于单个企业而言，信用市场的金融脆弱性是企业雇用员工以及支出等决策的重要影响因素之一。

②小规模的企业更容易受到信用约束，相较于大企业而言更容易受到货币紧缩政策的影响。

③信息不对称造成的金融脆弱性是信贷渠道的核心，而信息不对称能够对许多重要的现象进行很好的解释。

考点二：货币政策启示 ★★

①不能简单地将货币政策的松紧同短期名义利率水平的升降相联系。名义利率与实际利率水平并不总是同向运动的，而且在货币政策传导机制中通常是实际利率水平而非名义利率水平在起作用。

②除股票、债券外，短期债务工具等其他资产的价格中同样包含货币政策的重要信息，是货币政策传导机制中的重要组成部分。

③即使短期利率水平接近于零，非常规货币政策能够有效刺激经济。

④货币政策的首要长期目标是保持价格水平的基本稳定，以避免非预期的价格水平波动对总产出水平产生不利影响。

拓展：货币政策传导机制的效率不仅取决于中央银行货币政策的市场化取向，而且取决于金融机构、企业和居民行为的市场化程度，即它们必须对市场信号做出理性的反应。如果不能完全按照市场准则运行，即不能对包括中央银行的间接调控信号在内的市场信号做出理性反应，那么货币政策工具就不可能通过对货币信贷条件的调节来实现其政策目标，货币政策传导过程就会受到梗阻，货币政策效果就会被减弱。

25.2 课后习题详解

一、关键术语

1. 耐用消费品支出(consumer durable expenditure)

答：耐用消费品支出是指用于购买耐用品的消费支出。耐用品会持续使用一段时间(超过3年)，在此期间该商品会给消费者带来持续的服务。耐用品一般是不易耗损的财货，如汽车、飞机等重工业产品和制造业资本，其他诸如电器用品等亦包含在内。耐用品和非耐用品是两大不同类型的消费品。其区别是，耐用品的购买尽管是一个消费决策，却更多地具有投资决策的特点。买这些商品是因为它将在许多年中为自己提供服务。

2. 信贷渠道观点(credit view)

答：信贷渠道观点是指利用金融市场存在的信息不对称问题来解释货币政策传导机制的一种分析视角。信贷渠道观点认为由于信用市场的信息不对称问题，有以下两类渠道可以传导货币政策：一是通过影响银行的信贷发挥作用，二是通过影响企业和消费者的资产负债表发挥作用。

3. 货币政策传导机制(transmission mechanisms of monetary policy)

答：货币政策传导机制是指货币政策通过影响货币供给的增减，从而影响经济活动的过程和方式。当中央银行实行扩张性货币政策时，如果价格水平不变，货币供应量上升，利率将下降；利率的下降会刺激投资的上升，从而增加总需求，最终引起总产出的增加。反之，中央银行实行紧缩性货币政策时，货币供应量下降，利率、投资和总产出就会沿着相反的方向运动。货币政策传导机制的主要环节是：①从中央银行到商业银行等金融机构和金融市场；②从商业银行等金融机构和金融市场，再到企业、居民等非金融部门的各类经济行为主体；③从这些经济行为主体最后到经济活动中的各种变量。

4. 消费(consumption)

答：消费是指人们为了满足物质、文化和精神生活的需要而对物品和服务的消耗与花费。根据不同的划分标准，消费可以分为个人消费和集体消费、居民消费和政府消费、商品性消费和服务性消费、长期消费和即期消费、生活必需品消费和奢侈品消费等。

二、思考题

1. 2008~2015 年，美国的汽车贷款利率从 8%左右下降到 4%左右，接近历史最低位。与此同时，汽车销售急剧增加。这与货币传导机制有什么关系？

答：假设当时的货币政策相对宽松，这将有助于汽车贷款利率的下降，从而鼓励更多的汽车购买。这种效应突出了传统利率渠道的一个方面，即宽松的货币政策导致耐用消费品(汽车)的增加。

2. “考虑到消费在 GDP 中的比重高达三分之二，这意味着利率、财富和家庭流动性等渠道是美国最重要的货币政策渠道。”这种表述正确、错误还是不确定？解释你的答案。

答：不确定。虽然消费是美国 GDP 的最大组成部分，毫无疑问这些渠道对货币政策的有效性很重要，但有些人可能不同意这一说法。例如，即使投资只接近美国 GDP 的 15%，投资在整个经济周期中的波动比消费的变化更加明显，导致利率对投资的影响可能更重要。此外，信贷渠道观点的支持者认为，信贷市场的影响比利率效应重要得多。而且由于信贷渠道观点主要影响投资，信贷渠道对投资的影响可能比货币政策对消费的影响更大。

3. 当短期名义利率位于有效下限时，利率渠道是如何继续发挥作用的？

答：如果中央银行承诺实行更高的通货膨胀政策，同时保持较低的名义利率。即使名义利率为零，这仍将提高通货膨胀预期，降低实际利率。此外，如果中央银行承诺长期维持低水平利率，这可能会降低长期名义利率，进而降低实际的长期利率。

4. 前普林斯顿大学教授、瑞典中央银行副行长拉尔斯·斯文森(Lars Svensson)声称，当经济有陷入通货紧缩的危险时，中央银行应当“有责任不负责任”地实施货币扩张政策。这是什么意思？这与货币传导机制有什么关系？

答：通货紧缩的问题之一是较低的(负)通货膨胀率提高了实际利率，增大了融资成本，并通过利率渠道导致投资和消费降低，进一步加大通货紧缩的压力。此外，短期名义利率达到零下限，意味着常规货币政策无效。因此，通过“有责任不负责任”，中央银行可以致力于实施力度较强的暂时性通货膨胀政策，提高通货膨胀预期(从而降低实际利率)，通过利率渠道对经济提供刺激，扩大总需求，从而摆脱通货紧缩的困扰。

5. 货币政策可以通过多种不同渠道发挥作用，这有什么优点和缺点？

答：货币政策可以通过多种不同渠道发挥作用的优点是：如果任何一个特定渠道变得无效，并不意味着该政策完全无效，该政策可以通过其他渠道和其他的经济部门影响经济。

缺点是：拥有这么多不同的运作渠道，可能使任何给定政策的影响的不确定性增大。

6. “如果一国实行固定汇率，那么货币政策的汇率渠道就不存在了。”这种观点正确、错误还是不确定？解释你的答案。

答：正确。当国家固定汇率时，他们必须使用货币政策影响利率进而维持汇率。换句话说，中央银行必须改变实际利率以维持汇率。这意味着只要保持汇率稳定，净出口和总需求就不会受到影响，货币政策的汇率渠道就不存在了。

7. 2007～2009年衰退期间，按不变价格衡量的普通股股票价格下降超过了50%。股票市场下跌可能如何影响总需求，以及如何作用于衰退的严重性？请具体说明股票市场下跌影响经济的作用机制。

答：股票市场的下跌会引起总需求的下降，并加重经济衰退。股票价格的下降减少总需求和导致经济衰退的作用机制主要有以下四种：①股价的下跌降低了托宾q值，减少了投资支出。②由于股价下跌，人们的金融财富减少了，从而使消费者的生命永久收入减少了，从而导致消费支出下降。③股价下跌降低了金融资产的价值，增加了人们陷入财务困境的可能性，从而使人们减少了耐用消费品和住宅的消费支出。④股票价格的下降导致企业净财富的减少，这增加了企业贷款过程中的逆向选择和道德风险问题，而且有可能导致贷款和投资支出减少。

8. “投资的融资成本只与利率相关，因此，货币政策影响投资支出的唯一方式就是通过对利率的效应。”这种观点正确、错误还是不确定？解释你的答案。

答：错误。货币政策对投资支出的影响途径有很多，通过利率影响投资只是其中的一种，并不是唯一方式。根据托宾的q理论，货币政策会影响股票的价格，导致q值发生变化，并影响企业借贷过程中的逆向选择与道德风险问题，进而影响投资水平。信贷渠道观点也认为货币政策还可以通过影响银行的借贷行为、贷款的可得性、企业的资产负债状况等来影响投资支出。

9. 从 2009 年 3 月到 2020 年 2 月，标普 500 股票指数升高了超过 350%。同一时期，密歇根大学的消费者信心指数从 57.3 升高到 101.0（升高了 75%）。请解释这与货币传导机制有何关系。

答：假设当时的货币政策相对宽松，这可能有助于股票价格的上涨。股票投资组合价值越高，家庭财富越高，表现为消费者信心越高。因此可以认为，通过这种财富效应，消费会增加，这说明了货币传导机制的财富渠道。

10. 从 2008 年中期到 2009 年初，道琼斯工业平均指数下降超过 50%，而实际利率很低或者下降了。这一场景说明投资发生了怎样的变化？

答：较低的实际利率使得投资的成本下降，将刺激投资支出。然而，股市下跌将导致上市公司的市场价值下降，因此托宾 q 值下降，从而导致投资支出的下降。因为股票市场和托宾 q 值的跌幅较大，所以在这段时间的投资支出实际上是大幅下降的。

11. 诺贝尔经济学奖得主佛朗哥·莫迪利亚尼发现，货币政策最主要的传导机制与消费支出有关。请描述其中至少两种机制是如何运行的。

答：与消费支出有关的货币政策传导机制包括三个方面：①货币供给增加使利率降低，从而降低购买耐用消费品的融资成本，从而耐用消费品支出增加；②宽松的货币政策使得股票价格和财富增加，导致消费者永久收入的增加，从而使得消费者增加了消费支出；③宽松的货币政策使得股票价格和金融资产价值上升，从而降低了人们陷入财务困境的可能性，促使人们增加对耐用消费品的支出。

12. 20 世纪 90 年代末期，股票市场迅速上涨，经济在成长，美联储将利率保持在相对较低的水平。根据与托宾 q 值传导机制的关系，评论该货币政策立场会如何影响经济。

答：这种情况与托宾的 q 理论和扩张性货币政策的财富效应是一致的。随着利率降低，股票价格上涨。托宾的 q 理论预测投资将增加，刺激总需求。此外，随着股价上涨，财富增加，并导致更高的消费，进而增加总需求。

13. 在全球金融危机期间及以后，美联储将联邦基金利率下调到接近零。与此同时，股票市场急剧下跌，住宅市值大幅降低。对这一时期通过财富渠道发挥作用的货币政策有效性做出评价。

答：财富渠道表明，这类货币政策将提高股票和房屋的价格，通过住房和股票市场增加个人的财富。然而由于实际利率很低，股票和住房价值大幅下降，最终降低了消费和总需求。这表明在全球金融危机期间，货币政策无法通过财富渠道发挥作用。

14. 从 2014 年 8 月到 2017 年 8 月，美联储一直重申货币政策是“适应性的”。而且在此期间，银行的超额准备金从大约 2.67 万亿美元降低到大约 2 万亿美元，降幅约为 25%。关于银行信贷渠道，这说明了什么？

答：在宽松的货币政策和银行体系大量准备金的情况下，超额准备金的减少可以解释为银行贷款的增加。通过货币传导机制的银行贷款渠道，增加的贷款应导致企业投资和新住宅建设投资的增加。

15. 为什么信贷渠道观点隐含着货币政策对小企业的影响超过对大企业的影响?

答: 信贷渠道是重要的货币政策传导机制，之所以小规模的企业比大企业更容易受到货币政策的影响，主要是因为小规模的企业比大企业更容易受到信用约束，小企业更依赖银行贷款，而大企业还可以通过股票和债券市场进行融资。

16. 为什么现在银行信贷渠道可能不如以前那么有效了?

答: 这存在一系列的可能原因。首先，美国的银行法已经相当放松，使银行通过其他渠道筹集资金比较容易，而在《Q条例》下银行筹集资金是很繁琐的。这意味着美联储对银行应对政策变化的行为的控制能力减弱。此外，传统银行贷款业务在全球范围内出现了下滑，这意味着银行贷款规模在缩小，使得该渠道不如以前有效。

17. 如果逆向选择和道德风险加剧，这如何影响货币政策应对经济下滑的能力?

答: 这将削弱货币政策抑制经济下滑的能力。信贷渠道观点表明，逆向选择和道德风险在影响投资行为和经济活动中发挥着重要作用。在经济下滑期间，信息不对称问题增加，这意味着货币政策的力度必须更大，才能抵消逆向选择和道德风险剧增而带来的不利影响。

18. 大萧条是如何证实意料之外的物价水平渠道的?

答: 在大萧条期间，物价水平的下降导致消费者的财富显著减少和消费急剧下降。价格下降导致实际债务的增长超过20%，总体而言，对消费者的影响是消费支出减少了50%以上，住房支出下降了80%。意料之外的物价水平下跌提高了企业的实际负债，降低了企业的实际净值，同时也加剧了逆向选择和道德风险问题。

19. 财富效应和家庭流动性效应有何相似之处? 有何不同?

答: 这两种途径的相似之处在于: 都是因为实际利率的上升导致资产价格下降，使得消费和住房支出降低。

区别在于: 资产价格的变化导致支出降低的方式不同。在财富效应下，人们在财富水平较低时(因为总资产减少)支出会减少。家庭流动性效应反映的是流动性较高的资产(如现金或股票)和流动性较低的资产(如耐用消费品或住房)之间的替代效应。因此，随着资产价值的降低，家庭会购买更安全、更流动的资产，减少消费和住房支出，导致总需求下降。

20. 在新冠疫情重创经济后，抵押贷款利率在2020年达到了创纪录的最低水平。

a. 根据家庭流动性效应渠道，这对经济应当会产生什么影响?

b. 在此期间，大部分银行大幅提高了信贷标准，家庭申请贷款及其展期变得更加困难。这一信息会如何改变你对a的回答?

答: a. 较低的抵押贷款利率会导致较高的房价，并提高住房的价值。这将降低家庭陷入财务困境的可能性，从而提高了耐用消费品和住房支出。

b. 如果没有人符合低利率抵押贷款的条件，即使利率极低，它对提高家庭金融资产(即房屋)的价值也不会有明显的影响。因此，家庭陷入财务困境的可能性将继续保持高水平，耐用消费品和住房的支出将不会提高。

21. “如果联邦基金利率为零，美联储无法再实施有效的适应性政策。”这种观点正确、错误还是不确定？解释你的答案。

答：错误的。尽管传统的货币政策工具可能无效，但美联储可以在需要时实施一些非常规货币政策工具来帮助提供宽松。最近的 2009 年金融危机是一个很好的例子，美联储能够有效地实施大规模资产购买计划，向主要信贷市场提供流动性，并利用前瞻指引有效地使经济远离零下限从而复苏。

22. 美联储在 2015 年 12 月提高联邦基金利率，这是近十年来首次，而且自此之后在相当长一段时间里保持了逐步提高利率的节奏。但是在同期的政策声明里美联储继续重申“货币政策立场仍然保持为适应性的”。请对此看似矛盾的情况做出解释。

答：尽管美联储提高了其常规政策利率，但通胀高于联邦基金利率的事实表明，实际政策利率仍然是负的，因此是宽松的。此外，在此期间，美联储仍持有此前大规模资产购买计划的大量资产，这也对抵押贷款利率和长期利率产生了宽松影响。总之，这反映了一个事实，即名义政策利率的变动并不一定表明货币政策的总体立场。

23. 一般地，如果股票价格上涨，消费增长强劲，房价升值较多，且失业率较低，你会把货币政策归类为可能是紧缩的还是可能是宽松的？

答：宽松的货币政策。宽松的货币政策下，利率降低，投资者对股市投资增加，股票行情转好；总支出也对应增加，消费增长强劲；利率降低也会使得居民购房意愿增加，房价上涨；利率降低使得实体经济成本下降，就业机会增加，失业率下降。

24. 日本经历的“失去的二十年”如何支持本章所概括的四个货币政策启示？

答：日本的历史直接证实了本章的四个货币政策启示：

①虽然日本的短期利率接近零，但是由于通货紧缩，实际利率仍然较高，这表明货币政策处于紧缩状态。

②如果日本决策者更加关注股票和房地产市场泡沫，可能会更早且更快地采取措施来调节经济。

③除了将短期利率降为零，日本没有采取更多措施来刺激经济。然而，他们本可以做更多的工作，比如：通过资产购买和提高预期通货膨胀率来提高长期利率。

④日本允许经济处于通货紧缩状态，导致物价水平出现了意料之外的波动。

三、应用题

25. 假定经济处于衰退之中，货币政策制定者为了稳定经济而下调了利率。利用总供求图说明当传导机制正常发挥作用时货币宽松的影响，以及在传导机制很差时（比如经济深度下滑，或者存在明显金融摩擦的情况下）货币宽松的影响。

答：当货币政策传导机制正常运行时，决策者可以以合理的精度放宽货币政策，使得总需求曲线从 AD_1 到 AD_3 向右移动，并消除产量缺口。

在货币政策传导机制无法正常运行的时期，例如在金融危机期间，一些途径可能无效或根本不起作用。因此，给定的货币政策对总需求的影响可能会削弱或不存在。如图 25－1 所示，在这种情况下，总需求可能只向右移动到 AD_2，产出为 Y_2。这说明了在这种情况下，货币政策在稳定产出缺口方面存在局限性。

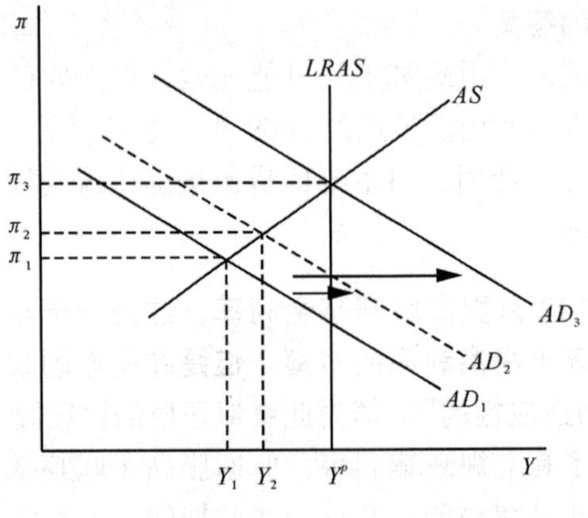

图25－1